高职高专"十四五"规划学前教育专业新标准实践型示范教材

总主编　蔡迎旗

学前教育简史

主　编 ◎ 陈启新

副主编 ◎ 杨帆　陈梦圆　陈家

参编者　（按姓氏拼音排序）

　　　　陈启新（三峡旅游职业技术学院）

　　　　陈　家（三峡旅游职业技术学院）

　　　　陈梦圆（湖北三峡职业技术学院）

　　　　邓道君（常州幼儿师范高等专科学校）

　　　　夏　菲（湖北工程职业学院）

　　　　杨　帆（三峡旅游职业技术学院）

　　　　于　倩（泉州职业技术大学）

华中科技大学出版社
http://press.hust.edu.cn
中国·武汉

图书在版编目(CIP)数据

学前教育简史/陈启新主编. —武汉：华中科技大学出版社,2023.8
ISBN 978-7-5680-9438-2

Ⅰ.①学… Ⅱ.①陈… Ⅲ.①学前教育-教育史-世界 Ⅳ.①G619.1

中国国家版本馆CIP数据核字(2023)第154502号

学前教育简史 陈启新 主编
Xueqian Jiaoyu Jianshi

丛书策划：	周晓方　周清涛
策划编辑：	李承诚　袁文娣
责任编辑：	余晓亮
封面设计：	廖亚萍
责任校对：	张汇娟
责任监印：	周治超
出版发行：	华中科技大学出版社(中国·武汉)　电话：(027)81321913
	武汉市东湖新技术开发区华工科技园　邮编：430223
录　　排：	华中科技大学惠友文印中心
印　　刷：	武汉科源印刷设计有限公司
开　　本：	889mm×1194mm　1/16
印　　张：	20
字　　数：	480千字
版　　次：	2023年8月第1版第1次印刷
定　　价：	49.90元

本书若有印装质量问题，请向出版社营销中心调换
全国免费服务热线：400-6679-118　竭诚为您服务
版权所有　侵权必究

高职高专"十四五"规划学前教育专业新标准实践型示范教材

编写委员会

总主编

蔡迎旗　华中师范大学早期教育学院院长，教授，博士生导师
　　　　教育部高等学校幼儿园教师培养教学指导委员会委员
　　　　中国教育学会学前教育分会副会长
　　　　学前教育"国培计划"首批专家和学前教育师范类专业认证专家

副总主编

（按照姓氏拼音排序）

邓艳华	衡阳幼儿师范高等专科学校	徐丽蓉	江汉艺术职业学院
刘丽伟	华中师范大学	杨　龙	郑州幼儿师范高等专科学校
罗春慧	湖北幼儿师范高等专科学校	杨素苹	武汉城市职业学院
李　娜	湖北幼儿师范高等专科学校	杨冬伟	湖北工程职业学院
唐翊宣	广西幼儿师范高等专科学校	叶圣军	福建幼儿师范高等专科学校
王任梅	华中师范大学	尹国强	华中师范大学
王先达	福建幼儿师范高等专科学校		

编　委

（按照姓氏拼音排序）

陈启新	三峡旅游职业技术学院	苏　洁	湖北幼儿师范高等专科学校
董艳娇	安阳师范学院	孙丹阳	铜仁幼儿师范高等专科学校
段　为	湖北艺术职业学院	谭学娟	江汉艺术职业学院
俸　雨	武汉商贸职业学院	田海杰	烟台幼儿师范高等专科学校
郝一双	湖北商贸学院	王　梨	常州幼儿师范高等专科学校
焦　静	福建幼儿师范高等专科学校	王任梅	华中师范大学
焦名海	深圳信息职业技术学院	王　雯	华中师范大学
李　卉	华中师范大学	王先达	福建幼儿师范高等专科学校
李志英	三峡旅游职业技术学院	王　淼	湖北商贸学院
廖　凤	湘南幼儿师范高等专科学校	闫振刚	郑州升达经贸管理学院
刘翠霞	湖北工程学院	杨　洋	三峡旅游职业技术学院
刘凤英	湘南幼儿师范高等专科学校	尹国强	华中师范大学
刘丽伟	华中师范大学	张　娜	华中师范大学
刘　艳	三峡旅游职业技术学院	郑艳清	湖北省幼儿师范高等专科学校
欧　平	衡阳幼儿师范高等专科学校	赵倩倩	湖北三峡职业技术学院

网络增值服务

使用说明

欢迎使用华中科技大学出版社人文社科分社资源网

1 教师使用流程

（1）登录网址：http://rwsk.hustp.com （注册时请选择教师用户）

注册 > 登录 > 完善个人信息 > 等待审核

（2）审核通过后，您可以在网站使用以下功能：

浏览教学资源　建立课程　管理学生　布置作业　查询学生学习记录等

2 学员使用流程

（建议学员在PC端完成注册、登录、完善个人信息的操作）

（1）PC端学员操作步骤

① 登录网址：http://rwsk.hustp.com （注册时请选择普通用户）

注册 > 完善个人信息 > 登录

② 查看课程资源：（如有学习码，请在个人中心-学习码验证中先验证，再进行操作）

首页课程 > 课程详情页 > 查看课程资源

（2）手机端扫码操作步骤

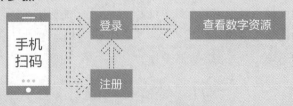

手机扫码 → 登录/注册 → 查看数字资源

Abstract 内容提要

我国教育部在2011年颁布了《教师教育课程标准(试行)》,该标准在"幼儿园职前教师教育课程设置"中建议开设"教育发展史略"模块。本书内容体现这一指导思想,全面论述了古今中外的学前教育实践史(即发展历程)和思想史(即著名教育家的理论)。全书分为中国学前教育简史和外国学前教育简史上下两篇,上篇包括五个单元内容:中国古代学前教育、中国古代学前教育思想、中国近代学前教育、中国近现代学前教育思想、中华人民共和国学前教育的发展;下篇包括七个单元内容:外国古代学前教育、外国古代学前教育思想、外国近代学前教育、外国近代学前教育思想、外国现当代学前教育、外国现当代学前教育思想、西方学前教育发展新动向。

全书以时间为顺序,介绍了从原始社会到21世纪初期中外学前教育的发展历史,重点阐明了古代、近代、现代学前教育的发展轨迹和重要事件,论述了著名教育家在学前教育理论和实践两个方面做出的重要贡献,总结了古今中外的学前教育思想和经验。

本书主要供全国高等院校学前教育专业和早期教育等相关专业教学使用,同时也可作为本科学前教育及中专幼儿保育专业教材,还可作为广大幼教工作者培训教材和工作参考用书。

总　序

人生百年,立于幼学。学前教育是我国学校教育制度的奠基、国民教育体系的重要组成部分和重要的社会公益事业,其关系到我国千万儿童的健康快乐成长和家庭的和谐幸福,故我国各级政府高度重视,社会各界高度关注。推动学前教育普及、普惠和高质量发展已成为我国学前教育事业改革与发展的未来路向。

幼儿园教师是决定幼儿园保育与教育质量的关键因素,是我国构建现代化、高质量的学前教育体系的根本保障。当前,我国学前教育事业发展的薄弱环节是幼儿园教师队伍的建设,当务之急是补足配齐幼儿园教师。而高质量的幼教师资来源于高水平的学前教师教育。为顺应我国学前教育事业发展的迫切需求,我国颁布了《教师教育课程标准(试行)》《幼儿园教师专业标准(试行)》《新时代幼儿园教师职业行为十项准则》《学前教育专业师范生教师职业能力标准(试行)》等多部法规,对我国幼儿园教师教育课程、幼儿园教师专业素养、职业道德与行为、职业能力与岗位适应等进行规范与引导,以努力提升我国学前教师教育的整体质量与水平。

当前,我国幼儿园教师起点学历已由中专提升为专科层次。在职幼儿园专任教师中专科及以上学历比例超过了90%,其中近八成是专科学历。高职高专在我国幼儿园教师人才培养中具有举足轻重的地位,是我国学前教师教育的主力军。

职业教育是我国国民教育体系和人力资源开发的重要组成部分，是培养多样化人才、传承技术技能、促进就业创业的重要途径。我国各级各类职业教育院校守正创新、锐意改革，大力提升职业教育办学质量和适应性，而职业教育课程与教材是提高职业教育办学质量和适应性的关键所在。华中科技大学出版社计划出版的"高职高专'十四五'规划学前教育专业新标准实践型示范教材"，正好回应了我国学前教育事业发展之所急和职业教育事业发展之所需。本人受邀作为本套教材的总主编，深感荣幸且责任重大。经过跟出版社深度沟通、市场调研和全国学前专业相关院校教师专家的研讨，本套教材试图实现如下六个方面的创新与突破。

第一，坚持立德树人，创新教材理念。本套教材将以培养高素质专业化幼儿园教师为目标，坚持教材的思想性和先进性，把社会主义核心价值体系有机融入教材，精选对培养优秀幼儿园教师有重要价值的课程内容，将学前教育领域的前沿知识、教育改革和教育研究最新成果充实到教学内容中，加强中华优秀文化的渗透与融入，实现课程思政一体化，立德树人，德技并修。本教材注重引导学习者树立正确的儿童观、教师观、教育观和长期从教、终身从教信念，塑造未来教师的人格魅力；加强职业道德教育和职业态度与行为的养成；着力培养学习者的社会责任感、创新精神和实践能力。

第二，分层分类设计，优化教材体系。本套教材从"教育信念与责任、教育知识与能力、教育实践与体验"三个维度，按照国家《教师教育课程标准（试行）》对幼儿园教师教育课程的要求，设计了"人文素养与思政类、保教理论与实践类、教师技能与艺术类"共三个层次47本教材，分别着重培养学习者的人文科学素养与师德理念、幼儿园保育与教育职业能力以及幼儿园教师教育素养与艺术素养；强化教育实践环节，加强职业技能训练内容，编写教育见习、实习和研习手册，提供名师优秀教学案例；坚持育人为本，促使学习者"德、才、能、艺"全面发展，人才培养目标从促进就业、创业转变为促进人的全面发展和专业职业的可持续发展。

第三，"课、岗、证、赛"并重，精选教材内容。本套丛书所有教材的大纲与内容、拓展练习与教学资源库，均依据我国幼儿园教师职前和职后教育、幼儿园教师职业与岗位准则、幼儿园教师资格制度、幼儿园教师职业技能大奖赛等方面的相关法规，实现"课、岗、证、赛"一体化。每本教材坚持职前教育和职后培训贯通设计。在全面夯实学习者专业知识与能力的基础上，注重学习者职业道德与能力的培养和从业态度与行为的养成教育。另外，教材注重课前、课中与课后的整体设计，课前预习相关学习资源，课中精讲关键知识点，课后链接"课、岗、证、赛"相关练习，以利于学习者巩固所学内容并学以致用，提升学习者的专业与职业综合素质以及职业与岗位适应能力，实现终身学习和毕生发展。

第四，以生为本引导学习，完善教材体例。本套丛书从"教"与"学"两个角度设置教材体例，使其符合学习者的学习、内化直至实践应用的规律，具有启发引导性，也充分考虑了教材面向的主体——高职高专学生的学习特点，内容编排由浅入深，理论与实践并重，努力做到"教师好教，学生好学"；注重培养学习者对学前教育学科知识的理解和感悟，设计模拟课堂、情境教学、案例分析、技能训练、教学竞赛等多样化的教学方式，增强学习者的学习兴趣，提高学习效率，使其实现学习能力、实践能力和创新能力的三重提升。

第五，数字技术强力支撑，丰富教材形式。本套教材注重将信息技术作为基础条件与支撑，构建丰富多彩、高质量的电子资源库，努力实现课程与教学资源的共建共享；实现"互联网＋教育"和教材形态的多样化与电子化，将纸质媒介和电子媒介相结合，创设数字化的教育教学情境。教材中穿插大量数字资源二维码，引导学习者在课前和课后拓展学习海量专业知识，培养学习者的数字化教育能力和数字化学习能力，做新时代高素质的数字化教育者和学习者。针对幼儿园管理与保教的特点，本套丛书尤其注重提升学习者的信息素养和利用信息技术进行保育与教育、安全风险防控和质量管理的能力。

第六，"校、社、产、教"多元合作，确保教材质量。为确保丛书质量，特聘请全国开设学前教育专业的高职高专院校、本科高校推荐遴选教学经验丰富、有影响力的专家和一线骨干教师担任每本教材的主编和副主编，拟定丛书编写体例，给出丛书编写样章，同时参与审定大纲、样章，总体把控书稿的编写进度与品质。参与的作者分别来自高校、行业领域和实践一线，来源广泛而多元，实现"校、社、产、教"不同领域人员的协同创新与深度合作。

当然，以上六个方面只是本人作为总主编对这套丛书的美好期待与设想，这些想法是否真正得以实现和彰显，有赖于所有参编人员和编辑的共同努力，也有待广大读者的审读与评判。在本套丛书编写的过程中，我们参阅、借鉴和引用了国内外大量学术成果和教研教改案例。科研成果为丛书提供了学术滋养,而实践经验与案例展示了当前我国学前教育改革与发展的生动样态,在此一并表示感谢。书中如有疏漏和不妥之处,敬请各位读者批评指正。

最后,我谨代表本套丛书的所有编委和作者,衷心感谢本套丛书的策划者——华中科技大学出版社人文分社社长周晓方,周社长对学前教育充满热情和信心,对丛书的编写、出版和发行倾注了大量心血,还要感谢本套丛书的策划编辑袁文娣和其他各位编辑及相关工作人员。我们基于教材的首次合作渐趋默契和融洽。让我们携手共进,继续为我国学前儿童的福祉和学前教育事业的健康可持续发展奉献智慧与力量!

武汉桂子山·华中师范大学教育学院

2023 年 5 月

前言

"学前教育简史"是学前教育专业的一门专业基础课程。学前教育简史通过研究和总结数千年来人类学前教育的实践及相应学前教育家的思想,探究学前教育发生、发展的过程及规律,能为当今的学前教育实践活动提供必要的借鉴,从而为学前教育专业学生奠定坚实的专业素养基础。

我国教育部2011年颁布的《教师教育课程标准(试行)》,在"幼儿园职前教师教育课程设置"中建议开设"教育发展史略"模块,体现了该门课程的重要性。本书《学前教育简史》为该课程的配套教材,旨在对学前教育专业的广大学生发挥"以史为鉴、继往开来"的作用;促进他们"学史明理、学史增信",既能增长他们的学前教育历史知识,更能帮助他们更好地理解当今学前教育的改革和发展,更加坚定献身学前教育事业的信念,具有理论和实践的双重价值。

本书遵循《教师教育课程标准(试行)》《幼儿园教师专业标准(试行)》《〈保教知识与能力〉考试大纲》,以及中共中央、国务院《关于学前教育深化改革规范发展的若干意见》等文件的有关精神,更好地服务学前教育深化改革规范发展这一国家战略,主要是为高等职业院校学前教育及相关专业的教学需要而编写的。

本书的内容分为上下两篇共十二单元,上篇为中国学前教育简史,下篇为外国学前教育简史。上篇具体内容包括五个单元:中国古代学前教育、中国古代学前教育思想、中国近代学前教育、中国近现代学前教育思想、中华人民共和国学前教育的发展；下篇具体内容包括七个单元：外国古代学前教育、外国古代学前教育思想、外国近代学前教育、外国近代学前教育思想、外国现当代学前教育、外国现当代学前教育思想、西方学前教育发展新动向。

本书具有以下特点：

(1)内容全面，重点突出。本书将学前教育发展史与学前教育思想史按时代对应阐述，既涵盖了古今中外学前教育发展历程中的重要历史事件，又突出了各个时期代表人物的学前教育思想，有利于学习者全面把握学前教育发展历程。本书对中外学前教育发展中的重大问题和杰出人物都做了比较详尽的论述，所涉及的学前教育理论不仅有较高的历史价值，而且对我国现行的学前教育实践有着重要的借鉴作用。

(2)体例新颖，实用性强。本书每单元都设有"学习目标""情境导入""拓展阅读""单元小结""思考与练习""实践与实训"等模块，便于学生从多角度掌握重点及反思自省，理解所学内容，体现课岗证融通，促进理论实践的结合，以及顺利通过幼儿园教师资格证考试。

(3)课程思政，对接实践。本书遵循"以史为鉴、继往开来""学史明理、学史增信"的原则，力求实现与职业岗位无缝对接，更具实用性和前瞻性。本书着力从思想根基上引导学生理解儿童、理解学前教育，培养学生热爱儿童、热爱学前教育事业，强化课程思政；同时，着力培养学生树立正确的儿童观、教师观和教育观，形成科学施教的意识和技能，能够在今后的工作中培养幼儿全面发展。本书根据我国培养高素质幼儿教师队伍的要求，着力于打造优质的教学用书，为学前教育专业的学生的学习与发展打下坚实的基础。

本书可作为高等职业院校学前教育和早期教育等相关专业教材，也可作为本科学前教育及中专幼儿保育专业教材，还可作为广大幼教工作者培训教材和工作参考用书。

本书是全体编写者共同努力的成果，由三峡旅游职业技术学院陈启新教授担任主编，负责全书编写大纲的拟定、编写指导和全书审定；由杨帆、陈梦圆和陈家担任副主编，并参与审稿工作。全体编写人员包括：杨帆(第一、三单元)、陈梦圆(第二、六单元)、夏菲(第四单元)、陈启新(第五、十二单元)、陈家(第七、八单元)、于倩(第九、十一单元)、邓道君(第十单元)。

本书在编写过程中参阅了大量相关书籍资料,借鉴了大量相关专家的研究成果,特此致谢!虽然各位编写者对书稿进行了认真撰写及多次审阅和修改,但由于时间仓促、水平有限,书中难免存在疏漏和不妥之处,恳请各位专家、同行和读者给予批评指正,以便修订完善。

本书的编写及出版得到了三峡旅游职业技术学院及华中科技大学出版社的大力支持,在此表示衷心感谢!

陈启新

2023 年 2 月

目 录

上篇 中国学前教育简史

第一单元 中国古代学前教育 2

第一课 中国原始社会的学前教育 2
一、原始社会学前教育的产生 3
二、原始社会学前教育的内容 3
三、原始社会学前教育的特点 6

第二课 中国奴隶社会的学前教育 7
一、奴隶社会的学前家庭教育 7
二、奴隶社会的宫廷学前教育 8
三、奴隶社会学前教育的特点 10

第三课 中国封建社会的学前教育 11
一、封建社会的学前家庭教育 11
二、封建社会慈幼制度和慈幼机构的建立与发展 16
三、封建社会学前教育的特点 18

第二单元 中国古代学前教育思想 22

第一课 贾谊的儿童教育思想 23
一、生平及著作 23

		二、儿童教育思想	23
		三、对贾谊儿童教育思想的评价	26
	第二课	**颜之推的家庭教育思想**	26
		一、生平及著作	26
		二、家庭教育思想	27
		三、对颜之推家庭教育思想的评价	30
	第三课	**朱熹的儿童教育思想**	30
		一、生平及著作	30
		二、儿童教育思想	31
		三、对朱熹儿童教育思想的评价	34
	第四课	**王守仁的儿童教育思想**	35
		一、生平及著作	35
		二、儿童教育思想	35
		三、对王守仁儿童教育思想的评价	39
第三单元	**中国近代学前教育**		42
	第一课	**清末的学前教育**	42
		一、清末学前教育机构产生的背景	43
		二、蒙养院制度的确立与实施	44
		三、外国教会在中国的学前教育活动	47
	第二课	**中华民国时期的学前教育**	50
		一、民国时期学前教育制度产生的思想基础	50
		二、蒙养园制度的建立与实施	52
		三、幼稚园制度的建立与实施	53
	第三课	**老解放区的学前教育**	57
		一、老解放区学前教育的方针与政策	57
		二、老解放区学前教育机构的主要形式	59
		三、老解放区学前教育的内容与方法	62

	四、老解放区学前教育队伍的建设	64
	五、老解放区学前教育的特征及基本经验	65

第四单元　中国近现代学前教育思想　69

第一课　近代中国儿童公育思想　69
一、康有为的儿童公育思想　70
二、蔡元培的儿童公育思想　70
三、恽代英的儿童公育思想　71

第二课　陶行知的学前教育思想　73
一、生平与教育实践　73
二、学前教育思想　73
三、对陶行知学前教育思想的评价　77

第三课　陈鹤琴的学前教育思想　78
一、生平与教育实践　78
二、学前教育思想　79
三、对陈鹤琴学前教育思想的评价　84

第四课　张雪门的学前教育思想　85
一、生平与教育实践　85
二、学前教育思想　86
三、对张雪门学前教育思想的评价　90

第五课　张宗麟的学前教育思想　90
一、生平与教育实践　90
二、学前教育思想　91
三、对张宗麟学前教育思想的评价　95

第五单元　中华人民共和国学前教育的发展　98

第一课　学前教育稳步发展时期(1949—1957年)　98
一、建立学前教育管理体制　99

	二、确立幼儿教育的工作方针和发展重点	99
	三、制定幼教政策法规指导幼儿教育事业	100
	四、确定幼儿园的基础地位和双重任务	100
	五、学习苏联学前教育经验,批判我国旧的幼稚教育理论	101
	六、改造旧的并大力建设新的学前教育机构	102
	七、重视学前教育师资队伍建设	103
第二课	**学前教育的曲折发展时期（1958—1976年）**	104
	一、盲目发展阶段（1958—1960年）	105
	二、调整巩固阶段（1961—1965年）	106
	三、全面破坏阶段（1966—1976年）	107
第三课	**学前教育拨乱反正和改革振兴时期（1977—1999年）**	
		108
	一、党和政府加强对学前教育的领导和管理	108
	二、逐步推进学前教育科学研究	111
	三、适应时代要求提高师资水平	113
	四、幼儿园数量保持稳定幼儿入园率小幅波动	115
	五、目标明确信心满怀地迎接21世纪	116
第四课	**学前教育深化改革与普及发展时期（21世纪初）**	116
	一、颁布新的幼儿园课程标准推进实施素质教育	116
	二、促进儿童健康成长学前教育事业可持续发展	117
	三、21世纪初期出现入园难"入园贵问题	117
	四、持续实施学前教育三年行动计划基本普及学前教育	118
	五、颁布系列法规加强幼儿园教师队伍建设	119
	六、颁布多项保教业务规范全面提高学前教育质量	120
	七、进一步推进学前教育深化改革规范发展	121
	八、0~3岁婴幼儿照护服务及托育事业逐步推进	121
第五课	**我国学前教育发展的经验、问题及对策**	122
	一、我国学前教育发展的基本经验	123

二、现阶段我国学前教育存在的主要问题　　124

三、我国学前教育发展的对策　　125

下篇　外国学前教育简史

第六单元　外国古代学前教育　　132

第一课　古代东方国家的学前教育　　132

一、古埃及的学前教育　　133

二、古印度的学前教育　　135

三、古希伯来的学前教育　　137

第二课　古代西方国家的学前教育　　139

一、古希腊的学前教育　　139

二、古罗马的学前教育　　142

三、西欧中世纪和文艺复兴时期的学前教育　　143

第七单元　外国古代学前教育思想　　150

第一课　柏拉图的学前教育思想　　150

一、生平及著作　　150

二、学前教育思想　　151

三、对柏拉图学前教育思想的评价　　153

第二课　亚里士多德的学前教育思想　　154

一、生平及著作　　154

二、学前教育思想　　155

三、对亚里士多德学前教育思想的评价　　156

第三课　昆体良的学前教育思想　　157

一、生平及著作　　157

二、学前教育思想　　157

三、对昆体良学前教育思想的评价　　159

第四课　人文主义教育家的学前教育思想　159
　　一、伊拉斯谟的学前教育思想　159
　　二、蒙田的学前教育思想　160
　　三、康帕内拉的学前教育思想　162
　　四、对人文主义教育家学前教育思想的评价　163

第八单元　外国近代学前教育　166

第一课　英国的学前教育　166
　　一、幼儿学校运动的开展　167
　　二、英国政府的幼儿学校政策　169
　　三、福禄贝尔幼儿园对英国学前教育的影响　170

第二课　法国的学前教育　170
　　一、奥博林的"编织学校"　171
　　二、托儿所运动　171
　　三、托儿所性质的变化　172
　　四、福禄贝尔幼儿园的传入　173
　　五、法国近代学前教育制度的确立　173

第三课　德国的学前教育　174
　　一、巴乌利美保育所　174
　　二、弗利托娜的幼儿学校运动　174
　　三、福禄贝尔幼儿园的产生和推广　175
　　四、德国政府的学前教育政策　176

第四课　俄国的学前教育　176
　　一、别茨考伊教养院　176
　　二、葛岑教养院　177
　　三、收容所和孤儿院　177
　　四、福禄贝尔幼儿园运动　177
　　五、乌申斯基的学前教育思想　178

| 第五课 | 美国的学前教育 | 179 |

一、欧文幼儿学校的兴衰与裴斯泰洛齐家庭学校的回归　179

二、福禄贝尔式幼儿园运动　179

三、慈善幼儿园的兴起　180

四、公立幼儿园的发展　181

| 第六课 | 日本的学前教育 | 181 |

一、学前教育机构的产生和发展　181

二、日本近代学前教育制度的建立　182

三、日本近代学前教育对中国的影响　183

第九单元　外国近代学前教育思想　187

第一课　夸美纽斯的学前教育思想　187

一、生平及著作　187

二、学前教育思想　188

三、对夸美纽斯学前教育思想的评价　192

第二课　洛克的学前教育思想　192

一、生平及著作　192

二、学前教育思想　193

三、对洛克学前教育思想的评价　194

第三课　卢梭的学前教育思想　194

一、生平及著作　194

二、学前教育思想　195

三、对卢梭学前教育思想的评价　197

第四课　裴斯泰洛齐的学前教育思想　197

一、生平及著作　197

二、学前教育思想　198

三、对裴斯泰洛齐学前教育思想的评价　200

第五课　福禄贝尔的学前教育思想　201
　　一、生平及著作　201
　　二、论教育的一般原理　202
　　三、幼儿园教育理论　203
　　四、对福禄贝尔学前教育思想的评价　205

第十单元　外国现当代学前教育　209

第一课　英国的学前教育　209
　　一、20 世纪前半期英国的学前教育　210
　　二、20 世纪后半期英国的学前教育　211
　　三、英国学前教育现状　212
　　四、英国学前教育的特点　214

第二课　法国的学前教育　215
　　一、20 世纪前半期法国的学前教育　215
　　二、20 世纪后半期法国的学前教育　215
　　三、法国学前教育现状　216
　　四、法国学前教育的特点　218

第三课　德国的学前教育　219
　　一、魏玛共和国时期的学前教育　219
　　二、纳粹统治时期的学前教育　219
　　三、联邦德国时期的学前教育　220
　　四、德国统一后的学前教育　220
　　五、德国学前教育的特点　222

第四课　美国的学前教育　223
　　一、20 世纪前半期美国的学前教育　223
　　二、20 世纪后半期美国的学前教育　225
　　三、美国学前教育现状　226
　　四、美国学前教育特点　228

第五课	日本的学前教育	229
	一、20世纪前半期日本的学前教育	229
	二、20世纪后半期日本的学前教育	230
	三、日本学前教育现状	232
	四、日本学前教育的特点	234
第六课	苏联、俄罗斯的学前教育	235
	一、苏联的学前教育	235
	二、俄罗斯的学前教育	238

第十一单元　外国现当代学前教育思想　　243

第一课	爱伦·凯的学前教育思想	243
	一、生平及著作	243
	二、学前教育思想	244
	三、对爱伦·凯学前教育思想的评价	246
第二课	杜威的学前教育思想	246
	一、生平及著作	246
	二、学前教育思想	247
	三、对杜威学前教育思想的评价	249
第三课	蒙台梭利的学前教育思想	249
	一、生平及著作	249
	二、学前教育思想	250
	三、对蒙台梭利学前教育思想的评价	254
第四课	德可乐利的学前教育思想	254
	一、生平及著作	254
	二、学前教育思想	255
	三、对德可乐利学前教育思想的评价	257
第五课	皮亚杰的学前教育思想	257
	一、生平及著作	257

| 二、学前教育思想 | 258 |
| 三、对皮亚杰学前教育思想的评价 | 261 |

第十二单元　西方学前教育发展新动向　264

第一课　当代西方国家学前教育的发展趋势　264

一、学前教育日益受到重视　265

二、学前教育的一体化趋势　265

三、学前教育的多元化趋势　266

第二课　当代西方国家主要的学前教育方案　266

一、银行街教育方案　266

二、瑞吉欧教育方案　271

三、海伊斯科普教育方案　275

四、多彩光谱方案　277

五、新西兰学习故事　280

参考文献　286

数字资源目录

拓展阅读：原始社会的议事会和成丁仪式	4
拓展阅读：古代儿童入学年龄	10
拓展阅读：曾子杀猪	13
拓展阅读：孟母断机教子	14
拓展阅读：三字经 节选	19
拓展阅读：历史上的偏爱之祸	29
拓展阅读：博士买驴	30
拓展阅读：何谓第一等事	38
拓展阅读：晋绥机关托儿所	61
拓展阅读：《大同书》公养之如何	70
拓展阅读：康有为、蔡元培、恽代英儿童公育思想的异同	72
拓展阅读：陈鹤琴家教故事：家长以身作则	79
拓展阅读：陈鹤琴家教故事：用暗示培养小孩子洗漱的习惯	80
拓展阅读："活教育"与"死教育"的对比	83
拓展阅读：陈鹤琴幼稚园课程编制的十大原则	84
拓展阅读：第一批全国婴幼儿照护服务示范城市	122
拓展阅读：雅典孩子出生后的仪式	141
拓展阅读：斯巴达和雅典教育特点的比较	142
拓展阅读：阿尔琴为查理曼的儿子编写的问答材料	145
拓展阅读：柏拉图的学习故事	154
拓展阅读：欧文创办世界上最早的学前教育机构——新拉纳克幼儿学校	168
拓展阅读：六种恩物简介	204

拓展阅读:法国学前教师教育发展历程　　218
拓展阅读:日本的教师资格证制度　　234
拓展阅读:感官教育教具——插座圆柱体　　254
拓展阅读:银行街教育方案活动片段实录　　270
拓展阅读:"环境是第三位老师"实践案例　　272
拓展阅读:确定方案主题案例　　273
拓展阅读:高瞻课程58条关键发展性指标　　276

上篇

中国学前教育简史

- **第一单元** 中国古代学前教育
- **第二单元** 中国古代学前教育思想
- **第三单元** 中国近代学前教育
- **第四单元** 中国近现代学前教育思想
- **第五单元** 中华人民共和国学前教育的发展

第一单元　中国古代学前教育

◇ **学习目标**

1. 了解中国原始社会儿童公育的内容和特点。

2. 理解中国奴隶社会学前教育的特点及宫廷学前教育制度。

3. 掌握中国封建社会学前教育的特点及家庭教育的目的和内容。

4. 能区分中国古代不同社会形态中的学前教育现象，借鉴其成功经验指导今后的学前教育工作。

5. 深入理解学前教育对人类社会发展的作用，对古人在学前教育发展中的智慧产生敬仰之情，培养改革与发展学前教育的意识。

◇ **情景导入**

历经漫长的古代社会发展，人们经常会思考这样的问题：在古代的人类社会中是否有学前教育？古代学前儿童的家庭教育特别是宫廷帝王对太子的教育有何特别之处？古代学前教育思想是如何逐步形成的？中国古代的学前教育成就卓著，这些丰厚的文化遗产应如何继承？哪些内容仍然可以为当代学前教育所沿用，哪些不符合儿童的年龄特点及科学的儿童观？通过本单元的学习，上述问题将迎刃而解。

第一课　中国原始社会的学前教育

我国的原始社会，从原始人群开始，经过母系氏族公社、父系氏族公社，约到公元前 21 世纪的夏王朝建立时止，历时一百多万年。经科学测定，我国 170 万年前的元谋人、70 万年前的蓝田人、60万年前的北京猿人都处于原始人群时期。当时的人类虽处于最初的原始社会形态，但它仍需要教育为物质生产和人的再生产服务。因此，在原始人群的生活中，教育活动普遍存在。

一、原始社会学前教育的产生

随着人类的出现，学前教育也随之产生和发展。在中国原始社会，儿童实行公养公育，有着独特的形式和丰富的内容。到了原始社会后期，出现了传说中最早的学校——"庠"对儿童进行教育。

（一）原始社会学前教育的起源

原始社会生活环境十分恶劣，生产力水平低下，人类祖先为了生存和发展必须依靠集体的力量，使用简单粗糙的工具，与自然界进行不懈的斗争。他们在集体生产劳动和社会生活的过程中将木器、石器工具的制造、使用方法，火的摄取、保存和使用技术，狩猎的技术和经验等，教授给后代，以保证社会生产的正常进行和集体生活的安全。这一时期的学前教育都是在集体生产劳动和实际生活中进行的，并为之服务。

因此，学前教育起源于远古时代人类社会生产劳动和生活的实际需要，起源于人类对大自然斗争的需要，由整个部落承担对儿童的教育，对儿童的社会公育是原始社会儿童教育的基本形式。

（二）原始社会儿童公育机构的产生

原始社会后期，大约五帝时期（约前2700—前2100年），我国进入了部落联盟与军事民主制阶段，也就是即将跨进阶级社会时期，这时产生了名为"庠"的教育机构，开展儿童公育。

"庠"成为原始社会儿童公育的机构经过了一系列的发展过程。"庠"最初是养羊的地方，由于生产力的发展，集体有了剩余的粮食，"庠"由养羊的地方变成了储存粮食的仓库。"庠"的看管者是那些年老体弱、无法外出劳动但生产生活经验丰富的老年人，"庠"因此具备了仓库与养老的双重功能。由于原始社会教育儿童的任务主要由老年人承担，他们将自身丰富的生产生活经验传授给后代，"庠"便成为教育的重要场所，具备了对儿童保育和教育的功能。随着社会发展，这种功能越来越占据主要地位，成为学校教育的萌芽，并成为对儿童实施社会公育的专门机构。

二、原始社会学前教育的内容

在原始社会，对儿童实施社会公育，其教育的内容与儿童今后要参加的部落内共同生产和生活密切相关，归纳起来主要有以下几个方面。

（一）生产劳动教育

原始社会生产力低下，人们都要参加生产劳动才能满足群体的生存，因此，每个人从小就要向长辈学习必要的生产劳动技能（图1-1）。生产劳动教育就是原始社会儿童公育的重要内容，使人从小就热爱劳动、会劳动。中国古籍记载，远古时期，有巢氏构木为巢，教民巢居；燧人氏钻木取火，教民熟食；伏羲氏教人结网，从事渔猎畜牧；神农氏制耒耜，教民农耕。研究者对现代出土的文物和遗址的研究表明，这样的描述基本上反映了原始社会人类生产、生活和教育的实际状况。

图1-1 原始人劳动场景

（二）道德和宗教教育

在原始社会，对于儿童还进行一定的思想教育，主要包括道德教育和宗教教育。

道德教育中，从小就教育儿童不能损人利己，不能侵犯氏族公共利益，否则就要受到公众的谴责，引导他们适应氏族内部的财产公有制度；教育他们形成尊敬长辈、听从指导、照顾老人、爱护幼小、团结互助的思想观念，适应集体生活的社会关系。

拓展阅读

扫一扫，了解原始社会的议事会和成丁仪式。

宗教教育中，氏族公社时期，原始宗教活动普遍存在，主要有自然崇拜、图腾崇拜、鬼神崇拜、祖先崇拜、巫术占卜等。在这些活动中，儿童受到一定的教育熏陶。一方面，能使儿童形成祖先崇拜，认同祖先的成就和高尚品德，这对于儿童认识氏族血缘关系、学习发扬先辈进取精神和意志，以及氏族内部的团结一致，起到潜移默化的作用；另一方面，儿童在所参加的宗教祭祀活动中学到一些生产知识、历史传说、自然常识，如让儿童参加自然崇拜性质的祭日活动，无形中就能把太阳与万物生长的关系，以及靠太阳定时间、定方向等知识传授给他们。

（三）民俗艺术教育

原始先民创造了多种多样的民俗，并以神话、传说、故事、称谓、语言风格、衣饰等形式表现出来，通过教育加以传承。

同时在这一时期，人类已经开始形成审美意识，因此，在对儿童实施的教育中，歌舞、音乐、绘画等艺术教育也成为一项不可缺少的内容，尤其是他们将原始歌舞视为宗教祭祀活动中的重要组成部分。甚至到了氏族公社后期，还设有专门负责艺术教育的职官。原始艺术教育的首要任务是陶冶人的情操，同时，通过歌舞类的艺术教育，使儿童学到某些生产生活方面的基本常识。艺术教育除了歌舞、音乐，还有绘饰和雕刻，反映当时人们对美的追求与向往。图1-2所示为《将军崖岩画》，是我国发现的唯一一部反映东夷部落生活的历史画卷，距今已有10000年的历史，有太阳、星相、禾苗、人像等造型，被誉为"东方天书"。

图1-2　江苏连云港《将军崖岩画》

（四）体格军事教育

原始社会环境恶劣，所有的成员都要参与对自然的斗争，儿童自幼就要接受艰苦环境的磨炼，所以长辈要对儿童进行体格训练。原始社会后期部落之间经常有争斗，因此儿童从小就要接受军事训练，男孩五六岁要学用弓箭、木枪，七八岁要学习骑马、遛马等技能。

三 原始社会学前教育的特点

原始社会是中国儿童教育发展的初期，原始社会的儿童公育是我国儿童教育发展的初始阶段，这一时期的学前教育主要有以下特点。

（一）对儿童实施社会公育，教育无阶级性

在原始社会，人们共同生产、共同生活，没有私有制，没有阶级，人人平等，儿童为全氏族所共有，所有儿童出生后均接受同等的教育，受到平等的待遇，由氏族公社这个"社会"单位统一抚养和教育。因此，社会公育是整个原始社会的基本教育现象，教育没有阶级性。

需要注意的是，古希腊的柏拉图在《理想国》中，也提出了儿童公育的主张。中国古代的儿童公育思想，不同于柏拉图在《理想国》提出的"儿童公育制"。后者是指由国家专设公共教养机构，由专人负责施行公育，而我国古代儿童公育是以儿童公有为前提，由原始族群或氏族成员共同承担，幼儿享有平等的受教育权。

（二）最基本的教育内容是生产和生活经验

原始社会的生产力发展水平低，人们为了满足最低限度的物质生活，不得不把全部精力用在生产劳动上，生产活动是原始社会的主要活动。这就决定了原始社会的教育只能为生产劳动服务，围绕生产劳动进行。教育内容主要是制造和使用生产工具的技能，以及从事渔捕、采集和原始手工业劳动等的经验，还要学习公共生活的各种规范、宗教与艺术的有关知识以及军事训练等。

（三）教育手段是言传身教、口耳相传

原始社会对儿童的教育是与生产劳动及社会生活融为一体的，儿童在生产生活中接受教育，过什么生活，就受什么教育。因此，凡是生产、生活经验的传授，公共生活规范的培养，都是利用口耳相传，并结合实际动作的示范和模仿，在实践活动中传授的。

（四）无专职教育者和专门的教育场所

由于生产力发展水平的低下、科学文化知识的落后，原始社会的教育还仅仅处于一种萌芽状态。这一时期的教育没有专门的教师，没有专门的机构，也没有文字和书本。老人是原始社会儿童教育工作的主要承担者，体现了"长者为师"。原始社会的教育还没有从生产和生活中分化出来，

采取随时随地、分散进行的教育形式,到原始社会后期才出现"庠"这一原始社会儿童公育机构来对儿童进行专门的社会公育。

第二课 中国奴隶社会的学前教育

从公元前21世纪的夏朝建立开始,我国进入了奴隶社会,经历了夏、商、西周、东周的春秋时期。这一时期,由于社会的分化,教育从社会生产和生活中分离出来,产生了古代学校,后来还有了简单的学校系统。学校教育机构的出现意味着与之相适应的正式学前教育的开始。

一 奴隶社会的学前家庭教育

(一)学在官府

西周时期,官府垄断了学校教育和一切学术文化。那时,只有贵族才有机会接受教育,平民百姓不能进入校门,这种官学合一的现象,被称为"学在官府"。"学在官府"是西周文化教育的显著特点,也是我国奴隶社会教育制度的重要特征。学术和教育为官方所垄断,主要体现在:①礼不下庶人,学术和教育由王宫及各级政府把持,礼器也全由官府掌握,民间没有条件开展学术活动,更无学校。②官师不分,学校设在官府之中,官吏既是教育官员,也是学校教师。③政教合一,教育机构与行政机构不分,教育与行政合一。

(二)学前家庭教育的出现

随着私有制的出现,氏族公社解体,一夫一妻制的家庭成为社会的基本单位,教育儿童的任务落在父母身上,教育由公育变成了家事,原始社会的儿童公育慢慢消失,家庭教育代替了儿童公育,学前家庭教育成为奴隶社会学前教育的主要形式。

公元前21世纪,由于生产力的发展、国家机构的建立、文字的出现,学校开始产生。在古籍中,对夏朝的学校有着明确的记载,商朝的学校更可以从大量的文献史料和较多的出土文物中得以证明。有关西周学校教育的记载,无论是在典籍还是在出土文物之中都能得到佐证。古代学校教育的产生和迅速发展,为学前教育的产生和发展创造了条件。"建国君民,教学为先。"(《礼记·学记》)古代将教育视为治国之本,学前教育也受到了高度重视,但主要是在家庭中进行的,学前社会教育晚于学校教育的产生,父母是儿童天然的老师。

(三) 学前家庭教育的计划

公元前 11 世纪是我国奴隶社会鼎盛的西周时期，当时人们已经能够按照婴幼儿年龄大小来制订循序渐进、有条不紊的学前教育计划。

《礼记·内则》曰："子能食食，教以右手。能言，男唯女俞，男鞶革，女鞶丝。六年，教之数与方名。七年，男女不同席，不共食。八年，出入门户及即席饮食，必后长者，始教之让。九年，教之数日。十年，出就外傅，居宿于外，学书计，衣不帛襦裤，礼帅初，朝夕学幼仪，请肄简谅。"这记载的就是西周王公贵族在家庭中对儿童实施的学前教育计划。大意为幼儿会自己吃饭了，就要教他们用右手吃饭。幼儿会说话了，就要教他们学习答话，男孩用"唯"，女孩用"俞"。身上带的荷包，男孩的以皮革制成，表示长大将从事勇武之事；女孩的以丝帛制成，表示长大将从事女红之事。到了六岁，要教他识数和辨认东南西北。到了七岁，开始教以男女有别，坐不同席，吃饭也不一起。到了八岁，出门进门、坐桌吃饭，一定要让长者在前，开始让他们懂得敬让长者的道理。到了九岁，要教他们知道朔望和学会用干支纪日。到了十岁，男孩要离开家跟着外边的老师学习，在外边的小学里住宿，学习识字和算术。不穿丝帛缝制的衣裤，以免奢侈；此前所教的规矩，还要遵循不懈。早晚学习洒扫进退的礼节，勤习简策，学习以诚待人。《礼记·内则》中记载的学前教育计划作为我国教育史上最早的关于学前教育的记录，不仅是当时学前教育发展的一个标志，而且对封建社会的学前教育产生过一定的影响。

二、奴隶社会的宫廷学前教育

宫廷就是君王之家，宫廷学前教育是古代家庭教育的一种特殊形式。它是指在宫廷内由朝廷委派德高望重的官员对学龄前的太子或者贵族子女实施的一种教育形式，包括在天子宫廷内实施的学前教育和在各诸侯王宫内实施的学前教育。教育史所说的宫廷学前教育主要指对太子在宫廷内实施的学前教育。

(一) 宫廷学前教育的目的和意义

在"家天下"的专制制度统治下，君主拥有至高无上的权力，是天下唯一的主宰者。宫廷学前教育的核心就是培养未来的君主，未来君主的素质如何将直接影响国家的命运。在一个"明主"的统治下，国家将出现繁荣昌盛的局面；反之，在一个暴君或昏君的统治下，就将导致民不聊生、国破家亡。因此，奴隶社会尤其重视对君主的教育，尤其是对君主接班人——太子的教育。总之，宫廷学前教育对个人而言，是为了让太子德性趋向完善；对国家而言，是为了维护君主家族的专制统治和国家的长治久安。由此可见，宫廷学前教育具有政治与教育的双重意义。

（二）宫廷学前教育制度

为了加强对太子实施有效的教育，在奴隶制社会时期设立了保傅教育制度和乳保教育制度。

1. 保傅教育制度

所谓的保傅教育制度，是指朝廷内设有专门的师、保、傅官以对君主、太子进行教谕的制度。据史料记载，早在西周以前，就曾设置有太师、太傅和太保的官职，合称"三公"，它们的副职分别是少师、少傅和少保，合称"三少"，这类官员统称为师傅、师保或保傅。"三公"对太子实施教育时有着明确的分工，其中，"保，保其身体；傅，傅之德义；师，道之教训"。保其身体，即负责身体的保育；傅之德义，即负责培养道德；道之教训，即进行文化知识及统治经验的传授。可见，师保之教的内容是较全面的，包括了德、智、体三方面的内容，保证太子"见正事、闻正言、行正道"。

2. 乳保教育制度

乳保教育制度是指在后宫挑选女子担任子师、慈母、保母，以承担保育和教导太子、世子事务的制度，又称"备三母"制。子师、慈母、保母合称"三母"，她们分别承担母后的部分职责，其中，"子师，教以善道者"，即负责行为规范的教育；"慈母，审其欲恶者"，即负责提供衣食及其他生活需要；"保母，安其寝处者"，即负责居室的安置料理。根据《礼记·内则》中记载，太子、世子出生后不久，即"异为孺子，室于宫中，择于诸母与可者，必求其宽裕、慈惠、温良、恭敬、慎而寡言者，使为子师，其次为慈母，再次为保母，皆居子室，他人无事不往"。总之，由她们共同负责太子、世子德性的培养和日常生活起居等事宜。

除"三母"外，还要从大夫之妾或士之妻中选择乳母以哺育世子。乳母哺育世子至三岁断奶，然后出宫，国君通常会给予厚赏。特别是太子即位后，为报答哺育之恩，封乳母以厚禄显爵更是常见之事。

（三）实施胎教

我国是世界上最早提出胎教的国家。胎教就是在母亲怀孕期间所采取的一系列自我和外部的措施，用以对胎儿施加特定的影响，这是一种重要的早期教育措施。据史料记载，我国实施胎教的历史，可以上溯到西周时期（前1046—前771年）。

最早实施胎教的是周文王的母亲太任。根据《列女传》记载，太任自妊娠后，"目不视恶色，耳不听淫声，口不出敖言，能以胎教"。太任严格进行胎教的结果就是"文王生而明圣，太任教之以一而识百"。在古籍《表史氏之记》中则记载了妇女怀孕时的外部约束。王后怀胎七个月的时候要搬到分娩前的专门居室——"篓室"中去住，由太师持奏乐用的律管守于左窗下，太宰持烹炊用的斗器守于右窗下，太卜持占卜用的蓍草和龟甲守于前门外。在十月分娩前的这几个月里，如果王后要听的乐曲不合礼制，太师则以"未习"而婉言谢绝；如果王后想吃的东西不合正味，太宰则回答："不敢拿这样的食品侍奉（您腹内的）王太子。"这是防止孕妇在不能自行胎教时所采取的外部管束，目的是避免对胎儿造成不良影响。早期的胎教虽然大多数是针对君主而言的，但也有普遍的学前教育意义。

三 奴隶社会学前教育的特点

奴隶社会是我国古代学前教育的奠基时期，这个时期学前教育有如下特点。

（一）家庭承担了学前教育的任务

随着家庭的出现，原始社会的儿童公育已经消失，由家庭来承担学前儿童教育的任务。

（二）具有鲜明的阶级性

奴隶社会是我国第一个有阶级的社会，奴隶主贵族居于统治地位，垄断着受教育的权利。所以，有限的学前教育仅在君主的宫廷中和奴隶主贵族的家庭中进行。

（三）学前教育和学校教育有了一定的年龄划分

奴隶社会建立起了简单的学制体系，学前教育和学校教育有了一定的年龄划分，但没有作统一的规定。如《礼记·内则》规定儿童10岁"出就外傅"即入小学，之前为学前教育；也有其他的年龄划分，如《尚书·大传》记载，公卿大夫的嫡长子13岁入小学，其他弟子15岁入小学。

拓展阅读

扫一扫，了解古代儿童的入学年龄。

（四）制订了相应的学前教育计划

虽然学校教育没有规定统一的年限、统一的入学年龄，但是，人们却认识到了学前教育的重要性并逐步制订了系统的学前教育计划。《礼记·内则》中详细记载了人们按照年龄开展相应的学前教育活动。

（五）统治者非常重视学前教育

奴隶社会的统治者为了培养优秀的继承人，建立了针对未来君主的保傅教育制度和乳保教育制度，提出了实施胎教的要求并进行了实践，且对后世产生了极大影响。

第三课　中国封建社会的学前教育

中国从公元前475年开始进入封建社会，到1840年鸦片战争结束，长达两千余年。伴随奴隶制度的瓦解，奴隶社会"学在官府"的局面被打破，私学兴起，教育对象范围扩大，学前教育得到了进一步发展。在封建社会，学前教育仍然主要是在家庭中进行的，而且中国自古以来就有尊老爱幼的传统，也促使了封建社会慈幼制度和机构的建立。

一　封建社会的学前家庭教育

封建社会的学前教育基本都是在家庭中进行的，小学教育的很大一部分也是在家庭中实施的，即便是那些入私塾、书馆上学的儿童，家庭教育仍是不可缺少的，而且许多私塾、书馆本身就是家族所办，是扩大了的家庭教育，如《红楼梦》中贾宝玉所上的学校就是这种类型。在许多书香世家中，其子弟的教育几乎都是在家庭教育中完成的，如孔子家族的经学，司马迁、班固家族的史学都是世代相传。各类技艺之学更是如此，一般都是祖传密授，不教外人，甚至传子不传女。

（一）封建社会的学前家庭教育的目的

1. 培养统治阶级人才

在封建社会，历代统治者多重视教育，他们设立学校的目的就是为封建社会培养统治人才。我国古代最早的教育学论著《学记》中说："君子如欲化民成俗，其必由学乎……是故古之王者建国君民，教学为先。"汉代太学的设立也说明了这一点。学前教育是学校教育的基础，二者目标一致。统治者非常重视学前家庭教育，视其为培养封建社会所需要的统治人才教育的开始。在封建社会的学前家庭教育的过程中，长辈们常以"学而优则仕"的思想教育儿童，以日后求官晋爵的知识启蒙儿童。

2. 奠定治国安邦之基

家庭是社会的细胞，是国家的缩影，国家是扩大了的家庭。正是从这个意义上，古代的学者将教育的终极目的定位为"修身、齐家、治国、平天下"。学前教育是学校教育的基础和起点，因此学前教育的另一个重要的目的就是奠定"治国、平天下"的基础。《礼记·大学》中所言:"古之欲明明德于天下者,先治其国;欲治其国者,先齐其家;欲齐其家者,先修其身……心正而后身修,身修而后家齐,家齐而后国治,国治而后天下平。"孔子曰:"居家理,故治可移于官。"可看出古人非常重视家庭教育,并把它作为出仕和治国安邦的基础。

3. 振兴家业光宗耀祖

如果说治国安邦是政治家为古代学前家庭教育制定的终极目标,那么振兴家业、光宗耀祖则是普通百姓家庭实施学前教育的实质动机与最切近实际的目的。在封建社会,家中长辈都视子女为私有财产,希望通过家教早日使子孙"成龙",以达到振兴家业、光宗耀祖的目的。同时,子孙们亦以身许家,把振兴家业、光宗耀祖作为自己的奋斗目标和报答父母养育之恩的最好方式,将个体的命运和光荣与家庭的兴旺和荣耀联系起来。

(二)封建社会的学前家庭教育的内容

中国古代封建社会学前家庭教育的内容主要包括思想品德教育、生活常规教育、文化知识教育和身体保健教育。

1. 思想品德教育

我国封建社会教育是以伦理道德为基本内容的,一向以思想品德为教育内容的主体,主要是使儿童形成初步的道德观念,养成良好的行为习惯。内容主要包括以下几个方面。

1) 孝悌

"孝"和"悌"是家庭道德的基本观念,是整个封建社会伦理道德的基础。在封建社会里,孝悌教育是学前家庭教育的首要任务。孝,指子女对父母要孝顺、服从;悌,指对兄长要敬重、顺从。"孝"的教育主要是要求儿童从小养成不违背父母意志的习惯,服从父母的绝对权威。《三字经》言"香九龄,能温席",成为封建社会教育儿童的榜样。"悌"的教育主要是要求儿童做到兄弟友爱,和睦相处,为弟者敬爱兄长,为兄长者爱护弟弟。"孔融让梨"作为"悌"的教育的典型,在封建社会广为流传。

2) 崇俭

我国是以农业文明著称的国家,农业生产艰辛,丰收得之不易,正如唐诗中所说:"谁知盘中餐,粒粒皆辛苦。"因此珍惜粮食、崇尚俭朴就成为中华民族的传统美德和家庭教育的重要内容。为使幼儿树立崇俭的观念,封建社会中的一些有识之士在家庭中经常教导儿童俭朴是一种美德,奢侈则是最大的罪恶。宋代司马光在家训《训俭示康》中说:"由俭入奢易,由奢入俭难。"明末清初朱柏庐在《朱子家训》中说:"一粥一饭,当思来处不易;半丝半缕,恒念物力维艰。"

3) 诚信

诚信就是诚实无欺。儿童的天性纯洁美好,然而由于不良影响或自身因自夸或惧过,有时也会说谎,欺诈之心由此萌芽,以致逐渐丧失童心。因此,古人十分重视诚信教育,父母要以身作则,一旦儿童说谎就及时训诫纠正。《韩非子·外储说左上》中讲到的曾子杀猪的故事，《韩诗外传》中记载的孟母教子无欺的故事，都给后人树立了良好的榜样。

拓展阅读

扫一扫，读《曾子杀猪》的故事。

4）为善

为善，在封建社会主要是指做合乎道义、合乎礼仪的事。古代学前家庭教育中非常注意使幼儿养成行善去恶的观念，经常教育幼儿除在家孝顺父母、敬爱兄长外，在外凡是合乎道义的利人之事应为之。许多家长都非常重视教育幼儿"勿以恶小而为之，勿以善小而不为"。

5）立志

中国古代许多名人都把立志求学视为品德教育的重要内容，如孔子说"吾十有五而志于学"，诸葛亮说"非学无以广才，非志无以成学"，朱熹说"立志不定，如何读书"。立志为学，是古代家庭对孩子进行立志教育的重要方面。为了让儿童立志向学，古人还总结了很多名人典故，如韦编三绝、头悬梁锥刺股、囊萤映雪、凿壁借光等，都成为父母教育孩子勤奋用功的好教材。同时，古人还注重立志报国，如岳母在岳飞背上刺字"尽忠报国"，岳飞后来成为民族英雄。

2. 生活常规教育

常规一般是指生活规则和行为规则，用以约束人的行为，培养良好习惯。封建社会的家庭对学前儿童实施生活常规教育，主要包括日常生活中礼仪常规的训练和卫生习惯的养成。

1）礼仪常规的训练

在封建社会，儿童的礼仪姿态训练叫作幼仪教育。对儿童的幼仪教育充溢着封建"礼教"的思想和内容。幼仪教育，首先是合乎礼仪的姿态训练，《礼记·曲礼》中说："（童子）立必正方，不倾听。"意思是说儿童站立的时候要端正直身地站着，不能左右摇晃倾斜，要求儿童站有"站相"。其次，对儿童进行尊老敬长的礼仪常规训练，这实际上也是一种礼貌知识教育，它要求儿童对长者必须谦恭、礼让，不可恣意妄行。此外，还进行初步的待人接物礼仪常规训练。

2）良好卫生习惯的培养

养成日常生活中的卫生习惯，也是幼儿家庭生活常规训练的另一项重要内容，具体包括个人卫生与环境卫生两个方面。朱熹指出"自冠巾、衣服、鞋袜，皆须收拾、爱护，常令洁净、整齐"，认为儿童平时应十分注意衣着整洁，尽量避免弄脏衣服，并要勤换勤洗，注重个人卫生。古人规定儿童还应该为家庭的环境卫生做一些力所能及的"洒扫"小事。朱熹在《童蒙须知》中提出"凡为人子弟,当洒扫居处之地,拂拭几案,常令洁净"。这不仅能培养儿童爱清洁的习惯,对于养成儿童勤劳的习性也是大有益处的。

3. 文化知识教育

在"万般皆下品,唯有读书高"的思想支配下,文化知识教育便成为众多家庭儿童教育的主要内容。封建社会家庭对儿童实施的文化知识教育,主要是教他们识字、学书、听解《四书》《五经》,以及学习一些名诗、名赋、格言等。

1) 识字教育

文化知识教育的开端与重点是通过识字教育进行的。封建社会为了更好地进行儿童识字启蒙教育,编写了大量的启蒙识字教材,其中代表作是《三字经》《百家姓》《千字文》,简称"三、百、千"。这些教材编得生动活泼,而且均采用韵语,或三言句,或四言句,句短合仄,读来朗朗上口,便于儿童记诵。

2) 传授儒家典籍

封建社会家庭中,由于父母"望子成龙"心切,通过及早施教,让儿童识字、习字,以便于儿童能及早阅读儒家经典;或由于有些儿童特别聪慧,在4~5岁时就能够认识很多字,于是便开始教授《四书》《孝经》等书籍。"士大夫子弟,数岁已上,莫不被教,多者或至《礼》《传》,少者不失《诗》《论》",可见当时的封建士大夫家庭对儿童进行儒家经典的教学相当普遍。

3) 学习诗赋

在封建社会的科举考试中诗赋是一项特别重要的内容,因此,封建社会家庭学前教育极为重视对儿童从小进行诗赋知识的启蒙。当时在家庭中主要是选择汉赋中的某些名篇、唐宋诗中的某些名家作品让儿童背诵。最为常用的教材有《唐诗三百首》《千家诗》和北宋汪洙的《神童诗》等。

拓展阅读

扫一扫,读《孟母断机教子》的故事。

4. 身体保健养育

1) 食勿过饱,穿勿过暖

为了提高婴幼儿抗御疾病的能力,许多中医学者反对婴幼儿过饱、过暖。唐代名医孙思邈在《千金方》中提出"乳儿不可过饱,饱则滥而呕吐";宋代著名儿科医学家钱乙主张"若要小儿安,常带三分饥与寒"；明时许相卿说"婴孩怀抱，毋太饱暖，宁稍饥寒，则肋骨坚凝，气岸精爽"。

2）注意安全，避免惊吓

明代医生万全主张在照顾儿童时应"能坐、能行，则扶持之，勿使倾跌也"，强调了对儿童的保育务必细心谨慎，保证安全，避免跌落。同时他在《育婴家秘》中指出："凡小儿嬉戏，不可妄指它物作虫、作蛇。小儿啼哭，不可令人装扮欺诈，以止其啼，使神志混乱。"可见，儿童也要避免惊吓。

3）运用游戏，锻炼身体

游戏是学前儿童最喜欢的活动之一，也是古代学前家庭教育中加强幼儿身体锻炼的重要方法。古时能起到锻炼身体作用的幼儿游戏主要有拔河、骑马、跳绳、放风筝、滚铁环、踢毽子、蹴鞠（图1-3）等，许多游戏至今仍为儿童所喜爱。

图 1-3　幼儿蹴鞠图

总之，封建社会学前家庭教育的内容是非常丰富的，它涵盖了德、智、体等诸方面，但过于突出德育与智育，而且许多繁杂的教育内容过于成人化与教条化，使儿童难以承受，在很大程度上扼杀了儿童的天性。

（三）封建社会胎教的发展

我国胎教的历史可以追溯到西周时期，到了汉代，源自宫廷的胎教思想下移到民间广为所用，并在继承了奴隶社会胎教思想的基础上继续发展。

1. 封建社会关于胎教的论述

西汉贾谊的《新书》中专设"胎教"一篇，论述胎教的必要性。他认为，胎教之道应当"书之玉版，藏之金柜，置之宗庙，以为后世戒"。大意为：胎教的方法，应该雕刻在美玉上，珍藏在黄金打造的柜子里，放在宗庙之中，让后世子孙引以为戒。汉代学者认为人的本性与世间万物是相通的，因此女子在怀孕的时候，一定要注意自己的所想所为。言语行为如果与善相应，就生出良善的孩子，如果与恶相应，就会生出不善的孩子。儿女的性情容貌和万物是相像的，都是母亲与万物相感的结果。

南北朝隋唐时期，胎教思想完全深入民间，这得益于颜之推和中医学科。北齐学者颜之推在《颜氏家训》的首篇中就开门见山教子孙如何胎教："古者圣王有胎教之法，怀子三月，出居别宫，目不斜视，耳不妄听，音声滋味，以礼节之。"强调给孕妇和胎儿营造一个好的人文环境。

历代医著和医家对于"胎教"的内容也有很多记述。南北朝至隋唐，中医学体系逐渐形成。在医生们的号脉问诊之中，古老的胎教学便慢慢褪去儒教思想的圣光，与医学结合起来。中医从医学和生理学的角度来研究胎教、倡导胎教，也就进一步促进了胎教进入百姓生活。南齐时出现了历史上最早的胎教专著《太公胎教》，它提倡"母常居静室，多听美言，讲论诗书，陈说礼乐，不听恶言，不视恶事，不起邪念"，并强调如此生下的孩子将"福寿敦厚，忠孝两全"。唐代孙思邈在《千金方·养胎》中提出了著名的"外向内感"胎教理论，即胎儿虽然在母体内，但是能受到外部客观事物的影响，从而发生相应的变化。隋唐之际，胎教已经在民间十分盛行，反过来影响到统治者。李世民曾说："古有胎教世子，朕则不暇。"

南宋朱熹将胎教细则简练地归纳为十二字，即孕妇要时刻注意"一寝一坐，一立一食，一视一听"，以便使胎儿能够"气禀正而天理全"。明清时期的胎教理论更加完善，康有为在其《大同书》中强调胎教对一个新生儿成长的重要性，"反本溯源，立胎教之义，教之于未成形质之前""天下之人皆出于胎，胎生既误，施教无从。然而胎教之地，其为治者之第一要地"。另外，他主张建立以提高人口质量为目的的胎教院——"人本院"。

2. 封建社会胎教思想概要

从胎教论述者来说，隋唐以前的胎教思想多由政治家、思想家提倡，缺乏科学的考察和论证，侧重于政治和伦理道德方面。唐代以后，因为中医理论的介入，妇科和儿科逐渐分化出来成为独立的科目，胎教在内容与方法上逐渐完善，开始走向科学化。

从胎教的作用来说，一是培养合格君主的必要条件；二是培养理想后代的重要前提；三是胎儿健康发育的基本条件。

从胎教的内容来说，一是重视孕妇所处环境的影响；二是重视孕妇精神因素的影响；三是重视孕妇饮食卫生的影响。

二 封建社会慈幼制度和慈幼机构的建立与发展

（一）慈幼制度的建立和发展

慈幼，即爱护幼儿。中国实行慈幼政策，对弱势幼儿进行救助和保护，有着久远的历史渊源，历代统治者为了巩固政权和增加人口，曾屡屡制定有关慈幼的政策与法令。如先秦时期，管仲曾行"九惠之教"，并把慈幼放在工作的首位，专门设置掌幼官员，对士民幼子多而无力抚养的家庭，给予救济。到秦代，国家通过法律的形式对幼小儿童进行保护，明确规定若子女发育不全或子女太多，父母不愿抚养而弃之，将会受到法律的制裁。两汉时期，慈幼观念深入人心，文帝、景帝都有"赏赐长老，收恤孤独"之举，通过赏赐粮食、供给衣服等措施让"老者以寿终，幼孤得遂长"，还出台了很多救助孤独幼童等特殊困难人群的慈善举措。

（二）慈幼机构的建立与发展

1. 宫廷慈幼机构

中国最早的专门慈幼机构出现在公元前11世纪的西周，当时西周王宫内和各诸侯国的宫廷内都设有婴幼儿养育机构——孺子室，是专为周王的太子、王子及各诸侯的儿子们设立的。

东汉时，出现了中国第一个具有教育性质的慈幼机构。据《后汉书·邓皇后纪》记载，东汉安帝元初六年（公元119年），和帝之妻邓太后在宫廷开设邸舍，将宫室子女5岁以上者40余人、邓太后近亲子弟30余人集中起来，教学经书，并亲自督试。对其中年龄较小的孩子，为他们设置专门的师保，早晚经常去看望，给予爱抚与教导，恩爱有加。邓太后办邸舍的目的首先是使贵族子弟及早接受教育，学会治国安邦的本领；其次是改变贵族子弟"温衣美饭、饱食终日、无所用心、不学无术"的现象，以免招致"祸败"。严格来说，邸舍不算是专门的学前教育机构，它包含有年龄较大的少年儿童的读经教育，但其中也有对幼小儿童教育的部分，而且对这一部分是予以特别对待的。所以，邸舍作为慈幼机构具有一定的教育历史价值。

2. 社会慈幼机构

我国在封建社会中后期的宋代，出现了由中央和地方政府主办的社会性质的慈幼机构。北宋学者苏轼在密州做官时，曾出公粮收养女婴，这是社会慈幼机构的雏形。社会慈幼机构的名称较多，在宋朝主要有慈幼局、举子仓、广惠仓等。这些慈幼机构基本由朝廷和地方官吏举办，经费主要来自官方。举子仓系赈济贫困多子家庭，即仍由父母亲属抚育婴幼；而广惠仓则专为恤孤而设，或专立机构，或召人收养，仍以家庭为实施教养的单位；真正具有公共教养性质的机构为慈幼局。

慈幼机构创立于南宋，于元、明两代衰落，慈幼机构第二次较大规模的建立是在清代。清朝的慈幼机构主要是育婴堂，育婴堂作为专门收养弃婴的慈善机构，与宋代相比，清政府注重加强慈幼机构的管理，制定了京师育婴堂收养、认领弃儿的条例，对慈幼经费的使用情况严格监督，慈幼经费有了固定的保障，同时还明令允许私人办设。然而，古代大多数慈幼机构与宋代一样仅仅具有慈善恤养的性质，而不行教育之事。只有极少的慈幼机构，如著名学者唐鉴在道光年间联络同僚筹款在贵州创办的"及幼堂"，曾实行教养结合，他们选择儿童中的聪颖者，教以读书写字，对其他儿童则教之打草鞋、打绳索、编竹器等一切有助于自食其力之事，这可以说是我国历史上最早实施教养合一的慈幼机构。清代还有借鉴宋代广惠仓而创立的民间慈幼机构——育婴社。育婴社本着"有钱出钱，有力出力"的原则，没有专门的设施，而采取付费"召人代养"的形式随机办理，简便灵活。

三 封建社会学前教育的特点

延续两千多年的封建社会是我国古代学前教育的大发展时期,这一时期的学前教育有以下特点。

(一)学前教育对象平民化

封建社会打破了过去奴隶主贵族垄断学前教育的局面,使学前教育成为普通平民家庭教育的重要组成部分。

(二)学前教育内容较全面

封建社会学前教育的内容非常丰富,涉及德、智、体诸方面,并出现了许多专为幼儿编写的用于思想教育、文化知识教育等方面的教材,促进了儿童的身心全面发展。

(三)学前教育功利性强,重教轻养

封建社会强调"学而优则仕",教育的目的就是要培养社会的统治者,光宗耀祖。因此,在教育上表现出浓厚的功利主义色彩。在学前教育实施过程中,重教轻养,忽视儿童身心发展的特点和需求,在儿童不理解的情况下要求其背诵大量的诗文,不符合教育的规律。

(四)学前教育深受儒家思想的影响

封建社会的学前教育,在实施过程中始终受到儒家思想的影响。儒学在中国传统文化中居于主导地位,一方面是因为宣扬天命的天人观念、伦理上以"仁"为核心的"三纲五常",宣传忠孝,严格等级次序;政治上主张"大一统",维护专制主义中央集权,这些都是一切剥削阶级取得统治地位后共同需要的思想武器,在根本上适应了封建专制统治的需要。另一方面是因为儒家的"入世说",具有强烈的社会责任感,能够随时代需要的变化而不断地改变面目。特别是汉代的儒学,吸收了道家和法家的思想,并与阴阳五行说相结合,制造了君权神授、"天不变,道亦不变"的理论,以神权论证君权,以天道论证人道,使儒学长期成为统治阶级的政治哲学。

(五)胎教理论体系逐步完善

随着我国中医理论的介入,产生了加强饮食、调养身心、注重精神和情绪等养教一体的胎教思想,胎教理论体系逐步完善。

表 1-1 所列为中国古代三个历史阶段学前教育特点。

表 1-1　中国古代三个历史阶段学前教育特点

时期	社会特点	学前教育特点
原始社会	生产力低下，所有青壮年都要参与劳动；实施群婚制，没有固定的家庭；生产资料公有，没有阶级划分	学前教育完全融合在日常的生产和生活中，由妇女和老年人向儿童传授生存所需要的基本知识经验；幼儿接受氏族内的公共教育。总之，幼儿教育没有阶级性，所有幼儿接受平等的教育
奴隶社会	私有制出现，人群划分为奴隶主、平民、奴隶等不同等级	只有奴隶主的儿童接受专门的教育，平民和奴隶的儿童只能跟随父母学习生产劳动的知识。总之，学前教育具有明显的阶级性和等级性
封建社会	实行私有制；人群划分为封建贵族、地主、佃户、平民等。出现了招收平民子女的学校	统治阶级（封建贵族、地主）和受统治阶级（平民、佃户）的儿童接受不同的教育；学前教育与学校教育出现分离，入学前主要在家庭进行。总之，教育依然以家庭教育为主，具有鲜明的阶级性和等级性

拓展阅读

扫码读《三字经》（节选）。

单元小结

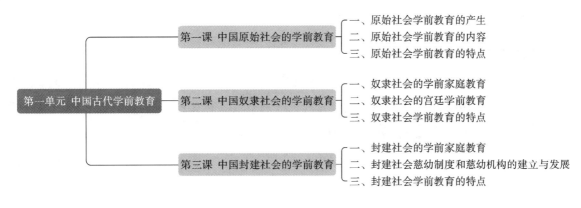

思考与练习

1. 单项选择题

(1) 古代宫廷教育中，太师、太保、太傅，统称（　　）。

A. 三少　　　　B. 三公　　　　C. 三母　　　　D. 三太

(2) 我国古代学前教育的基本形式是（　　）。

A. 宫廷教育　　B. 家庭教育　　C. 学校教育　　D. 社会教育

(3) 人类特有的社会活动是（　　）。

A. 教育　　　　B. 繁殖　　　　C. 生存　　　　D. 进食

(4) 以下用来形容子师的职责的是（　　）。

A. 审其欲恶者　B. 安其寝处者　C. 保其身体者　D. 教以善道者

(5) 幼儿受教育机会平等且没有阶级性的社会是（　　）。

A. 原始社会　　B. 奴隶社会　　C. 封建社会　　D. 资本主义社会

(6) 在原始社会时期，学前教育是完全融合在生产和生活中，其主要任务是（　　）。

A. 增强幼儿体质　　　　　　　　B. 开发幼儿智力

C. 保证幼儿存活　　　　　　　　D. 培养幼儿处理事情的能力

(7) 我国封建社会教育是以伦理道德为基本内容的，这种伦理道德的基础是（　　）。

A. 勤俭　　　　B. 诚实　　　　C. 守信　　　　D. 孝悌

(8) 关于邸舍的说法中，不正确的是（　　）。

A. 东汉和帝妻子邓太后开设　　　B. 中国第一个具有教育性质的慈幼机构

C. 中国最早的专门的慈幼机构　　D. 教养对象具有局限性

2. 简答题

(1) 原始社会学前教育的内容包括哪些？

(2) 为什么奴隶社会尤其重视太子的学前教育？采取了哪些措施？

(3) 中国封建社会学前家庭教育的目的和内容是什么？

(4) 中国封建社会学前教育的特点有哪些？

3. 论述题

(1) 分析原始社会学前教育的内容与特点及其时代价值。

(2) 试分析古代实施学前家庭道德教育的内容和意义。你如何看待我国的幼儿孝道教育的传统？幼儿教师如何在幼儿园实施幼儿孝道教育？

实践与实训

实训一： 以小组为单位组织学生进行情景模拟或者角色扮演教学。

目的： 了解奴隶社会和封建社会的教育形式和教育内容。

要求： 分小组让学生自行选择主题并设计情节，分别模拟扮演奴隶社会和封建社会某个家庭教育的场景。

形式： 情景演练。

实训二： 组织学生进行中国古代优秀育儿故事或者著名家训经典语句讲述讲解比赛。如：曾子杀猪、岳母刺字、孟母三迁、孔融让梨。

目的： 感受中国的灿烂文化，领悟孝悌之道，培养美好品质。

要求： 分小组进行中国古代寓言故事、成语故事或者其他经典古代故事的讲述比赛。

形式： 小组比赛。

第二单元　中国古代学前教育思想

◇ **学习目标**

1. 了解贾谊的儿童教育思想、朱熹的儿童教育思想的主要内容。

2. 了解颜之推家庭教育的基本主张,并理解其历史和现实意义。

3. 了解王守仁有关儿童自然教育的基本思想。

4. 能客观理性地分析古代教育家的思想,明确其合理性及历史局限性,并能取其精华指导教育工作。

5. 能用发展的眼光看待学前教育思想的变迁,学习古代教育家探索教育规律的精神,增强研究教育的意识。

◇ **情景导入**

中国历来重视教育,在我国古代虽然还没有形成完整的学前教育制度,但是积累了数千年的教育经验,产生了许多思想家、教育家。他们从不同角度提出了有关学前教育的见解和主张,对古代学前教育的实施产生了很大影响。

我国古代有很多思想家和教育家,他们大多具备丰富的学前教育经验和思想,本单元主要以贾谊、颜之推、朱熹、王守仁作为代表予以简述。这些伟大的教育家有哪些教育主张?他们的教育思想中有哪些优点和不足?对于今天的学前教育又有何借鉴意义呢?通过本单元的学习,你就能解答这些问题了。

第一课　贾谊的儿童教育思想

一　生平及著作

贾谊（前200—前168年，见图2-1），西汉初期著名政论家、文学家，洛阳（今河南洛阳东）人。贾谊年少即有才名，能够诵读诗书、善为文章，闻名当地。20余岁，贾谊被河南郡守吴公推荐给汉文帝，召为博士，其后不到一年便升为太中大夫。23岁时，因为贾谊的才华和文帝对他的信任，引起了一部分朝臣的忌恨，所以遭到诽谤，被贬为长沙王太傅。3年后，贾谊被召回长安，任汉文帝少子梁怀王的太傅。后来梁怀王坠马而死，贾谊认为自己没有尽到太傅的责任，不久便歉疚抑郁而亡，时年33岁。

图2-1　贾谊像

贾谊先后8年的太傅生涯奠定了他教育思想的实践基础，同时他在总结先贤经验和思想的基础上，阐述了其学前教育的思想。贾谊的著述颇多，西汉后期，辑为《贾谊集》，包括《新书》10卷。《新书》的前半篇是他的政治主张，后半篇是他的教育主张，其中关于早期教育的思想论述主要见于《傅职》《保傅》《劝学》《胎教》诸篇中。

二　儿童教育思想

（一）重视胎教

贾谊是最早较为完整地提出胎教思想的教育家。他认为胎教是早期教育的开始，对太子的教育应在其未出世之前就要进行。关于胎教，贾谊主张一方面要科学选择婚配的对象，另一方面要创设良好的胎教环境。

1. 重视婚配对象的选择

贾谊认为，胎教第一步就是要慎重择妻。"谨为子孙婚妻嫁女，必择孝悌世世有行义者。如是，则其子孙慈孝，不敢淫暴，党无不善，三族辅之。"(《新书·胎教》) 因为胎儿的状况及其性格的养成与母亲的天性有着十分密切的关系，所以要选择道德品行优秀的人作为妻子，如此，其子孙后代就会仁慈孝顺，不会做淫荡暴乱之事，亲族中也将无不善之人，三族中也会有人来辅助他。

  2. 重视胎教环境的创设

  贾谊主张要科学选择周围的人和事物，通过影响母体的环境为胎儿的发展创设良好条件。在物质环境方面，贾谊认为"王后有身，七月而就蒌室"(《新书·胎教》)，要在太子出生前设置一个专门实施胎教的场所——蒌室，方便王后能静心休养，孕育胎儿。安排专人监护，确保王后的饮食、所见、所闻、言语、行为等合乎礼的标准，避免不良的影响阻碍胎儿的发育。在心理环境方面，贾谊认为孕妇自身也要有胎教意识，并举例："周妃后妊成王于身，立而不跛，坐而不差，独处不居，虽怒不詈，胎教之谓也。"(《新书·胎教》) 孕妇的一切言行举止都须不偏不倚，要保持良好的心理状态，如此，生出来的婴儿才会正善不邪。

（二）及早谕教

  贾谊认为"太子之善，在于早谕教"(《治安策》)，人生早期是教育的黄金时期，因为"少若成天性，习惯成自然"(《汉书·贾谊传》)"心未滥而先谕教，则化易成也"(《治安策》)，当婴幼儿的内心未失时就展开教育，容易收到成效。如果恶习已然养成，再来矫正，就错过了最佳教育时机，且事倍功半。

  贾谊关于儿童教育的论述，主要是从加强中央集权的政治观点出发，是针对皇太子的教育而言的。他认为："天下之命，县于太子。"(《治安策》)对太子的教育事关国家兴衰成败，所以，必须让太子接受良好的早期教育，使其品行端正，"太子正而天下定矣"(《治安策》)，那么天下也就安定了。

（三）慎选左右

  贾谊认为，要使"太子正"，除了"及早施教"以外，还必须"慎选左右"。

  1. 关于慎选左右的意义

  "慎选左右"意思是要为太子慎重选择师友。慎选师友是太子的教育成功的根本保证。他认为，环境对人的发展具有十分重要的影响。人刚出生时，性情、品行差异并不大，之所以出现贤愚善恶之分，其根本在于周围环境的影响。如果太子始终处于"左右前后皆正人"的环境中，通过"见正事、闻正言、行正道"(《治安策》)，接受"正人"潜移默化的影响，他最终就会成为品行端正、善良的太子。

  2. 论保傅教育制度

  为更好地落实"慎选左右"，让太子始终处于良善的教育环境中，贾谊主张在宫廷内设置专门辅导、教谕太子的师、保、傅官，建立保傅教育制度，以"固明孝仁礼义以道习之，逐去邪人，不使见恶行"(《治安策》)。

师、保、傅是太子最早、最重要的教育者，他们的品行直接影响太子德行的养成，最终关系国家的命运。贾谊要求统治者必须慎重选择师、保、傅官，唯有"天下之端士，孝悌博闻有道术者"（《治安策》），也就是德才兼备的人才能充任"三公""三少"，从而在太子周围形成良好的教育环境，并充当卫翼太子的屏障，驱逐邪人，不让太子耳闻目睹恶言、恶行、恶事。

（四）重视儒术

贾谊认为应以儒家学说作为太子的教育的主要内容，尤其要注重《春秋》《礼》《诗》《乐》等儒家经典的传授，实现以仁德治理天下。贾谊认为儒家经典含有丰富的道德涵养价值，"或称春秋，而为之耸善而抑恶，以革劝其心。教之礼，使知上下之则；或为之称诗而广道显德，以驯明其志；教之乐，以疏其秽而填其浮气"（《新书·傅职》）。

除儒家经典外，贾谊提倡太子还要学习历史知识，通晓古圣先王以德治国的方法，通过了解历代兴亡史实，产生警诫、畏惧重蹈覆辙的心理。贾谊还提出，师、保、傅官应向太子传授"君国畜民"之道，使其自幼通晓儒家"德刑并举"的治国方略，知道文武之道才是治国之本，懂得对臣子应当赏罚分明、公正。

在道德教育方面，贾谊主张应使太子自幼形成儒家所倡导的忠、信、义、礼、孝、仁等道德观念，在他看来，具有此"圣人之德"的人，就是道德上的完美者，也即具备儒家理想人格者。为此，他要求当太子出现不符合上述道德规范的行为时，教师切不可听之任之，须及时劝谕、矫正。

（五）讲究方法

贾谊关于教学方法的教育思想主要体现在《新书·容经》中。他说："人主太浅则知暗，太博则业厌，二者异失同败，其伤必至。故师傅之道，既美其施，又慎其齐；适疾徐，任多少；造而勿趣，稍（稽）而勿苦；省其所省，而堪其所堪。故力不劳而身大盛，此圣人之化也。"（《新书·容经》）其意思是，教学内容过少过浅则不能最大限度地发展学生的智力；过博过深，学生因无法接受而产生厌烦情绪。两者虽然情况不同，但都是失败的教育。作为老师，既要主动地对学生（太子）进行教育，又要适当加以调节。教学的快慢、内容的多少要适应于学生的发展水平和接受能力，监督他而不使其太过紧张，考查他而不使其太过烦苦。

这些思想体现了循序渐进和因材施教的思想，提出了深浅适宜、快慢适当，最大限度地发挥学生智力潜能的教学原则。还有学者认为，贾谊实际上已经涉及教学内容的选择和搭配、教学内容深浅多少和学生接受能力之间的关系，是对孟子的"盈科而后进"、《学记》"学不躐等"等教学思想的丰富和发展。这一思想也为西汉教育家董仲舒所认同，董仲舒还将"圣人之化"的论述辑录为自己文章的一部分，表示"吾取之"。

三 对贾谊儿童教育思想的评价

贾谊是古代中国第一位较为全面论述儿童教育思想的教育家。作为西汉初期的政治家，他的教育思想和他的政治主张密不可分。其教育思想以道德教育为根本目标，蕴含着丰富的礼教内容，有着浓厚的儒家色彩。

纵观贾谊的儿童教育思想，他提倡"早谕教"，主张胎教，重视为胎儿的健康发展营造良好的环境。尤其可贵的是，贾谊认为儿童教育应从慎重择偶开始，是非常了不起的伟大思想。"凤凰生而有仁义之意，虎狼生而有贪戾之心，两者不等，各以其母"（《新书·保傅》），所以，子女的婚娶对象应该慎重。不得不说他在两千多年前就已经有了优生学的观点。他还提出教养结合的主张，也就是除了进行道德与知识教育外，还要健养太子的身体。此外，他关于"选左右""圣人之化"等观点的论述，都为封建社会儿童教育理论的发展奠定了基础，在当时世界的学前教育思想中是不多见的，其中有不少观点合乎科学。贾谊的一生虽然短暂，但为中华文化宝库留下了珍贵的遗产。

当然，由于历史的局限性，贾谊儿童教育思想的许多观点带有主观臆断和迷信色彩，过分夸大胎教对人格形成的影响；过分强调外部环境因素对儿童成长的作用，却忽视了儿童自身主观能动性因素的重要作用。

第二课 颜之推的家庭教育思想

一 生平及著作

颜之推（531—约595年，见图2-2），字介，生活在南北朝至隋朝期间，生于江陵（今湖北省江陵县），祖籍琅琊临沂（今山东临沂），世居建康（今江苏南京）。我国历史上著名的历史学家、文学家和教育家。颜之推出身氏族高门，有家学传统，早年接受家传儒学的教育，为他的学术思想奠定了基础。他知识渊博，特别擅长文辞，词情典丽，晚年他旁通佛学、玄学，思想比较多元。

颜之推少年得志，19岁便初仕国左常侍，历官南梁、北齐、北周、隋四朝。受时代的影响，他不仅目睹了由武装反叛、政权变更引发的战乱导致的大量人员伤亡和社会动荡，而且自己也深陷其中，多次遇险、几经生死。其间，他亲眼所见诸多士大夫家破人亡，使得他对自家后人能否保持颜家传统和地位深为忧虑。正如他曾说："父兄不可常依，乡国不可常保，一旦流离，无人庇荫，当自求诸身耳。"为此，他根据自己几十年的经历和体会，写出了我国古代第一部系统完整的家庭教育教科书《颜氏家训》，用以"整齐门内，提撕子孙"，训诫后人当承续家业，扬名立身。《颜氏家训》是一部有着丰富文化内蕴的作品，全书共有七卷二十篇。颜之推在书中用大量历史和现实事例阐发深刻道理，把封建士大夫的立身、修学、治家、处世等问题都囊括其中，使它成为我国封建时代家训的集大成之作。《颜氏家训》也是研究颜之推家庭教育思想最翔实、最可靠的资料。在《颜氏家训》中，其第一卷的《序致》《教子》《兄弟》《后娶》《治家》等五篇，论述的全都是家庭教育问题。

图 2-2　颜之推像

二　家庭教育思想

颜之推认为家庭是儿童最早受教育的场所，也是对儿童影响最大、持续时间最长的外在环境，父母是儿童感情上最亲近的人，有许多共同语言，因而也是儿童最信服的人。"亲"是"信"的条件，而"信"则是"服""诲"的前提，如果父母能充分利用儿童对自己的"亲""信"而对其认真地进行"诲谕"，那么将远远超过学校、教师及圣哲名言的教育作用。颜之推从他的亲身经历中归纳出对子女进行家庭教育的重要意义，认为家庭教育不仅要及早施教，还要重视教育的方法。

（一）及早施教

颜之推认为对儿童的教育越早越好，最好能够实行胎教，即"教妇初来，教儿婴孩"（《颜氏家训·教子》）。一般老百姓如不能从胎教开始，也应当尽早对幼儿进行教育。颜之推说："当及婴稚，识人颜色，知人喜怒，便加以教诲，使为则为，使止则止。"（《颜氏家训·教子》）也就是要在幼儿能够辨人脸色、知人喜怒时，便加以教诲。

颜之推认为学前教育之所以重要，主要有以下两方面原因。一是年幼之时学习效果较好，收益较大。从幼童阶段与成年以后的不同心理特征的部分来分析，他认为："人生小幼，精神专利，长成已后，思虑散逸，固须早教，勿失机也。"（《颜氏家训·勉学》）意思是人在年幼时心思单纯、精神专注、记忆力强，而成年后就变了，思想复杂，精神不容易集中，难以专心，学习效果相对较差。二是人在幼年，心理纯净，各种思想观念和行为习惯尚未形成，可塑性大，此时是进行教育的最好时机。"人在年少，神情未定，所与款狎，熏渍陶染，言笑举动，无心于学，潜移暗化，自然似之。何况操履艺能，较明易习者也？"（《颜氏家训·慕贤》）意思是人在年轻时候，精神、品行都还没有定型，和朋友朝夕相处，容易受到他们的熏渍陶染，人家的言行举止，虽然自己没有刻意去学习别人，但在潜移默化之中，自然就与他们相似。何况那些更容易学的东西呢？所以，教育要尽早施行。

颜之推提倡及早施教，是受到了孔子"少成若天性，习惯如自然"思想的影响。他认为学前教育最重要的就是培养幼儿良好的行为习惯。然而人与人之间的境遇不同，并非所有人都能接受良好的学前教育。对此，颜之推认为："幼而学者，如日出之光；老而学者，如秉烛夜行，犹贤乎瞑目而无见者也。"（《颜氏家训·勉学》）人若因客观原因失教于幼年，不能自暴自弃，老时学习也是好的。

（二）慈严结合

颜之推认为教育孩子是重要而又严肃的问题，主张"父母威严而有慈"，反对为人父母"无教而有爱"。父母对子女慈爱是自然的，骨肉间的情爱，不可以忽视，否则慈孝之德不生。但父母对子女不仅有爱护的职责，更有教育的义务，教育好子女，才是对子女最大的爱护。他批评那些溺爱子女的父母。他说："吾见世间，无教而有爱，每不能然；饮食运为，恣其所欲，宜诫翻奖，应呵反笑，至有识知，谓法当尔。骄慢已习，方复制之，捶挞至死而无威，忿怒日隆而增怨，逮于成长，终为败德。"（《颜氏家训·教子》）意思是说，反对父母对子女不加管教、一味溺爱；饮食言行都由着孩子性子来，不加管束，应该训诫的，反而奖赏他；应该呵斥制止的行为，反而嬉笑不当回事，孩子懂事时，还以为自己的行为是正确的。等到孩子骄横霸道已成习惯时，父母才着急加以管教，却为时已晚。此时哪怕把子女鞭挞至死，父母也难再树威信，反而会增加子女对父母的怨恨，孩子长大后，终成败德。颜之推认为凡是只知爱而不知教子女者，大都是"不忍楚挞惨其肌肤耳"（《颜氏家训·教子》），担心伤害孩子身体，舍不得用肉体的惩罚来帮助孩子反省悔过。在他看来，以体罚教育孩子，是完全必要的，这就如同治病一样，"安得不用汤药针艾救之哉？"（《颜氏家训·教子》）

颜之推要求父母对子女应该慈严结合，不能无教而有爱，这无疑是正确的。但严教不等于严厉，更不能等同于棍棒教育。

（三）均爱勿偏

颜之推主张对子女要一视同仁，给予同等的慈爱，反对偏爱。他说："人之爱子，罕亦能均；自古及今，此弊多矣。贤俊者自可赏爱，顽鲁者亦当矜怜。有偏宠者，虽欲以厚之，更所以祸之。"（《颜氏家训·教子》）他认为，对于德才兼备的子女固然应该赏识、爱护，对于那些顽皮愚笨的子女也应当同情、怜悯。偏宠偏爱，会带来灾祸，被偏爱的一方容易形成狂妄、偏执的性格，而被冷落的一方则容易自暴自弃。所以，他认为偏爱影响儿童的人格发展；还会影响家庭和睦，导致兄弟不和。

拓展阅读

扫一扫，了解《历史上的偏爱之祸》，谈谈带来的启示。

（四）风化陶染

颜之推认为，"夫风化者，自上而行于下者也，自先而施于后者也"（《颜氏家训·治家》）。强调家庭中的长者对年幼者的模范作用。颜之推认为家长是幼儿情感上最亲近的人，也是幼儿心目中的权威，家长的言行常常被幼儿奉为金科玉律，即所谓"同言而信，信其所亲；同命而行，行其所服"（《颜氏家训·序致》）。家长对子女的影响远远超过他人，故为父母长辈者必须加强自身道德修养，言行举止都应端正得体，率先垂范，给孩子树立好榜样，否则"父不慈则子不孝，兄不友则弟不恭"（《颜氏家训·治家》）。

颜之推非常重视社会环境对儿童的习染作用，父母除注意自身与其他家庭成员的影响外，还须关心幼儿所结交的朋友。颜之推认为："与善人居，如入芝兰之室，久而自芳也；与恶人居，如入鲍鱼之肆，久而自臭也。墨子悲于染丝，是之谓矣。君子必慎交游焉。"（《颜氏家训·慕贤》）与贤人君子交往，则自己的道德也会受其影响而日臻完美；相反，与邪恶之人为友，则自己的思想也将日渐堕落。正如墨子所言："人性如素丝，染于苍则苍，染于黄则黄。"（《墨子·所染》）所以，幼儿必须"与善人居""慎交游"。

（五）博学致用

颜之推在家庭教育内容的问题上，主张子女博学。其目的在于"行道以利世"，要掌握"应世经务"的真实本领。他根据自身的治学经验，指出学习"五经"不仅可以学到立身处世的道理，培养应有的道德品质，还可以奠定写文章的坚实基础。因此，家庭教育应以儒家的"五经"作为最基本的学习材料。但家庭教育也不能仅限于此，还应涉百家之书，熟悉农业生产知识，学习各种杂艺——琴、棋、书、画、数、医、射、卜等，以备生活所需，否则就会见闻狭隘，思想闭塞。

颜之推还认为，家庭教育不但要知识广博，还要能抓住要领，能够灵活应用。如果一味追求博学，夸夸其谈，不知要领，不能应用，再广博的知识也是无用的。因此，在提倡博学的同时，更应注重培养子弟经世致用的本领。他教育子弟不应把读书当作追求功名利禄的敲门砖或夸夸其谈的资本，要把学习当作自己修身利行的途径。他抨击当时的教育培养出来的尽是不理世事、脱离实际的人。一类是玄学清谈家，他们虽然能品评古今事物，讲起话来也头头是道，可他们不知民间疾苦，难以应世经务；另一类是死守章句的腐儒，他们整天诵短章、构小策，却完全脱离实际，"施之世务,殆无一可"(《颜氏家训·勉学》)。在颜之推看来,这两类"人才"其实是废材,就像"博士买驴,书券三纸,未有驴字"(《颜氏家训·勉学》)。

拓展阅读

扫一扫,读《博士买驴》的故事。

三 对颜之推家庭教育思想的评价

颜之推堪称中国古代家庭教育理论的奠基者,其家庭教育思想是中华优秀传统文化的精华之一,对于新时代家庭教育具有重要的借鉴意义。

颜之推关于学前教育重要性的独特阐述蕴含了对儿童心理发展规律的科学认识,他提出的"慈严结合"的教育原则以及对家庭教育中溺爱倾向的批判性反思,对于今天的学前教育依然充满强烈的现实意义。颜之推关于"均爱勿偏"的教育主张虽然是基于封建大家庭中多子多女的现实而提出,但这也是现代公平教育理念在古代家庭教育中的萌芽。颜之推强调教育儿童必须在"风化陶染"中陶冶其品行,坚持"博学致用"、掌握经世本领等思想,不仅符合现代家庭教育的原则,还具有超越时空的恒久价值。

不过,颜之推关于家庭教育思想的理论亦有不足之处。例如他关于家庭教育的地位、原则方法的论述,是基于使后代"立身扬名""光宗耀祖"的宗旨而发出的,带有他作为士族阶层的思想色彩,因而有其自身的局限性。另外,他关于严格教育孩子、主张体罚的观点,既违背了儿童健康成长的规律,也不利于儿童形成自主、健全的人格。

第三课 朱熹的儿童教育思想

一 生平及著作

朱熹(1130—1200年,见图2-3),字元晦(后改为仲晦),号晦庵,徽州婺源(今江西上饶婺源县）人，南宋时期著名哲学家、思想家、教育家，是我国封建社会转型时期继孔子之后最有影响的儒学大师。

朱熹出身于官僚地主家庭，其父朱松进士出身也是二程（即程颢和程颐）再传弟子的学生。朱熹自幼深受儒家及二程理学思想的熏陶，奠定了其学术和思想基础。19岁中进士，开始了他的政治与教育生涯。他曾先后仕职于福建、江西、浙江、湖南等地，一度担任过皇帝的老师，一生热衷于教育事业，从政近14年，而专门从事教育活动时间长达40年。为官期间，他重视文教、锐意办学，不曾中断教育工作。为南康知军时，修复白鹿洞书院，并在其中讲学，制订学规，成为以后历代书院学规的典范；为潭州知州时，倡导州学、县学，亲自主持修复岳麓书院，积极参与教育教学。在数十年的教育教学实践中，积累了丰富的经验，最终形成了独特的教育教学思想。

图2-3　朱熹像

朱熹学识渊博，著述等身，现存著作共25种，600余卷，总字数在2000万字左右，包括《周易本义》《诗集传》《四书章句集注》《楚辞集注》《韩文考异》《文集》一百卷等，这些著作包含着丰富、系统的教育思想。他对儿童教育也多有论述，如《小学》《童蒙须知》等，其中有不少独特的见解。

二　儿童教育思想

（一）重视蒙养教育

朱熹依据古代的教育经验，把整个学校教育的过程划分为小学与大学两个阶段，其中8～15岁为小学教育阶段，即蒙养教育阶段；15岁以后为大学教育阶段，小学教育阶段重在"教事"，大学教育重在"教理"，"教理"即重在探究"事物之所以然"。他认为这是两个相互独立又相互联系的阶段，小学教育是大学教育的基础，大学教育则是小学教育的扩充和深化。

朱熹特别重视蒙养阶段的基础教育作用。他说："古人由小学而进于大学，其于洒扫、应对、进退之间，持守坚定，涵养纯熟，固已久矣。大学之序，特因小学已成之功。"（《小学集解·小学辑说》，清代张伯行纂辑）同时他从儿童的心理特点和教学的要求出发，指出只有使儿童"讲而习之于幼稚之时"（《小学》），才能使其"习与智长，化与心成，而无扞格不胜之患也"（《小学集解·小学书题》，清代张伯行纂辑）。其意思是只有及早进行教育，才能收到理想的教学效果。为了说明蒙养教育的重要性，他还将之形象地比喻为"打坯模"阶段，认为："古者，小学已自暗养成了，到长来,已自有圣贤坯模,只就上面加光饰。"(《朱子语类》卷七)就像铸造产品中成品的坯模,初期基本的现状、结构做得好,之后只需将其抛光、打磨即可。相反,如果幼年时失了小学,犹如坯模没有打好,后来要补填就十分困难。需要指出的是,朱熹在这里所强调的小学教育已经包含了儿童的学前教育,只是他所论述的范围较为宽泛。总之,在他看来,蒙养阶段的教育非常重要,必须抓紧、抓好。

(二)要求慎择师友

"习与正则正,习与邪则邪"(《朱子大全·戊申封事》),儿童幼稚,模仿力强,环境对他们的影响很大,这种影响又往往通过人们的交往实现,尤其是师、友的影响更大。朱熹从理学家的立场出发,继承与丰富了慎重选择师友的这种传统教育思想。

朱熹认为,对于普通的士大夫家庭,慎择师友应从慎择乳母开始。因为乳母与婴幼儿接触的时间较长,对婴幼儿的影响也较大,作为婴幼儿的最初教育者,"乳母之教,所系尤切"(《小学集注·立教》)。那么如何选择乳母呢?朱熹提出的条件是:一定要选求宽裕慈惠、温良恭敬、慎而寡言者。这是对乳母的要求,实质上也是朱熹期望儿童所应养成的品行。

儿童稍长,除须慎择师友外,还应开始注意培养儿童辨别是非、交游益友的能力。朱熹曾在《与长子受之》这封家信中教育儿子:"大凡敦厚忠信,能攻吾过者,益友也;其谄谀轻薄,傲慢亵狎,导人为恶者,损友也。"这也是他提出的交友标准。

对太子、皇孙来说,师友的选择就更为重要,因为太子是"天下之本,其辅翼之不可不谨"(《朱子大全·戊申封事》)。太子年幼时同样德性未定,闻见未广,则保养之具,尤不可不严。他指出,当朝忽视了太子老师的选择,"邪佞怀薄,阘冗庸妄之辈,或得参错于其间"(《宋史·列传》卷一百八十八)。他劝告统治者应效仿古代圣明帝王的做法,选拔端方正直、道术博闻之士为太子师友,盛赞贾谊提出的"早谕教与选左右"的主张是万世不变的至理名言。

(三)注重教师指引

朱熹注重教师的主导作用,他说:"指引者,师之功也。"(《小学·敬身》)教师的主要任务便是"示之于始,而正之于终尔"(《朱子语类》卷八)。教师在学生学习期间给予引导指点,为学生答疑解惑,使其不走上邪路;不断激发学生"善思质疑""有疑难处,同商量而已"(《朱子语类》卷十三)。他将教师对学生的适时启发比喻为春风化雨生万物,他说:"此正所谓时雨之化。譬如种植之物,人力随分已加。但正当那时节,欲发生未发生之际,却欠了些小雨,忽然得这些小雨来,生意岂可御也。"(《朱子语类》卷三十四)儿童通过教师的诱导启发,自己动脑、动手,不断地思考和实践,努力按照规矩去做,养成良好的行为习惯。

为发挥好教师的指引作用,朱熹提倡教育儿童要按照循序渐进的原则。他认为,学习的过程应当根据知识的难易程度确定次序,由浅入深,由小及大。他说"事有大小,理无大小,故教人有秩而不可躐等"(《朱子语类》卷八),并称"君子教人有序,先传以小者近者,而后教远者大者"(《朱子全书》第6册)。循序渐进的原则体现了知识的积累和持之以恒的学习精神。他注解《论语》"譬如为山"时指出:"学者自强不息,则积少成多,中道而止,则前功尽弃。"循序渐进还体现在具体读书的时候,应该按一定次序,不要颠倒,要根据自己的实际情况和能力,安排读书计划,并切实遵守它。他强调读书要扎扎实实打好基础,不可囫囵吞枣,急于求成。

(四) 强调学"眼前事"

朱熹将儿童教育称为"小子之学",基本任务是学"事"。教儿童学"事"就是要求儿童学习日常生活准则,以训练儿童的道德行为习惯为主。朱熹十分强调教育要从小抓起,但是不能空讲道理。他说:"据某看,学问之道只在眼前日用底便是,初无深远幽妙。"(《续近思录》,清代张伯行纂辑)因而他规定小学的主要任务便是学眼前的日常之事。具体来说,包括"洒扫应对进退之节""礼乐射御书数之文""爱亲敬长隆师亲友之道"。对于儿童所学的这些内容,朱熹主张并不是要学得很深,而是要知道大概的道理和基本的规矩。虽然儿童学习的这些内容非常浅近、易行,但它不仅符合儿童认知发展水平,而且能够为大学"学其理"打下基础,因为道理均在事中,事事物物之中都存在一个理,而这个理无论大学、小学都是一样的。

为了让儿童学习"眼前日用之事"时更为方便、有章可循,朱熹为儿童编撰了《小学》《童蒙须知》两部教材。《小学》将古代蒙童读物加以选择、扩充,加上古今圣贤名流的嘉言善行,希望通过古人的言行教育和引导儿童学习。该书共有六卷,分内外篇,内篇有四——《立教》《明伦》《敬身》《稽古》;外篇有二——《嘉言》《善行》。书中列举了大量刻苦学习、忠君、孝宗、事长等德性方面的格言和故事,内容丰富、通俗易懂,易于儿童接受。《小学》一书对后世童蒙教育产生的影响极其深远,其地位相当于"四书"。《童蒙须知》则是朱熹为儿童制定的学习"眼前事"的具体内容与要求。根据童蒙习学之序,始于衣服冠履,次及言语步趋,次及洒扫涓洁,次及读书写文字,及有杂细事宜。比如,"衣服冠履"中规定:"自冠巾、衣服、鞋袜,皆须收拾爱护,常令洁净整齐。"在道德行为习惯的训练方面更是详尽,如"应对进退之节"规定的长辈召见之礼,"若父兄长上有所唤召,却当疾走而前,不可舒缓"等,虽然比较琐碎,但易于操作,儿童对日常所见之事的学习能够循序渐进地养成良好的生活习惯,树立热爱劳动的思想,以及形成初步的劳动能力。

(五) 提倡正面教育

朱熹在教育方法上,主张正面教育为主,多用积极诱导,少用消极防禁。他说:"多说那恭敬处,少说那防禁处。"(《小学集解·小学辑说》,清代张伯行纂辑)多说恭敬处,指的是要反复从正面说明道德观念,引导儿童努力践行。他强调积极引导,应以正面教育为主,不应简单生硬,单纯地靠纪律制度来约束,只要学生"知其理之当然",就会"责其身以必然"。通过正面教育使学生懂得道理,形成正确的道德意识观念是最根本的,而学规矩则是次要的,是末。学校管理的关键不在于规章制度是否严密,而在于学生对理义的心悦诚服,且自觉自愿地循理而行,否则规章制度再严密也将防不胜防。

他非常重视榜样的教育作用,辑录了很多古今圣贤的"嘉言懿行",供儿童模仿学习,力求使儿童能从中学到做人的样子。同时在他编写的《童蒙须知》中,对儿童日常生活行为的规定也主要着眼于进行正面的具体指导,如他教育儿童凡着衣服,务必先提整衣领、系好纽带、衽扣,不可使其有任何缺落;写字磨墨时,须手执墨锭的上端,端正研磨,不可使墨汁弄脏了手指;等等。

(六)倡导博学践行

朱熹认为学习应该从博学开始,进而使博学与专精结合起来。他说:"博学,谓天地万物之理,修己治人之方,皆所当学""为学修己治人,有多少事在。如天文、地理、礼乐、制度、军旅、刑法,皆是着实有用之事业,无非自己本分内事"(《朱子语类》卷八)。朱熹以盖房子为例,强调"阔开基",博学就是打好宽厚坚实的基础。

朱熹重视在博学的基础上,践行体悟、知行并重。他说:"为学之实,固在践履。苟徒知而不行,诚与不学无异。"(《朱子大全·答曹元可》)若只从书中获取,却不经过躬行实践,所得到的"知"是浅薄的,只有把所学道理付之于实践,才能得到深刻理解。所以,"读书穷理,当体之于身"(《朱子语类》卷十一)。应将书中的道理与自身的生活实际相结合,身体力行、躬行实践。这也是儒家传统的为学方法。正所谓"知之愈明,则行之愈笃,行之愈笃,则知之益明"(《朱子语类》卷十四),由此深刻地说明知行之间是不能分割的。

三 对朱熹儿童教育思想的评价

朱熹是中国古代教育史上继孔子之后的又一位伟大的教育家,他的儿童教育思想对宋代以后的儿童教育有深刻的影响,极大地丰富了中国古代教育宝库。

在中国教育史上,朱熹第一次从理论上把儿童教育与成人教育作为一个既有区别又有统一的过程来考察。他提出了一系列富有启发意义的儿童教育原则和方法,体现了对儿童的尊重和对教育的重视与思考,例如,重视蒙养教育,划分小学和大学,主张正面教育为主、博学践行的教育方法和原则,等等。他关于"眼前事"的学习主张既是必要的,又是可能的,体现了他对家庭教育特点的充分理解,符合儿童认识发展与道德形成的规律。

不过,朱熹学前教育的主要目的是"明人伦",以从根本上巩固封建统治,有其阶级的局限性。另外,他所编写的教材很多内容也是说教,并没有考虑儿童的年龄特点。如《童蒙须知》中"凡为人子弟,须是常低声下气,语言详缓,不可高声喧閙(通哄),浮言戏笑""凡行步趋跄,须是端正,不可疾走跳踯",这种要求会压抑儿童个性的健康发展,不符合儿童的心理特征。

第四课 王守仁的儿童教育思想

一、生平及著作

王守仁（1472—1529年，见图2-4），字伯安，号阳明，浙江余姚人，明代中叶著名的哲学家、教育家，曾在越城（今浙江绍兴）附近的阳明洞隐居修道，创办阳明书院，自号阳明子，人称阳明先生。

王守仁出身于浙江余姚一个显赫的家庭，自幼便有"读书学圣贤"的志向，21岁中浙江乡试，28岁中进士，34岁任兵部武选清吏司主事，并开始授徒讲学。正德元年（1506年）因得罪宦官刘瑾，被贬谪贵州龙场驿任驿丞，后因镇压农民起义和平定宁王叛乱有功，升任南京兵部尚书，封"新建伯"，死后谥号"文成"，从祀孔庙。

王守仁一生除从事政治活动和学术研究外，还从事教育实践。从34岁起，开始从事讲学活动，直到57岁病逝时止，前后共23年。其中有17年时间是一边从政，一边讲学，其余6年是专门从事授徒讲学活动，所到之处，讲学活动不断。他还创建书院、设立社学，积累了丰富的教学经验。特别是在儿童教育方面，他提出了以"明人伦"为宗旨、以"致良知"为核心的学前儿童教育思想。关于儿童教育的论述，主要见之于他担任南赣巡抚时所作的《训蒙大意示教读刘伯颂等》与《教约》（合称《社会教条》），以及言论录《传习录》中。

图2-4 王守仁像

二、儿童教育思想

王守仁教育思想最可贵之处是他对儿童教育的特殊关注，其思想精华也是关于儿童教育的论述。他深刻批判古代社会封建教育违背儿童生理、心理特点，压制、束缚儿童个性和身心发展的教育态度与方法。在此基础上，王守仁明确表明了自己在儿童教育方面的主张。

(一)顺导性情,鼓舞兴趣

王守仁强调,对儿童进行教育要尊重儿童身心发展特点,顺导其性情,不宜加以束缚和限制,促其自然发展。他在《训蒙大意示教读刘伯颂等》中说:"大抵童子之情,乐嬉游而惮拘检,如草木之始萌芽,舒畅之则条达,摧挠之则衰萎。"意思是说儿童性情好动,喜欢嬉戏玩耍,害怕受到拘束和禁锢,就像春天草木刚刚萌芽那样,顺其自然就会使它枝繁叶茂,摧挠它就会使它长得萎靡不振。因此,"今教童子,必使其趋向鼓舞,中心喜悦,则其进自不能已"(《训蒙大意示教读刘伯颂等》)。他认为对儿童进行教育,必须遵循自然主义的教育原则——以热爱儿童和尊重儿童天性为基本原则,让儿童体会到"鼓舞"和"喜悦","顺导其志意,调理其性情"(《训蒙大意示教读刘伯颂等》),使其自然发展,自然就会"日长月化"。他认为,顺导儿童性情进行教育,最重要的就是要激发儿童学习的兴趣,兴趣在提高儿童教育质量方面起着十分重要的积极作用。儿童如果对学习兴趣盎然,则学习时必然心情愉快,这样进步自然不会停止。就像温暖的春风和及时雨滋润草木花卉一样,生机勃发,自然而然地一天天长大。反之,如果忽视了儿童兴趣的培养,则会压抑儿童学习的积极性,如同遭遇冰霜伤害的花木,"则生意萧索,日就枯槁矣"(《训蒙大意示教读刘伯颂等》)。

然而,当时的社会忽视儿童性情、摧残儿童天性的教育现象比比皆是。他批评这种教育不是教人为善,而是迫使人为恶。他说:"若近世之训蒙稚者,日惟督以句读课仿,责其检束而不知导之以礼,求其聪明而不知养之以善,鞭挞绳缚,若待拘囚。彼视学舍如囹狱而不肯入,视师长如寇仇而不欲见,窥避掩覆以遂其嬉游,设诈饰诡以肆其顽鄙。偷薄庸劣,日趋下流。是盖驱之于恶而求其为善也,何可得乎?"(《训蒙大意示教读刘伯颂等》)

王守仁看到了儿童不同于成人的性格特征,强调要尊重儿童的人格尊严,让儿童能够在宽松、愉快的生活环境中学习、成长,这是对当时的传统教育进行的勇敢批判和挑战,具有非常积极的意义。

(二)全面引导,不执一偏

王守仁认为,对儿童进行教育的内容和途径应当是多方面的。他说:"教人为学,不可执一偏。"(《传习录》)他主张在教育内容上,从"歌诗""习礼""读书"三方面对儿童进行全面引导。在具体教育过程中,则采用"诱之歌诗""导之习礼""讽之读书"的方法。

他认为,通过"诱之歌诗",不但可以抒发儿童的志向意愿,鼓舞儿童的精神,还可以用歌咏和音节使儿童适度地表达情感,防止产生太过或不及的情感发泄;同时,通过"歌诗"教育,既能向儿童传授文学常识,还能陶冶儿童性情,培养儿童健康、正确的情感体验,能够将智育、德育、美育融为一体。通过"导之习礼",不但可以养成儿童庄重的仪容仪表,养成遵守礼仪的文明习惯,起到德育作用,而且还可以通过对礼仪动作的练习,如"周旋揖让""拜起屈伸"等,达到震荡血脉,增强体质的目的,这便有效实现了德育、体育的巧妙融合。通过"讽之读书",不仅有助于儿童开发智力、增长见识，还可以通过反复体会和抑扬讽诵存其心志，有助于儿童精神的陶冶和净化、人格的形成与完善，实现寓德育于智育之中。他认为，如此一来，就能够收到"顺导其志意，调理其性情，潜消其鄙吝，默化其粗顽，日使之渐于礼义而不苦其难，入于中和而不知其故"（《训蒙大意示教读刘伯颂等》）的良好效果，使儿童潜消默化自身粗劣顽皮的秉性，逐渐接受礼义的教化而不觉得艰难，在不知不觉中习得中正平和的性情。

为了全面贯彻其儿童教育的目的、内容和原则，王守仁在《社学教条》中拟订了一个比较详细的课程安排，有条理、有步骤地进行多方面的教育。对儿童的教学程序为"每日工夫，先考德，次背书诵书，次习礼或作课仿，次复诵书讲书，次歌诗"。可以看到，教学内容相当全面，教学顺序注意动静结合、张弛交错，每个环节都在教师的指导下紧凑而有序地进行，使学生"乐习不倦，无暇及于邪僻"（《传习录》）。

在教学方法方面，王守仁也有一些创新。例如，他规定歌诗每次根据学生多少，分为四班，每天由一个班诵读歌诗，其他同学就座而肃听，第五天则四个班合在一起轮番诵读；每月朔望时分，则各学校都集中至书院进行会歌。习礼也规定了类似的程序，这种带有一点比赛性质的教学方法，能够较好地提升学生的学习兴趣。

（三）循序渐进，量力而施

王守仁指出，对儿童的教育必须循序渐进。他说："婴儿在母腹时，只是纯气，有何知识？出胎后方始能啼，既而后能笑，又既而后能识认其父母兄弟，又既而后能立、能行、能持、能负，卒乃天下事无不可能。"（《传习录》）儿童的身心发展是一个有阶段的递进过程，"精气日足，则筋力日强，聪明日开"（《传习录》），这样便可以逐步加深学习，乃至掌握天下之事，而绝非"出胎日便讲求推寻得来"（《传习录》）。所以，无论教学内容的安排还是教学方法的选择都必须考虑儿童不断变化的生理和心理特点，要依据儿童的认知发展水平和接受能力，量力而行。

他将这个教育原则称为"随人分限所及"。所谓"分限"，指的是儿童智力发展所能达到的水平。教育要考虑儿童的认知水平，也要适应儿童发展的阶段性。为更好地阐明这个道理，王守仁还将教育儿童比喻为种树，说明对儿童的教育培养应该考虑儿童的接受能力，量力而为、循序渐进，不能超过"分限"，"如树有这些萌芽，只把这些水去灌溉，萌芽再长，便又加水，自拱把以至合抱，灌溉之功，皆是随其分限所及"（《传习录》）。教育内容应随着儿童的身心发展程度和认识水平的增进而增加，不能超过"分限"。否则，把大量教学内容施加给儿童，犹如"若些小萌芽，有一桶水在，尽要倾上，便浸坏他了"（《传习录》），揠苗助长，终究适得其反。这是为学立教的本原，教育"须从本原上用力，渐渐盈科而进"（《传习录》），儿童的心智达到什么水平，教学就进行到什么水平。

王守仁还从"随人分限所及"的观点出发，主张给儿童留有一定的余地，反对对儿童潜力进行过度挖掘，让他们能学得活泼主动，真正消化吸收。他认为，教师在教导儿童读书识字时，"不在徒多，但贵精熟"（《传习录》）。教学中，教师应根据儿童的天资禀赋，确定教学进度，"能二百字者，止可授以一百字"（《教约》），以使其学有余力，"无厌苦之患，而有自得之美"（《教约》）。反之，不仅会让儿童产生厌恶心理，还会影响儿童对知识的理解和掌握，如同饮食过量会影响消化一样。当然，从另一方面说，他认为教学难度也不能落后于儿童的认识发展水平，就像对能奔走千里的人，不能要求他还在庭院之内学走路；对于已能在庭院之内行走的孩子，也不可要求他依然扶墙傍壁而渐学起立移步一样。

（四）因材施教，各成其才

王守仁认为："人的资质不同，施教不可躐（liè）等。"（《严师箴》）对儿童施教，不仅要考虑儿童认知发展水平的共性，还需要注意个体发展水平的差异，因材施教，各成其才。他用良医治病必须对症下药作比喻，说明因材施教的重要性。他说："养心之学如良医治病，随其虚实寒热而斟酌补泄之，是在去病而已，初无一定之方，必使人人服之也。"（《传习录》）教育儿童如同良医对症下药一样，要因儿童的不同个性而异，也无"一定之方"，如果要用一种方法去教育所有的儿童，那就同医生给不同的病人服同样的药一样，显然是错误的。

他把儿童分成年龄之异、脾性之异、才能之异，然后根据不同的情况，施以不同的教育内容和方法，因材施教，各成其才。首先，从年龄上，他把儿童同成人区分开来，把"社学"专门作为儿童教育机关，并为"社学"规定了丰富的、符合儿童年龄特征的教育内容。其次，从脾性上，针对儿童不同的脾气、性格，他主张顺势而为。"狂者便从狂处成就他，狷者便从狷处成就他"（《传习录》），要分别予以适当的陶冶，以塑造有个性的人才。最后，从才能上，他认为儿童每个人都有长处，教育者应就其长处加以培养，促使他们的长处得到进一步的发展。他举例说：譬如有三人练习射箭，一人能步射，一人能马射，一人能远射，射得上靶子均可称之为有力道；能射中，均可称之为有技巧。但步射者不一定能马射，而马射者也不一定能远射，他们各有所长，这就是才力分限各有不同。

王守仁因材施教、各成其才的思想，体现了充分发展儿童个性的必要性，批判了传统教育抹杀儿童个性、以一个模式培养儿童的教育方法，具有重要的进步意义。

拓展阅读

扫一扫，了解王阳明读书时的故事。

三 对王守仁儿童教育思想的评价

王守仁关于儿童教育的论述是他整个教育思想的精华。尤其是他的"自然教育论"的提出时间，比西方最早表达自然教育思想的法国卢梭的名著《爱弥儿》的出版时间（1762年）早了200多年，着实难能可贵。

王守仁关于儿童教育理论建立在对儿童生理、心理的认识基础上，其核心在于"顺导性情"，也就是教育要顺应儿童身心发展水平，主张从儿童的性情出发，鼓舞儿童兴趣，促进儿童成长。王守仁提倡儿童教育要根据儿童"乐嬉游"的特点开展，肯定了游戏在儿童身心发展过程中的重要作用。王守仁承认并注重儿童个别差异，主张教育应因人而异，又从"随人分限所及"的观点出发，提出要使儿童学有余力。另外，他选择以"歌诗""习礼""读书"为教育内容，并且动静搭配，采取轮班组教学和集体会歌比赛相结合的方式对儿童进行教学，不仅使儿童学到了知识，培养了德行，还发展了儿童的志趣和体魄。这些在当时对揭露和批判传统教育具有显著的积极意义，而且在很大程度上符合儿童教育的规律。

但是，王守仁的儿童教育思想建立在主观唯心主义哲学基础上，本身就存在一定的片面性和局限性。同时，他进行儿童教育的目的是灌输封建伦理道德，主张克服私欲，束缚了人的思想，压抑人的欲求，不利于儿童的自由发展。

◇ 单元小结

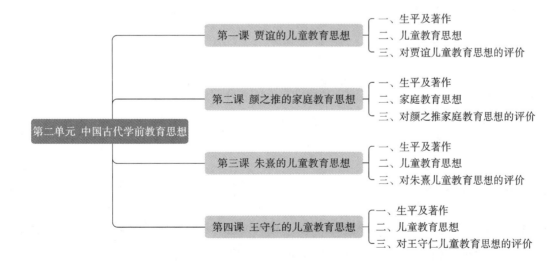

思考与练习

1. 单项选择题

(1) 提出"师保傅"思想，创立宫廷教育保傅制度的教育家是（　　）。
A. 贾谊　　　　　B. 颜之推　　　　　C. 朱熹　　　　　D. 王守仁

(2) 主张对君临天下的太子传授"君国畜民"之道的是（　　）。
A. 王守仁　　　　B. 朱熹　　　　　　C. 颜之推　　　　D. 贾谊

(3) 下列不属于贾谊的教育思想的是（　　）。
A. 早谕教　　　　B. 慈严结合　　　　C. 选左右　　　　D. 重儒术

(4) 我国古代第一部系统完整的家庭教育教科书是（　　）。
A.《社学教条》　　B.《颜氏家训》　　C.《四书集注》　　D.《童蒙须知》

(5) 朱熹根据年龄特性把教育分成二等，即（　　）。
A. "小人之学"和"大人之学"　　　　B. "高下之学"和"深浅之学"
C. "先后之学"和"缓急之学"　　　　D. "浅入之学"和"深进之学"

(6) 提出"自然教育论"的中国古代思想家和教育家是（　　）。
A. 王守仁　　　　B. 朱熹　　　　　　C. 颜之推　　　　D. 顾炎武

2. 简答题

(1) 简述贾谊的儿童教育思想的主要观点。
(2) 列出颜之推的家庭教育思想的主要观点。
(3) 简述朱熹的学"眼前事"教育主张对儿童教育的意义。
(4) 简述王守仁"随人分限所及"的思想。

3. 论述题

(1) 评述王守仁的儿童教育思想。
(2) 论述朱熹的儿童教育思想对当今儿童思想品德教育的启示。
(3) 论述当今我国学前儿童家庭教育存在的主要问题及对策。

实践与实训

实训一： 深入社区或者幼儿园调查访问2~3位居民或幼儿园教师，了解他们开展学前儿童家庭教育的实际情况，包括遇到的问题及其形成原因，提出解决策略。

目的： 贴近现实生活，了解当今家庭教育和儿童成长的实际情况，更好地理解儿童教育的现实意义，树立科学的学前教育理念。

要求： 结合教材内容，以 5~8 人为一组，编写访谈提纲，深入了解访谈对象的育儿体验，包括但不仅限于在开展儿童教育过程中所面临的问题，对问题的分析与归因，解决问题的方式与方法，形成分析报告。

形式： 小组合作，访谈调查。

实训二： 收集整理我国古代关于家风家教的著作言论，梳理其中的家教方法，结合当时的时代背景进行分析，明确其合理性与局限性。

目的： 扩展学生对中国古代儿童教育的认识，培养其信息收集与分析能力；大力弘扬中华优秀传统文化，增强文化自信，培养学生科学育儿的意识。

要求： 结合教材内容，收集整理我国古代关于家风家教的著作言论，并结合时代进行评析，形成分析报告。

形式： 小组合作。

第三单元　中国近代学前教育

◇**学习目标**

1. 了解清末学前教育机构及制度，掌握清末学前教育的特点。

2. 了解中华民国时期学前教育制度及特点。

3. 掌握老解放区学前教育的经验。

4. 对革命先辈在学前教育发展中的智慧和无私奉献精神产生敬仰之情，坚定从事学前教育工作的信念。

◇**情景导入**

1840年的鸦片战争使中国由纯粹的封建社会沦为半殖民地半封建社会，中国近代学前教育史就是指1840年鸦片战争至1949年中华人民共和国成立这个时期的历史，前后大约110年，其间存在清末、中华民国、老解放区（苏区和边区）三个阶段。随着近代中国社会的大变革，学前教育领域发生了怎样深刻的革命？近代学前教育的地位是如何确立的？最早的学前教育机构蒙养院的诞生有什么样的重要意义？民国时期的学前教育制度有怎样的发展？外国教会在华进行了哪些学前教育活动，对中国学前教育产生了什么影响？老解放区学前教育有哪些经验？本章的学习将为你解答以上疑问。

第一课　清末的学前教育

随着帝国主义的不断侵略和近代民族资本主义经济的发展，受近代世界学前教育发展潮流的影响，中国的学前教育也开始由以家庭教育为主逐渐地向以社会机构教育为主的方向发展。

一 清末学前教育机构产生的背景

（一）经济背景

鸦片战争后，西方帝国主义列强为掠夺资源，纷纷在中国开矿山、建工厂，同时清政府洋务派官僚也为了"求富""求强"，大力兴办实业。资本主义的近代工业开始在中国出现，出现了第一批产业工人。到19世纪60—70年代，中国的民族资本主义也逐步发展起来。这些都使我国自给自足的自然经济体系逐步瓦解。一些妇女为生活所迫离开家庭走进工厂，家庭已经不能完全承担对学前儿童的养育，这就从客观上产生了建立学前教育机构的需求。因此，从根本上说学前教育机构的产生是近代社会大工业生产发展的需要。

（二）文化背景

中国沦为半殖民地半封建社会以后，民族危机和社会危机进一步加深。许多进步人士开始寻求救亡图存的道路，纷纷对当时学术界、教育界盛行的"汉学"和"宋学"提出了严厉批评，强烈要求变革。1898年，以康有为、梁启超为首的维新派掀起了维新变法运动，从此中国的资产阶级登上了历史舞台，他们提倡"经世致用"的新风，提出变通科举，学习西学，设立新式学堂。他们将西方的教育思想、教育制度介绍进来，其中就包括学前教育思想和制度，强调儿童教育的意义，将学前教育纳入教育体系。维新派提出的变法思想为后来的学前教育机构的产生奠定了思想文化基础。

（三）政治背景

19世纪末20世纪初，民族危机日益严重，外有西方国家大举入侵，内有资产阶级革命活动和义和团运动，清政府为缓和社会矛盾，于1910年开始推行"新政"，在教育方面废八股、停科举、兴学校，厘定教育宗旨。1902年管学大臣张百熙奉命起草了《钦定学堂章程》即"壬寅学制"，但此学制虽经颁布，并未实施。1904年1月13日清政府颁布了由张之洞、张百熙、荣庆拟订的《奏定学堂章程》，因制定颁布于农历癸卯年，故又称"癸卯学制"。在这个学制中确定了详细的近代学制系统，其中包括蒙养院制度。在这种政治背景下，我国的近代学前教育开始逐步发展起来。

二 蒙养院制度的确立与实施

（一）蒙养院制度的确立

"癸卯学制"是中国近代第一个以教育法令公布并在全国实行的学制，其中的《奏定蒙养院章程及家庭教育法章程》（以下简称《章程》）是中国第一个学前教育法规。涉及的主要内容有以下方面。

1. 蒙养院的对象

《章程》规定："蒙养院专为保育教导三岁以上至七岁之儿童。"《章程》初次确立了蒙养教育在国民教育体系中的地位，并规定设立蒙养院为学前教育的专门机构。

2. 蒙养院的设置

蒙养院并不单独设置，而是附设在育婴堂及敬节堂内。育婴堂是收养被遗弃的孤苦儿童的慈善机构，主要目的在于救济、养育孤苦无依的儿童，照看者是没有受过专门训练的节妇；敬节堂是收留寡妇的场所，二者并非专门的教育机构。《章程》还对蒙养院的房舍、庭园、器物、卫生等方面作了具体规定。

3. 蒙养院的保教要旨

《章程》规定，蒙养院保育教导要旨如下。

（1）"保育教导儿童，专在发展其身体，渐启其心知，使之远于浇薄之恶风，习于善良之轨范。"

（2）"保育教导儿童，当体察幼儿身体气力之所能为，心力知觉之所能及，断不可强授以难记难解之事，或使之疲乏过度之业。"

（3）"保育教导儿童，多留意儿童之性情及行止仪容，使趋端正。"

（4）"儿童性情极好模仿，务专意示以善良之事物，使则效之，孟母三迁即此意也。"

4. 蒙养院的课程

蒙养院儿童在院时间每日不超过下午 4 点钟，课程有：游戏、歌谣、谈话、手技等，"与初等小学之授予学课者迥然有别"。

5. 蒙养院师资的来源与培训

蒙养院内教师称"保姆"，保姆由乳媪和节妇训练而成。

训练保姆的方法是在育婴堂和敬节堂中，选一识字妇女当教员，如堂内无识字的，可以请一识字老妇人入堂任教。训练保姆的教材包括《孝经》《四书》《烈女传》《女诫》《女训》《教女遗规》等，还有一些外国家庭教育书，如日本下田歌子《家政学》，以及初等小学字课本及小学前二年之各种教科书。按这些规定训练出来的保姆是"三从四德"的模范和宣传者,最多不过有小学三年级的文化。

6. 蒙养院的宗旨

蒙养院相当于近代幼稚园,但《章程》又规定了"蒙养家教合一"的宗旨,其表现为两个方面:一是蒙养院要辅助家庭教育;二是家庭教育包括女学。按此宗旨,蒙养院似乎又不是纯粹的幼稚园。

这种蒙养院制度不但没有放弃封建式的家庭儿童教育,甚至有所强化,充分暴露了产生于半殖民地半封建制度下的我国第一个学前教育法规具有明显的封建性、落后性,其资产阶级的教育形式与封建主义的思想内容必然造成尖锐的矛盾。

(二)蒙养院制度的实施

1. 蒙养院的产生和发展

在第一个近代学制的颁布推行下,中国的学前社会教育机构开始出现。1903年秋,在张之洞的支持下,湖北巡抚端方在武昌创办了湖北幼稚园,这是中国第一所学前教育机构,同年,北京的京师第一蒙养院也宣告成立。1904年"癸卯学制"颁布后,湖北幼稚园改名为武昌蒙养院。上海、湖南、天津、江苏等地也相继出现了各种各样的学前教育机构,分为官办蒙养院和私立蒙养院两种,名称各异,这便是我国第一批学前教育机构。

表 3-1 清末创建的学前教育机构

机构名称	所在地	创建时间	机构性质
湖北武昌幼稚园	湖北	1903 年	公立
京师第一蒙养院	北京	1903 年	公立
上海务本女塾附设幼稚舍	上海	1904 年	私立
湖南官立蒙养院	湖南	1905 年	公立
严氏蒙养院	天津	1905 年	私立
福建公立幼稚园	福建	1907 年	公立
上海公立幼稚舍	上海	1907 年	公立
上海私立爱国女学社附设蒙养院	上海	1907 年	私立
怀仁幼稚舍	江苏	1907 年	私立

1)武昌蒙养院

端方创办幼稚园后,由于自己没有师资,教师主要由日本人担任,聘请了户野美知惠等三名日本保姆。户野美知惠毕业于东京女子高等师范学校,是日本来华最早的幼教工作者,担任湖北幼稚园园长。1904年,她拟定了《湖北幼稚园开办章程》,任务有三:"一、保育身体之健旺,体育发达基此;二、培养天赋之美材,智育发达基此;三、习惯善良之言行,德育发达基此。"开设课程有行仪、训话、幼稚园语、日语、手技、唱歌、游嬉七项。招收五到六岁的儿童80人,学制为一年。

家庭仅负担饭费。每日保育时间为3小时。

从《湖北幼稚园开办章程》的内容来看，其中所表达的户野美知惠的一些学前教育的理念，在当时的中国是相当先进的。例如，第一条，"幼稚园因家庭教育之不完全而设，辅小儿自然智能，开导事理，涵养德性，以备小学堂之基础为宗旨"，这实际上是对"癸卯学制"规定蒙养院教育依托家庭教育条款的一种纠偏，既强调了家教无法代替的蒙养院设置社会化的功能，又强化了蒙养院在整个学制体系的地位。第二条，幼稚园"重养不重学"，凸显了学前教育不同于一般普通教育的特点。

2）严氏蒙养院

天津严氏蒙养院是中国学前教育史上著名的私立蒙养院，它由清末翰林院编修、学部侍郎严修所设。严修十分重视女子教育和学前教育。1902年，他在自己家中开设严氏女塾，1905年创办严氏女子小学，并设蒙养院和保姆讲习所。严氏蒙养院开办时曾聘请日本人大野玲子为教师，并从日本购进钢琴、风琴、儿童桌椅、教具等，开设的课程有手工（编织、折纸、剪纸、泥工、穿麦秆、图画等）、唱歌（有关动植物、自然现象、讲礼貌等歌曲）、游戏（表演游戏、竞赛游戏等）、故事（寓言故事和神话故事）等课程，每日上午授课。招生对象主要是亲友子女和附近邻居子女，年龄都在4~6岁。

2. 蒙养院师资的培训

清末学前教育师资的培训，经历了艰难的发展过程。按照中国封建社会的传统，女子从来没有受教育的权利，自古以来就没有设立专门的女子学堂，幼儿师范也就无法设立。

蒙养院师资培训最早是在保姆班或讲习所中进行的。我国最早出现的各种保姆班、保姆科、保姆传习所、讲习所，一般均设于蒙养院或女塾、女师内，单独设立的少，譬如1903年湖北幼稚园内附设的女子学堂，1902年严修设立的严氏女塾和他在1905年办起的保姆传习所，1902年吴馨在上海设立的务本女塾。早在蒙养院章程颁布以前，即1903年秋开办的湖北幼稚园内，也曾经附设了女子学堂，招收15~35岁的女子专门学习幼儿师范课程，这可能就是我国幼儿师范最初的萌芽。但在当时，女子去学堂上课被视为不合时宜的事情而致该学堂停办。于是，张之洞责令湖北学务处将省城宾阳门内的敬节分堂扩充屋宇，添建讲堂，改建为敬节学堂，挑选粗通文理之节妇100名作保姆科正额，以刘德馨为监督，延聘日本女教习讲家庭教育；另地建育婴学堂挑选略能识字之乳媪100名作保育科正额，以高凌爵为监督，延聘日本女教习，讲习幼儿保育教导之事。可见，蒙养院的师资是由育婴堂的乳媪和敬节院的节妇充任，蒙养院的教师统称为"保姆"。

1907年，清政府迫于各种压力，颁布了《奏定女子小学堂章程》《奏定女子师范学堂章程》，打破了禁止女子接受教育的规定。虽然没有专设蒙养院师资培训机构，但女子师范学堂担负培养女子小学堂教员任务的同时，也兼训练蒙养院保姆。《奏定女子师范学堂章程》规定："女子师范学堂，以养成女子小学堂教习，并讲习保育幼儿方法，期于裨补家计，有益家庭教育为宗旨。"此外，还规定女子师范学校要设女子小学堂及蒙养院，以供实地练习。

这个章程，比1904年颁布的蒙养院章程在师资培训方面有了很大的进步，虽然没有明确规定专设训练保姆的机构,但颁布之后,各省不断出现专门培训保姆的机构。如浙江省女子师范学堂设保姆科,1907年上海公立幼稚舍创设了保姆传习所,1910年上海贫儿院设保姆科,广东、北京、天津等地也设立保姆传习所。它们为数不多,有的也不稳定,但它们是我国第一批培训学前教育师资的机构。女子师范学校从此担负起培养女子小学堂教员和蒙养院教员的职责。由女子师范学堂培养的蒙养院师资,形式上已属于新式学堂。要求学生学习保育法、儿童心理学、教育学、修身学、谈话、乐歌、图画、手工、文法、习字法、理化、博物等课程,保教理论课程已确定为学前教育师资的重要内容。由女子师范学堂培养出来的保姆与以往相比已大有变化。

(三) 蒙养院制度的特点

总体而论,清末蒙养院制度的构建,具有以下几个特点。

其一,初步体现了学前教育由家庭向社会化的转变,尽管实现这一转变的步伐迈得不大,体制也不够完善,但也反映了中国教育制度向近代化演进的必然性。

其二,仍然以洋务派"中学为体,西学为用"的思想为宗旨,具有近代社会学前教育的内容和形式,但其维护封建礼教的意图贯彻始终,严重制约了学制改革的发展。

其三,清朝统治阶层对于妇女的歧视,以及剥夺妇女教育权利的种种举措,导致了清末蒙养院制度从一开始就残缺不全。最直接的后果,就是蒙养院师资的严重缺乏以及优质蒙养院的极度匮乏。

其四,半殖民地半封建教育的特点明显,脱离中国实际,照搬日本学制和严重依赖外国教习,较正规的蒙养院教员由日本人担任,课程、教法也参照日本,甚至设备也由日本购进。

三 外国教会在中国的学前教育活动

1840年鸦片战争后,帝国主义列强凭借一系列不平等条约,逐渐取得了在我国传教、办学等特权,肆无忌惮地进行文化侵略,先后设立了许多教会学校,其中也包括幼稚园和学前师资培训机构。

(一) 设立幼稚园,兴办"慈善"事业

1. 设立幼稚园

外国传教士在中国创办的幼稚园,不但在创办时间上早于我国,而且数量上也远超中国人自办的幼稚园。教会的幼稚园,一般都直接附设于教堂,或附属于女学或幼稚师范(图3-1)。

大约从19世纪80年代起,外国教会在中国沿海福州、宁波开办具有近代性质的幼教机构,机构名称为"小孩察物学堂",自此在上海、北平等地亦有设立,数量不断增加。1913年基督教全国

图 3-1　怀德幼稚师范附设幼稚园毕业生留影纪念

大会进一步明确规定各地教堂都要附设幼稚园,随后教会办幼稚园数量迅速增加。1924 年,南京第一女师附设的幼师科对当时幼儿教育发展状况进行了调查,当时全国共有幼稚园 190 所,其中教会办 156 所。

外国传教士积极宣传和设立幼稚园的最终目的是对年幼儿童进行宗教训练,使其接受基督教思想,从而造就帝国主义所需要的恭顺奴仆。这些教会幼稚园的教育内容与方法具有明显的西化特征,在这类幼稚园里,说外国话、行外国礼、讲外国故事、唱外国歌曲、玩外国游戏和玩具,中国儿童犹如置身国外。

2. 兴办"慈善"事业

在设立幼稚园的同时,西方列强还以兴办"慈善"事业为名,设立孤儿院、慈幼院、育婴堂等慈幼机构。这种机构在中国的出现早于幼稚园和幼稚师范学校,早在 19 世纪 40 年代,教会在湖南衡阳开办了一所慈幼院,此后,此类机构逐渐增多。

教会在华设立的大多数慈善机构中收养的女童多于男童。这种"慈善"机构不是教育机构,儿童要承担繁重的劳动,甚至超过其年龄所及。劳累、饥饿、疾病、体罚曾夺去了许多幼小的生命。因为收养的均是儿童,所以有的育婴堂也对孩子进行一定的教育,但是大多数儿童在育婴堂还是受到了残酷的迫害。

中国儿童在育婴堂的悲惨遭遇不断激起中国人民的反抗。各地群众纷纷参加反洋教运动,他们捣毁教堂,救出婴幼儿。20 世纪 20 年代以后,幼教战线的进步教育工作者参加收回教育主权的斗争,并取得了一些成效。全面收回帝国主义在华攫取的办理学前教育的特权,则是在中华人民共和国成立后才实现的。

(二) 培养幼稚师资,兴办幼稚师范学校

为了适应在中国开展学前教育的需要,帝国主义还着力于幼稚师资的培养,兴办幼稚师范学校。

1898年，英国长老会在厦门创办幼稚园师资班，1912年发展为怀德幼稚师范学校，这是教会在我国最早设立的一所独立的幼儿师范。1889年，美国女传教士金振声在苏州创办英华女塾，这是一个将女学、幼稚师范、幼稚园合为一体的综合性学前教育机构。1892年，美国监理公会传教士在上海创办了一个幼稚园教师训练班。1902年，该教会在苏州创办景海女学，以培养幼稚园教师为主，招收来自全国各地的学生，并派送少数毕业生到美国深造。1913年基督教会全国大会后，各地教会开办了一批女学，如杭州弘道女学、北平贝满女学等，这些女学都附设有幼稚师范科；此外，教会还开办了一些独立的幼稚师范学校，如福州协和幼稚师范、烟台玉皇顶幼稚师范等。

教会办的幼稚师范学校课程可分为三类：第一类是外语、宗教等课程，所占比重较大，是适应外国在华办教育需要的，其中英语占学分最多，还有社会问题、宗教学、圣道教法等课程，都是直接为资本主义国家传播基督精神、培养顺民服务的；第二类是文化课，如国文、体育、生理及卫生、生物学、音乐等课程；第三类是专业课，如心理学、学校管理法、实习、幼稚教法、启智用具教法等课程。

（三）教会在华的学前教育活动对中国学前教育近代化的影响

1. 积极影响

传教士在中国的学前教育实践，从新的教育观念引进，到新式教育机构的产生，为近代中国学前教育制度的建立提供了可借鉴的外来资源，产生了一定的积极影响。

第一，教会在中国首先开办学前儿童社会教育机构，客观上冲击了中国的传统家庭教育，催生了中国公立学前教育机构。

第二，教会幼稚园的教育模式为中国近代学前教育带来了全新的教育理念。尤其是其先进的教育管理模式、教育观念、科学的教育方法，潜移默化地影响了中国学前教育观的转变。

第三，教会在华开办学前教育机构为中国自办幼稚园提供了科学的教育模板，促进了西方科学化幼稚园课程教法在中国的实施。

第四，教会幼稚师资培养机构培育了中国第一批专业化学前教育教师队伍，为清末民初中国学前教育机构提供了师资。

2. 消极影响

教会幼稚园在中国开办是以战争为前提，以不平等条约为保护的，这是对我国教育主权的严重侵犯，带有明显的宗教和政治目的。其消极影响包括以下方面。

（1）殖民色彩严重。

教会幼稚园及教会幼稚师范学校的宗教色彩相当的浓厚，宗教课程占了很大的比例，教会幼稚师范科毕业的学生越来越多地服务于当时中国的幼教机构，使得中国幼稚教育存在严重的殖民色彩。

（2）西化特征显著。

教会幼稚园的园所环境是西洋式的，课程内容是西洋化的，中国在最初自办幼稚园时，以教会幼稚园为蓝本，盲目崇洋媚外，效仿它的办学模式，造成了中国早期学前教育的外国化倾向和"富贵病"盛行，劳苦大众无法享受，阻碍了幼稚教育在中国的推广和普及。

第二课　中华民国时期的学前教育

一　民国时期学前教育制度产生的思想基础

清末以后，许多西方科学的学前教育思想已经传入中国，这对中国学前教育近代化起到了非常重要的推动作用。到了民国时期，大批中外学者和教育家积极推动西方学前教育学和心理学在中国的广泛传播，并进行深入研究，使中国学前教育的发展向科学化方向迈进。

（一）西方学前教育思想的传播

1. 福禄贝尔幼儿教育思想的传播

1912年《教育杂志》第4卷第7号刊登谢天恩撰写的《美国幼稚园略述》，文中介绍了福禄贝尔的儿童教育思想遵循自然的原则。文章指出，在福禄贝尔以前，教授儿童的方法主要是训练，是以外因去融化内因，是机械的方法。福禄贝尔认为，教育儿童的方法应由内及外，这是一切生物进化所不能违背的法则。教育儿童就要顺应儿童心理的自然发展，发挥儿童内在因素的作用。

1914年，《教育杂志》第6卷1期发表署名"无我"的《德国柏林裴斯泰洛齐福禄贝尔馆》一文，盛赞"裴斯泰洛齐福禄贝尔馆"规模可观，方法进步。作者除介绍该馆成立的历史之外，也详细介绍了该馆的设备、保姆的培养、幼稚园的管理、幼稚园活动、教学内容与方法，并预测了该园的未来远景。

1919年4月《新教育》杂志发表《福禄贝尔传》，对福禄贝尔的生平和教育实践作了详细介绍。同年，《新教育》杂志刊登了《赫尔伯特、福禄贝尔与朱子、王阳明教育学说之比较》一文，文中对幼稚园的"恩物"和作业作了解说。

五四运动以后，在我国幼教战线的实践改革中，吸取了福禄贝尔幼儿教育思想，充分肯定了福禄贝尔注重自然、尊重儿童自由等思想，已有不少教育家能够在理论上予以分析评判。

2. 蒙台梭利儿童教育思想的传播

在我国最早介绍蒙台梭利儿童教育思想的是志厚，他于1913年在《教育杂志》上发表《蒙台梭利女士之新教育法》，同年又发表《蒙台梭利新教育之设施》，着重介绍了蒙台梭利教育法的特色、蒙台梭利学校的教具以及应用新教法取得的成就等。1914 年，但焘翻译出版《蒙台梭利教育法》，书中充分肯定了其根据儿童兴趣、从儿童出发的教育理念，较为详细地论述了蒙台梭利教育方法原理。

为了更有效地宣传和推行"蒙氏教学法"，1914—1915 年，江苏省教育会专门设立了蒙台梭利教育法研究会。商务印书馆对蒙氏的教具进行了仿制发行。1915 年 4 月，江苏省教育会召开了蒙台梭利教具研究会，讨论和研究如何在幼稚园运用蒙氏教具。1916 年，《中华教育界》第 5 卷连续发表顾树森、王维尹合译的《蒙台梭利教育之儿童》，系统介绍了蒙氏教学法。同年，又有美国人巴士第夫人在上海环球中国学生会发表演说，介绍蒙台梭利教育法。自此以后，宣传和引进福禄贝尔和蒙台梭利等人的幼教理论和方法成为一时风尚。1923 年，国立北京女子师范大学附属蒙养园招新生两班，以试验蒙台梭利教育法，蒙台梭利教育法在当时的中国得到了广泛传播。

3. 杜威教育思想的影响

杜威对近代中国的教育改革与发展影响巨大。1919 年 5 月杜威访华，对中国教育存在的问题给予指导，他认为应当重视基础教育，提出在儿童教学上要多采取游戏的方法。杜威来华以后，中国渐渐掀起宣传实用主义的热潮。

杜威主张在幼儿园教育的理论与实践中要重视经验。他指出，旧学校消极地对待儿童，机械地把儿童集合在一起，用整齐划一的课程和教法对待不同的学生。学校重心不在儿童而在教师、教科书以及其他地方，没有充分考虑儿童的兴趣和能力。他认为，儿童从出生就开始的学习过程，就是不断适应新情况的"经验再组织"过程；幼儿是通过生活过程中的直接经验和行动来学习的，对于幼儿来说，生活本身就是教育。因此，在教育过程中应该以幼儿为主体，不能总是把幼儿放在受教育的被动地位，而应提高幼儿的主动性。杜威认为，"最好使学校成为儿童真正生活的地方""使每个学校都成为一种雏形的社会生活"，儿童在这里主要是"通过做事来学习"，20 世纪 20—30 年代，杜威的"教育即生活""学校即社会""从做中学"思想以及"儿童中心论"主张，成为我国小学和幼稚园教育改革的指导思想，是实用主义对中国儿童教育产生影响的核心。"儿童中心主义"学说在中国教育界不断升温，渐成思潮，推动了中国教育改革和学前教育的发展。

（二）对传统儿童观的批判

在国际性教育改革运动的背景下，民国时期我国传统儿童观也有了转变。

儿童观是人们对儿童的总的看法和基本观点。我国传统的儿童观，由于受封建思想的影响，将儿童看作父母的私有财产，家长对子女有完全支配的权力，儿童对家长要绝对地服从。五四运动前后，人们为了探索一条中国化、科学化的教育之路，教育家和学者将西方教育理论、主张和思潮引进国内，尤其是儿童中心主义、儿童本位主义的思想得到了广泛的传播。

"儿童中心主义"反对传统的以教师、书本和课堂为中心，主张从儿童的本能、兴趣和需要出发，以儿童自身的活动为教育过程的中心。一些民主人士也开始了对传统儿童观的批判，其中颇具代表性的人物就是鲁迅、蔡元培。

鲁迅不仅批判了封建的儿童观,而且反对封建的教育内容和方法。他从对儿童"爱"的角度出发,阐述了他的儿童观和对儿童教育的主张,提出父母对孩子应是"健全的产生,尽力的教育,完全的解放"。

资产阶级民主教育家蔡元培也对摧残儿童身心和抹杀儿童个性的旧教育深恶痛绝,认为旧教育不把儿童当主体,而是把成人或教师的意见强加在儿童身上。他认为,教育必须改变这种状况,要以儿童的个性为出发点,成人或教师不应心存成见,教育对象不同,教育方法必异;要站在儿童的立场上,了解儿童的情况,尊重儿童的个性,让儿童自由发展,不加任何干涉和阻扰。他崇尚自然,主张研究儿童心理科学,了解儿童的心理发展规律。

陈鹤琴、陶行知等人在吸收和发扬鲁迅、蔡元培观点的基础上,继续批判传统的儿童教育。这些都促进了儿童教育观念的进步,为20世纪20—30年代中国幼稚教育的变革作了观念上的先导。

(三)儿童公育思潮

"公育"是与封建家庭的"私育"相对而言的。近代社会,人们逐渐认识到对儿童教育不应仅在家庭中进行,应该使儿童在特定的教育机构中生活和受教育,孩子的一切教育费用都应由国家承担。我国自康有为始,就有关于儿童公育的理论展望,它曾为清末学前教育的设立奠定了一定的思想基础。五四运动时期的教育革新浪潮也同样孕育了儿童公育的思潮。1919年,身为北京大学校长的蔡元培在所作《贫儿院与贫儿教育的关系》的演说词中,明确地表达了对中国传统家庭教育的怀疑,提出了他的学前儿童公育的理想。他从教育所具特殊职能的角度指出,"教育是专门的事业,不是人人能担任的";进一步指出,"有子女的人,不是人人有实行教育的时间",阐述了学前教育社会化的必要性,再一次掀起了儿童公育的思潮。恽代英从唯物史观的角度说明,人类生活分工越细,越是需要向互助的方向走,这是一种不以人们的意志为转移的历史趋势,打破私产、自由恋爱、儿童公育将是不可避免的;他还指出,儿童公育是社会进步的基础。

民国时期,这些具有不同思想倾向的知识分子对学前儿童公育的讨论与设想,促进了儿童公育思潮的兴起,它们在丰富、深化人们对学前教育认识的同时,也为学前教育的变革作了舆论上的宣传与准备。

二 蒙养园制度的建立与实施

(一)蒙养园制度的建立

1911年辛亥革命后,以孙中山为首的南京临时政府对教育开始了一系列适应资产阶级需要的改革。1912年9月，临时政府教育部公布了《学校系统令》，称壬子学制；至1913年8月，又陆续颁布各种学校令，对新学制有所补充和修改，于是整合成一个更加完整的学制系统，即壬子癸丑学制。

《学校系统令》规定："在下面有蒙养园，在上面有大学院，不计年限。"将学前教育机构蒙养院改称蒙养园，招收3~6岁的儿童。《师范教育令》《师范学校规程》等还规定：女子师范学校于附属小学校外应设蒙养园，女子高等师范学校于附属小学校外应设附属女子中学校，并设蒙养园。并规定设立保姆讲习所，培养蒙养园保姆，与培养小学教员并列为女子师范学校的培养目标。从这些规定上看，虽然蒙养园与大学院一样，不占学制年限，并未单独成为学制体系中的一个组成部分，仍然未摆脱附属地位——附设于小学和女子师范学校内，但毕竟不再附设于育婴堂和敬节堂这些非教育机构内，而是纳入了真正的教育机构中。这表明学前教育的地位有所提高。

但是，蒙养园的办园宗旨和课程设置与清末蒙养院相同，仍然强调辅助家庭教育，以封建道德教育为内容，在形式上又开始沿袭清末效法日本的模式。

（二）蒙养园制度的实施

在民国初年，虽没有蒙养园发展的全国统计数字，但可以肯定它有一定程度的发展。据江苏幼稚教育研究会调查，民国七年（1918年），仅上海新建的幼稚园就有12所（其中教会幼稚园6所），幼儿439人，教师42名。另据有关材料记载，黑龙江私立奎垣中学曾于1913年附设蒙养园，北京女子师范学校曾于1914年附设蒙养院，张雪门于1917年在浙江鄞县倡办星荫幼稚园，江苏省立第一女子师范学校则于1918年设附属蒙养园。

除新建一批蒙养园、幼稚园外，还出现了一批保姆养成所和幼稚师范学校，两年毕业。1916年，北京女子师范学校附设保姆讲习所；1917年，江苏省立第一女子师范学校开设保姆传习所；张雪门则于1920年4月在宁波市创办了一所两年制的幼稚师范学校。

可见，民国初年的学前教育改革的成效较为显著。

三　幼稚园制度的建立与实施

（一）幼稚园制度的建立

在新文化运动和五四运动的推动下，出现了一些对幼儿教育产生重大影响的思潮，一种符合科学、民主、平等的儿童观逐渐形成，创办幼儿教育机构、实现儿童公育被看成是一种社会发展的必然趋势，幼儿教育受到越来越多的教育界人士的重视，建立现代学前教育制度已是大势所趋。

1921年，美国教育家孟禄来到中国，进行调查并宣传其教育理论。在他的影响下，1922年北洋政府制定并公布《学校系统改革案》，又称"壬戌学制"或"新学制"。"壬戌学制"规定：在小学校下设幼稚园，"幼稚园收受六岁以下之儿童"，将"蒙养园"改称为"幼稚园"，这向尊重现代学前教育理念前进了一步，该名称沿用至1949年。新学制把幼稚园正式列入学制系统，确定了幼稚园教育在学制上作为国民教育第一阶段的独立地位，幼儿教育的地位得到了进一步提高。

（二）幼稚园制度的实施

1. 颁布《幼稚园课程标准》

清末民初，我国幼稚园课程多采用国外课程，有教会幼稚园的宗教课程、蒙养院的日本式课程、少数幼稚园实验福禄贝尔、蒙台梭利的课程，还有美国式的以幼儿为本位的经验型课程。许多幼稚园处于照搬照抄外国模式的阶段。

陶行知、陈鹤琴等教育家洞察了我国幼稚园教育的种种弊端，提出要使幼稚园教育中国化、科学化，首先要从课程改革入手。在他们的倡议和努力下，1932年，民国教育部正式公布《幼稚园课程标准》（以下简称《标准》）。该《标准》颁布后，随即成为指导各类幼稚园课程建设的纲领性文件，一直沿用至20世纪40年代末。

该《标准》分"幼稚教育总目标""课程范围""教育方法要点"三部分。其中，"幼稚教育总目标"包括：①增进幼稚儿童的身心健康；②力谋幼稚儿童应有的快乐和幸福；③培养人生基本的优良习惯；④协助家庭教养幼稚儿童，并谋家庭教育的改进。幼稚园的课程设有音乐、故事和儿歌、游戏、社会和自然、工作、静息、餐点等七项，每一项都分别阐述目标、内容大要、最低限度要求。幼稚园的教育方法要点共17条，说明幼稚园具体的教育方法。

该《标准》是我国第一个由国家颁布的幼稚园课程标准。一方面，它建立在专家学者总结自己实践经验的基础之上，吸收和借鉴了西方学前教育思想与教育方法而形成的，因此它既体现了民族性，又体现了洋为中用的精神；另一方面，它以心理学、教育学、卫生学等学科的理论为指导，较为符合儿童的年龄特点和教育的规律，具有较强的科学性。它纠正了清末以来幼稚园课程混乱的局面，开辟了通过课程改革，使幼稚教育中国化、科学化的道路。

但是该《标准》也存在着不足，表现为：教育目标不够全面，缺乏层次性；内容忽视各种知识的纵向系统性和逻辑性；课程模式单一，只产生了一种课程组织形式，即单元教学。

2. 颁布《幼稚园规程》和《幼稚园设置办法》

为了加强对幼稚园的管理，1939年12月，民国教育部颁布了《幼稚园规程》，这是我国学前教育史上又一重要法规。1943年对其修正改为《幼稚园设置办法》并颁布，其中规定：幼稚园收受4至6岁之儿童，必要时，得呈准主管教育行政机关收受未满3岁之婴儿予以保育。幼稚园应视地方情形分别为半日制（上、下午制）或全日制。幼稚园由市、县、政府视地方需要及经济能力设置，但各级师资训练机关亦须设置。幼稚园附设在国民学校或小学，并须单独设置。单独设立之幼稚园主任，以幼稚师范学校毕业或具有小学教师资格，办理幼稚教育二年以上有显著成绩者为合格，并应以女子为原则。幼稚园教员，以幼稚师范毕业或具有小学教员资格一年以上之女子为合格，幼稚园教员无此资格者，受省、市以上教育行政机关所组织的小学教员检定委员会之检定方可担任。

从《幼稚园课程标准》和《幼稚园设置办法》可以看出，民国时期，政府对幼稚园的创办和管理已经有了明确的目标、内容和方法，提高了对幼稚园和教师质量的要求。

3. 各类幼稚园的建立和发展

幼稚园制度确立后，在政府的重视和支持下，在社会各界人士的积极参与下，民国时期的中国学前教育有了一定发展，各种类型的幼稚园不断建立，先后创建了一大批不同类型的幼稚园。现划分为公立和私立两大类，分别简介如下。

1）公立幼稚园

在公立幼稚园中，由大学和各省省立女子师范或师范学校附设的幼稚园占有重要地位。这类幼稚园作为大学教育系科和师范学校的教学和科研的实习、实验基地，教育质量都比较高，它们的教育实践活动对一般公立幼稚园起着示范作用，因而也较具有代表性。如南京高等师范附属小学下设的幼稚园和浙江大学教育系培育院。

（1）南京高等师范附属小学下设的幼稚园。

该园成立于1919年，招收3～6岁的幼儿，多半系教员子女。在教学中以生活为主要学习内容，没有明显分科目，以谈话、游戏、手工、音乐为主要活动。每日上课约135分钟，每周上课13小时15分钟。游戏运动器具等设备齐全。

该园的教育目的是使幼儿渐渐习惯于社会生活，练习生活的本能和自发活动。所以学习内容大部分是来自幼儿直接感兴趣的生活经验，包括自然生活和社会生活。这两方面的内容均按季节时令排列。作为带有示范性和试验性的高师附属幼稚园来说，该园的教育内容比较丰富，活动形式多样，这是其可取之处；但是收费较高，且是半日制。

（2）浙江大学教育系培育院。

该院成立于1935年，招收2岁半至5岁的幼儿，每半岁一个级段，每级段各4人，共20人。该院儿童既是教育对象，又是"儿童心理学""儿童训导与心理卫生""儿童心理专题研究"等课程观察、研究和实习的对象。该院的方针有三：①儿童训导原则以心理卫生为基础，对儿童常态、变态行为的发展及个别儿童的特殊需要，予以适当的多方控制；②教育应以儿童身心之全部发展为对象，但儿童愈幼小，身体之发育健康愈为先；③培育院是学前教育机构，必须生活自由、愉快、家庭化、游戏化，尽量给儿童以自由活动的机会，寓指导于不觉之中。

为便于师生观察又不致使儿童因注意观察者而分散注意力，该院仿效美国耶鲁大学的布置，使观察者从观察室隔着两层黑铁纱能看清活动室内的人物动作，而从活动室看观察室则白纱一片，纱后人物，一无所见，观察者可在观察室内安坐记录。这种观察室在当时是一种很有应用价值的创造，在现今的教育研究活动中仍有应用。

培育院组织的活动可分为团体活动和个人活动，引导活动与自由活动，设计活动与随机活动，文字教育与具体教育等类别。曾实行过的活动有节会（儿童节、植树节、元旦等）、养蚕、种毛豆、放风筝、写信、烹饪请客、旅行、做豆浆、娃娃家等。

该院的研究工作有：一是观察，配合课程每周在观察室观察 1 小时；二是训导实习，学生参与院中生活，帮助教师照料儿童；三是专题研究，四年级学生的有关专题研究在此收集材料，曾发表《儿童语言之功用》《儿童性格评估法》《儿童图画之发展》等文章；四是个案研究。

2）私立幼稚园

据张克勤于 20 世纪 30 年代初对上海、南京等 7 市幼稚园概况的调查，当时私立幼稚园明显多于公立幼稚园。私立幼稚园不仅在园数、儿童数、教职工数等方面绝对多于公办幼稚园，而且各具特色，并且出现了不少知名人士创办的幼稚园，在全国范围内影响较大的有陈嘉庚的集美幼稚园、熊希龄的北京香山慈幼院、陈鹤琴的南京鼓楼幼稚园、陶行知的南京燕子矶幼稚园。

（1）集美幼稚园。

集美幼稚园由爱国华侨陈嘉庚于 1919 年 2 月在厦门集美学校内创立。陈嘉庚先生非常重视早期教育，他认为家庭教育、幼儿教育和社会教育应相因相袭、相辅相成、相得益彰。该园幼教信条是：深信幼稚园是教育的基础，要教养儿童成为健康的儿童，教育应以儿童为中心，教师是儿童的伙伴，幼稚园应成为"儿童的乐园"，幼稚园教育应有改造家庭教育的责任等。该园园舍中西合璧、设备齐全、场地宽敞、美观实用，在设备、管理、教学、科学研究和改革实验方面，在当时是一流的。该园 1927 年改名为集美幼师附设幼儿园，作为幼稚师范生的实习基地；现名集美幼儿园，是福建省示范性幼儿园。

（2）北京香山慈幼院。

北京香山慈幼院由慈善家熊希龄 1920 年 10 月在北京香山静宜园创办，主旨在济贫托孤，属慈善性质。开办一年后，感到贫苦儿童中不乏天资聪颖者，于是决定以施行教育、造就人才为主。

熊希龄创立了家庭、学校与社会连为一体的"三合一"教育体制，所制定的具体方针首先是注重儿童人格之培育，关注其社会化习惯之养成；其次是注重儿童才能的培养，即注重职业教育，强调实际训练。尽管香山慈幼院拥有几百人甚至上千人的规模，然而为使孤贫儿童感受到村社乡情与家庭亲情，熊希龄首创"村户制"，即小家庭式教育模式，以村户模式构建成长氛围，以小班为教学单位，教师兼而充当家长的角色。该院的生活照管和卫生保健在当时全国儿童教养机构中首屈一指，被称为"孤苦儿童的幸福乐园"（图 3-2）。

（3）南京鼓楼幼稚园。

南京鼓楼幼稚园是我国著名幼儿教育家陈鹤琴 1923 年春创建的，是我国第一个幼教实验中心，创办的目的在于试验适合国情的中国化的幼稚园，并将试验成果供全国其他幼稚园借鉴。陈鹤琴与助手张宗麟及教师们一起试验，从幼儿园的办园宗旨、培养目标、课程、设备标准到教师的要求，逐项进行研究。鼓楼幼稚园取得了举世瞩目的实验成果，出版了《幼稚园的课程》《整个教学法》《活教育的理论》等。1928 年，民国教育部根据鼓楼幼稚园的课程实验成果，拟订了《幼稚园课程标准》，并向全国颁发。1952 年 8 月，陈鹤琴先生主动要求将鼓楼幼稚园交给南京市人民政府接办，改名为南京市鼓楼幼儿园。

图 3-2 熊希龄与学生们在一起

（4）南京燕子矶幼稚园。

南京燕子矶幼稚园是中国第一所乡村幼稚园，创立于 1927 年 11 月，由我国著名教育家陶行知主办。办园宗旨是"建设中国的、省钱的、平民的幼稚园"，开展乡村幼儿教育的实验活动，直到 1930 年因晓庄师范被封而停办。在燕子矶幼稚园的推动下，当时出现了很多创办乡村幼稚园的活动。

第三课　老解放区的学前教育

老解放区的学前教育指 1927 年大革命失败后至 1949 年中华人民共和国成立以前，在中国共产党领导下建立起来的农村革命根据地（苏区）、抗日根据地和解放区的学前教育。

一　老解放区学前教育的方针与政策

老解放区学前教育的发生、发展与中国共产党领导下的旧民主主义革命是密不可分的，根据各个时期的革命任务和形势，中国共产党制定了相应的学前教育方针和政策，促进了老解放区学前教育的发展，并为革命的最终胜利发挥了重要作用。

（一）土地革命时期的学前教育方针与政策

1. 解放妇女，建立学前教育机构

妇女广泛参与社会工作，需要有公共学前教育的机构来保育儿童。1922 年 7 月，中国共产党第二次全国代表大会指出:"保护女工和童工;废除一切束缚女子的法律,女子在政治上、经济上、社会上、教育上一律享有平等权利。"男女平等在老解放区得到了充分的体现。妇女要全身心地参与社会生产实践,就必须把她们从家庭中解放出来,把孩子送到社会教育机构中去,迫切要求建立专门的学前教育机构。

为了更好地发展学前教育事业,中国共产党制定了一系列方针和政策。1927年9月,中国共产党在《江西省革命委员会行动纲领》中明确指出:"建立一般未达到入学年龄的机关(儿童养育院、幼稚园等),以利增进社会教育和解放妇女的目的。"

2. 保护妇女权益,促进儿童发展

为了保护妇女的合法权益,中国共产党又相继出台了一系列的政策与法律。1931年12月,中华苏维埃共和国劳动法中规定:哺乳的女工除享受本劳动法第二十三条所规定的休息外,每隔三点钟,可休息半点钟来哺乳小孩,并不得克扣工资;在工厂内设立哺乳室及托儿所,由工厂负责,请人看护。1932年5月,湘鄂赣省苏维埃政府文字第二号训令《学制与实施目前最低限度的普通教育》中包括幼稚园(3~7岁)和保育院(3岁以前),把幼稚园列为普通学制的第一类。

同时,中国共产党非常注意儿童的发展和教育。1931年9月,《湘鄂赣省工农兵苏维埃第一次代表大会文化问题决议案》提出"注意学龄前儿童教育"的四点意见:一是注意看护小儿的教育;二是注意小儿听觉、视觉及器官的充分发展;三是3岁以上的儿童暂时由儿童的家庭以及共产主义儿童团实行幼稚教育;四是注意儿童的记忆力、模仿力和联想力等智慧的发展。

1934年2月,苏区中央人民政府内务委员部颁布了学前教育的指导性、纲领性文件《托儿所组织条例》,这是红色政权颁布的第一个关于学前教育的文件。该条例指出:组织托儿所的目的是改善家庭生活,使托儿所来代替妇女担负婴儿的一部分教养责任,使每个劳动妇女可以尽可能地参加生产及苏维埃各方面的工作,使儿童能够得到更好的教育和照顾。该条例是当时革命根据地学前教育的指导性文件,它明确规定工农大众及其子女是托儿所的服务对象,提出了艰苦奋斗、勤俭办学、民办公助的办所方针,明确表达了这一时期开办托幼机构的社会职能和根本任务——解放妇女,解放生产力,培养革命后代,促进儿童发展。该条例颁布后,很多地方办起了托儿组织,如江西省瑞金、兴国等县创办了一批托儿所。这样一来,既解决了妇女的后顾之忧,又保证了孩子们的健康成长。

(二)抗日战争时期的学前教育方针与政策

抗日战争全面爆发后,有的幼稚园毁于炮火,有的被迫停办,幼稚园数量急剧下降,不少儿童成为失去父母的孤儿。为拯救和教育大批无家可归的儿童,同时为了全力支援前线,解除后顾之忧,中国共产党明确提出了"重视保育事业,抚养革命后代"的学前教育方针,并要求专门建立儿童保育机构。

1938年3月,中国妇女慰劳自卫抗战将士总会战时儿童保育会成立。1938年8月,宋庆龄、蔡畅、邓颖超、康克清等在延安成立了战时儿童保育会陕甘宁边区分会，并设立了第一所儿童保育院，受托培育抗战将士子女。1941年，陕甘宁边区政府工作报告中把实行儿童保育列为中心工作，同年颁布了《陕甘宁边区政府关于保育儿童的决定》。该决定指出："建立管理'保育行政'组织：在边区民政厅设保育科，各县市政府第一科内添设保育科员一人，区、乡政府内添设保育员各一人（暂由区、乡妇联兼任），专司孕母、产妇、儿童的调查、登记、统计、卫生、奖励、保护等工作。"关于婴儿的保育规定："婴儿在周岁前，应由生母养育，因工作及其他特殊情况者例外。周岁以前之婴儿，无论由母亲养育或雇人养育，每人每月均发保育费10元，周岁以后的婴儿领取半成年的伙食粮食费，并发给保育费5元；若不领伙食粮食费，仍发10元等。"此外，该决定还对托儿所的建立、保姆的待遇等问题做了明确的规定。据1945年的统计，陕甘宁边区有托幼组织90多个，在幼稚园中享受公育的儿童有1180余名。

（三）解放战争时期的学前教育方针与政策

解放战争时期是中国革命从局部胜利走向全面胜利的时期，各解放区的教育继续贯彻和执行抗日民主根据地的新民主主义教育方针和各项政策，并在"打倒蒋介石，建设新中国"的革命总目标指引下制定了一系列的教育方针政策。1946年12月，陕甘宁边区政府颁布《战时教育方案》，要求"各级学校及一切社教组织应立即动员起来，发挥教育上的有生力量，直接或间接地为自卫战争服务，一切教育工作者都应成为保护边区的宣传员和组织者"。

在这一方针的指引下，学前教育迅速发展。1946年5月，在中央儿童保育委员会的成立宗旨中指出："总结革命根据地成立以来的保教工作经验，筹备保育训练班，研究国内外的保育理论，与热心儿童保育事业的团体和个人发展联系，向其他解放区推广儿童保育事业。"根据这一宗旨，老解放区的学前教育事业得到了进一步的发展。

中国共产党根据形势的发展，在不同的历史时期制定了不同的学前教育方针政策，使幼儿受到了良好的教育。毛泽东、周恩来、朱德等老一辈无产阶级革命家都十分关心幼儿的教育事业，正是由于他们的关心和正确的方针政策，老解放区的学前教育事业才得以蓬勃发展，出色地完成了为革命战争和生产服务，以及培养革命后代的光荣任务。

二、老解放区学前教育机构的主要形式

老解放区学前教育机构发展的显著特点是形式灵活、类型多样。以抗日战争和解放战争时期最为显著，这一时期，不仅学前教育机构的数量和规模有所增加，其机构类型更加多样，主要有以下几种。

（一）寄宿制的保育院、托儿所

这类托幼机构一般设在比较安全的后方，由边区政府主办，条件较好，制度比较完备，主要招收前方将士、后方干部和烈士的子女。如陕甘宁边区第一保育院、第二保育院，洛杉矶托儿所，冀鲁豫保育院，太行行署托儿所等。

陕甘宁边区第一保育院是这类托幼机构的代表，以蓝家坪托儿所为基础在延安成立，主要招收在前方抗战的战士和革命干部子女（图3-3）。保育院的教育目的是："增进孩子的身心健康和快乐，培养其优良的习惯和行为，使其成为抗战建国中优良的小国民。"保育院对儿童的营养、健康、卫生、作息制度、编班等都有严格的规定，并按幼儿实际年龄进行分班。该院师资力量强、教学条件较好。

图3-3　朱德与延安保育院的孩子在一起

这种类型的托幼机构增进了儿童健康，减轻了抗战将士和革命干部的顾虑和负担，为抗日战争和解放战争的胜利作出了贡献。

（二）单位所属托儿所

这是由机关、工厂、学校等自办的托幼机构，只招收本单位职工的子女。儿童白天入托、晚上回家。这种"日间托儿所"规模较小，从事托儿所管理、保教等事务的人员多由单位女同志自己推选。这类托儿所不增加政府负担，并减轻了母亲们的负担，孩子也得到了更好的保育。当时的中央党校、延安鲁迅艺术学院、中国女子大学、被服厂等，都开办了此类托儿所。

（三）变工托儿所、哺乳室

此类机构是根据劳动妇女的需要，由母亲们自发组织起来，轮流值班或请年龄较大女性照看幼儿的一种幼教形式。因为妇女都要参加劳动生产，又缺乏专门的保教人员，便采取了变工形式，组织部分母亲专门进行管理孩子的工作，她们的生产任务则由送托孩子的母亲分担起来。这种托儿所在农村很多，如农忙时临时成立的托儿所、幼儿班；有些机关也设这种性质的托儿所，如晋绥机关托儿所，它们都是由母亲变工互助办起来的。

拓展阅读

扫一扫，了解晋绥机关托儿所。

（四）游击式托儿所

此类托儿所主要创办于局势不稳、敌情变化大的敌后抗日根据地，晋、冀、鲁、豫一带根据地最多。如晋冀鲁豫托儿所、山东托儿所、冀南保育院等。局势稳定时，孩子便由托儿所或幼稚园进行集中保教；敌人扫荡时，化整为零，保教人员和孩子们分散在老百姓家中，由群众保护。负责人经常化装成货郎或亲戚等形式去看望孩子、检查工作，交给看护群众保育费和伙食费。这类机构管理困难，危险性大。

（五）小学附设的幼稚班

小学附设的幼稚班是为不满入学年龄的儿童开办的，一般属于半年至一年的学前教育。哥哥姐姐上学时，将他们带到学校附设的幼稚班，达到入学年龄后正式入小学一年级。陕甘宁边区的米脂、绥德的小学都举办过这种形式的幼稚班。

（六）私人设立的托儿所

解放战争时期，在党和政府鼓励下，出现了一些由私人出资举办的托幼机构。据东北地区统计，1947年6月—1949年7月，该地区先后举办了私立敏山托儿所、私立新民托儿所等9所托幼机构。

（七）混合类型的托幼组织

为了满足群众与孩子的特殊需要，还举办了一些全托和日托并存的托幼组织。如解放战争时期的延安群众报社托儿所，最初是全托（寄宿制），后来根据吃奶婴儿的需要和有一般疾病的孩子母亲的要求，同时举办了日托班，收托这部分孩子。

三 老解放区学前教育的内容与方法

由于时局不稳，老解放区的学前教育在内容、原则和方法上难有统一的要求和严格的规定。但保育儿童身体、培养良好习惯、发展儿童智力，是老解放区各个时期所力求实行的保教内容和目标。同时，随着经验的积累，在一些公办的比较正规的托儿所、保育院也曾建立起相当规范的保教内容和教育程序。

（一）保育的内容和方法

老解放区的托幼机构中收托的孩子大多是干部、军人、烈士的子女以及难童、孤儿，因此这些机构不仅是社会教育机构，还要担负起家庭保育的责任，保证孩子的身体健康是学前教育的首要任务。

1. 保证儿童的营养需要

老解放区非常重视孩子的营养，提出了"一切为了孩子""孩子第一"的口号。孩子们的营养标准最高，和伤病员一样。据《新华日报》1944年8月13日报道，保育院一个孩子每月的伙食标准是鸡1只、大蒜4斤、油1斤半、鸡蛋30个（多时超过30个）、蔬菜30斤，还有水果，如梨、苹果、桃子、西瓜、红枣等。还根据孩子的具体情况制定了相应的食谱。如陕甘宁边区第一保育院制定的食谱就分成了幼稚班孩子饭谱、乳儿喂奶补助饭谱、婴儿班饭谱和慢性消化不良孩子饭谱四种。1946年，国民党进攻解放区，即使在当时经济条件非常艰苦的情况下，也尽量保证了孩子的生活供应。

2. 坚持合理的生活管理制度

有秩序的生活是儿童健康的保证，老解放区的保教机构充分考虑到它的重要性，并根据季节的不同和孩子年龄的不同制定了合理、规律的生活作息制度；还制定了一些保育工作制度，如日夜班职责规定、交接班制度等；还坚持教务总务统一领导，推行"保教合一""保教卫三位一体"制度，分工与协作相得益彰。

3. 重视疾病防治

老解放区地处边远地区，卫生条件差，加之经济困难、医药缺乏，对于疾病的防治大多采取"以预防为主、治疗为辅"的方针，采取"早发现、早隔离、早治疗、早恢复"的措施保障儿童健康。解放区托儿所建立了一套严格的体格检查、检疫、消毒、隔离、预防接种制度。

4. 加强身体锻炼

解放区因条件限制，锻炼器械不多，更强调利用大自然环境增强儿童体质，有各种户外活动形式，如户外上课，到山坡或河边、沙滩游戏玩耍，日光浴，洗河水澡等，有的还锻炼儿童用冷水擦身，增强抵抗寒冷的能力。解放区幼教机构的儿童，在保育员的精心养护下、严格有规律的生活习惯要求下和有效的防病措施下，大多体格健壮。

（二）教育的内容和方法

老解放区对入托儿童实行"保教合一、以保为主"的方针，注重从多方面对儿童进行教育，促进身心全面发展。

1. 品德教育

老解放区的托幼机构均十分重视品德教育，很多托幼机构曾有计划地研究德育的目标、途径和方法。下面以陕甘宁边区第一保育院为例进行介绍。

陕甘宁边区第一保育院提出了以下品德教育的目标：

（1）教育儿童了解父母参加革命的苦心，并继承其艰苦奋斗的精神。

（2）教育儿童认识中国革命的敌人，并培养其对敌人仇恨的心理。

（3）教育儿童热爱劳动、敬爱劳动人民，并特别关心帮助劳苦群众。

（4）培养吃苦耐劳、勇于自我批评的精神。

（5）启发儿童养成团结友爱、互助互让的优良作风。

（6）启发儿童学习管理自己的能力，并关心团体利益。

思想品德教育的主要内容是：培养良好习惯，训练基本技能；培养热爱劳动的良好品质。

同时，提出了品德教育的基本原则和方法：

（1）要在爱的基础上教育儿童。

（2）要在生活中结合实际教育儿童。

（3）要采用潜移默化的暗示法教育儿童，并经常给予鼓励和表扬。

（4）要站在儿童的立场上教育儿童。

（5）要坚持正面教育。

（6）要采取积极引导的方法教育儿童。

2. 智育

随着环境的变化和经验的积累，老解放区的学前教育也开始由"保重于教"到"保教并重"，逐步实行全面发展的教育方针，在智育方面也提高了要求。

教育目标上，如陕甘宁边区第一保育院要求2~6岁的儿童能识别农作物60种、动物40种、颜色12种、形状12种；会单独表演唱歌，会表达心里的话，会讲简单的故事和担任唱歌指挥；能从1数到100，并能心算"3+5=8"这样的加法；识字50个，并会写自己的名字；对各种常识能产生兴趣，并能简单地知道太阳、月亮、雨、雪等自然现象，知道谁是朋友、谁是敌人，吃的穿的是谁造的等社会常识。

课程内容及其组织上,如洛杉矶托儿所将整个儿童教育分为幼稚教育、生活教育和卫生教育三大类。按年龄大小将2~6岁儿童分为四个年龄段班级,并分别安排课程。如幼稚大班(5~6岁)的课程有看图识字、数数、图画、劳作、游戏、跳舞、故事、体操、自由活动、选举模范、卫生检查、洗澡等。

张宗麟到陕甘宁边区后,在他的指导下,延安完小附设幼稚园、第一保育院等学前教育机构的课程编制开始采用单元教学法,教学内容注意贴近实际,教室布置也做了改变,取得了良好的教育效果。

老解放区学前教材缺乏,来源困难,参考书也很少,但保教人员自力更生、亲自动手,编写出了一些适宜幼儿学习的儿歌、故事、歌曲、游戏、剪贴等作为教材内容。第一保育院根据孩子们自发的各种活动,并结合儿童所处的自然环境和社会环境,编出了30个中心活动,即单元教材。这些单元教学的内容涉及生活常识、自然常识和一般科学知识,大大拓展和加深了幼儿所学的知识。

3. 劳动教育

老解放区主张对儿童进行劳动教育,要组织儿童参加力所能及的劳动。如幼儿园大班的孩子,要自己穿衣、叠被、扫地等。有的幼儿园还给孩子们开辟小农场,教他们学习播种、浇水、拔草、收获。大一点的孩子春天帮助大人捉菜虫,学着给西红柿打杈,秋天帮助大人拔白菜、拣洋芋、拔萝卜等。

四 老解放区学前教育队伍的建设

老解放区的学前教育把"一切为了孩子"作为工作的出发点和落脚点,十分重视保教队伍的建设。

(一)保教队伍建设的必要性和紧迫性

保教队伍的素质直接影响着老解放区学前教育的质量和水平。但老解放区的保育员主要都是农村妇女,绝大多数是文盲,文化程度低,而且对保育工作的重要性缺乏认识,从事保育工作的积极性不高,甚至抵触。因此,保教队伍的建设显得必要而紧迫。

(二)保教队伍建设的内容及措施

针对以上情况,老解放区积极动员、共同协作,采取多种措施,努力提高保教人员的思想认识和文化、业务水平。

1. 提高思想觉悟

为提高保教人员对工作的认识,激发她们的工作热情和积极性,使其安心工作,定期邀请党、政、军领导人到保育院、托儿所等给保育员作报告或讲课，鼓励她们安心保育工作，尽职尽责把孩子管好。党和国家领导人都亲自过问托儿所、保育院的工作，积极解决她们在工作中遇到的困难和问题，提高了她们的思想觉悟，激发了保育员们爱岗敬业的工作积极性。

2. 提高保教人员的文化水平

提高保教人员的文化水平是老解放区保教队伍建设的一项重要任务。文化教育的第一步就是对不识字的人员进行扫盲，然后有计划、分层次地培训保教人员读课文、造句、写日记、写书信、写短文、写文章，有的还学认一些英文字母和词汇，以适应认识医药名称的需要。各托幼机构建立了学习、考核、奖励等制度，有的还专门配备了文化教员，以帮助和促进保教人员文化水平的提高。

3. 开展学前教育专业培训

为提高保教人员的业务素质，对保育员进行儿童心理、儿童卫生等专业知识的培训。培训的主要内容包括儿童生活管理、一般的卫生常识、急救法、营养学、护理技术、妇婴卫生等。

当时老解放区没有设立专门培养幼稚师资的学校，培训主要由卫生部门或保育委员会以开办保育训练班的方式进行。这些训练班比较正规，且培训方式多样，对保教人员业务素质的迅速提高发挥了重要作用。

在党和政府的重视和支持下，通过多方努力协作，老解放区培养并造就了一批觉悟高、业务能力强、甘于奉献的保教队伍。

五、老解放区学前教育的特征及基本经验

在党和边区政府亲切的关怀和正确方针指引下，老解放区的学前教育取得了令人瞩目的成绩，其发展历程蕴藏着值得挖掘和借鉴的宝贵经验。

（一）坚持为革命战争和生产建设服务的方向

老解放区学前教育始终坚持正确的服务方向，即为革命战争和生产建设服务。这是学前教育的社会功能的最充分体现，主要是通过解放妇女，解除妇女的后顾之忧来实现。革命根据地广大妇女在中国共产党的号召下热情地投入到社会生产、社会生活、军事生活、党政机关和文化教育工作中，成为中国革命的组成力量。只有把妇女从家庭中解放出来，摆脱家务特别是照管幼小子女的负担，她们才能更好地参与社会活动，由学前教育机构代替广大老区妇女承担养育和教育子女的责任是社会发展的必然趋势。

老解放区的学前教育通过开办多种不同类型的学前教育机构来满足支援生产和战争的需要。当前我们学习老解放区学前教育坚持为革命战争和生产建设服务的方向，有助于端正目前学前教育机构的办学思想，有助于人们正确认识学前教育机构的价值和功能，使得人们更加关注学前教育。

(二）贯彻依靠群众和勤俭办园的原则

老解放区的学前教育机构所取得的成绩与群众的热情支持是密不可分的，他们对学前教育的支持包括房屋、玩具、设备、食物、医疗、人力、师资、掩护等多种不同的方式。老解放区群众拥有高度的政治觉悟和强烈的热爱儿童的情感，尤其是广大妇女，她们像爱自己的孩子一样去爱托儿所、保育院的孩子，这种无私的、博大的母爱激发了老解放区学前教育工作者的工作热情。

老解放区学前教育事业的发展还得益于勤俭办园的指导思想。老解放区学前教育机构没有设备就自己或请人制造，没有条件就因陋就简，从不因为开办托幼机构而向财政机关多要开支，始终贯彻勤俭办园的原则，在各方面都注重节约。

学前教育事业的发展始终离不开广大群众的关心与支持，当前我们也要发扬勤俭节约的光荣传统，提倡办节约型幼儿园，因地制宜地建设幼儿园。

（三）实施"保教结合"，促进儿童全面发展

老解放区学前教育工作者充分认识到在日常工作中必须坚持保育和教育相结合的原则，对儿童实施全面教育；同时，他们还认识到保育员也是教员，要帮助保育员掌握幼稚教学法，落实保教结合原则。

（四）在"一切为了孩子"的教育理念指导下建设幼教队伍

老解放区学前教育最重要的经验是建设一支"一切为了孩子"的高素质的保教队伍。他们把"一切为了孩子，一切为了革命，一切为了前线""把方便留给妈妈，把愉快留给孩子，把困难留给自己"当作自己工作的基本准则，无私地奉献着自己的青春甚至生命。老解放区不仅培养了一支思想觉悟高的保教队伍，还特别注意提高他们的文化水平和业务素质，学习的方式灵活多样，学习的内容联系实际。

老解放区保教人员"一切为了孩子"的自我牺牲精神，是我们当前提高幼儿教师职业道德水平的生动教材，有助于广大幼教工作者树立正确的儿童观、教育观和高度的责任感。

总之，老解放区的学前教育是中国共产党领导下的，为革命战争服务、为生产建设服务、为工农大众服务的学前教育。它在本质上不同于国民党统治区的学前教育。它所创造的幼教成绩，它对革命事业所作的贡献，它的崇高精神和它所积累的宝贵经验，是中国近代学前教育发展史的辉煌乐章。

◇ 单元小结

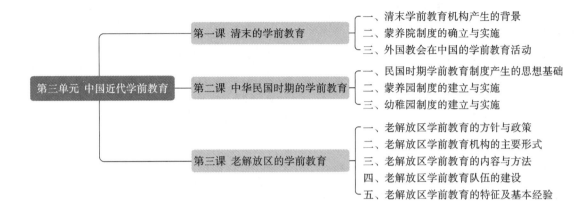

思考与练习

1. 单项选择题

（1）在（　　）学制中，规定将蒙养院改为蒙养园；在（　　）学制中，规定将蒙养园改为幼稚园。

A. 壬子癸丑　壬戌　　　　　　　B. 癸卯　壬子癸丑

C. 癸卯　壬戌　　　　　　　　　D. 壬戌　壬子癸丑

（2）近代中国第一所学前儿童教育机构是在（　　）诞生的，其创办者是（　　）。

A. 四川　张之洞　　B. 湖南　恽代英　　C. 湖北　康有为　　D. 湖北　端方

（3）中国第一所乡村幼稚园是（　　）。

A. 南京燕子矶幼稚园　　　　　　B. 集美幼稚园

C. 鼓楼幼稚园　　　　　　　　　D. 晓庄幼稚园

（4）中国第一部学前教育法规是（　　）。

A.《钦定学堂章程》　　　　　　B.《奏定蒙养院章程及家庭教育法章程》

C.《湖北幼稚园开办章程》　　　D.《壬戌学制》

（5）我国第一个近代学制颁布后最早出现的公立学前教育机构是（　　）。

A. 京师第一蒙养院　　　　　　　B. 武昌蒙养院

C. 湖南蒙养院　　　　　　　　　D. 福州幼稚园

（6）规定幼稚园正式列入学校系统的《壬戌学制》颁布的时间是（　　）。

A. 1904 年　　　　B. 1922 年　　　　C. 1927 年　　　　D. 1935 年

（7）陈嘉庚创办的学前教育机构是（　　）。

A. 北京香山慈幼院　　　　　　B. 上海劳工幼儿团
C. 南京鼓楼幼稚园　　　　　　D. 厦门集美幼稚园

（8）由母亲们自发组织起来，轮流值班或请大龄女性照看幼儿的是老解放区的哪种学前教育机构类型（　　）。

A. 单位所属托儿所　　　　　　B. 寄宿制托幼机构
C. 母亲变工托儿所、哺乳室　　D. 游击式托儿所

2．简答题

（1）简述我国清末学前教育机构产生的背景。
（2）何为蒙养院？蒙养院设置在哪里？
（3）老解放区学前教育机构的主要形式有哪几种？

3．论述题

（1）试述中国学前教育从传统的家庭教育向社会教育转变的历史必然性。
（2）试比较蒙养院与蒙养园制度。

实践与实训

实训一： 以"幼稚园制度建立""幼稚园教育的规范化与科学化""幼稚园的建立与发展""幼稚师资培养机构的建立"等为专题，以时间为线、重大事件为点，全面描述我国近代学前教育建立后学前教育各方面的发展情况。也可以以学前教育的制度化、中国化、科学化三个方面为专题，描述中国学前教育的近代化发展历程。

目的： 了解我国学前教育事业发展历程，更好地理解学前教育工作，树立科学的学前教育理念。

要求： 依据教材的线索、推荐的拓展阅读资料，形成书面报告。

形式： 分组报告会和专题汇报任选其中之一。

实训二： 依年代顺序，以重大事件为重点，描述老解放区学前教育的发展脉络；以"方针与政策""学前教育机构建立和发展""保教内容与方法""保教队伍建设"为专题，阐述老解放区学前教育实践。

目的： 了解老解放区学前教育工作，吸取经验，深刻领悟革命先辈对学前教育事业发展所作贡献。

要求： 依据教材的线索，结合历史纪录片，梳理老解放区学前教育发展脉络及学前教育实践，形成书面报告。

形式： 分组报告会和专题汇报任选其中之一。

第四单元　中国近现代学前教育思想

◇ **学习目标**

1. 了解康有为、蔡元培、恽代英的儿童公育思想。
2. 掌握陶行知的生活教育思想。
3. 掌握陈鹤琴的活教育理论，并能将理论灵活运用到幼儿教育实践活动中。
4. 理解张雪门的"行为课程"和张宗麟的"社会化课程"。
5. 总结近现代学前教育理论本土化探索的经验，体会对当前我国学前教育改革与发展的意义，坚定投身学前教育事业的信念。

◇ **情景导入**

鸦片战争后，中国由封建社会逐渐沦为半殖民地半封建社会，学前教育从封建家庭模式走向社会机构教养，并在此后的一个世纪里逐渐发展成为独立的中国化的教育体系。五四运动后，面对当时中国学前教育的发展现状，为建立中国化的学前教育体系，教育家们进行了哪些探索和实践？形成了哪些思想与理论？这些理论和实践又对学前教育中国化作出了哪些重要贡献？

第一课　近代中国儿童公育思想

1840 年第一次鸦片战争后，中国由封建社会逐渐沦为半封建半殖民地社会，政治、经济、文化开始出现了结构性的转变。在近代中国知识分子受启于中西古代先哲并学习西方先进学说的时代大背景下，国内掀起了一股批判封建家庭教育的思潮，主张儿童应由国家支持下的社会机构教养，以解决当前社会及家庭教育的弊病，促进妇女独立与解放。自此，儿童公育思潮开始酝酿和萌芽。近代中国主张儿童公育的主要人物有康有为、蔡元培、恽代英及"五四"时期的一批文化激进主义者，他们分别从空想社会主义、旧民主主义、早期马克思主义和新文化等立场诠释自己的观点。

一 康有为的儿童公育思想

康有为（1858—1927年，见图4-1），中国晚清时期重要的政治家、思想家和教育家，资产阶级改良主义的代表人物，戊戌变法的发动者和领导者。

图4-1　康有为

康有为早在《礼运注》中就提出"人人教养于公产而不恃私产"，在《大同书》中更充分地阐发了儿童公育思想。康有为的儿童公育观，明显受到西方乌托邦思想的影响，其思想建立在家庭消灭论基础之上。他揭露了封建社会中"家"的种种罪恶，主张消灭家庭，解除封建伦常对人们的束缚。至于消灭家庭的方法，他认为："公立政府当公养人而公教之，公恤之。"如此，"父母之与子女，无鞠养顾复之劬，无教养縻费之事"。康有为还为公养、公教和公恤分别设计了相应的方案。其中公养阶段，要求儿童自出生前至6岁分别在人本院、育婴院、慈幼院或怀幼院（如不设慈幼院，则总归于育婴院）接受公共养育和教育。

拓展阅读

扫码读《〈大同书〉公养之如何》。

二 蔡元培的儿童公育思想

蔡元培（1868—1940年，见图4-2），著名的民主革命家、教育家和政治家。蔡元培是五四运动时期儿童教育思想的代表人物之一。他不仅赞赏孟子"幼吾幼以及人之幼"的情怀，还受到西方空想社会主义者及康有为儿童公育思想的影响。他的儿童公育思想主要体现在《贫儿院与贫儿教育的关系》和《美育的实施方法》等中。

与康有为主张家庭消灭论不同，蔡元培并不主张完全消灭家庭。所以，在理论上蔡元培与康有为的儿童公育思想是有区别的，他在《贫儿院与贫儿教育的关系》中表示："鄙人对于家庭教育很有点怀疑。"接着分层说明了怀疑的理由："教育是专门的事业，不是人人能担任的""有子女的人，不是人人有实行教育的时间""现今大多数家庭成员，不配做儿童的榜样""圣如孔子，贤如孟子，尚且不敢用家庭教育，何况乎常人呢？"

图4-2　蔡元培

针对家庭教育的弊端，蔡元培提出学前儿童教育应该采用公育的形式。他主张设立胎教院、乳儿院和蒙养院，都由专门的卫生家管理。胎教院和乳儿院的设备和环境都能有益于孕妇的身心健康。不论哪个人家的妇女有了身孕，便进入胎儿院；生了子女，便迁到乳儿院；一年以后断乳，幼儿便送至蒙养院接受教育。这样妇女不用照管孩子，也可以回家操持家政，或者外出工作。

蔡元培要求政府建立专门教育机构来代替家庭教育，但他清楚地看到了儿童公育实施的难度，因此试图通过贫儿院的试验和推广来逐步推进，从而实现学前儿童公育。他说："要是贫儿院试办这种事情很有成效，那就可以推广到不贫的儿童了。"

蔡元培主张的儿童公育机构是建立在美育原则的基础上的。在《美育的实施方法》中，他提出了实施学前儿童美育的几点意见。第一，他把胎教作为美育的起点，因此胎教院的环境一定要十分优美，这才不致不良因素影响胎儿。第二，他认为孕妇产儿以后，应迁到公共育婴院，让婴儿生活在自然美和艺术美之中。第三，蔡元培把幼稚园视为"家庭教育与学校教育的过渡机关"。在幼稚园里应该开展各种美育活动，使儿童不仅感受美，而且能表现美。

蔡元培的儿童公育思想以胎教作为学前教育的起点，批判封建家庭教育，首次提出美育并将美育原则融入儿童公育思想之中。虽然他的公育思想有脱离实际的地方，但是蔡元培重视学前儿童美育的教育思想，并对公育机构在环境选择、建筑设计、室内陈设、课程内容方面都强调美育原则，帮助儿童形成健全的人格，对现今学前儿童的美育仍然具有借鉴意义。

三　恽代英的儿童公育思想

恽代英（1895—1931年，见图4-3），中国无产阶级革命家，是我国无产阶级学前教育思想的先驱。他发表了《儿童公育在教育上的价值》《驳杨效春君非儿童公育》等文，还翻译了《儿童问题的真解决》一书，明确提出"打破私产""实行儿童公育"的革命主张。恽代英对传统家庭教育表示了强烈的不满，他的儿童公育理念是在深刻批判私有制的基础上形成的。

图4-3 恽代英

恽代英非常重视儿童早期教育。他认为胎儿刚出生时没有善恶观念，幼稚时期逐渐发展，而且容易效仿他人，要在幼稚时期引导儿童向善，发展他对个人对社会有益的一方面，如果不能引导他向善观念的形成，那么他便"性恶"了。而要抓好儿童的早期教育，其关键又在于实现儿童公育。恽代英认为，儿童公育的重要性表现在两个方面：一是儿童公育关系到世界的改造和国家的前途；二是儿童公育关系到人的全面发展。他指出，儿童发展德、智、体、美诸方面最有效的途径，莫过于实行儿童公育。

恽代英认为儿童公育能够有效改善传统家庭教育弊端，他在肯定家庭教育的价值同时指出了传统家庭教育的局限性。他认为"家庭不是儿童生活的适宜场所，父母不是适当的教育者"。儿童公育机构的教师相对于传统家庭中的父母更能承担科学教育儿童的重任，儿童公育机构相对于传统家庭来说是理想的儿童教育园地。

恽代英主张的儿童公育与康有为、蔡元培的公育思想类似，都是设立专门的机构，从孕妇怀孕开始至进入小学前，都在公育机构接受全面正规的胎教和教育；与康有为、蔡元培的公育思想不同的是实施机构的不同，恽代英设立的公育机构包括人本院、育婴院、幼稚园。

较康有为、蔡元培而言，恽代英是我国无产阶级学前教育思想的先驱，他的儿童公育思想立足于社会发展的趋势，将社会的实际和教育的实际统一起来，在当时引起巨大的反响，对发展社会主义学前儿童教育事业具有较强的理论价值和现实指导意义，这也奠定了他在中国近代幼教史上的重要地位。

以上所述，代表了我国近代儿童公育思想的演进历程。总体说来，近代中国儿童公育思想目标远大，富于理想性，与现实落差较大，但推动了中国学前教育的发展进程。

拓展阅读

扫描二维码，比较康有为、蔡元培、恽代英儿童公育思想的异同。

第二课　陶行知的学前教育思想

一　生平与教育实践

陶行知（1891—1946年，见图4-4），安徽省歙县人，原名文濬，后改名知行、行知。陶行知是中国现代杰出的人民教育家、思想家，伟大的民主主义战士。毛泽东赞誉他是"伟大的人民教育家"。

陶行知1914年入读美国伊利诺伊大学市政学，一年后获得政治学硕士学位；1915年入读美国哥伦比亚大学，师从杜威、孟禄、克伯屈等美国教育家，攻读教育学博士；1917年秋回国，先后任南京高等师范学校、国立东南大学教授、教务主任等职；1923—1926年，主要从事"平民教育运动"，他主张平民教育"用最短的时间，最少的银钱，去教一般人民读好书，做好人"。1927年3月，在南京郊区创办乡村幼儿师范学校——晓庄师范学校，并创办中国第一个"中国的、平民的、省钱的"乡村幼稚园——南京燕子矶幼稚园；1931年开展"普及教育运动"，主编《儿童科学丛书》，在上海先后创办"山海工学团""报童工学团""晨更工学团""流浪儿工学团"等，开创"小先生制"和"传递先生制"；1936年陶行知发起国难社教育，开展"国难教育运动"；1939年7月，在重庆创办育才学校，实施生活教育理论；1946年7月25日，因长期工作劳累，突发脑出血不幸逝世。

图 4-4　陶行知

陶行知一生致力于教育事业，怀抱着"要使全中国人都受到教育"的愿景，先后参与发动了平民教育运动、乡村教育运动、普及教育运动、战时教育运动、民主教育运动。他的著作主要有《中国教育改造》《古庙敲钟录》《斋夫自由谈》《行知书信》《行知诗歌集》等。

二　学前教育思想

陶行知着眼于人民大众教育的普及，强调学前教育对个人及国家与社会的重要作用。为改变当前中国教育的落后现状，陶行知提出了生活教育理论、儿童创造教育理论和艺友制幼稚师范教育理论等。其中，生活教育理论是其思想的核心。

(一) 学前教育的意义及服务方向

1. 高度重视学前教育的意义

(1) 学前教育为个人发展奠定基础。

陶行知十分重视学前教育，他认为"幼年的教育是最重要的教育"。1926年，陶行知发表了《创造乡村幼稚园宣言书》，通俗生动地阐述了学前教育的重要性。他指出："学前教育实为人生之基础，不可不趁早给他建立得稳。"此外，他还提出："从福禄贝尔发明幼稚园以来，世人渐渐觉得幼儿教育之重要；幼儿学者告诉我们，凡人生所需之重要习惯、倾向、态度多半可以在六岁以前培养成功。"

(2) 学前教育对国家发展有根本作用。

陶行知认为学前教育还关系着国家的发展与前途。他在《如何使幼稚教育普及》中指出："小学教育是建国之根本，幼稚教育尤为根本之根本。小学教育应该普及，幼稚教育也应当普及。"他主张普及学前教育，不能漠视对幼儿的教育，只有让幼儿接受良好、科学的教育，今后才能够更好地去建设国家。因此，学前教育在培养人才方面，对国家发展起着重要的支持作用。

2. 提出学前教育为工农服务的方向

陶行知的学前教育思想着眼于劳苦大众的需要，他针对当时中国学前教育的三大弊病——"外国病""花钱病""富贵病"进行了猛烈抨击，并提出一整套为劳苦大众服务的学前教育理论。他在《幼稚园之新大陆》中提出："工厂和农村最需要幼稚园。"陶行知认为，幼稚园教育应该服务的对象是广大工人和农民，倡导建立中国的、省钱的、平民的幼稚园。

陶行知坚持学前教育要面向工厂和农村，为工人农民服务的方向，号召开展幼稚园下厂、下乡运动，关键是要打破对外国的盲目崇拜，建立符合中国国情的幼稚园。1927年11月，陶行知带领助手张宗麟等在南京创办了我国第一所乡村幼稚园——南京燕子矶幼稚园。之后，他指导他的学生陆续创办了一批服务工农的幼稚园，如晓庄幼稚园、和平门幼稚园、新安幼稚园等。

(二) 生活教育理论

1. 生活教育的产生和确立

1917年，陶行知从美国留学归来看到中国学校教育中学生"读死书，死读书，读书死"，教师"教死书，死教书，教书死"的死气沉沉的现状。陶行知大力推行杜威的"教育即生活""学校即社会""从做中学"等思想，主张学生要积极参加社会生活与实践，在实践中获得教育。之后，陶行知意识到杜威的教育主张不适应中国国情，杜威是为了解决学校与社会、教育与生活相脱节的矛盾，使教育适应时代变化，注重教育体系的改良；而中国的问题是国家经济落后，人民群众没有受到文化教育，不能促进社会变革。因此，陶行知在探索与实践中形成了"生活教育"理论，其最终目的是提高国民素质,以改造社会,其核心就是启发儿童、青年、人民大众改造社会生活的觉悟,提高手脑结合的实践创造能力,去改造生活,创造新的人生,创造新的中国、新的世界。他说:"生活教育是给生活以教育,用生活来教育,为生活向前向上的需要而教育。"

2. 生活教育的主要内容

陶行知将杜威的实用主义教育理论进行了改造,用他的话说是翻了半个筋斗,形成了生活教育理论。主要内容是"生活即教育""社会即学校""教学做合一"。

(1) 生活即教育。

陶行知认为生活是一本活的教科书,生活含有教育的意义,强调寓教育于生活之中。"生活即教育"包括三个方面的含义:一是生活含有教育的意义,过什么样的生活就会受到什么样的教育。二是生活决定教育,教育不能脱离生活,教育要通过生活来进行,教育的目的、内容、原则、方法都是根据生活需要,为生活所决定。三是教育改造生活,教育不是被动由生活所制约,教育对生活具有能动的促进作用,通过教育改造人从而发挥其改造社会和个人生活的功能,促进社会发展和进步。

(2) 社会即学校。

在生活教育理论的指导下,陶行知提出了"社会即学校"的思想。陶行知认为要把学生从学校这个"鸟笼"中放飞出去,教育不能局限于狭小的教室中,大自然、大社会都包括了教育的范围、内容,可以作为受教育的场所。"社会即学校"包括三个方面的含义:一是整个社会是生活的场所,亦是教育的场所,把整个社会当成一个大学校,人人都是先生,人人都是学生。二是学校教育与社会实践相结合,要在真实的社会场景中进行,在社会生活实践中获得教育,并运用学校的力量教育学生,促使社会进步。三是反对不平等教育,强调所有人都是教育者和受教育者,推动贫苦民众的普及教育。

(3) 教学做合一。

"教学做合一"是陶行知生活教育理论的方法论,破除传统教育下劳心与劳力的分离现象,要在"劳力上劳心"。他说"事怎样做就怎样学,怎样学就怎样教;教的法子根据做的法子"。他强调"做"是中心,在做上教的是先生,在做上学的是学生,反对注入式教学,强调"教学做"是一件事,不能分开;另外,他认为教学来源于生活,从生活中发出的问题才是实际的问题,要求教师在儿童的活动中进行教育教学,重视儿童对知识的探索和实际操作能力的培养。

陶行知重视生活教育的作用,把生活教育当作改造中国教育、社会的唯一出路。生活教育理论揭露并批评了旧教育存在的问题,同时提出了解决问题的具体方法,这对教师有了新要求,要求教师了解幼儿,指导幼儿在实际的生活中学习知识,培养他们的生活能力。从这个意义上讲,生活教育理论对当时教学方法的改革有积极作用,对我们现在的学前教育改革也有很大的启发。

(三) 儿童创造教育理论

创造教育理论在陶行知的学前教育思想中也占据着重要的地位。他批判中国旧教育只能培养出唯命是从的奴才，认为能够担当起改造新中国重任的新一代要具备主动性和创造性。陶行知在《创造宣言》中指出："创造教育的目标是要培养一种具有创造精神和创造能力的'真善美的活人'""把小孩子、农人、工人都培养起来""使他们为自己创造，为社会创造，为国家创造，为民族创造"。因此，创造教育对于儿童来说，是为了培养能够促进国家、社会的进步和发展的有创造力的全面发展的儿童。

陶行知认为，儿童本身具有很强的创造力，只是被中国旧教育蒙蔽，而教育者要发现、认识并进一步解放儿童的创造力。为此，他提出了"六大解放"：

第一，解放儿童的头脑，使之能想。把儿童从迷信、成见、曲解和幻想中解放出来。

第二，解放儿童的双手，使之能干。要摒弃传统教育中不允许幼儿动手的观念，让儿童有充分动手的机会，养成勤于动手的好习惯。

第三，解放儿童的眼睛，使之能看。观察力是创造的起点，要引导儿童多观察了解大自然和现实社会生活，培养分析问题、解决问题的能力。

第四，解放儿童的嘴，使之能说。通过嘴巴提出问题，人们的思想、立场和观点可以得到交流，培养表达能力，增加他们的知识。

第五，解放儿童的空间，使之能接触大自然和大社会，扩大认识眼界，获取更丰富的知识。

第六，解放儿童的时间，使之学习自己渴望学习的东西。给幼儿充足的时间去玩、去想、去做，让他们有自由时间可以支配，养成无意创造的倾向。

此外，要实施创造教育，陶行知认为还要具备"三个需要"和"一大条件"。"三个需要"指的是：①需要充分的营养。要让儿童身心都获得充足的营养，才能发挥高度的创造力。②需要建立良好的习惯。要把儿童的生活和学习习惯培养好，才能让他去发现和思考更深层的问题。③需要因材施教。要认识幼儿，发现他们的特点，有针对地对儿童进行教育和培养。"一大条件"指的是"民主"，要在民主的环境中培养儿童的创造力。

（四）艺友制幼稚师范教育理论

陶行知认为，要普及幼稚教育，就要重视幼稚师范教育。幼稚教育的普及需要大量的师资，但当时的中国时局动荡、经济不振、教育落后，无法培养出所需的幼稚师资，为解决这一难题，陶行知提出两种培养幼稚教育师资的方法。

1. 改造幼稚师范教育，创办幼稚师范学校

陶行知提出："幼稚师范是要办的，但幼稚师范必须根本改造才能培养新幼稚园之师资。"他认为旧幼稚师范存在的最大问题是理论脱离实际，培养出来的师资不会办幼稚园。而新型的幼师，既在课堂上学习基本理论知识，又在幼稚园中学习如何办幼稚园。为此，陶行知设计了系统的训练幼师制度，给师范生规定了儿童文学、园艺、美术、音乐、自然科学、医疗卫生、家庭伦理以及幼稚园活动等24项内容，通过"教学做合一"的方法，让师范生在由他所创办的晓庄师范第二院——

幼稚师范院进行实践。陶行知认为，只有这样，才能让师范生获得实际有用的知识，才能够更好地普及幼稚教育。

2. 采用"艺友制"，培养幼稚教育师资

陶行知认为学做教师有两种途径：一是从师，二是访友。随友学比从师学更自然有效，所以要想做好教师，就要和好教师做朋友。学生在幼稚园中与有实践经验的导师交朋友，在导师的指导下，在实践中学习领悟教育教学理论，掌握幼儿园工作管理等相关技能，他称其为"艺友制师范教育"。他说："凡用朋友之道教人学做艺术或手艺便是艺友制。"

艺友制培养幼稚师资主要有四个步骤。

（1）安排艺友参加幼稚生的各种活动，学做儿童领袖。

（2）教给艺友一些实际操作的方法和技能，如怎样带幼儿玩耍。

（3）在做基本技能训练的同时，在幼稚园实际操作。导师与艺友制订计划，组织艺友到其他幼稚园参观并讨论。

（4）两个艺友一组，在导师的指导下，独立承担起幼稚园的工作。

这在当时解决了师资紧缺的问题，对现今的教育也有一定的借鉴意义。首先，让师范生在幼稚园内实地学习，克服了以往师范生教育理论脱离实践的弊端，让师范生学习到很多实用技能；其次，在当时中国无法建立更多幼稚师范学校的情况下，通过艺友制培养了相对有质量的师资；最后，艺友制师范教育整个步骤大致需要一年半至两年的时间，师范生便能独立工作，担任乡村幼稚园教师，这大大缩短了培养幼师的时间成本，这在当时是一种周期短、质量高、较为经济的幼教师资培养办法。

三 对陶行知学前教育思想的评价

陶行知主张改革旧教育，批判中国传统教育，立足中国国情，坚持面向工农服务的方向，积极投身于中国教育研究、探索和改造当中，他提出的生活教育理论为学前教育中国化的发展作出了巨大贡献，对中国学前教育课程体系也产生了深远影响；他提出的创造教育理论符合儿童发展特点，为我们全面实施素质教育提供了宝贵的经验；他提出的幼稚师范教育理论及教育实践在当时的历史条件下，对普及识字教育、扫除文盲起着很大的作用，极大推动了我国近现代教育事业的发展。

第三课　陈鹤琴的学前教育思想

一　生平与教育实践

陈鹤琴（1892—1982年，见图4-5），浙江上虞人，著名儿童教育家、儿童心理学家，中国现代最早将幼儿心理与幼儿教育相结合的教育家之一，中国现代幼儿教育的奠基人。

图4-5　中国幼教之父陈鹤琴

1914年，陈鹤琴从清华学堂高等科毕业，与陶行知一起赴美留学；他先在霍普金斯大学攻读文学，后在哥伦比亚大学攻读教育学，在获取教育学硕士学位后转入心理系攻读心理学，师从克伯屈、孟禄、桑代克、罗格等著名教育家和心理学家；1919年，他回国任教于南京高等师范学校，讲授教育学和心理学；1920年，他以长子陈一鸣为研究对象，对其进行了808天的观察和实验，写成了中国第一本儿童心理学专著——《儿童心理之研究》；1925年，他以儿子陈一鸣、女儿陈秀霞为观察对象撰写的《家庭教育》一书出版，阐述了家庭教育的重要性。

陈鹤琴积极投身教育改革活动，1923年春，他在南京创办了我国第一个幼儿教育实验中心——南京鼓楼幼稚园，与张宗麟等人一起进行幼稚园课程中国化和科学化的探索；1927年，他发起并组织幼稚教育研究会，创办了我国最早的幼稚教育研究刊物《幼稚教育》；1928年，协助教育部制定并颁布我国历史上第一个《幼稚园课程标准》；1929年，他担任中华儿童教育社主席；1940年10月，我国成立第一所公立幼稚师范学校——江西省立实验幼稚师范学校，陈鹤琴任校长，并在此全面进行"活教育"实验；1945年9月，担任上海市立幼稚师范学校校长；经过几年的教育实践，1947年建立了完整的"活教育"理论体系；1949年，担任南京大学师范学院院长兼幼教系主任和南京师范学院院长，创立了附属幼儿园、附属幼儿师范学校、儿童教育研究室、儿童玩具研究室以及附设玩具工厂等一套完整的教学和科研体系。

陈鹤琴是中国现代学前教育的开拓者和改革者，被称为中国幼教之父。他把毕生精力都贡献给了学前教育事业，一生主要从事于一系列开创性的幼儿教育研究与实践，为后世留下了近400万字的著作，他的思想主要体现在《陈鹤琴教育文集》《陈鹤琴全集》中。

二 学前教育思想

（一）学前儿童的心理特点

陈鹤琴从1920年冬开始，以长子陈一鸣为研究对象，对其动作、情绪、语言、学习等方面的发展变化和各种刺激反应进行了长期周密的观察和实验，在其研究成果《儿童心理之研究》一书中，揭示了儿童心理发展的一般规律和特点。他说："儿童的心理与成人的心理不同，儿童时期不仅作为成人之预备，亦具有他本身的价值，我们应当尊敬儿童的人格，爱护他的烂漫天真。""我们教小孩子必须先了解小孩子的心理。若能依据小孩子的心理而施行教育，那教育必有良好效果的。"他认为儿童具有以下主要特点。

1. 好动

陈鹤琴认为儿童天生好动，缺乏自制力。他指出："他喜欢听这样，看那样；推这样，拉那样；忽而玩这样，忽而弄那样；忽而立，忽而坐；忽而跳，忽而跑；忽而哭，忽而笑。没有一刻的功夫，能像成人静坐默思的""儿童还没有养成自制力，他的行动完全为冲动和感觉所支配"。他认为，师长要正确对待儿童的好动，给予充分的活动空间和时间，并且指导孩子随着年龄增长学会自制。

2. 好模仿

陈鹤琴指出："这个模仿心，青年老年亦有的，不过儿童格外充分一些。儿童学习言语、风俗、技能等，大大依赖这个模仿心。"他还对模仿动作的分类和发展进行了研究，如儿童模仿的动作和所模仿的动作无法完全一致，儿童的模仿能力是有差异的。因此，师长要以身作则，创设良好的环境，以免养成错误的习惯。

> **拓展阅读**
>
> 陈鹤琴的家庭教育有过怎样的故事呢？扫码了解"陈鹤琴家教故事：家长以身作则"。
>
>

3. 易受暗示

陈鹤琴认为儿童是易受暗示的，容易被环境刺激影响，要合理利用暗示来养成儿童良好的行为习惯。他告诫不要用消极的暗示，要注意戏剧中一些恶劣行为对幼儿的暗示，如抢夺、暴力等。陈鹤琴还提出了暗示的四种方法，分别是语言、文字、图画和动作，其中动作暗示的影响最大。

拓展阅读

扫描二维码，了解"陈鹤琴家教故事：用暗示培养小孩子洗漱的习惯"。

4. 好奇心

陈鹤琴认为儿童好奇心强，好奇心是儿童学问之"门经"，教育者完全可以利用。他说："好奇心关于儿童之发展、文化之造就，具莫大势力的。儿童凡对于一切新的东西就生出好奇心。一好奇，就要与新的东西相接近；一接近，那就略晓得这个东西的性质了。假使儿童与新的境地相触愈多，他的知识必愈广。"他指出，成人要耐心倾听并解答儿童的问题，不要厌恶禁止儿童发问或置之不理或乱答一通。

5. 好游戏

陈鹤琴指出："儿童好游戏乃是天然的。近世教育利用这种活泼的本能，以发展儿童之个性与造就社会之良好分子。"他认为儿童以游戏为生命，游戏可以发展身体，培养高尚道德，使脑筋敏锐，是休息之良药。

6. 喜欢成功

陈鹤琴指出："小孩子固然喜欢动作，但更喜欢动作有成就的。"他认为儿童喜欢成功，一方面是自己觉得很有趣，另一方面是可以获得成人的夸奖和赞许。他告诫人们让儿童做的事情不能太难，因为如果做不成功容易灰心，下次就不愿意做了，要让儿童在成功中增加自信心。

7. 喜欢合群

陈鹤琴认为："凡人都喜欢群居，幼小婴儿，离群独居，就要哭喊，两岁时就要与同伴游玩，到了五六岁，这个乐群心更加强了。"他建议，帮助儿童找到良好的伙伴，给他驯良的小动物做伴侣，以及给小娃娃之类的玩具等，排解寂寞。

8. 喜欢野外生活

陈鹤琴认为："小孩子都喜欢野外生活。到门外去就欢喜，终日在家里就不十分高兴""这种郊游于小孩子的身体、知识、行为都有很好的影响的"。他指出，儿童哭闹的一大原因是不能到外面玩，家长和老师要多让儿童到外面去接触大自然，不要因为怕弄脏衣服、麻烦等让儿童失去与大自然接触的机会。

9. 喜欢被称赞

陈鹤琴指出两三岁的孩子就喜欢"听好话""喜欢旁人称赞他""到了四五岁的时候，这种喜欢嘉许的心理还要来得浓厚"。师长应该利用这个特点，但不可用得过多而空泛，过多就失掉了效用，反不如不用。

（二）儿童家庭教育理论

家庭教育理论是陈鹤琴教育思想的重要组成部分，他的家庭教育思想主要集中在《家庭教育》一书中，该书是根据对儿子陈一鸣多年的观察、记录和研究，并吸取他人教育子女的经验撰写而成，系统地阐述了家庭教育的意义、内容、原则和方法。

1. 家庭教育的作用

陈鹤琴认为儿童早期的家庭教育在人的一生发展过程中起着奠基的作用。他在《家庭教育》中提出：幼稚期（出生至7岁）是人生最重要的一个时期，什么习惯、语言、技能、思想、态度、情绪，都要在此时期打一个基础，若基础打得不稳固，那健全的人格就不容易形成了；（儿童）知识之丰富与否，思想之发展与否，良好习惯之养成与否，家庭教育实应负完全的责任。因此，必须重视家庭教育。他还认为，父母能教育好小孩子，中国美好的前景"即在其中了"。

2. 家庭教育的内容

陈鹤琴认为家庭教育应该立足培养儿童的健全人格，促进儿童全面和谐发展。因此，他对家庭教育的保育、德育、智育等方面的内容和方法进行了详细阐述。

（1）在保育方面，陈鹤琴认为卫生习惯与身体健康紧密联系，所以家长需要培养儿童的良好习惯。为此，他提出了家长在卫生养成方面的25条原则，包括饮食、睡觉、如厕等日常生活习惯，如吃饭前要洗手，吃饭要定量，午间要睡觉，每天早晨要大便一次。

（2）在德育方面，要教育儿童心中有他人，要有同情心，尊重别人的劳动，对人要有礼貌，要诚实，学会爱人，尊重人，同时还要培养儿童尊敬父母，爱护亲友的品行。

（3）在智育方面，陈鹤琴不赞同让儿童过早地读书写字，而应该根据儿童实际情况，开阔儿童的眼界，丰富其感性经验，尊重儿童兴趣，支持儿童去探索创造，从而发展儿童的智力。

（4）在美育方面，他强调父母要培养儿童感受美、欣赏美、表达美甚至创造美的能力，在家中可以用穿着美、语言美、举止行为美、生活环境美等陶冶孩子的美感，还可以教孩子画画、唱歌、跳舞、看文艺演出、外出旅游等，他十分看重教孩子画画和欣赏画的教育作用。

（5）在劳动教育方面，并不是要求幼儿做多少事或要做多好，主要是让孩子从小懂得自己的事自己做，还要帮助别人做事，是给他适当的做事机会，如浇花、扫地、收拾东西，防止孩子养成"己逸人劳""骄慢怠惰不知世事艰难"的恶习。

3. 家庭教育的原则与方法

陈鹤琴一贯主张，要尊重儿童的人格，尊重他们的自主性、独立性，父母要民主、平等地对待孩子。他主张家长在家庭教育中要承担教育的责任，创设良好的家庭环境，充分了解儿童的身心发展规律，要坚持以身作则、正面教育、及早施教、宽严适度、责罚慎重等原则与方法。

（三）"活教育"理论

"活教育"理论是陈鹤琴教育思想的核心。1940年10月，陈鹤琴在江西省立实验幼稚师范学校提出"活教育"思想，他引用陶行知批判传统教育"教死书，死教书，教书死；读死书，死读书，读书死"的名言，决心把这种腐朽的死教育变为前进的、自动的、有生气的活教育，要做到"教活书，活教书，教书活；读活书，活读书，读书活"。1947年后，他的"活教育"理论体系逐步形成，主要包括三大纲领——目的论、课程论和方法论，以及教学原则和训育原则。

1. "活教育"的目的论

陈鹤琴认为，"活教育"的目的是"做人，做中国人，做现代中国人"。他从儿童的身体、智力和情感等方面提出了要求：要具备健全的身体，要有建设的能力，要有创造的能力，要有合作的态度，要有服务的精神。

2. "活教育"的课程论

陈鹤琴认为，"大自然、大社会都是活教材"。他强调课程应该来源于生活和社会，大自然和大社会才是活的书、直接的书，而学校的书是死的书、间接的书，应该抛弃"书本万能"的观念，向大自然、大社会这种"知识宝库"学习，如：春桃、夏荷、秋菊、冬雪这些自然物；新年、中秋、重阳、端午这些节日；纪念日、庆祝会等这种社会性事件。

3. "活教育"的方法论

陈鹤琴提出活教育方法论的基本原则是"做中教，做中学，做中求进步"。他强调幼儿园应以"做"为中心，重视儿童的体验，从事物中获取直接经验，这样才能够认识事物的性质，学到真知识。他主张"凡儿童自己能够做的，应当让他自己做，凡儿童自己能够想的，应当让他自己想"。"活教育"的教学过程分成四个步骤：①实验观察；②阅读思考；③发表创作；④批评研讨。教师要做到：引发、供给、指导和欣赏。

4. 教学原则和训育原则

活教育的教学原则，是陈鹤琴根据"心理学具体化，教学法大众化"的指导思想，结合儿童心理特点和他多年的实践总结出来的。1948年他在《活教育的教学原则》中阐明了十七项原则，如："凡是儿童自己能够做的，应当让他自己做""凡是儿童自己能够想的，应当让他自己想""你要儿童怎样做，就应当教儿童怎样学""鼓励儿童去发现他自己的世界"等。所有原则均有说明、有例证，有的还画图列表加以解释，操作性很强。

训育、训导主要指德育。他认为训育工作很重要，总结了训育工作共13项基本原则，如"从小到大""从人治到法治""从法治到心理""从对立到一体"等，载于1946年出版的《活教育的理论与实施》中。

拓展阅读

扫描二维码，学习"活教育"与"死教育"的对比。

（四）幼儿园课程理论

陈鹤琴的幼儿园课程理论主要集中于在南京鼓楼幼稚园进行"活教育"实验时总结的"五指活动"课程和"整个教学法"。

1. 五指活动

陈鹤琴批判传统教育中的以学科形式来设置课程，他强调幼儿园课程的整体性，能够促进幼儿整体发展。因此，他以人的五根手指比喻，创造性地提出了幼儿园课程结构的"五指活动"理论作为课程组织的依据。

（1）健康活动。

其包括饮食、睡眠、早操、游戏、户外活动和散步等。主要是发展儿童的身体健康，培养健全的心理。

（2）社会活动。

其包括朝夕会、周会、纪念日、集会、每日谈话和政治常识等。主要是让儿童了解社会，激发合作精神和爱国心。

（3）科学活动。

其包括栽培植物、饲养动物、研究自然和认识环境等。主要是激发儿童的科学兴趣，培养探索、创造能力。

（4）艺术活动。

其包括音乐（唱歌、节奏、欣赏）、图画和手工等。主要是陶冶儿童的情感，发展审美能力。

（5）文学活动。

其包括故事、儿歌、谜语和读法等。主要是培养儿童对文学的兴趣，发展对中国文学的认同感。

学前教育的课程内容就包括在这"五指活动"之中，这五个方面是互相联系的整体，就像人的五根手指，共同构成了具有整体功能的手掌。同时，这五个方面又有主次之分，如陈鹤琴认为儿童健康教育是幼儿园课程中最重要的，要重视儿童的健康，培养儿童的良好习惯。

2. 整个教学法

陈鹤琴认为当时幼儿园的分科教学四分五裂、杂乱无章，违反儿童的生活和心理特点。他提倡整个教学法："把儿童所应该学的东西，整个地、系统地去教儿童学。这种教学法，是把各科功课打成一片；所学的功课，是无规定时间学的；所用的教材，是以故事或社会或自然为中心的，或是做出发点的。但是，所用的故事或关于社会、自然的材料，总以儿童的生活、儿童的心理为依据的。"

游戏法是整个教学法的具体化。陈鹤琴认为，幼儿园的课程很容易游戏化，儿童在游戏、活动中可以展开丰富的联想与想象，缓解紧张的情绪，获得愉悦的体验，采用游戏化的方式组织课程会获得事半功倍的效果。

拓展阅读

扫码品读"陈鹤琴幼稚园课程编制的十大原则"。

三 对陈鹤琴学前教育思想的评价

陈鹤琴毕生致力于学前教育事业，积极投身教育教学改革，提出的家庭教育理论对提升中国现代家庭教育水平，提高民族素质有重要意义；他的"活教育"理论、"五指活动"课程理论和"整个教学法"极大地推动了中国学前教育课程的发展；他结合当时社会背景，不断探索与实践，开创我国儿童心理与教育相结合的科学研究工作，形成了系统的学前教育思想，奠定了我国现代幼儿教育的基础，创立了中国化的幼儿教育体系和幼儿师范教育体系，为中国学前教育事业作出了不可磨灭的贡献。

"活教育"是陈鹤琴学前教育思想的核心，但也存在一定的历史局限性。如：他曾认为直接经验是学习的唯一途径，而把间接经验一概当作学习的参考资料和"辅工具"，这种做法太绝对，以至陷入困境；过多强调学生的主体地位，忽视了教师的主导作用，在强调"做"的时候，忽视了系统的教与学。

第四课　张雪门的学前教育思想

一　生平与教育实践

张雪门（1891—1973年，见图4-6），浙江鄞县人，我国著名的学前教育专家。

张雪门幼年研读四书五经，后毕业于浙江省立第四中学（现宁波一中）；1912年就任鄞县私立星荫小学校长。青年时期，他目睹当时一些日本式蒙养园或教会办幼稚园对幼儿的不良影响，深感痛心，遂立志投身幼教。1918年，他与几位志趣相投者创立了当地（宁波、浙江）第一所中国人自办的幼稚园——星荫幼稚园，并任园长；1920年4月，又与人合办两年制的幼稚师范；1924年，在北平大学

图4-6　张雪门

任职员，同时在教育系学习，在学习期间，他得到教育系主任、中共党员高仁山先生的悉心指导，同时开始研究国外幼儿教育思想，翻译了《福禄贝尔母亲游戏辑要》和《蒙台梭利及其教育》两本著作；1926年，拟定了一套适合我国北方儿童教育的特色课程——"幼稚园第一季度课程"，并发表在《新教育评论》上；1928年，在北平创立了北平幼稚教育研究会；同年秋，孔德学校开办了幼稚师范学校，由张雪门专门负责；1930年，撰写幼稚园研究集，在香山见心斋开办北平幼稚师范学校，并担任校长，第一期毕业生一毕业便被各地幼稚园聘为园长和教师；1932年，先后到北平民间大学、中国大学、天津女子师范学院讲授"幼稚教育"；1938年，在桂林东华门大街开办幼稚师范学院；1947年，担任台北育幼院院长；1960年，张雪门在身患脑病、半身不遂、眼睛几乎失明、耳朵失聪的情况下撰写了《幼稚园课程活动中心》《幼稚园行为课程》《实习三年》《幼儿的发现与创作》《幼教论丛》等十几本专著；1973年4月，因脑病复发逝世。

张雪门一生潜心研究幼儿教育，与陈鹤琴先生有"南陈北张"之称，为学前教育的理论建设作出了巨大的贡献，为后世留下了200多万字著作，其主要著作和论文收在《张雪门幼儿教育文集》中。

二 学前教育思想

（一）幼稚教育的目的及分类

根据幼稚教育目的的不同，张雪门将中国当时的幼稚教育分为四类。

1. 以培养士大夫为目标的幼稚教育

张雪门认为清末仿效日本创办的蒙养院属于此类。为造就士大夫，这类蒙养院向儿童灌输陈腐的学问和忠义孝道，管理严格且刻板。1933年，张雪门在《我国三十年幼稚教育的回顾》一文中批判了这类蒙养院在管理、课程和教学上存在的弊端。

2. 以培养宗教信徒为目标的幼稚教育

张雪门认为外国教会在中国创办的幼稚园属于此类。为培养宗教信徒，教会幼稚园向儿童传播宗教，使之成为虔诚的信徒和帝国主义温顺的奴仆。他指出这种教育不顾儿童的天性，将教育变成帝国主义文化侵略的工具。

3. 以发展儿童个性为目标的幼稚教育

张雪门认为当时中国受到意大利蒙台梭利和美国杜威教育思想影响的幼稚园属于此类。这种教育虽然以儿童为本位，但是不适合当时中国的国情。他认为教育如果不考虑社会需要，而仅仅只关注儿童个性，那就没有多大效果。

4. 以改造中华民族为目标的幼稚教育

20世纪30年代，我国内忧外患的形势更为恶劣，张雪门认为教育是改造中国的关键。教育可以改造中华民族的贫、弱、愚、私，唤起民族意识，激发民众的反帝情绪。他认为儿童虽小，但肩负民族未来的使命，因此要加强对幼稚阶段儿童的教育。他提出了改造民族幼稚教育的4项具体目标：铲除民族的劣根性；唤起民族的自信心；养成劳动与客观的习惯态度；锻炼我民族为争中华之自由平等而向帝国主义做奋斗之决心与实力。在此基础上，他主张要创造中国的幼稚教育，还须遵循三条原则：一是中国的传统文化；二是国家民族的需要；三是儿童的心理发展。只有这样才能培养儿童的伦理观念、民主生活和科学头脑。他认为幼稚教育的目标要适应国家和民族的需要，随时代的前进而改变，符合时代的需求，培养出中华民族优秀的新一代。

（二）行为课程理论

"行为课程"是张雪门幼稚园课程思想的核心。他对幼稚课程不断探索，逐渐形成了系统的"行为课程"理论和实践体系，他在所著的《增订幼稚园行为课程》《中国幼稚教育课程研究》等著作中对"行为课程"进行了详细的阐述。

1. 幼稚园行为课程的含义

对于课程的定义，张雪门认为："课程是经验，是人类的经验。用最经济的手段，按有组织的配置，用各种方法，以引起孩子的反应和活动。"他认为课程不仅仅包括知识，还应该包括"技能、知识、兴趣、道德、体力、风俗、礼节种种经验"，进一步扩大了课程的范围，指出"课程是适应生长的有价值的材料"。

对于行为课程的定义，张雪门在他1966年出版的《增订幼稚园行为课程》中提出："生活就是教育，五六岁的孩子们在幼稚园生活的实践，就是行为课程。"行为课程包括生活和实际行为两大要素。首先，行为课程"完全根据于生活，它从生活而来，从生活而开展，也从生活而结束，不像一般的完全限于教材的活动"，他认为行为课程与生活密不可分，应以儿童在幼稚园的生活为中心；其次，行为课程应该注意实际行为（即行动、活动、做事），并把生活和行动看作是一个相互联系的整体。他认为凡是能够让儿童去实际行动的，如扫地、抹桌、养鸡等，都应该让儿童去做。在他看来，人生下来是一无所知的，是通过与环境的接触，才获得了人生的基本经验。因此，教师应该运用自然和社会环境扩充儿童的知识，通过创造条件，让儿童产生直接的生活经验，培养他们实际生活的能力。因为，儿童"从行为中所得的知识，才是真实的知识；从行动中所发生的困难，才是真实的问题；从行动中所获得的胜利，才是真实的制驭环境的能力"。

2. 幼稚园行为课程的内容

张雪门认为，幼稚园的课程是为促进儿童健康发展而设计、准备的一系列活动，他把行为课程的内容表述为"教材"。他认为教材的目的在于扩充儿童的生活，但仅凭抽象的言语或线条的图片，幼儿很难掌握并领悟，而运用自然和社会的环境作为辅助可以改进这种情况。所以，他认为行为课程的内容就是儿童周围自然环境和社会环境中能促进儿童身心发展的各种经验。他把课程内容分为三种：①儿童自发的诸般活动，即儿童自身发展中所进行的一些活动；②儿童周围的自然环境，即儿童周围生活中一切有关自然界的事物与知识，如植物、动物、旅行，儿童对各种自然现象的活动；③儿童生活的社会环境，即儿童现在生活与未来生活相关的社会生活知识，如家庭、邻近的地方、各种职业活动等。基于这个认识，他带领学生一起编写和制定了全年课程表——《各月活动估量表》，将幼稚园活动分为自然环境类、社会环境类和儿童类。自然环境类包括节气、动物、植物和自然现象；社会环境类包括节日、纪念日、家庭、店铺、职业、风俗、公共机关和学校等；儿童类包括游戏和疾病，还规定了每月的中心活动。

另外，张雪门还提出了选择教材的五条标准：①应合于儿童的需要；②应顾到社会生活的意义；③应在儿童自己的环境里搜集材料，儿童所能反映的，是他自己环境里的社会，但绝不是成人的社会；④应顾到社会生活的重要；⑤上面所述还没有道及的一切冲动、习惯和态度。

3. 幼稚园行为课程的组织

张雪门认为，幼稚园课程的组织有三个特点与要求。①整体性。"幼稚生对于自然和人事没有分明的界限，他看宇宙间一切的一切，都是整个的。"所以，编制课程时不必将事物分得太细致，而要注重整体性。②个体性。"在幼稚生时期，满足个体的需求，实甚于社会的希求。"编制课程时首先要注意满足儿童个体的需要和能力，再兼顾社会需求。③直接性。"幼稚园的课程，须根据儿童自己直接的经验。虽然这种经验不如传授式的经济和整齐，但对于幼儿来说，意义重大。"因此，编制课程时要注重结合儿童的实际生活和实际行为。

20世纪70年代，张雪门在《中国幼稚园课程研究》一书中进一步提出了组织幼稚园课程的一些标准和要求：课程必须和儿童的生活联系；是有目的、有计划的活动；应有准备，应事先评估环境，应有相当的组织，且需要有远大的目标；各种动作和材料必须合乎儿童的经验能力和兴趣；动作中须使儿童有自由发表创作的机会；各种知识、技能、兴趣、习惯等全由儿童从直接的经验中获得。

4. 幼稚园行为课程的实施

张雪门认为，行为课程要有计划、有实施，还要注重行动。为保证行为课程的实施效果，张雪门引进美国的设计教学法并加以改进，在课程实施中采用单元设计教学法。

首先，在幼稚园行为课程的实施上，应注意三项原则。①课程的设置要经过人工的精选，要考虑到儿童在课程中能够学到什么，能够获得哪方面的能力等。②主张"劳力上劳心"，要求儿童在活动中的同时，还要培养智能和情感方面。③要在儿童的生活中选材，课程要来源于儿童生活，又要高于儿童生活。

其次，在使用单元设计教学法时，一般先根据儿童的学习动机，决定学习目的，再根据目的估量行为的内容。行为课程的内容可以包括儿童的工作、游戏、音乐、故事、儿歌，以及常识等科的教材，但在实施时要彻底打破各学科的界限。教师应从各科教材中选取与学习单元有关的内容，结合儿童的实际发展，使各科教材自然融入儿童生活。

最后，在行为课程实施过程中要注意以下几个阶段。

第一阶段，课程进行前，教师要准备教材、布置环境、详拟计划。张雪门认为教师只有专心做好准备工作，幼儿行为才可以良好地展开。

第二阶段，课程进行中，教师要巡视指导，不重讲解，给予儿童计划、知识、技术、兴趣、习惯和态度上的指导，培养儿童负责、守法、友爱、互助等良好习惯。

第三阶段，课程结束后，教师要做好评量和检讨。首先，指导儿童检讨成功或失败的原因，并给予适当评价；其次，要细心观察儿童的行为，自然引导其进入下一个活动；接着，教师要对幼儿每天的重要行为做好记录，以备参考；最后，每个单元活动结束后，教师对儿童的发展进行评估，对照和分析儿童的实际行为和预定目标，确保课程实施有效性，作为改进教学的参考。

综上所述，张雪门的幼稚园行为课程的基本思想就是"生活即教育""行为即课程"。其目标兼顾个体与社会的需要，其内容来自周围生活环境，其方法采用单元设计教学法，其实施则以行动为中心。此种课程不仅在当时起了积极的作用，至今也具有借鉴意义。

（三）幼稚师范教育理论

幼稚师范教育理论是张雪门幼稚教育思想的重要组成部分。他认为中国学前教育要发展，幼稚园质量要提高，根本在于培养好的幼稚师资。张雪门以"骑马者应从马背上学"这一基本思想为指导，撰写了《实习三年》等著作，主张在实践中夯实专业知识，把实习放在重要的地位，并对幼稚师范生的见习和实习做了系统的论述。

1. 实习的场所

张雪门认为，幼稚师范生要在实际活动中学办幼稚园，在中心幼稚园、平民幼稚园、婴儿教保园和小学四种单位实习。

（1）中心幼稚园。

中心幼稚园是在幼稚师范中设立的。中心幼稚园的教师，既是儿童的教师，又是幼稚师范生的导师。幼稚师范生在中心幼稚园可以获取教育儿童的直接经验，可以奠定幼稚教育理论、从事并热爱幼稚教育事业的基础。

（2）平民幼稚园。

平民幼稚园是租用正规幼稚园园舍设立的。通过宣传动员经济贫困的家长送儿童入园接受免费幼稚教育，幼稚师范生在此担任园长、教师、会计和采购等工作，可以锻炼其独立从事幼稚园各项工作的能力。

（3）婴儿教保园。

在香山慈幼院的婴儿教保园主要招收出生到四周岁的儿童，规模较大，设施设备较讲究，重视婴儿的保健、营养和教育。幼稚师范生在此承担卫生保健、儿童营养、膳食烹饪、婴幼儿服装裁剪制作等方面的工作，可以获得婴儿身心特点及婴儿保教的相关知识。

（4）小学。

张雪门认为，幼稚师范生在小学参观和实习，可以帮助他们了解儿童在进入小学前在知识、行为、兴趣和态度等方面需要做好哪些准备，为入小学打下基础。

2. 实习的时间

张雪门认为实习应贯穿于幼稚师范三年教育始终，在教学中要突出实习环节，主要包括参观、见习、试教、辅导四个步骤。

第一学年每周实习为9学时，包括第一学期的参观和第二学期的见习，分3次进行。先参观本校中心园的园址、园舍、设备、教具，了解教师的态度、技能、兴趣、习惯、仪表及教师对幼儿发生问题的处理等，使幼稚师范生（简称幼师生）对幼稚园有个基本观念；然后参观各类型的幼稚园，使幼师生开阔眼界，扩充知识，研究适合我国国情的幼稚教育；最后每周安排三个上午到中心幼稚园见习，参与从准备材料到活动设计的教育教学活动全过程，形成基本的幼稚教育观念和教学能力。

第二学年是试教，实习时间主要由幼师生自己支配。在平民幼稚园里，从建园到管理，幼稚园的招生、编班、选材、组织课程、指导活动以及一切教师教学上的事务，都让幼师生独立完成。除此以外，第二学年的第二学期还会有第二次参观，不仅参观幼稚园各项事务，还去小学、地方教育部门参观。

第三学年是辅导，第一学期一半时间在婴儿教保园实习，另一半时间到小学实习，使幼师生了解幼稚园的两端，做好教育衔接；第二学期则全班下乡，开办农村幼稚园，使之树立为城市平民及乡村农民的幼稚教育而献身的志向，忠于贫苦劳动人民的教育事业。

3. 幼稚师范教育的特点

张雪门提出的幼稚师范教育与传统的师范教育有明显不同的特点。首先，从空间上看，幼稚师范生的实习场所从幼稚园扩大到婴儿教保园和小学，从校内扩大到校外，从城市扩大到农村；其次，从时间上看，幼稚师范生的实习时间从只集中在三年中的最后一学期，增加到三年六个学期中均有实习；最后，从内容上看，从仅有幼稚教育扩展到婴儿保育和小学教育，把幼稚师范生从只实习教育教学扩展到实习行政管理、生活管理及实践等。

三　对张雪门学前教育思想的评价

张雪门的"行为课程"体现了以儿童为中心的教育观，强调了幼稚教育对个人和国家的重要作用，对中国学前教育课程的发展有很大的借鉴意义；他所倡导的幼稚师范教育理论，不仅注重知识的学习，更注重实践出真知，师资培养的几个阶段既逐层深入，又相互包含，为我国培养了一批具有专业素质的幼稚师范生，也深刻影响了当今我国幼儿师范教育体系。

但是，他强调边做边学，在一定程度上忽视了系统的基础理论知识的学习；另外，在短时间内培养出的幼儿师资质量可能难以保证，从教师专业化角度来说，合格的幼儿师范毕业生要有相对较长的培养时间作为前提。

第五课　张宗麟的学前教育思想

一　生平与教育实践

张宗麟（1899—1976年，见图4-7），浙江绍兴人。他自幼好学，从四岁便开始识字读书；1915年毕业于袍谷敬敷小学，同年考入绍兴的浙江第五师范学校，两年后转入位于宁波的浙江第四师范学校；在第四师范就读期间，任学生会主席，积极参加五四运动；1920年初，在袍谷敬敷小学任教；次年，考入南京高等师范教育系，师从陶行知、陈鹤琴等教育家；1925年毕业后留校任教，追随陈鹤琴研究幼稚教育，到南京鼓楼幼稚园担任教师，成为中国第一位男性幼稚教师；1927年，担任南京市教育局学校教育课幼儿教育指导员；1927年9月，担任晓庄试验乡村师范学校第二院（幼稚师范）指导员，开始从事乡村幼稚师范教育研究；1928年，任晓庄学校教导主任；1930年，与妻子共同创办乡村幼稚园；1931—1932年，先后任集美乡村师范校长、桂林师专教师、重庆教育学院教务长、湖北教育学院教育系主任等职务；1936年2月，回上海参加抗日救亡工作，协助陶行知办生活教育社、国难教育社，任光华大学教授、《上海周报》社社长，并参加救国会的核心组织；1937年，以国难教育社代表身份积极参加宋庆龄等人发起的营救爱国"七君子"活动，为国难教育社主编抗战课本；1942年，张宗麟前往新四军淮南根据地，任江淮大学秘书长；1943年8月，任延安大学教育系副主任，被评为陕甘宁边区模范文教工作者；解放战争时期，先后任北方大学文教学院院长、华北大学教研室主任、北平军管会教育接管部副部长等职务；中华人民共和国成立后，历任教育部高等教育司副司长、高等教育部计划财务司副司长、司长等职，重视教育质量和教育体制的建设，明确表示不同意机械照搬苏联经验；1976年10月14日卒于上海。

图4-7 张宗麟

张宗麟一生致力于幼儿教育事业，是中国学前教育史上影响深远的教育家，被赞为"我们党的一位好党员，教育战线上一位老战士"，其主要著作收录在《张宗麟幼儿教育论集》《张宗麟乡村教育论集》中。

二 学前教育思想

（一）幼稚教育的地位和意义

张宗麟非常重视幼稚阶段的教育，他在《幼稚教育概论》中从多方面详细阐述了幼稚教育的地位和作用。

首先，幼稚教育之所以重要是由儿童对人生、对国家、对社会的重要性所决定的。对儿童个人来说，对儿童进行良好保护和教育，可以让幼儿拥有健康的身体并树立良好的习惯，如果在幼稚期没有做到，将会影响其一生；对国家和社会来说，从小对儿童进行爱国教育，可以形成其根深蒂固的爱国情感，树立民族责任感，从而促进国家和社会的进步。因此，不论是从儿童个人发展的角度，还是从国家和社会利益的角度，幼稚教育都十分重要。

其次，幼稚教育之所以重要是由它在学制上的地位和作用所决定的。张宗麟认为，幼稚教育是整个教育的起点，可以为后续的小学、中学和大学教育打下基础，一个人的习惯、性情、品行以及研究的态度都是在这个阶段奠基的。

最后，幼稚教育之所以重要是由幼稚园和家庭的关系所决定的。张宗麟提出幼稚园是家庭托付儿童的第一个场所，是最能与父母接触的第一种教育事业。许多家庭由于父母各有职业，又有其他事务，没有足够多的时间去承担教育子女的责任，于是便把子女托付到幼稚园；又有许多父母虽然有闲暇时间，但却不知道如何去教育子女。而幼稚园有专门的人才，可以让儿童获得良好的教育。幼稚园不仅担负着教育儿童的责任，而且还可以通过发起组织母亲会等形式辅导家长的教育方法。

（二）幼稚教育的服务对象和发展方向

1. 幼稚教育的服务对象

张宗麟认为幼儿园为谁服务的方向问题至关重要。他分别对中国与国外幼稚园的产生方式进行了对比和评价，并指出"世界上第一个幼稚园是产生在穷乡的，世界上幼稚园的发达也是在贫民窟里"。但是"中国幼稚教育的兴起都是从都市发生的，幼稚生的来源当然是比较富裕的家庭"，他认为这是不合理的，幼稚园只是富孩子的乐园，幼稚教师也不过是富孩子的"干奶妈"，穷孩子永远也得不到教育，这是一个错误的服务方向，最后必定渐归消灭。

他提出："幼稚园若是为了整个民族的教育之一，那么非转移方向，即转到乡下和工厂不可。"在这一思想的指导下，张宗麟十分拥护陶行知提出的幼稚园下乡进厂运动，并于1927年11月，与徐世璧、王荆璞一同协助陶行知创办乡村幼稚园。

张宗麟在提倡转移幼稚教育服务方向的过程中，对幼稚教育的对象做了细致的分析，他认为农家妇，工厂的女工，贫民区的、失业和做短工的家庭妇女以及女子职业者这四种母亲，由于忙于生计，无暇顾及孩子或交给老妪，应该让这些孩子进入幼稚园接受教育。

2. 幼稚教育的发展方向

1925年10月，张宗麟在对江浙的南京、苏州、杭州、宁波等地的幼稚园进行考察后，揭露了当时我国幼稚教育存在的症结。一是教会垄断。当时二省幼稚园教师几乎都出自外国教会设立的幼稚师范，幼稚园的外国化倾向（如用外国音乐、过外国节日、用外国教法等）非常严重，他认为这种状况"甚为危险"。二是社会漠视。有的人忽视幼稚教育，有的人则轻视国人办的幼稚园，把自己的子女送入外国人办的幼稚园。张宗麟认为这种问题将严重摧残本国的幼稚教育，为此，他提出四个补救办法。

（1）停办外国人设立之幼稚师范及幼稚园。

世界上的独立国家不允许外国人在本国设立小学来教育当地人民，不许外国人当小学教师，更不许外国人设立师范学校。政府应该依据国家教育法令限期停办外国人设立的幼稚师范及幼稚园。

（2）严定幼稚师范及幼稚教育标准。

为免除未来可能存在的弊端和创设独立国家的教育精神，停办外国人所设的幼稚师范及幼稚园之后，应该严格制定幼稚教育的标准。

（3）筹办幼稚师范并检定幼稚教师。

停办外国人所设的幼稚师范及幼稚园之后，应加以开发和取代，筹办本国的幼稚师范，并让从前没有受过正式幼稚师范教育的幼稚园教师在接受国家检定后，才可以从事这个职业。

（4）引起社会之注意。

张宗麟认为这是根本方法，国家及政府教育部门应该宣传幼稚教育的重要性，让国人了解幼稚教育，重视幼稚教育，不迷信外国幼稚教育。

张宗麟认为，只有通过以上措施，才能克服当时中国幼稚教育的顽疾，充分发挥幼稚教育培养人才的奠基作用。

在揭露中国幼稚教育症结的同时，张宗麟还对中国幼稚教育的发展方向进行了探讨。他提出了"明日的幼稚教育"的设想：①明日的幼稚教育必定是普及的；②明日的幼稚教育必定为某个集团（国家或其他）或某种思想训练幼稚儿童的一种重要事业；③明日的幼稚教育必定是教养并重的；④明日的幼稚教育必定是与家庭沟通的；⑤明日的幼稚教育必定是与小学联系的；⑥明日的幼稚教育必定训练儿童有集体合作的精神，免去个人单独行动的散漫行为；⑦明日的幼稚教育必定引用科学的养护法；⑧明日的幼稚教育必定有它的一贯主张；⑨明日的幼稚教师除了为着维持自己的生活外，最重要的任务还是为着实现他的集团的理想。这些设想很有积极意义，但在当时是不可能实现的。

（三）幼稚园课程

幼稚园课程理论是张宗麟学前教育思想的重要组成部分，其中最核心的是社会化的幼稚园课程理论，他对幼稚园课程的本质、内容等方面进行了详细的阐释。

1. 幼稚园课程的本质

张宗麟指出，"幼稚园课程者，由广义地说之，乃幼稚生在幼稚园一切之活动也"，它包括"一切教材、科目、幼稚生之活动"。

2. 幼稚园课程的内容

张宗麟把幼稚园课程分为两种，一种是按照儿童的活动划分，包括五个方面：①开始的活动，即幼稚生初入园时必须养成的习惯，如放手巾、认识老师和同学等；②身体的活动，即强健身体的习惯与技能，如良好的卫生习惯，走、跑、跳等技能；③家庭的活动，即反映家事和家庭关系的活动，如娃娃家游戏、建筑游戏等；④社会的活动，即养成公民素质的活动，如同伴交往和各种纪念日活动等；⑤技巧的活动，即自我表达的活动，如手工、图画等。另一种是按照学科划分，包括谈话、音乐、故事和儿歌、游戏、社会和自然、工作（手工、图画等）、静息、进点心、读法、数法等十个科目。教师在安排课程时，应坚持动静交替原则。他指出课程不是一成不变的。

3. 社会化的幼稚园课程

"社会"一科曾不被人接受,为此张宗麟在《幼稚园的社会》一书中提出了社会化的幼稚园课程理论。他指出:"幼稚园的一切活动,由广义来说,都是'社会'。"在他看来,教育的灵魂在于养成适合于某种社会生活的公民,所以幼稚园各项活动都应具有社会性,幼稚园的课程应是社会化的幼稚园课程。

张宗麟认为幼稚园儿童的社会不同于成人的社会,在设置幼稚园社会化课程时要关注儿童的生活,了解他们的社会。幼稚园的社会化课程内容包括七类:①关于生活卫生、家庭邻里、商店邮局以及其他公共设施和名胜古迹等方面;②日常礼仪的学习和演习;③节日和纪念日活动;④身体的认识活动和基本卫生活动;⑤健康和清洁活动;⑥认识党旗、国旗和总理形象的活动;⑦各种集会和社团活动。

为了使社会化课程更好地促进儿童社会性的发展,张宗麟强调在实施中要做到以下几点:①培养儿童互助与合作的精神;②培养儿童对他人的爱和怜的情感;③培养儿童具有照顾他人的思想。

(四)幼稚师范教育

张宗麟呼吁要重视幼稚师范教育,加大对幼稚师范生的培养,并严格幼稚师范生培养标准,提出了很多独特见解。

1. 幼稚园教师的任务和要求

1) 幼稚园教师的任务

张宗麟认为,由于儿童身心发展的特殊性,幼稚园教师的任务要重于小学。其任务包括:养护儿童;发展儿童身体;养成儿童相当之习惯;养成幼儿相当之知识与技能;与家庭联络并谋家庭教育改良之方;研究儿童。其中养护儿童是幼稚园教师最重要的责任。

2) 对幼稚园教师的要求

张宗麟对幼稚园教师提出了以下要求:第一,幼稚园教师对社会应有的态度,这包括,幼稚园教师要意识到幼稚教师只是社会上的一份正当职业而已,幼稚园教师是为大多数儿童谋幸福的,要对所有儿童一视同仁,幼稚园教师要深入社会中去,帮助农家妇女、工厂女工、贫民区以及其他职业的女性照顾其孩子。第二,幼稚园教师要有新的本领,具体包括:能说话;能演讲;会算账;会组织合作社;会书写文件书信;会看文件;会做账房;会医小病;会做日常手工;会招待;懂得当地习俗;能吃苦;会动手;能终身从事幼稚教育从而为社会谋福利等。

2. 幼稚园教师的培养

张宗麟认为,合格的幼稚园教师需要有专门的培养和训练。为了使幼稚师范能够培养出健全的幼稚园教师,他对幼稚师范学校的设置、招生条件、修业年限和课程设置都提出了明确的要求。

首先，在幼稚师范学校的设置上，他认为师范教育为国家事业，绝不能容许外国人、教会或私人包办，国家应承担起培养师资的责任，幼稚教育自然也不例外。因此，政府应停办外国教会所办的幼稚师范，同时应在各省迅速筹办幼稚师范学校。

其次，在招生条件和修业年限上，他认为幼稚师范教育的目的是培养出身心健全的幼稚园教师，招收初中毕业以上的男女学生，年龄16岁以上，身体健康，富有爱国心，真诚热爱儿童，有优良的基本知识和灵活的思维，对他们进行三年或两年的专门师范教育。

最后，在课程设置上，他认为要培养健全的幼稚园教师，不能等同普通师范更不能搬用教会设立的幼稚师范那种养成牧师式教师的课程。他提出的课程体系包括：①公民训练组，含本国史、本国地理、世界史概要、社会学、最近世界概况，占15％；②普通科学组，含科学入门、应用科学、生物学、应用数学、簿记，占15％；③语文组，国文、国语、英文（非必要），占10％；④艺术组，含国画、手工、烹饪、家事学、音乐，占15％；⑤普通教育组，含教育学、教育心理、教育史、普通教学法，占10％；⑥专门教育组，含幼稚教育概论、儿童心理、儿童保育法、幼稚园各种教学法、幼稚园各种教材讨论、幼稚园实习、幼稚教育之历史及其最新趋势、小学低年龄教学法，占35％。

3. 幼稚园教师的进修

张宗麟还提出，要成为一名优秀的幼稚园教师，只靠几年的学校学习是不够的，还必须不断学习，提升自身能力，不断提高自我修养。而幼稚园教师的修养则包括品性、学问、技术和其他方面。幼稚园教师在品性上要像求学时朴素诚笃；在知识上要多读书读报；要与本区幼稚教育联络，定期讨论最近幼教趋势和研究心得；还可利用假期时间集中学习；此外，还要正确处理好家庭与事业的关系。

三 对张宗麟学前教育思想的评价

张宗麟揭露了当时中国幼稚教育的弊端，并为中国幼稚教育指明了方向，提倡幼稚教育"中国化"和"平民化"，他提出"社会化的幼稚园课程"理论，促进儿童与社会相互渗透，在一定程度上推动了我国现代学前教育课程体系的建设进程，但只强调了社会化课程，要求促进幼儿的社会性发展，忽视了儿童的全面发展。他的幼稚教育以及幼稚师范生的职前培养、职后进修的思想，有效提升了当时幼教的师资水平，提升了幼稚教师的整体素质，但他关于幼稚教师的年龄以及学制安排也存在一定的时代局限性。随着当今社会对学前教育师资专业化水平要求的逐步提高，太短的学习时间较难培养出专业的幼儿教师。

◇ 单元小结

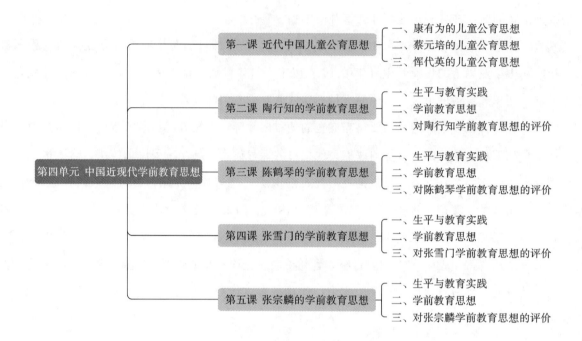

思考与练习

1. 单项选择题

（1）创建"活教育"体系的教育家是（   ）。

A. 陈鹤琴　　　　B. 福禄贝尔　　　　C. 杜威　　　　D. 蒙台梭利

（2）陶行知的生活教育理论注重"教学做"合一，强调（   ）。

A. 做是中心　　B. 学是中心　　C. 教与学是中心　　D. 教是中心

（3）陶行知提出的"六大解放"指向的是（   ）。

A. 解放儿童的观察力　　　　　　B. 解放儿童的体力

C. 解放儿童的智力　　　　　　　D. 解放儿童的创造力

（4）陶行知创立的培养幼教师资的方法是（   ）。

A. 讲授制　　　B. 五指活动　　　C. 感官教育　　　D. 艺友制

（5）陈鹤琴提出儿童哪项心理特点是儿童学问之"门经"，教育者完全可以利用（   ）。

A. 模仿心　　　B. 好奇心　　　C. 好动心　　　D. 游戏心

（6）"做人，做中国人，做现代中国人"这一教育目的提出者是（   ）。

A. 张雪门　　　B. 陶行知　　　C. 陈鹤琴　　　D. 张宗麟

（7）（   ）提出了幼稚园行为课程理论。

A. 陈鹤琴　　　　B. 蔡元培　　　　C. 张宗麟　　　　D. 张雪门

(8) **我国第一位男性幼儿教师是（　　）。**

A. 陶行知　　　　B. 陈鹤琴　　　　C. 张宗麟　　　　D. 张雪门

2. 简答题

(1) 简述陶行知的生活教育理论。

(2) 简述张雪门的幼稚园行为课程。

(3) 简述陈鹤琴的"活教育"思想。

3. 论述题

(1) 教育学家陈鹤琴认为幼儿发展具有整体性。虽然他把幼儿发展划分为健康、社会、科学、艺术、文学等5类，但是它们之间应该相互贯通，正如人的手指和手掌之间的关系。请结合陈鹤琴先生教育思想，阐述幼儿学习与发展的整体性，并说明在一日生活活动中如何落实。

(2) 论述杜威"教育即生活"和"生活即教育"的异同。

(3) 结合张宗麟的学前教育思想，谈谈幼稚园教育的地位和作用。

实践与实训

实训一： 在本单元中，选择一位你感兴趣的教育家，详细了解他的生平及教育思想。

目的： 了解该教育家的人生经历，引导学生树立正确的人生观和价值观，学习教育家们的优秀品质，坚定为学前教育事业奋斗终身的理想信念。

要求： 利用各种资源，详细了解该教育家的时代背景、人生经历、其教育思想对我国学前教育事业的贡献，以调研汇报、主题演讲等形式，阐述你受到的启示。

形式： 小组合作。

实训二： 收集整理我国近现代学前教育思想的发展脉络，结合当时的时代背景进行比较分析，明确其合理性或不足，并阐述对当前中国学前教育的制度、课程改革等方面的重要启示。

目的： 了解近现代学前教育家们的主要思想，用历史的眼光去看待和评价他们的主张，形成严谨求实的学风。

要求： 结合所学，详细收集整理我国近现代学前教育家的主要思想，分析比较各人思想的异同，以专题汇报、主题演讲等形式进行阐述。

形式： 小组合作。

第五单元　中华人民共和国学前教育的发展

◇**学习目标**

1. 了解中华人民共和国成立后我国学前教育发展的时期划分，理解我国学前教育的发展脉络。

2. 掌握中华人民共和国学前教育发展过程中各个时期的方针政策和改革举措。

3. 掌握现阶段我国学前教育存在的主要问题及对策。

4. 理解学前教育对我国发展的重要意义和不同时期学前教育发展的经验教训，更加科学地理解学前教育事业，树立为我国学前教育事业献身的志向。

◇**情景导入**

中华人民共和国成立后，我国的学前教育有着怎样的发展历程？国家制定了哪些政策法规，采取了哪些重要举措来促进学前教育的发展呢？我国学前教育现在的发展情况怎么样？取得了哪些成就呢？还有哪些问题？发展趋势是什么？通过本单元的学习，你就能解答这些问题了。

第一课　学前教育稳步发展时期（1949—1957年）

从1949年中华人民共和国成立到1956年社会主义改造基本完成，标志着中国人民完成了社会主义革命，基本确立了社会主义制度，中国社会进入社会主义初级阶段，从1956开始我国进入全面建设社会主义时期。党和政府高度重视学前教育，1949—1957年，我国的学前教育事业稳步发展起来。

一 建立学前教育管理体制

1949年11月，中央人民政府教育部成立，在初等教育司内设置幼儿教育处，作为领导幼儿教育事业的专门机构。

中华人民共和国成立之初，托儿所、幼儿园的称呼没有明确的区分标准，托幼机构分工不明，影响了托幼事业的发展。1950年12月，教育部建议以儿童三周岁为托儿所与幼儿园的分界，托儿所归卫生部门领导，幼儿园归教育部门领导。

1952年11月，中央人民政府委员会第19次会议决定成立高等教育部，教育部机构相应调整，幼儿教育处由原来的司属处调整为教育部的一个直属单位。幼儿教育事业在教育部直接领导下迅速发展。

1956年2月，教育部、卫生部、内务部联合颁发《关于托儿所、幼儿园几个问题的联合通知》，对托儿所、幼儿园的领导管理问题作了明确规定："托儿所和幼儿园应依儿童的年龄来划分，即收3周岁以下的儿童者为托儿所，收3—6周岁的儿童者为幼儿园。"决定各类型托儿所、幼儿园的经费、人事、房屋设备和日常行政事宜，均由主办单位（包括教育行政部门、厂矿、机关、团体、部队、学校、群众、私人等）各自负责管理；有关方针、政策、规章、制度、法令、教育计划、教育内容、教育方法、儿童保健等业务，在托儿所的方面，则统一由卫生行政部门领导；幼儿园内的托儿班由卫生行政部门进行业务指导；幼儿园统一由教育行政部门领导，托儿所内的幼儿班由教育行政部门进行业务指导，主办单位应向当地卫生行政部门、教育行政部门报告工作。至于民政部门所办的救济性质的托儿所、幼儿园仍由民政部门主管，但其业务亦应分别由卫生、教育行政部门领导。至此，我国的学前教育事业形成了全国统一的领导管理体系，确立了教育部、卫生部分管幼儿园和托儿所的机制，延续至今。

二 确立幼儿教育的工作方针和发展重点

1949年12月，教育部召开第一次全国教育会议，确定"教育必须为国家建设服务，教育必须向工农开门"的宗旨，并明确提出全国教育工作总方针："以老解放区新教育经验为基础，吸取旧教育某些有用的经验，特别要借助苏联教育建设的先进经验。"

1951年教育部召开第一次全国初等教育会议和第一次全国师范教育会议。会议提出当时幼儿教育的工作方针如下：根据各地不同情况、城乡差异，有计划、有步骤地在整顿中提高，在巩固基础上适当发展；积极培养幼儿师资；在三五年内要着重短期培训和在职学习。会议提出幼儿教育的发展重点：应该放在工业地区企业部门；机关、学校及郊区农村，主要解决工农劳动妇女对孩子教养问题；鼓励私人办幼儿园并加强领导，做到公私兼顾。

三 制定幼教政策法规指导幼儿教育事业

1951年6月《人民教育》杂志发表教育部幼儿教育处处长张逸园的《对幼稚教育工作的几点意见》，文章提出："新的幼稚园教学原则"是"全面发展"，"培养学龄前儿童在生理上、意识上、行动上得到正确的成长、发展和变化，使他们的身体、智力、道德习惯及爱美观点等得到全面的发展"。这在一定程度上对确立幼儿园"体、智、德、美"全面发展的教育方针起了奠基作用。

1952年3月，中央人民政府颁布《幼儿园暂行规程（草案）》，这是新中国发展幼儿教育事业的具体纲领，对幼儿园的任务、目标、学制、设置、领导、教养原则、教养活动项目、组织会议制度、经费、设备等，分成七章做出规定，对幼儿园教师的称谓像苏联一样更名为教养员。全国幼儿园由1949年前的0.13万所增至0.65万所。

1952年3月，教育部颁布《幼儿园暂行教学纲要（草案）》，本着使幼儿获得全面发展的教育原则，对不同年龄班幼儿的年龄特点和教育要点作了阐述和规定，规定了体育、语言、认识环境、图画手工、音乐、计算六科的目标要求、教材大纲、教学要点和设备要点等，奠定了分科教学模式的基础。自此，新中国开始真正有了自己本土化、统一的幼儿园课程标准。

四 确定幼儿园的基础地位和双重任务

1951年10月，政务院颁布《关于改革学制的决定》，标志着我国第一个学制的建立。该学制规定了当时我国的教育体系与教育结构，明确规定："实施幼儿教育的组织为幼儿园。幼儿园收三足岁至七足岁的幼儿，使他们的身心在入小学前获得健全的发育。"正式确立了幼儿园在学制中的地位，幼儿园教育为我国学制的第一个环节，幼儿园教育成为小学教育的基础；并将自1922年《壬戌学制》定名的"幼稚园"改称为"幼儿园"。

1952年3月，教育部颁布的《幼儿园暂行规程（草案）》指出"幼儿园的任务是：根据新民主主义教育方针教育幼儿，使他们的身心在入小学前获得健全的发育；同时减轻母亲对幼儿的负担，以便母亲有时间参加政治生活、生产劳动、文化教育活动等"。明确了我国幼儿园必须承担教育幼儿和便利妇女参加社会建设的双重任务。

我国幼儿园地位的演变见表5-1。

表 5-1 我国幼儿园地位的演变

时间	有关法规文件	幼儿园的地位
1904 年	癸卯学制 清政府颁发《奏定蒙养院章程及家庭教育法章程》	改幼稚园为蒙养院 附设在育婴堂和敬节堂内
1912 年	壬子癸丑学制 中华民国教育部公布"学校系统令"	改蒙养院为蒙养园，附设于小学、女子师范学校内 列入学制体系，但未单独成为学制体系中的一级，不占学制年限
1922 年	中华民国教育部公布"学校系统改革案"	将蒙养园改名为幼稚园，规定小学下设幼稚园。确立了幼稚园在学制中的独立地位
1951 年	中华人民共和国政务院公布《关于学制改革的决定》	幼教机构定名为幼儿园。幼儿园被确定为实施幼儿教育的组织机构，纳入学制系统，成为小学教育的基础
1995 年	《中华人民共和国教育法》	学前教育纳入学校教育制度，并规定学校教育制度为我国教育的基本制度
1996 年	《幼儿园工作规程》	幼儿园是对 3 周岁以上学龄前幼儿实施保育和教育的机构，是基础教育的有机组成部分，是学校教育制度的基础阶段
2016 年	《幼儿园工作规程》	幼儿园是对 3 周岁以上学龄前幼儿实施保育和教育的机构，是基础教育的重要组成部分，是学校教育制度的基础阶段

五 学习苏联学前教育经验，批判我国旧的幼稚教育理论

根据第一次全国教育会议提出的全国教育工作总方针，1950 年 9 月，苏联幼儿教育专家戈琳娜被聘为教育部幼儿教育顾问，1954 年由马努依连柯继任。两位苏联幼教专家定期参与教育部对全国幼儿教育情况分析工作，赴上海、天津、南京等地对幼儿师范学校和幼儿园工作进行考察指导，并在北京师范大学开设讲座。苏联幼教理论和经验在我国得到系统而广泛的传播。

从 1950 年下半年开始，教育部指定北京市六一、北海和分司厅三所幼儿园（院）为学习苏联的实验基地，翌年又增加中央军委保育院和北师大二附小幼儿园两所实验园。苏联专家每周一次轮流到这些幼儿园观摩和分析教育活动。1950 年 9 月 4 日，教育部正式通知全国幼教工作者学习《苏联幼儿园教养员工作指南》和《我的儿童教育工作》等书，各地幼儿园进一步广泛深入地向苏联学习。

在教育部确定的向苏联学习的五所实验幼儿园中，六一幼儿院和中央军委保育院系创办于老解放区的幼儿教育机构。两院的幼教工作者在长期艰苦环境中为保护和教育革命后代所付出的对幼教事业的热爱和忠诚，在学习苏联过程中也得到明显体现，不但保证了向苏联学习的质量，同时也对各地幼教工作者产生了积极影响。但是，她们"一切为了革命，一切为了孩子"的精神以及所创造

的保教结合的原则等宝贵经验，在当时没有受到足够的重视和传播，以致影响了对老解放区先进保教经验和资料的整理、保存和继承。这对当时建设我国自己的幼教理论是一大损失。

在吸收苏联幼教理论的过程中，我国旧的幼稚教育理论受到了批判。1951年因批判电影《武训传》而波及对陶行知"生活教育"和陈鹤琴"活教育"的批判。这种简单化的全盘否定，对继承我国近现代丰富的幼儿教育思想危害很大，在一定程度上阻碍了我国幼儿教育事业的发展。

六 改造旧的并大力建设新的学前教育机构

（一）接管外国在我国设立的学前教育机构，收回教育主权

1950年12月和1951年1月，政务院相继颁布《关于处理接受美国津贴的文化教育机关及宗教团体登记条例》和《接受外国津贴及外资经营之文化教育救济机关及宗教团体登记条例》。1951年1月，教育部又发出《关于处理接受美国津贴的教会学校及其他教育机关的指示》。按此条例和指示，我国各地陆续接收和接管了外国在我国开办的幼稚园、孤儿院、育婴堂、慈幼院等机构200余所，全面收回了我国被帝国主义掠夺的儿童教育、儿童福利事业的主权，实现了中华人民共和国学前教育独立自主。

（二）接办私立幼儿园

根据1952年9月教育部《关于接办私立中小学的指示》文件精神，1952—1954年，教育部陆续接办了全国私立幼儿园。一批私立幼儿园，如南京陈鹤琴主办的鼓楼幼儿园、重庆刘义兰主办的景德幼儿园等，均改为公立幼儿园。

（三）推广设立幼儿园和多种托幼组织

根据1951年《关于改革学制的决定》提出的"幼儿园应在有条件的城市中首先设立，然后逐步推广"的方针，第一批工厂企业幼儿园、机关幼儿园、学校附设幼儿园、部队幼儿园、郊区农村幼儿园、街道幼儿园等纷纷建立。在农村，适应土改和农业互助组需要，成立了多种形式的托幼组织，解决农村家庭子女的寄托问题。

（四）向工农子女打开幼儿教育机构的大门

教育向工农开门，就是要让劳动人民子女享有受教育的权利，教育部在幼教领域采取的主要措施有：第一，废除幼稚园的招生考试制度，经报名登记和核实情况即可，父母双方因工作家中无人

照顾的幼儿得以优先录取;第二,日常在园时间从过去的半天予以延长,以利劳动妇女正常工作,并取消寒暑假制度;第三,家庭经济困难的劳动人民子女保教费用可以减收或免收;第四,支持在工人住宅区设立幼儿园。昔日无权入读幼儿园的广大劳动人民的子女,从此成为我国幼儿园的主要教育对象。根据教育部统计,1949—1952年三年间,各类幼儿园发展迅速,至1952年已有6531所,是1949年的5倍,入园幼儿42.4万人。

(五)依据"两条腿走路"的方针推进幼儿教育事业蓬勃发展

国家当时财力有限,所以在1955年后,开始提出"两条腿走路"的方针:一条腿是政府办园;另一条腿是社会力量办园,公办和民办并举。1956年2月,内务部、教育部、卫生部发出的《关于托儿所、幼儿园几个问题的联合通知》中指出:"为了帮助母亲们解决照顾和教育自己孩子的问题,托儿所和幼儿园必须有相应的增加……在城市中由厂矿、企业、机关、团体、群众举办。在农村提倡农业生产合作社举办(主要是季节性托儿所和幼儿园)。教育行政部门在可能条件下,应有计划地办一些幼儿园。"在"两条腿走路"方针指引下,全国各类幼儿园发展迅速。1957年,我国共有幼儿园16420所,比1952年增加1.51倍;入园幼儿108.8万人,比1952年增加1.57倍,幼儿园数量和入园人数均较1952年显著增长。办园形式也更趋多元,有整日制、寄宿制、半日制、季节性和临时性的等。

七 重视学前教育师资队伍建设

(一)培养幼儿园师资

中华人民共和国成立后,各级教育行政部门十分重视学前教育的干部与师资的培养工作。1952年7月教育部颁发了《师范学校暂行规程(草案)》,使幼儿园师资培养工作在中华人民共和国成立之初便有了法规保证。其中规定:"培养幼儿园的师资是师范学校的任务之一,培养幼儿园师资的学校称为幼儿师范学校。可独立设置幼儿师范学校,或在师范学校内附设幼儿师范科,其修业年限为三年,招收初级中学毕业生或具有同等学力者。此外,师范学校得附设师范速成班(修业年限一年)和短期师资训练班等。"当时全国共有两所幼儿师范学校。同时还规定:"为了便利学生观摩实习,应设附属小学或幼儿园,或由所在地教育行政机关指定附近小学、幼儿园为实习场所。"1956年5月,教育部颁发《幼儿师范学校教学计划》;同年6月,教育部颁发了《初级幼儿师范学校的教学计划》。

1956年6月,教育部颁发《关于大力培养小学和幼儿园教养员的指示》,对大量培养幼儿园教养员所应采取的具体措施作了指示。例如,除通过正规的幼儿师范学校培养幼儿园教养员外,还可建立"短期幼儿师范班,招收高级小学毕业生,予以1—2年的业务训练,使担任教养员的工作",要求短期训练培养出来的师资应具有初中一年以上的文化程度。1956年,全国幼儿园教师数量从1950年的0.17万人增长至4.83万人。

(二)培养幼儿师范学校专业课教师

1952年7月,教育部颁布的《关于高等师范学校的规定》中指出:"高等学校设置的教育系分设学前教育组,培养中等幼儿师范学校的专业课教师。根据教育部关于高等学校院系调整的精神,将分散于一些高校的有关专业,适当合并,调整为学前教育专业或幼儿教育系,以便集中力量,切实形成幼儿师范学校师资培养基地。"此后,南京师范学院、北京师范大学、西南师范学院、西北师范学院、东北师范大学5所院校教育系的学前教育专业承担了为全国培养幼儿园师资和幼教干部的重任。

政府对幼儿园师资的培养十分重视,并制定了切合实际需要的多种政策,采用正规幼儿师范教育与各种短期培训相结合的方式培养了一批中级和高级幼儿教育生力军,并提高了原有幼教干部和教师的专业水平,为我国幼儿教育事业的起步与发展起到了重要的推动作用。

1950—1957年我国幼儿师范学校发展情况统计表见表5-2。

表5-2 1950—1957年我国幼儿师范学校发展情况统计表

年份	校数/个	班数/个	在校人数/人			毕业生人数/人		
			合计	中级	初级	合计	中级	初级
1950	1	27	809	809		260	260	
1951	2	50	1627	1627		360	360	
1952	2	47	2100	2100		585	585	
1953	7	151	6755	6047	708	1013	934	79
1954	7	181	8469	7852	617	2880	2303	577
1955	9	204	9191	9155	36	2442	2406	36
1956	21	324	15199	15150	49	2880	2244	36
1957	20	336	15287	15188	99	2569	2569	

第二课 学前教育的曲折发展时期(1958—1976年)

在教育的发展过程中,既要考虑经济社会的发展要求,为经济社会发展服务;又要遵循人的成长要求,科学促进人的全面发展;更重要的是,教育发展要把社会和人两方面的因素综合起来进行考虑。唯有如此,才不会导致畸重畸轻、顾此失彼,才能保证教育的健康、可持续发展。在我国1958—1976年的教育发展历程中,就出现了"畸重畸轻,顾此失彼"的现象,出现了教育的盲目发展和全面破坏的教育倒退阶段。

一 盲目发展阶段（1958—1960年）

1958—1960年学前教育发展进入"大跃进"时代。

（一）学前教育机构发展"大跃进"

1958年12月中共八届六中全会通过的《关于人民公社若干问题的决议》提出公社"要办好托儿所和幼儿园，使每一个孩子比在家里生活得好，教育得好"及由父母决定孩子是否需要寄宿等。同年，幼教事业出现了冒进的局面，片面强调数量发展。在有些城市街道和乡村中，托儿所、幼儿园不顾条件，一哄而起，"三天托儿化""一夜托儿化""实行寄宿制，消灭三大差别"等口号和行动纷纷出现。短时间内，各地幼儿园，特别是农村幼儿园急剧增加。这样的发展速度大大超越了我国当时农村经济发展水平，违背了幼教事业发展的客观规律。由于没有足够的物质和资金支持，又脱离了群众需要，新发展的幼儿园设施普遍简陋，缺少经费来源，教师水平低下。针对这种情况，教育部也曾发布相关文件，但未能从根本上改变当时农村幼教机构发展失控的状况。

（二）幼教师资培养机构发展过快

1955年，教育部决定幼儿园师资由地方教育行政部门设立的幼儿师范学校负责培养，在全国增设了初级和中级幼儿师范学校，增加了幼儿园教师培养基地。在"大跃进"时期，幼儿师范学校呈畸形的快速发展态势。1960年，学校数量比1957年的20所增长了3.5倍，达89所；在校生69278人，比1957年增长了3.5倍。许多地方院校不顾学校和当地幼儿教育实际，匆忙上马学前教育专业，高师学前教育专业增至10多处。

（三）学前教育学术研究进展受阻

1958年出现的"左"倾错误不仅导致我国学前教育事业的盲目发展，还导致了学前教育的理论与实践的极度混乱和是非不分。在理论和实践工作中出现大量的口号化、成人化、形式化的错误，幼儿教育几乎失去了自身的特点，教育质量显著下降。

在批判中错误地牵连、伤害了一些教师，挫伤和打击了一批知识分子的积极性，严重影响了学术研究。南京师范学院院长陈鹤琴教授的儿童教育思想被全盘否定和批判；南京师范学院附属小学的优秀教师斯霞所倡导的"母爱教育"也遭到批判，认为"母爱""童心"就是抹杀教育的阶级性，这对幼儿教育界一向强调的教师对幼儿要有"爱心"这一教育理念起到了干扰作用。

二、调整巩固阶段（1961—1965年）

1961—1965年，我国进入调整巩固时期。1961年1月，中共八届九中全会决定对国民经济实行"调整、巩固、充实、提高"的方针。在此方针指引下，学前教育机构根据经济情况、师资等实际条件采取了保留、撤销、充实等手段，朝着巩固和提高的目标逐步恢复正常发展秩序。

（一）幼儿园发展情况逐步稳定

教育部提出："幼儿园的发展，宁可慢些、少些，但要好些。"在城市中的幼儿园以提高质量为主，条件不成熟的民办园要调整、收缩。

经过切实的调整工作，1960年全国有幼儿园785000所，1961年减至60300所。其中教育部门主办的幼儿园减少并不显著，大量减少的是其他部门及民办集体类型幼儿园，农村幼儿园的发展逐步走向正常和稳定。调整后，幼儿园重新开始了逐年稳步地回升发展。到1965年的幼儿园数和入园幼儿人数，略高于1957年的数字，幼儿园稳定在1.9万所。

（二）幼儿师范学校调整与巩固

1961年10月25日至11月2日，教育部召开全国师范工作会议。1962年1月《教育部党组关于全国师范教育会议的报告》中明确指出："要重视幼儿园师资培养""三年制的幼儿师范，主要是培养大、中城市重点幼儿园的教养员，目前不能多办""应该多办初级幼儿师范，招收相当于高小毕业程度的青年，培养成为城镇和农村幼儿园内教养员，学习时间的长短，可以因地制宜""幼儿师范，以政治、语文、数学、幼儿教育学为主要学科，同时各年级都要安排教育见习和实习"。

1960年，幼儿师范学校增加到89所，在校学生增加到69278人。经过调整，1961年幼儿师范学校减至35所。1963—1965年，中级幼儿师范学校稳定在19所，每年在校生也稳定在5000人左右。从此，培养幼儿园教师由初级幼儿师范转为以中级幼儿师范为主，幼儿园教师的水平逐步提高。

（三）地方教育行政部门采取措施恢复幼儿园工作秩序

为促使幼儿园教育工作尽快趋向稳定，从1962年开始，一些地方教育行政部门采取了积极措施。例如北京市制定了《培养幼儿卫生习惯和独立生活能力》的常规，上海市制定了《幼儿园工作条例30条》和《幼儿园品德教育提纲》，江苏常州市制定了《幼儿园工作条例》等。

（四）调整巩固阶段存在的问题

自 1961 年开始的调整工作，纠正了幼儿教育发展中的一些错误，但同时也出现了一些新问题。例如，1961 年教育部精简机构，主管全国幼儿园工作的领导机构——教育部幼儿教育处被撤销，仅保留一名原幼教处干部在普通教育司综合处处理有关日常事务，全国幼儿教育领导力量受到削弱。此后相当长的一段时间内，教育部基本上没有对幼儿教育工作下发文件指示，幼儿教育的发展与提高受到极大的影响。再如，我国当时仅有的 5 所师范院校中的学前教育专业于 1961 年全部停止招生，致使高层次幼教专门人才培养中断。

三 全面破坏阶段（1966—1976 年）

1966 年 5 月至 1976 年 10 月的"文化大革命"，使党、国家和人民遭到中华人民共和国成立以来最严重的挫折和损失，学前教育在该时期遭到全面破坏。

（一）幼儿教育方针被严重歪曲

幼儿园教育工作突出了"政治"和"阶级斗争"，适合幼儿年龄特点的体、智、德、美全面发展幼教方针遭到批判和严重歪曲。
（1）否定体育。把原先科学、合理的各种体育设施和措施都当作资产阶级生活方式予以否定。
（2）批判智育。把传授知识、发展智力都作为"智育第一"加以批判。
（3）扭曲德育。以空头政治代替德育的全部内容，幼儿参与成人的阶级斗争活动。
（4）禁止美育。将追求美视为资产阶级思想的表现，把美育视为资产阶级教育的内容而砍掉。

（二）幼儿园管理体制横遭摧残

广大幼教工作者长期积累形成的幼教管理制度，被视为"管、卡、压的手段"遭到批判；教师和保育员的合理分工被扣上"资产阶级法权"的帽子而取消，园内各类工作由全体教职工轮流担任；一些幼儿园的房屋、场地被挤占。

（三）幼教师资培养被全面取消

"文革"期间，19 所幼儿师范学校纷纷停办，幼儿教育的师资培养几乎处于停滞和消亡的状态。

（四）幼儿教育的生机缓慢回升

"文革"使我国幼儿教育事业遭受空前灾难，不过，有的地区在重重困难之中，仍然本着对幼教事业的忠诚，坚持着正确的办园道路。江苏省如东县把"妇幼保健、优生优育、幼儿教育"三项工作一齐抓，至1972年，该县幼儿入园率已达80%，成为全国农村幼儿教育发展的一面旗帜。随着计划生育政策的执行，"优生优育"同幼儿教育事业联系了起来，促进了幼儿教育事业的回升。1975年，卫生部妇幼局在江苏省如东县召开了妇幼保健、优生优育、幼儿教育座谈会。此后，江苏省乃至全国推广了如东县三项工作一齐抓的工作经验。有的地方逐渐恢复或重建幼儿师范学校，北京市幼儿师范学校在1975年恢复。

全国幼儿园从1965年的1.92万所增加到1973年的4.55万所，在园幼儿从171.3万人增加到245万人。到1976年，全国幼儿园增加到44.26万所，在园幼儿增加到1395.5万人。

第三课　学前教育拨乱反正和改革振兴时期（1977—1999年）

1978年12月，党的十一届三中全会召开，国家进入了建设中国特色社会主义的有序发展的新时期，教育工作也走上了健康发展的轨道。党和政府高度重视学前教育工作，采取了一系列措施进行拨乱反正、恢复整顿和改革振兴，学前教育从此进入振兴发展的新阶段。

一、党和政府加强对学前教育的领导和管理

（一）恢复与建立各级学前教育管理机构和体制，促进学前教育发展

1978年，教育部在普通教育司设立幼教特教处，省（自治区、直辖市）、市、县、街道或乡镇的教育部门，陆续设立了幼儿教育的专门机构或设专职人员负责幼教工作。有的农村乡镇设幼教辅导员，一些大城市还设有幼儿教育教研室。

1979年3月，中国人民保卫儿童全国委员会恢复。1979年6月18日，五届人大二次会议《政府工作报告》中指出"要十分重视发展托儿所、幼儿园，加强幼儿教育"。

1979年7月，由国务院设立"托幼工作领导小组"，以加强对托幼工作的领导，同时各省份成立地方托幼工作领导小组，以保证全国托幼工作领导小组的有关指示精神在基层得到贯彻落实。

1985年5月，《中共中央关于教育体制改革的决定》颁布，明确指出："把发展基础教育的责任交给地方"，"加强领导，调动各方面积极因素保证教育体制改革的顺利进行"。

1987年10月，国务院办公厅转发的国家教委等8个部门《关于明确幼儿教育事业领导管理职责分工请示》中规定：托幼事业"必须在政府统一领导下"，"依靠部门、单位和集体、个人等方面力量"发展，"实行地方负责，分级管理和有关部门分工负责的原则"，并规定"有关幼儿教育工作

中的重大政策问题，由国家教委牵头，有关部门参加，共同研究"，"属于各部门分工的工作，又需同其他部门共同研究的重要问题，由主管部门牵头，有关部门参加"。既突出了幼教事业的教育属性，又体现了计划经济体制下依靠行政加强领导，多渠道发展幼儿教育事业的特点。

20世纪90年代后，国务院和各省、自治区、直辖市及大部分地（市）、县均成立了儿童工作协调机构，加强了对托幼工作的领导。各级地方政府将托幼工作纳入自身职责，加强了领导与管理。

（二）制定和颁布多个学前教育政策法规，规范学前教育发展

1. 拨乱反正时期（1977—1982年）

1979年11月，教育部颁发《城市幼儿园工作条例（试行草案）》，对幼儿教育的方针、目标、内容和制度作出详细规定，迅速地恢复了城市幼儿园的正常工作秩序。

1980年10月，卫生部、教育部联合颁发《托儿所、幼儿园卫生保健制度（草案）》，使托儿所、幼儿园的卫生保健制度有章可循，有利于幼儿的健康与安全。

1981年10月，教育部颁发《幼儿园教育纲要（试行草案）》，并把它作为"各类幼儿园进行教育工作的依据"，要求各地幼儿园结合实际试行。这是我国改革开放后第一个幼儿园课程标准。其具体内容包括幼儿年龄特点与幼儿园教育任务、幼儿园教育的内容与要求、教育手段及注意事项三大部分。此文件的进步性包括：①将1952年的"教学纲要"改为"教育纲要"，突出幼儿园的主要工作是"教育"而不仅仅是"教学"；②教育内容扩展为生活卫生习惯、思想品德、基本动作发展、常识、语言、计算、美工、音乐8项，加强了对幼儿习惯和品德的培养；③强调教育任务、内容、要求应通过游戏、体育活动、上课观察、劳动、娱乐和日常生活等教育方式来完成，以防止幼儿教育小学化和成人化；④要求幼儿园主动争取社会和家庭的支持，以大教育观增强幼儿园教育的积极效应。但是，该纲要（试行草案）规定幼儿园教育教学继续采用分科教育模式，将"作业"改为"上课"，在一定程度上反而强化了幼儿园重"上课"的倾向；教育内容虽增扩为8项，但仍设语言、计算、常识、音乐、体育活动、美工6科，使新增的生活卫生习惯和思想品德两项无法具体落实，在一定程度上，又促进了幼儿园重6科教学的倾向。总的来说，该纲要（试行草案）使幼儿园教育有章可循，起到了拨乱反正、提高教育质量的作用。

2. 开创中国特色社会主义建设新时期（1982—1992年）

20世纪80年代，中国进入了中国特色社会主义建设新时期，学前教育事业也在拨乱反正后进入了改革发展的新时期。

根据我国农村人口占80%以上，各地经济、文化、教育发展很不平衡的国情，1983年9月，教育部颁发了《关于发展农村幼儿教育的几点意见》，指导农村幼儿教育的发展；1986年6月颁发了《关于进一步办好幼儿学前班意见》，肯定了农村学前班这种行之有效的形式和做法，并提出进一步改进的意见，要求各省教育部门组织编写学前班的教师教学用书，以提高学前教育质量。这两个政策性文件，大大促进了农村幼儿园迅速发展。

1985年12月，卫生部印发《托儿所、幼儿园卫生保健制度》。

1987年3月，劳动人事部、国家教委联合颁布《全日制、寄宿制幼儿园编制标准（试行）》，规定班级的规模为小班（3~4岁）20~25人，中班（4~5岁）26~30人，大班（5~6岁）31~35人；教职工与幼儿的比例为全日制幼儿园1∶6至1∶7，寄宿制幼儿园1∶4至1∶5。

1987年9月，城乡建设环境保护部和国家教委发布《托儿所、幼儿园建筑设计规范》。

1989年6月，国家教委颁布了《幼儿园工作规程（试行）》，在重申1981年《教育纲要》基本精神的基础上，突出了促使幼教现代化的教育原则，指出"幼儿园是对三周岁以上学龄前幼儿实施保育和教育的机构，属学校教育的预备阶段"。

1989年8月，国务院批准了第一个幼儿教育行政法规——《幼儿园管理条例》，该条例对幼儿园的基本条件、行政管理、保教工作等作了明确规定。

在这十年中为幼儿园制定如此多的政策法规，是前所未有的。教育、卫生、劳动人事、建设等部门根据各自分工制定文件，引导托幼机构工作逐步走向科学化、规范化。特别是《幼儿园工作规程（试行）》和《幼儿园管理条例》的颁布，标志着我国学前教育走上了依法治教的轨道。由于加强了科学管理，幼教机构在依法治教的轨道上获得了稳步的发展。全国3~6岁幼儿入园（班）率由1978年的11.3%增长到1990年的26.3%。

3. 加大改革力度，建设中国特色社会主义时期（1992—1999年）

1992年后，中国进入了加大改革力度、建设中国特色社会主义的新时期，我国社会进入了一个稳定、快速发展的阶段，幼教事业也走上了快速发展的轨道。

1990年，我国签署了联合国《儿童生存、保护、发展世界宣言》；1991年，全国人大常委会批准我国加入联合国制定的《儿童权利公约》，并自1992年4月1日起在我国生效。1991年9月颁布了《中华人民共和国未成年人保护法》，1992年2月颁布了《九十年代中国儿童发展规划纲要》，1995年3月颁布了《中华人民共和国教育法》。这些国家法律和纲领性文件，将儿童的生存、保护和发展与人类未来之间的关系提到"人口素质基础"和"未来发展的先决条件"的高度。

1993年6月，国家教委等相关单位联合发布《关于进一步做好学龄前智残儿童康复训练工作的通知》，据此精神，幼教工作者将视野从正常幼儿的教育扩展至特殊幼儿的教育。

1996年3月，国家教委颁布《幼儿园工作规程》，为原《幼儿园工作规程（试行）》经过七年试点略加修改后正式实行。《幼儿园工作规程》改变了试行版中"是学校教育预备阶段"的提法，确定幼儿园"是基础教育的有机组成部分，是学校教育制度的基础阶段"。

1997年7月，国家教委印发的《全国幼儿教育事业"九五"发展目标实施意见》提出：2000年全国学前三年幼儿入园（班）率达到45%以上，大中城市基本解决适龄幼儿入园问题，农村学前一年幼儿入园（班）率达到60%以上，并与"普九"工作和经济、社会发展水平相适应。

（三）编写幼儿园教材及幼儿园教师培训教材，提高幼儿园教育质量

在1981年10月教育部颁布《幼儿园教育纲要（试行草案）》的同时，组织编写了7种配套教

材，包括《体育》《语言》《常识》《计算》《音乐》《美术》《游戏》，由人民教育出版社出版发行。

针对农村幼儿教师多数未经过系统专业培训的现实情况，教育部初等教育司于1984年组织有关力量编写了一套12种共13册的农村幼儿园教师培训教材，包括幼儿教育学、幼儿教育心理、幼儿卫生、语言教学法、常识教学法、计算教学法、体育教学法、音乐教学法、美术教学法、幼儿园玩具教具制作、音乐基础知识（两册）、幼儿园舞蹈和歌曲，由人民教育出版社1987年后陆续出版。

二 逐步推进学前教育科学研究

学前教育科学研究的进展，是学前教育发展水平的重要标志。1977年以前，我国的学前教育科学研究只在很小的范围内进行，20世纪70年代末才开始建立专门的学前教育科学研究机构和群众性的科学研究组织，开展课题研究。进入新时期后，我国学前教育科学研究活动才有了较大的变化和发展。

（一）建立学前教育科研机构

1978年7月经国务院批准重建在"文革"时期被解散的中央教育科学研究所时，设立了幼儿教育研究室。这是我国第一个国家级的幼儿教育研究机构。随后，各省市教科所陆续设置幼儿教育研究机构，高等师范院校和幼儿师范学校也设置了幼教教研室。

（二）成立学前教育学术团体

1979年11月，中国教育学会幼儿教育研究会在南京成立并举行了第一届学术会议。这是我国幼儿教育领域第一个全国群众性的学术研究团体，陈鹤琴当选为名誉理事长，左淑东为理事长。地方省市也纷纷建立本省、市的幼儿教育研究会，并定期召开学术年会。全国及地方的幼儿教育研究会，在组织科研队伍，推进群众性幼教科研活动方面，都起到了积极的促进作用。

1986年中国教育学会全国幼儿教育研究会正式成为联合国教科文组织资助的世界学前组织（简称OMEP）的会员。1992年研究会被批准成为国家教委下属的一级学会并更名为中国学前教育研究会。

（三）通过群众学术团体推动幼教科研

全国幼儿教育研究会于1982年和1985年相继召开了第二届和第三届全国学术年会，学术交流的主题有新中国成立以来的幼教经验、幼儿园的爱国主义教育、幼儿园教育改革等。初期的学术年会，总结了1950年以来幼儿教育事业的历史经验和教训，为中国幼教界指引了方向和路线。

1987年1月，全国幼儿教育研究会与湖南长沙师范学校联合出版了《学前教育研究》杂志（双月刊），这是中国教育学会幼教研究会的会刊。1996年，《学前教育研究》被国务院学位委员会评定为"全国学前教育理论核心刊物"。

（四）有计划地开展幼教科研

20世纪末期，中央教科所幼教室、各地市教科所、高校学前教育系等主持开展了一系列的研究工作，在幼儿身心发展、幼儿素质、农村幼儿教育、幼儿园教育教学改革等方面的研究取得了丰硕成果。

20世纪末期代表性的幼教课题及成果如下。

第一，1979年中央教科所幼教研究室启动了"3—6岁幼儿言语发展特点的调查研究"，由史慧中主持，全国10个省（市）协作。此课题成果被纳入全国教育科研"六五"规划重点课题"中国青少年心理发展与教育"（朱智贤主持），总课题成果被评为全国首届教育科研成果一等奖。

第二，1983年9月南京师范大学教育科学研究所与南京市实验幼儿园合作进行了"幼儿园综合教育课程研究"，该项目由南京师大赵寄石教授主持，其成果获全国教育科学优秀成果二等奖。

第三，1983年11月北京师范大学卢乐山教授等中国代表参加了在印度新德里召开的亚非儿童游戏研讨会，并展览了中国玩具。

第四，1984年中央教科所佟静洋主持"我国幼儿形态、机能、基本体育活动能力的调查研究"，与全国16个省（市）协作进行，该课题成果获全国首届教育科学优秀成果一等奖。

第五，1985年由中央教科所史慧中研究员主持的"七五"规划教育科学研究项目"适应我国国情，提高幼儿素质的调查研究"，同时得到加拿大国际发展研究中心的资助，参加了国际教育成就评价协会学前教育项目（简称IEAPPP），全国10个省（市）参加调查，其成果获第二届全国教育科学研究一等奖。该项目的后续研究成为"八五"中华哲学社会科学基金项目"适应我国国情提高幼儿素质的实验研究"。

第六，1986年11月中国代表胡润琴、贾淑勤、赵寄石参加了联合国教科文组织召开的巴黎国际幼教专家会议，会议的议题是"低费用多途径发展幼儿教育"。中国代表还向大会提交了书面报告，建议开展"农村幼儿保教结构的探索""0—3岁婴幼儿保教机构的探索""普及家长教育""独生子女保教的探讨"等研究课题。

第七，1990年由教育部幼教处处长朱慕菊主持的"幼儿园与小学衔接的研究"于1990—1994年进行，系与联合国儿童基金会的合作项目，共有全国城乡8个实验点，选择了各16所小学和幼儿园作为实验班和对比班，其成果包括《幼儿园与小学衔接的研究》丛书共7册，由中国少儿出版社出版。

三 适应时代要求提高师资水平

（一）提高幼儿园教师地位，重视和尊重幼儿园教师

1978年12月，教育部、国家计委下达《关于评选特级教师的通知》，将"幼儿园的教养员"和"长期从事幼儿教育工作、领导教学工作有特长的幼儿园主任"列为评选对象，上海市愚园路第一幼儿园教养员赵赫和天津市和平区第十一幼儿园教养员周静被评为特级教师，她们是中华人民共和国成立以来幼教界的首批特级教师。

1980年4月14日，教育部、全国总工会发出《关于组织优秀教师暑期休养的联合通知》，包括幼儿园优秀教师在内的108名代表，被选派至青岛休养。

幼儿园教师，像其他各级各类学校的教师一样，获得国家同等的重视和尊重。

（二）改革和发展师范教育，重视幼儿教育师资的培养

"文革"结束后，党和政府重视幼儿教育师资的培养，通过制定和颁布相关政策、法规，发展各级幼儿师范教育，幼儿师范学校和高等师范院校学前教育专业得到恢复和发展。

1978年10月，教育部颁发的《关于加强和发展师范教育的意见》要求："积极办好幼儿师范学校，为幼儿教育培养骨干师资""在1980年前，要做到每一个地区有一所幼儿师范，或在有条件的中等师范学校举办幼师班""原设有学前教育专业的师范院校，应积极办好这个专业，扩大招生名额，为各地幼儿师范培养师资"。

1980年8月，教育部颁发的《关于办好中等师范教育的意见》指出："幼儿教育是整个学校教育的基础""要做好幼儿师范学校的发展规划。各省、市、自治区在1982年前，至少要办好一所幼儿师范学校，并列为省级重点学校""1985年前，在原来的大行政区范围内，应有一所高等师范院校开设学前教育专业"。

1985年5月，教育部颁发《幼儿师范学校教学计划》，对1980年颁发的《幼儿师范学校教学计划（试行草案）》作了修改，增加了教育课和教育实习时间，这对于理论与实际的结合是有益的。

1988年8月，国务院办公厅转发的《关于加强幼儿教育工作的意见》指出："必须积极发展幼儿师范教育，同时抓紧在职教师的培训工作"，要求"各级教育行政部门要会同有关部门研究制订幼儿师范教育发展规划……合理设置幼儿师范学校、中等师范学校幼师班、职业高中幼教专业和幼儿师资培训中心等"。职业高中幼教专业同样招收初中毕业生，学制2~3年，学生毕业后自谋出路，旨在弥补幼师人才缺口。

1993年10月，全国人大常务委员会会议通过的《中华人民共和国教师法》规定"取得幼儿园

教师资格应该具备幼儿师范学校毕业及其以上学历"。1995年1月，国家教委发布《三年制中等幼儿师范学校教学方案（试行）》，提出了幼儿师范学校的培养目标与规格。1997年10月，国家教委发布《关于组织实施〈高等师范教育面向21世纪教学内容和课程体系改革计划〉的通知》。

相关政策法规的出台，极大地促进了幼儿师范教育的发展，幼儿师范学校于1979年恢复至22所，1982年增至33所，1992年增至68所；幼师在校生从1979年的9171名增至1996年的84300名；专任教师从1982年的1592名增至1992年的4003名。毕业生一般均分配在教育部门主办的幼儿园工作，但仍然不能满足其他类型幼儿园的需要，因此，各地出现了职业高中幼师班。

拨乱反正后的高等师范院校学前教育专业也在不断发展。20世纪70年代末期，原来设有学前教育专业的北京师范大学、南京师范大学、西南师范大学、西北师范大学、东北师范大学等高等师范院校在1978—1979年先后恢复学前教育专业的招生。1987年，全国已有22所高等师范院校设置了学前教育专业。此外，在原上海幼儿师范学校基础上，成立了上海幼儿师范高等专科学校，这是当时唯一的高等幼儿师范培训基地，为培养幼儿园的骨干教师和提高骨干教师的水平作出了贡献。20世纪80年代初，高等师范学校学前教育专业的研究生教育也开始发展，北京师范大学和南京师范大学的学前教育专业设立了硕士点。1994年我国第一个幼儿教育学博士学位授予点诞生；2001年，我国第一位进博士后流动站研究学前教育的学者出站。20世纪90年代后期，一些综合大学也设置学前教育专业，学前教育专业呈现出多样化的培养目标和课程设置。到1999年，高等师范学校学前教育专业达30多处。

（三）开展在职教师和园长培训，提高幼教工作者的业务水平

1981年11月，第五届全国人民代表大会第四次会议召开，《政府工作报告》指出："要培训大批合格的幼儿教师，使更多的学龄前儿童能够进入幼儿园，并且能够得到适应他们身心特点的教育。"由于幼儿园的迅速发展，新师资的培养已跟不上幼儿园发展的需要，致使大多数幼儿教师未受过专业训练。

1983年1月，教育部发布的《关于加强小学在职教师进修工作的意见》提出，"必须建立一支又红又专的合格的教师队伍，各地要制定培训幼教师资的规划"，"培训的对象是没有接受过专业训练的幼儿园主任和年轻的教师。培训的方式以短期为主，有条件的也可以举办一年以上的培训班"。

1986年底，各地教育行政部门开始对幼儿园教师进行考核。根据规定，不具备国家合格学历的幼儿园教师，应参加《教材教法考试合格证书》和《专业合格证书》的考试，这为幼儿园教师评定职称打下基础，同时又促使幼儿园教师全面地提高自己的文化、业务水平。

1996年1月，国家教委颁发《关于开展幼儿园园长岗位培训工作的意见》，随后又颁发《全国幼儿园园长任职资格、职责和岗位要求（试行）的通知》，要求采取多种形式开展培训工作，争取用五年左右的时间将全国幼儿园园长轮训一遍。

1997年，国家教委颁发《全国幼儿教育事业"九五"发展目标实施意见》，要求"到2000

年，全部在职园长（副园长）都应接受1次岗位培训，达到国家规定的任职资格要求，做到持证上岗"。

通过职前培养和在职培训，幼教师资队伍水平进一步提高，1981年全国43万名幼儿园教师中，文化业务水平为中等师范和高中毕业者占教师总数的35.5%；到了1996年，全国96.2万名幼儿园教师中，中等师范、职业高中毕业以上者占幼儿园教师总数的58.8%，已经取得专业合格证书的占幼儿园教师总数的12.55%。此外还有5070名高等师范毕业的幼儿园教师，占幼儿园教师总数的5.3%。1996年后，各地均采取多种形式开展幼儿园园长任职资格培训工作。

总之，通过各方面努力，幼儿教师队伍逐年扩大，学历层次呈上扬趋势，中等师范、高中以上毕业者和受过专业训练一年以上者所占比例逐年增加，大批在职幼儿教师与干部得到培养与提高，逐步达到合格水平，并向着更高层次迈进。

（四）开展学前教育师资培训，提高学前教育专业教师队伍水平

学前教育师资培训旨在对幼儿园教师进行业务培训，提高教育教学水平，这一工作在改革开放后持续开展。

1982—1984年，教育部和联合国儿童基金会开展"学前教育师资培训"项目第一期，由南京师范大学承担。我国开始与联合国儿童基金会在学前教育领域开展合作。1985—1989年，合作项目第二期由北京师范大学等8所高等师范学校的学前教育专业和17所幼儿师范学校分别承担。后来的第三期则由12所高校、34所幼儿师范学校分别承担。

1985年7月，受教育部委托，南京师范大学在江苏省连云港市举办第一届高校学前教育专业教师培训班，与会者60多人。

四 幼儿园数量保持稳定，幼儿入园率小幅波动

据统计，1978—1999年，幼儿园数量一直稳定在17.5万所左右，在1996年达到最高的18.73万所；入园幼儿人数一直保持增长趋势，1995年达到顶峰，此后逐年下降。幼儿入园率在20世纪90年代后期小幅波动，特别是农村小学附设幼儿园（班）减少，导致农村幼儿入园率下降较明显（表5-3）。

表5-3 1995—2000年我国幼儿园发展情况统计表

年份	幼儿园/万所	在园儿童/万人	学前三年入园率（%）	学前一年入园率（%）
1995	18.04	2711	39.8	77.1
1996	18.73	2666	41.0	76.0
1997	18.25	2519	40.5	72.3

续表

年份	幼儿园/万所	在园儿童/万人	学前三年入园率（%）	学前一年入园率（%）
1998	18.14	2403	39.4	75.3
1999	18.11	2326	38.4	76.6
2000	17.58	2244	37.7	75.4

五、目标明确、信心满怀地迎接 21 世纪

1999 年 1 月 13 日，国务院批转了教育部 1998 年 12 月 24 日制定的《面向 21 世纪教育振兴行动计划》（以下简称《行动计划》），指出"实施素质教育，要从幼儿阶段抓起，要用科学的方法启迪和开发幼儿的智力，培养幼儿健康的体质、良好的生活习惯与求知的欲望"。《行动计划》激励幼教工作者以创造性的劳动实现国家规划的学前教育事业的发展蓝图。

1999 年 6 月 13 日，中共中央、国务院颁布《关于深化教育改革，全面推进素质教育的决定》（以下简称《决定》），明确指出："实施素质教育应当贯穿于幼儿教育、中小学教育、职业教育、成人教育、高等教育等各级各类教育，应当贯穿于学校教育、家庭教育和社会教育等各个方面"。强调"积极发展以社区为依托的、公办与民办相结合的幼儿教育"，提出了"建设全面推进素质教育的高质量的教师队伍"的要求。教育部基础教育司于 1999 年 7 月召集地方幼教行政部门负责人共同商议贯彻《决定》的措施，贯彻落实科教兴国战略，切实做好幼儿教育工作。

第四课　学前教育深化改革与普及发展时期（21 世纪初）

进入 21 世纪，随着国家不断深化改革扩大开放，中国特色社会主义进入新时代，社会主义现代化建设成就前所未有。在学前教育方面，国家不断制定和颁布新的政策法规，推动中国学前教育进入了深化改革与普及发展的新阶段。

一、颁布新的幼儿园课程标准，推进实施素质教育

为进一步贯彻第三次全国教育工作会议和全国基础教育工作会议精神，落实《国务院关于基础教育改革与发展的决定》（国发〔2001〕21 号），推进幼儿园实施素质教育，全面提高幼儿园教育质量，根据党的教育方针和《幼儿园工作规程》（以下简称《规程》，1996 年颁布），2001 年 9 月，教

育部颁发了新的幼儿园课程标准《幼儿园教育指导纲要（试行）》（以下简称新《纲要》）。新《纲要》打破了半个多世纪以来我国学前教育分科课程一统天下的局面，开始倡导以和谐的教育观、整合的课程观和活动的过程观来规划幼儿园课程。至此，我国幼儿园课程标准真正形成，幼儿园课程的目标和内容体系得到了真正的统一和完善。

新《纲要》进一步明确了幼儿园教育的地位和作用，指出"幼儿园教育是基础教育的重要组成部分，是我国学校教育和终身教育的奠基阶段"；提出了科学的教育理念，着眼于幼儿的终身发展、全面发展和个性发展。

新《纲要》包括总则、教育内容与要求、组织与实施、教育评价等四部分，将教育内容划分为健康、语言、社会、科学、艺术五大领域，强调要有机结合、相互渗透。

新《纲要》是在总结我国幼儿教育改革的经验，并充分吸纳世界范围内学前教育优秀思想与研究成果的基础上制定的，是指导广大幼儿园教师将《规程》的教育思想和观念转化为教育行为的指导性文件，从国家层面推进幼儿园课程的变革，它标志着中国幼儿教育改革进入了拓展深化的新阶段，指导着幼儿园迈上科学实施素质教育的新征程。

二 促进儿童健康成长，学前教育事业可持续发展

2001年5月，国务院颁布《中国儿童发展纲要（2001—2010年）》。该纲要以促进儿童发展为主题，以提高儿童身心素质为重点，以培养和造就21世纪社会主义现代化建设人才为目标，从健康、教育、法律保护、环境四个领域提出了2001—2010年的目标和策略措施，主要目标按期基本实现。2011年8月和2021年9月，国务院再次分别印发《中国儿童发展纲要（2011—2020年）》和《中国儿童发展纲要（2021—2030年）》。

党和国家始终高度重视儿童事业发展，先后制定实施三个周期的中国儿童发展纲要，为儿童生存、发展、受保护和参与权利的实现提供了重要保障，进一步促进了我国儿童的健康成长和学前教育事业的持续发展。儿童发展和儿童事业取得了历史性新成就，截至2020年底，婴儿、5岁以下儿童死亡率分别从2010年的13.1‰、16.4‰下降到5.4‰、7.5‰；学前教育毛入园率从2010年的56.6%上升到85.2%；农村留守儿童、困境儿童等弱势群体得到更多关爱和保护。

三 21世纪初期出现"入园难""入园贵"问题

21世纪初，学前教育办园体制和格局发生重要变化。因一些地方政府将社会化片面地理解为市场化、私营化，"关、停、并、转、卖"幼儿园，学前教育受到极大冲击。企事业单位因剥离教育

职能进行转制改革,大量优质企事业幼儿园被迫停办、转卖;同时,城区改造工作加快,很多地方政府在改造过程中未能把幼儿园的发展纳入当地规划中,而新建小区幼儿园多为收费较高的民办园,导致出现下岗职工子女、广大低收入家庭子女和外来务工人员子女的入园困难问题;农村学前教育面临经费不足、中小学布局调整、小学附设幼儿园(班)减少的窘况。幼儿园园所数从2000年的17.58万所,降至2001年的11.17万所;在园幼儿数从2000年的2244万人降至2001年的2022万人(表5-4)。幼儿园园长及专任教师数也随之急剧下降。诸多因素导致学前教育机构数量急剧缩减,幼儿入园率急剧下降,出现了"入园难""入园贵"的问题。

表5-4 2000—2009年我国幼儿园发展情况统计表

年份	2000	2001	2002	2003	2004	2005	2006	2007	2008	2009
幼儿园数量/万所	17.58	11.17	11.18	11.64	11.79	12.44	13.05	12.90	13.37	13.82
在园幼儿/万人	2244	2022	2036	2004	2089	2179	2264	2349	2475	2658
园长、教师/万人	94.65	63.01	65.93	70.91	75.96	83.61	89.82	95.19	103.2	112.78

四 持续实施学前教育三年行动计划,基本普及学前教育

2010年6月,《国家中长期教育改革和发展规划纲要(2010—2020年)》颁布,确立了学前教育发展目标,即到2020年普及学前一年教育,基本普及学前两年教育,有条件的地区普及学前三年教育。我国学前教育从此进入普及发展时代。

2010年11月,《国务院关于当前发展学前教育的若干意见》(国发〔2010〕41号)提出了十项意见(又称学前教育"国十条"),着力解决"入园难"问题,满足适龄儿童入园需求,促进学前教育事业科学发展。2011年9月,国家出台了一系列加快发展学前教育的重大举措,中央财政设立专项资金,支持实施建设幼儿园、幼师培训等在内的学前教育4大类7个重点项目。为了有效缓解"入园难"问题,该意见要求"统筹规划,实施学前教育三年行动计划"。国家于2011年成立了教育部学前教育三年行动计划推进工作领导小组,随后各省(自治区、直辖市)以县为单位启动实施学前教育三年行动计划,这是中国学前教育史上第一次为促进学前教育事业发展而实施的政府专项行动。该计划已经实施了三期(2011—2013年、2014—2016年、2017—2020年),基本解决了"入园难""入园贵"的问题。到2020年,全国学前三年毛入园率已达到85.2%,普惠性幼儿园覆盖率达到84.7%;2021年全国幼儿园在园幼儿数达到4805.2万人,比2011年增加1380.8万人,全国学前三年毛入园率由2011年的62.3%提高到2021年的88.1%,学前教育实现了基本普及(表5-5)。计划到2025年全国学前三年毛入园率达到90%以上,并进一步提高普惠性幼儿园覆盖率;同时,进一步扩充普惠性学前教育资源,充分考虑出生人口的变化和城镇化进程,以县(区)为单位,科学布局普惠性幼儿园,并大力发展公办园,完善小区配套幼儿园建设管理机制。教育部已经

会同有关部门,以有效支撑三孩生育政策实施为重要目标,研究制定、部署、实施第四期学前教育行动计划,进一步提高学前教育普及普惠水平。

表 5-5　2014—2021 年我国幼儿园发展情况统计表

年份	幼儿园/万所	入园儿童/万人	在园儿童/万人	普惠园覆盖率（%）	毛入园率（%）
2014	20.99	1987.76	4050.71	—	70.5
2015	22.37	2008.85	4264.83	—	75.0
2016	23.98	1922.09	4413.86	67.26	77.4
2017	25.5	1937.95	4600.14	70.63	79.6
2018	36.67	1863.91	4656.42	73.07	81.7
2019	28.12	1688.23	4713.88	76.01	83.4
2020	29.17	1791.40	4818.26	84.74	85.2
2021	29.48	—	4805.21	87.78	88.1

五、颁布系列法规,加强幼儿园教师队伍建设

进入 21 世纪,为促进幼儿园教师专业发展,建设高素质幼儿园教师队伍,教育部及国家其他有关部门制定了一系列关于幼儿园教师准入、配备、培养、培训和处罚等多方面的规章制度,包括《教育部关于规范小学和幼儿园教师培养工作的通知》《幼儿园教师专业标准(试行)》《幼儿园教职工配备标准(暂行)》《幼儿园园长专业标准》《新时代幼儿园教师职业行为十项准则》《幼儿园教师违反职业道德行为处理办法》《教育部 财政部关于实施中小学幼儿园教师国家级培训计划(2021—2025 年)的通知》等。其中,《幼儿园教师专业标准(试行)》的颁布使幼儿园教师培养、准入、培训、考核等工作有了明确的依据和标准,为幼儿园教师的专业发展和幼儿园教育质量的提升提供了重要保障。

随着有关幼儿园教师系列规范的颁布,学前教育师资保障不断增强,教师培养培训体系初步建立,师资配备力量不断加强,2021 年中国幼儿园专任教师数量达 319.1 万人,较 2020 年增加了 27.76 万人,同比增长 9.53%（见表 5-6）。

表 5-6　2016—2021 年我国幼儿园专任教师发展情况统计表

年份	2016	2017	2018	2019	2020	2021
专任教师/万人	223.21	243.21	258.14	276.31	291.34	319.1

2021 年专科以上学历的园长及专任教师占比达到 87.8%,较 2011 年提高了 24%。教育部还连续实施幼儿园教师"国培计划",2012—2020 年累计投入 43 亿元,培训幼儿园教师超过 243 万人次,教师专业水平明显提升。

六 颁布多项保教业务规范，全面提高学前教育质量

为深入贯彻《国家中长期教育改革和发展规划纲要（2010—2020年）》和学前教育"国十条"，指导幼儿园和家庭科学实施保育和教育，促进幼儿身心全面和谐发展，2012年9月教育部颁布《3—6岁儿童学习与发展指南》（以下简称《指南》）。

《指南》以为幼儿后继学习和终身发展奠定良好素质基础为目标，以促进幼儿德、智、体、美各方面的协调发展为核心，通过提出3～6岁各年龄段儿童学习与发展目标及相应的教育建议，帮助幼儿园教师和家长了解3～6岁幼儿学习与发展的基本规律和特点，建立对幼儿发展的合理期望，实施科学的保育和教育，让幼儿度过快乐而有意义的童年。为此，《指南》从健康、语言、社会、科学、艺术五个领域描述幼儿的学习与发展，每个领域按照幼儿学习与发展最基本、最重要的内容划分为若干方面，每个方面由学习与发展目标和教育建议两部分组成。目标部分分别对3～4岁、4～5岁、5～6岁三个年龄段末期幼儿"应该知道什么""能做什么""大致可以达到什么发展水平"提出了合理期望，指明了幼儿学习与发展的具体方向；教育建议部分列举了一些能够有效帮助和促进幼儿学习与发展的教育途径与方法。《指南》是在学前教育深化改革普及发展的历史新阶段颁布的重要文件，对于有效转变公众的教育观念，提高广大幼儿园教师的专业素质和家长的科学育儿能力，防止和克服"小学化"倾向，全面提高学前教育质量具有重要意义。

《指南》发布之前的2011年12月，为规范办园行为，防止和纠正"小学化"现象，保障幼儿健康快乐成长，教育部发布《教育部关于规范幼儿园保育教育工作防止和纠正"小学化"现象的通知》（教基二〔2011〕8号）。

2017年4月，为建立和完善幼儿园督导评估制度，推动各地加强和改进对幼儿园的管理，促进幼儿园规范办园行为，保障幼儿身心健康、快乐成长，教育部印发了《幼儿园办园行为督导评估办法》（教督〔2017〕7号），规定了幼儿园办园行为督导评估指标与要点。

2021年4月，为了推进幼儿园与小学科学有效衔接，教育部发布《教育部关于大力推进幼儿园与小学科学衔接的指导意见》（教基〔2021〕4号），并配发了《幼儿园入学准备教育指导要点》和《小学入学适应教育指导要点》。

2022年2月，为了完善以促进幼儿身心健康发展为导向的学前教育质量评估体系，切实扭转不科学的评估导向，推动树立科学保育教育理念，全面提高幼儿园保育教育水平，教育部印发了《幼儿园保育教育质量评估指南》（教基〔2022〕1号），配发了《幼儿园保育教育质量评估指标》，包括办园方向、保育与安全、教育过程、环境创设和教师队伍等五大重点内容和15个关键指标。

第五单元　中华人民共和国学前教育的发展

七　进一步推进学前教育深化改革规范发展

2018年7月6日，中央全面深化改革委员会第三次会议审议通过《关于学前教育深化改革规范发展的若干意见》，指导思想为"以习近平新时代中国特色社会主义思想为指导，全面贯彻党的十九大精神和党的教育方针，认真落实立德树人根本任务，遵循学前教育规律，牢牢把握学前教育正确发展方向，完善学前教育体制机制，健全学前教育政策保障体系，推进学前教育普及普惠安全优质发展，满足人民群众对幼有所育的美好期盼，为培养德智体美劳全面发展的社会主义建设者和接班人奠定坚实基础"。

该意见明确了2020年的发展目标和2035年的中长期目标。提出到2020年，学前三年毛入园率要达到85%，普惠性幼儿园覆盖率达到80%；基本建成广覆盖、保基本、有质量的学前教育公共服务体系，让绝大多数孩子能享受到普惠性的学前教育。到2035年，全面普及学前三年教育，建成覆盖城乡、布局合理的学前教育公共服务体系，形成完善的学前教育管理体制、办园体制和政策保障体系，为幼儿提供更加充裕、普惠、优质的学前教育。

2020年的发展目标已经实现。2021年，全国建成幼儿园29.5万所，普惠性幼儿园（包括公办园和普惠性民办园）达到24.5万所，占幼儿园总量的83%；全国在园幼儿达到4805万人，学前三年毛入园率达到88.1%，公办园在园幼儿占比已达到了51.9%，普惠性幼儿园覆盖率则达到87.8%；农村普惠性幼儿园覆盖率达到90.6%，实现每个乡镇基本办有一所公办中心园，大村独立办园、小村联合办园。

八　0～3岁婴幼儿照护服务及托育事业逐步推进

随着我国经济社会不断发展以及计划生育政策的调整，0～3岁婴幼儿（下称婴幼儿）的养育照护问题已经成为社会关切的焦点问题之一。

近年来，国家不断发布相关文件，推进不断探索创新婴幼儿照护服务事业，着力破解"托育难"问题，推进高水平"幼有所育"工作。2019年5月，《国务院办公厅关于促进3岁以下婴幼儿照护服务发展的指导意见》发布，提出"到2025年，婴幼儿照护服务的政策法规体系和标准规范体系基本健全，多元化、多样化、覆盖城乡的婴幼儿照护服务体系基本形成，婴幼儿照护服务水平明显提升，人民群众的婴幼儿照护服务需求得到进一步满足"。这一发展目标标志着我国婴幼儿托育服务的发展有了进程规划。随后，我国发布了一系列相关政策法规，如《托育机构设置标准（试行)》《托育机构管理规范(试行)》《支持社会力量发展普惠托育服务专项行动实施方案(试行)》《托育机构登记和备案办法(试行)》《国务院办公厅关于促进养老托育服务健康发展的意见》《托育机构负责人培训大纲(试行)》和《托育机构保育人员培训大纲(试行)》等。

2021年6月,《中共中央 国务院关于优化生育政策促进人口长期均衡发展的决定》发布,提出"实施三孩生育政策及配套支持措施",要求"普惠托育服务体系加快建设"。2021年8月,《中华人民共和国人口与计划生育法》第二次修正,第二十八条规定:"国家鼓励和引导社会力量兴办托育机构,支持幼儿园和机关、企业事业单位、社区提供托育服务。"

2021年,教育部全面修(制)订了《职业教育专业目录(2021)》,中等职业教育新增了婴幼儿托育专业,高职专科将幼儿发展与健康管理专业更名为婴幼儿托育服务与管理,高职本科新增了婴幼儿发展与管理专业,加大了婴幼儿照护服务及托育事业的人才培养力度。

2023年3月,国家卫生健康委、国家发展改革委发布《关于命名第一批全国婴幼儿照护服务示范城市的通知》,决定命名河北省石家庄市等33个城市(区)为第一批全国婴幼儿照护服务示范城市。

拓展阅读

扫码了解"第一批全国婴幼儿照护服务示范城市"。

目前,我国正在深化细化婴幼儿照护服务相关配套政策,支持多元供给,大力培育托育服务人才,调动各类主体积极投入托育行业,加强科学的婴幼儿照护服务的宣传引导,为婴幼儿提供安全健康温暖有爱的成长环境。

第五课　我国学前教育发展的经验、问题及对策

1949年以来,我国学前教育经历了较为曲折的发展历程,当前已经进入深化改革普及发展的新阶段,积累了一定的发展经验,但是也存在着一些突出问题,需要不断解决。

一 我国学前教育发展的基本经验

总结新中国学前教育70余年的发展历程，其发展经验可概括为以下几个方面。

（一）学前教育的发展必须与国民经济发展水平相适应

经济基础决定上层建筑，学前教育超出了经济发展实力，仅凭好大喜功的主观愿望盲目扩大发展，是没有质量且不能持续的。为此，应切实从实际出发，及时调整学前教育发展的数量、布局、形式与制度等，规模适度，数量适中，质量合理，使之与经济发展水平相适应，避免主观性、盲目性。

（二）必须加强领导，构建科学的学前教育管理体制

发展学前教育离不开各级政府的支持。我国幼儿园发展的实践证明，实行"统一领导，地方分级管理、分工负责"的方针是适合我国国情的，是促进幼儿教育事业发展的有效方针，今后仍然适用于幼儿园的发展。

（三）幼儿园为儿童成长和为家长服务的双重任务必须坚持并适时调整

2016年3月1日起施行的《幼儿园工作规程》将幼儿园的双重任务调整为"实施德、智、体、美等方面全面发展的教育，促进幼儿身心和谐发展"与"同时面向幼儿家长提供科学育儿指导"两个方面。在此之前，我国幼儿园的双重任务是"对幼儿实施体、智、德、美全面发展的教育，促进其身心和谐发展"与"为家长参加工作、学习提供便利条件"。幼儿园必须坚持为儿童成长和为家长服务的双重任务的总方向，双重任务的内容也要与时俱进，适当调整。一是将"体、智、德、美"调整为"德、智、体、美"，次序与我国总的教育方针一致；二是"为家长参加工作、学习提供便利条件"调整为"面向幼儿家长提供科学育儿指导"，这是随着时代发展家长对高质量育儿需求带来的新变化。

（四）必须坚持保育与教育相结合的原则

幼儿园包括保育和教育两方面的工作内容，"保育"就是精心照料幼儿生活，保护幼儿健康；"教育"就是按照德、智、体、美的要求，有目的有计划地对幼儿实施全面发展教育。保教结合原则要求教师树立保教并重的思想，保中有教，教中有保。保教结合是我国幼教工作者长期工作经验的总结，是促进幼儿身心全面健康发展的基本原则。因此，在幼儿园各项具体工作中，既不能只抓

保育，不顾教育；也不能只抓教育，忽视保育，必须把二者有机结合，纠正克服幼儿园教育"小学化"和"早期定向培养"的倾向。

（五）应充分借鉴古今中外的学前教育理论与实践经验

历史的经验与教训告诉我们，要以马克思主义为指导，结合我国的国情和具体教育对象的实际，有选择性地吸取古今中外学前教育理论与实践经验的精华，对促进我国学前教育理论和学前教育实践的发展都是非常必要的。

（六）应确保婴幼儿照护和幼儿教育两部分的衔接

0~3岁婴幼儿照护和幼儿教育应是连续的、衔接的，共同构成学前教育阶段教育的整体。我国在20世纪50年代学习苏联的做法，将托儿所与幼儿园划分由卫生部门与教育部门分管，这种分工管理在当时起了加强领导的作用，但也由此造成了托儿所教育与幼儿园教育的脱节或重复，这种管理体制延续至今。我国目前正在大力发展托育事业，主要由卫生健康部门牵头主管，《国务院办公厅关于促进3岁以下婴幼儿照护服务发展的指导意见》要求"认真贯彻保育为主、保教结合的工作方针"。为了使0~6岁整个学前年龄段的教育更加有效、科学，对0~6岁幼儿的教育应做连续的、统一的考虑。

二、现阶段我国学前教育存在的主要问题

我国的学前教育已经取得了显著成绩，但仍存在一些问题。

（一）有关学前教育的法律尚未健全

改革开放40多年来，我国政府相继修订制定了《幼儿园管理条例》《幼儿园工作规程》等法规性文件，在一定程度上推动了学前教育事业的发展和教育质量的提高。但是，我国尚没有全国层面的学前教育法，相关法律法规有待健全。

（二）资金投入不足

我国学前教育经费缺乏基本的制度保障。在全国教育经费总量中，学前教育经费所占的比例过小，从根本上难以有效支撑学前教育事业的发展。从中央到地方，几乎都没有设立学前教育财政专项经费。幼儿园作为基础教育的一部分，其经费与中小学一起统筹安排，作为非义务教育阶段的幼儿园在各级政府每年的财政预算规划中自然处于弱势地位。

（三）幼儿园教师待遇低，合法权益得不到保障，队伍不稳定

近20年来，在党和政府的关怀下，我国幼儿园教师的地位与待遇等问题得到很大的改善。但在现实生活中，由于经济条件与人为的诸多因素的影响，如幼儿园多数为民办园，民办园幼儿教师薪酬普遍偏低，许多教师没有被纳入社会保障体系，与公办园教师差距很大。另外，繁重的工作、较低的社会地位、职称评定困难和暗淡的职业发展前景等，使得幼儿园教师工作缺乏吸引力，教师流失严重。

（四）城乡之间学前教育发展不平衡，质量差距较大

受城乡二元结构等因素的影响，在我国幼儿教育事业的发展中，城市发展迅猛，农村则相对滞后，城乡幼儿教育发展严重不平衡。近几年来，进行了多方面努力，情况已经有所改善。2021年农村普惠性幼儿园覆盖率达到90.6%，每个乡镇基本办有一所公办中心园，大村独立办园、小村联合办园；适应城镇化进程，全面开展城镇小区配套幼儿园治理。城乡学前教育公共服务体系基本建成，基本满足了老百姓在家门口入园的愿望，但是，优质园主要集中在城市。因此，我国还要继续加大对农村学前教育的投入，从"有园上""上得起"到"上好园"发展，不断提高农村幼儿园的保教质量。

（五）民办园快速发展带来了办园不规范问题

2021年全国民办园16.7万所，民办园的快速发展虽然解决了公办园不足带来的"入园难"问题，但同时也带来了办园不规范问题。一是民办园收费不规范，城市不少民办园乱收费、高收费，另有部分城乡民办园实行低价恶性竞争，这都不利于学前教育事业的公平有效持续发展；二是民办园为迎合家长需求在教育教学上违背教育规律，重教轻保以及"小学化"严重。这些问题造成了社会上部分人对学前教育的误解。

三 我国学前教育发展的对策

针对当前我国学前教育发展中的问题，大致提出以下对策。

（一）继续加大对学前教育的管理力度

一是尽快完成学前教育法的制定。我国学前教育立法层次偏低的状况对保障学前教育事业的健康发展极为不利，依法治教要求加快学前教育法制建设。二是党委和政府要进一步加大对学前教育

发展的重视程度。三是各级教育行政部门要认真贯彻落实学前教育发展的各项方针、政策，切实加强对学前教育的管理。

（二）持续推进幼儿园办园体制改革

学前教育事业继续坚持"两条腿走路"发展方针，积极稳妥地推进幼儿园办园体制改革，完善政府主导、社会参与、公办民办并举的办园体制。大力发展公办园，充分发挥公办园保基本、兜底线、引领方向、平抑收费的主渠道作用。同时，要依照公办园的标准大力扶持民办园的建立，特别是大力扶持普惠性民办园。各地要结合本地实际，形成公办与民办相结合的多元化办园体制，着力构建以普惠性资源为主体的办园体系，坚决扭转高收费民办园占比偏大的局面，满足社会对学前教育的需求。

（三）不断促进学前教育公平发展

学前教育的政策应以教育公平为原则，向"困难群体"倾斜，突出学前教育的公益性和公共性，通过政策调控，缩小城乡间、区域间的差距。政府要通过采取相应的经济、法律与政策手段予以保障，合理配置教育资源，向农村地区、边远贫困地区和民族地区倾斜，加快缩小教育差距，促进学前教育均衡发展。

（四）有效推进学前教育一体化

学前教育一体化主要表现在家庭、社区、幼儿园三方合力教育。家庭、社区、幼儿园三方协作促进幼儿的发展是学前教育发展的一个方向。家庭是通过爱与习惯养成等奠定幼儿身心发展最初基础的场所；社区则是通过与各种各样的人进行交流和亲近自然等方式来丰富幼儿体验的场所；幼儿园则是在这个基础之上，在教师精心的教育引导下，通过集体活动，使幼儿德智体美全面发展的场所。只有这三方面力量的有机整合，才能够真正促进幼儿的健康发展。

（五）大力提升学前教育质量

随着时代发展，在逐渐满足社会对学前教育量的需求过程中，社会对学前教育质的提升需求越来越大。社会不仅希望孩子"有园上"，更希望能够"上好园"。我国要从先进幼教理论的切实指导、幼儿园教师的专业化发展、保教业务的科学开展、设施设备的有效配备、"家园社小学"合作共育等多个方面全面发力，引导广大幼教工作者尊重幼儿的兴趣和个性，因材施教，提供适合幼儿个性的全面发展的教育，不断提升学前教育质量。此外，学前教育发展的关键在教师，要高度重视提高幼儿教师的地位，满足他们生活与心理的需要，保持教师队伍的稳定；要大力弘扬尊重幼儿教师的社会风气，使教师心情舒畅地从事教育事业。

◇ 单元小结

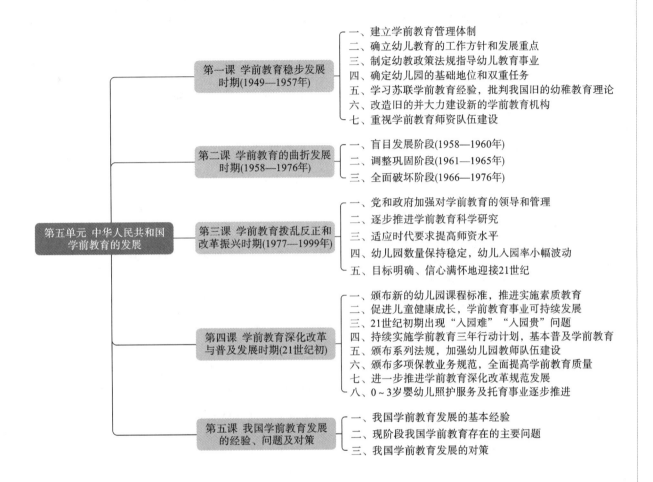

思考与练习

1. 单项选择题

(1) 1951年，《关于改革学制的决定》规定实施幼儿教育的组织为（　　）。

A. 幼稚园　　　　　B. 蒙养园　　　　　C. 幼儿园　　　　　D. 蒙养院

(2) 奠定我国幼儿园分科教学模式基础的是（　　）。

A.《幼儿园暂行教学纲要（草案）》　　　　B.《幼儿园工作规程》

C.《幼儿园暂行规程（草案）》　　　　　　D《幼儿园教育纲要（试行草案）》

(3) 在社会主义改造时期，我国学前教育依据（　　）的方针发展幼儿园。

A. 为工农服务　　　　　　　　　　B. 两条腿走路

C. 借助苏联教育模式　　　　　　　D. 全面规划、加强领导

(4) 1981 年，教育部颁发的将"教学"改为"教育"的文件是（　　）。

A.《幼儿园暂行教学纲要（草案）》　　B.《幼儿园工作规程》

C.《幼儿园暂行规程（草案）》　　D《幼儿园教育纲要（试行草案）》

(5)《幼儿园管理条例》是中华人民共和国成立后第一个正式的幼儿园教育行政法规，它颁布的时间是（　　）。

A. 1981 年　　B. 1989 年　　C. 2001 年　　D. 2010 年

(6) 1996 年发布的《幼儿园工作规程》改变了试行版中"是学校教育预备阶段"的提法，明确了幼儿园的属性为（　　）。

A. 基础教育　　B. 义务教育　　C 免费教育　　D. 国家教育

(7) 提出基本普及学前教育目标的是（　　）。

A.《国家中长期教育改革和发展规划纲要（2010—2020 年）》

B.《关于当前发展学前教育的若干意见》

C.《全国幼儿教育事业"九五"发展目标实施意见》

D.《幼儿园教育指导纲要（试行）》

(8) 我国学前教育三年行动计划，是从（　　）启动实施的。

A. 2010 年　　B. 2011 年　　C. 2012 年　　D. 2013 年

2．简答题

(1) 中华人民共和国成立后我国学前教育发展划分为哪几个时期？

(2) 简述《幼儿园教育指导纲要（试行）》的颁布对我国幼儿园教育改革的重大历史意义。

(3) 什么是学前教育"国十条"？

(4) 列出 5 个 2000 年以来我国颁发的学前教育政策法规。

3．论述题

(1) 论述我国 1981 年颁发的《幼儿园教育纲要（试行草案）》的进步性及其不足。

(2) 论述我国是如何解决"入园难""入园贵"问题的。

(3) 论述现阶段我国学前教育存在的主要问题及对策。

实践与实训

实训一： 调查访问 2~3 位幼儿园退休或年长的园长或教师，详细了解她们的职业经历，以及所经历的我国数十年来学前教育事业改革发展的变化历程。

目的： 了解我国学前教育事业发展历程，更好地理解学前教育工作，树立科学的学前教育理念。

要求： 结合教材内容，详细了解访谈对象的职业经历及其对我国学前教育事业的发展历程的体会，深刻领悟她们的经验，与教材内容相对应，谈谈受到的启示。

形式： 小组合作。

实训二： 收集整理我国不同时期学前教育的政策法规，结合当时的时代背景进行分析，明确其科学性或不足。

目的： 深刻领悟学前教育事业的发展历程，提升学前教育管理理念。

要求： 结合教材内容，认真详细地收集整理我国不同时期学前教育事业的管理规定，并进行评析。

形式： 小组合作。

下篇 外国学前教育简史

- 第六单元　外国古代学前教育
- 第七单元　外国古代学前教育思想
- 第八单元　外国近代学前教育
- 第九单元　外国近代学前教育思想
- 第十单元　外国现当代学前教育
- 第十一单元　外国现当代学前教育思想
- 第十二单元　西方学前教育发展新动向

第六单元　外国古代学前教育

◇ **学习目标**

1. 熟悉并掌握古埃及、古印度、古希伯来、古希腊、古罗马学前教育的形式、内容和方法。

2. 熟悉并掌握西欧中世纪和文艺复兴时期学前教育的基本特点。

3. 能通过对古代东西方国家学前教育状况的比较，辩证地看待古代东西方国家的学前教育。

4. 能够分析古代东西方国家学前教育的贡献及不足，能用发展的眼光看待学前教育的变化。

◇ **情景导入**

古埃及、古印度、古希伯来、古代中国等东方国家，是整个人类文明的发祥地。同时，古希腊、古罗马的学前教育也在迅速发展，成为西方学前教育实践和思想的源头。了解古代东西方国家的学前教育可以帮助我们更好地认识学前教育的形成和发展历史。那么，这些时期的学前教育状况具体是怎样的呢？它们的社会背景、教育形式、教育内容和方法又具有什么特点？有没有共性？通过本单元的学习，你就能解答这些问题了。

第一课　古代东方国家的学前教育

公元前3000年左右，人类开始从原始社会进入奴隶社会，这一历史进程首先是从古代东方开始的。正如捷克古文字学家赫罗兹尼所说："光明来自东方。"这里的"东方"通常是指古代亚洲和非洲东北部各奴隶制国家的总称，包括中国、古埃及、古印度、古巴比伦等国家，它们是人类文明的发祥地，也是世界文化教育事业的摇篮。根据考古学者的考证，在原始社会末期（前4000—前3500年）的两河流域及尼罗河流域出现了最早的文字。最早的学校亦诞生于这一地区，学校产生后，才有了"学前教育"这个概念。人们对学前教育历史的探讨应该从本时期开始。

一、古埃及的学前教育

古埃及是世界文明的发源地之一，它位于非洲北部的尼罗河流域，正如古希腊历史学家希罗多德所说："埃及是尼罗河的赠礼。"那里土壤肥沃、气候适宜、雨水充足，农业、畜牧业都很发达，曾是当时著名的粮仓。古埃及东濒红海和印度洋、南依东非大裂谷和埃塞俄比亚高原、西接撒哈拉沙漠、北临地中海，具有相对封闭的地理环境，为其社会的安定、文明的延续提供了保证。

约在公元前3500年，古埃及人发明了象形文字。不仅如此，古埃及在天文学、历法学、数学、建筑、雕塑、艺术、医学、水利、航海学、地理学等方面都很有建树。现今可见的金字塔和狮身人面像也体现了埃及悠久的历史和灿烂的文化。文化的繁荣、科学的发展，促进了古埃及教育的兴起。

（一）古埃及学前教育的形式

在古埃及，孩子1～3岁是哺乳期，4～7岁是童年，7岁后便开始接受较为正规的教育。从一些文献中可以发现，大多数孩子从4岁起就开始接受教育或者职业训练。家庭教育和宫廷学校是古埃及学前教育的主要形式。

1. 家庭教育

家庭是古埃及教育子女的重要场所。自由民的子女主要由母亲承担抚育教导之责。古埃及人对男孩非常重视。由于从事僧侣、建筑师、木乃伊师等职务的人往往世代相袭，儿子被界定为"年老父亲的接班人"。男孩稍长后，便转由父亲进行教育以承袭父辈的专业知识或相应技能。官吏的子女主要由其母亲照管饮食起居，女孩由母亲教育，男孩由父亲教育。年龄稍长后，男孩可以进入政府机关开办的职官学校学习。皇族子弟为继承皇权官爵，幼年时就被安排由奶娘、保姆精心喂养，稍懂事时就要进入宫廷学校学习。

2. 宫廷学校

埃及到了古王国末期和中王国时期，阶级对立强化，社会等级差异逐渐明显，学前教育也开始产生明显的等级差异。皇族子弟享有特殊的抚养和教育条件，古埃及专门于王宫内部开设了宫廷学校对其施加教育。他们年幼时由乳母、保姆对其精心喂养，稍微年长后，则由富有经验的僧侣、官吏和学者担任教师，教授他们习俗和礼仪，以养成未来统治者所应具备的言行举止。

（二）古埃及学前教育的内容

1. 家庭教育的内容

家庭教育的内容包括普通生活知识、能力及道德素质的培养，甚至还可以包括职业技能及专业知识的传授。例如，祭司、医学、建筑、军事、农务等职业家庭的男孩子，他们从小跟随父辈学习掌握父辈职业的秘传手艺，最终继承父业。历史学家狄奥杜拉斯描述古埃及的学前教育时说："他们从儿童期起就由父亲或亲属传授各种生活需要的实际知识能力。"而女童则跟随母亲学习缝纫、烹饪等家务劳动，不得参加任何技艺的学习。

2. 宫廷学校的教育内容

皇族子弟在宫廷学校除了做游戏、听故事、习字、学习简单的知识，从小接受敬畏日神、忠于国君的教育之外，还需要模仿成人试行宫廷的习俗和礼仪，以便养成未来统治者应具备的言行举止。在宫廷学校中，识字和书写是重要的内容。宫廷学校要求5～10岁的儿童每天都要练习抄写，就书写内容而言，开始是关于道德的训诫，等能力逐渐提高后，进一步抄写《尼罗河的赞歌》《道福的教诲》等长文。

（三）古埃及学前教育的方法

1. 家庭教育的方法

家庭教育的方法主要是讲述、学徒等方式。道德和宗教知识主要是通过父辈讲故事的方式进行，儿童是在听故事的过程中逐渐长大的。而职业技艺和一般的手工劳动技能则是通过学徒制的形式进行教授的。儿童在日常生活中，通过观察和模仿，并辅以动手实践，逐渐掌握家族的职业技艺以及日常手工劳动的方法。这种学徒式的训练往往限于本家族之内，一般由父亲承担对男童进行专业教育的责任。接受这类技艺的培养，没有专门的教材、教学方式和时间，也没有严格的年龄阶段规定。

2. 宫廷学校的教育方法

宫廷学校的教育方法主要是机械训练和死记硬背。例如，教师将抄本写在木片或石头上，学生在木片上模仿它们。又如，教师从著名作者写的纸草书中抽出一部分，让学生通过记忆和翻译去模仿。宫廷学校对皇室后代的要求非常严格。

古埃及的学前教育处于萌芽状态，具有等级性，且水平低下、内容简单、方法单一，但在所处时代，古埃及人对学前教育的关注、教育内容的实用性、教育形式的多样性等，都为后世学前教育的发展作出了积极的贡献。

二 古印度的学前教育

古印度位于亚洲南部的印度半岛,有记载的文明开始于公元前 20 世纪。公元前 1500 年左右,印度建立了最原始形态的国家,这一阶段为古印度的"吠陀时期"。对印度影响巨大的种姓制度和宗教信仰就是在这个时期形成的。

种姓制度是古印度特有的一种等级森严的阶级压迫制度。把人分为 4 种种姓,形成 4 个等级。第一等级"婆罗门"是掌握神权的僧侣贵族;第二等级"刹帝利"是手握军政大权的世袭贵族;第三等级"吠舍"是具有人身自由从事各种生产劳动的农夫、手工业者和贫民等;第四等级"首陀罗"是被征服者或奴隶。前两个种姓人群为统治者,后两个种姓人群为被统治者,他们之间不得通婚、共食,世袭相传、不能更改。

古印度婆罗门教的形成与传播,正是为维系种姓制度、麻痹民众而服务的。婆罗门教源于公元前 2000 年的吠陀教,约形成于公元前 700 年,《吠陀》是其经典。公元前 6 世纪,佛教兴起,逐渐取代了婆罗门教成为国教。古印度的学前教育在婆罗门时期和佛教时期各具特色。

(一)古印度学前教育的形式

1. 婆罗门时期学前教育的形式

婆罗门时期学前教育的形式主要以家庭教育为主。父亲在家中的权力极大,可以决定子女生死、买卖,也负责教育培养子女。较高等级的婆罗门为保证种姓的世袭和尊严,父辈必须在家悉心教导子女。刹帝利和吠舍种姓的子女,也由父辈进行教育,但是教育的内容与婆罗门有所区别。而首陀罗种姓的子女则完全没有受教育的权利。

2. 佛教时期学前教育的形式

佛教是当时反对婆罗门教的思潮之一。佛教时期学前教育的形式主要有家庭教育和寺庵教育两种形式。信奉佛教的家庭,一般由父母在日常生活中对子女言传身教,儿童耳濡目染地受到影响。还有一些儿童,则从小进入寺庵,出家修行。由于当时社会流传着以学僧为尚的风气,家长们争相送子女进入寺或庵。一般经过 12 年的学习训练,经考验合格者,可永久留寺(庵)充当"比丘"(和尚)或"比丘尼"(尼姑)。

(二)古印度学前教育的内容

1. 婆罗门时期学前教育的内容

婆罗门时期,学前教育的内容与种姓等级相关,教育的主要任务是维持种姓间的等级压迫和培养宗教意识。婆罗门家庭的主要教育内容除了身体养护和传授生活知识、行为规范和风俗习惯之外,最主要的是传诵《吠陀》。《吠陀》是统治阶级信奉的经典,为教育提供了主导思想。作为第一等级的婆罗门,通过让其子女传诵《吠陀》,代代相传掌握宗教大权,从而维持统治。刹帝利和吠舍子女所受的教育则较为简单,主要跟随父辈学习有关的军事、农作、手工等方面有用的实际知识。

2. 佛教时期学前教育的内容

佛教时期,学前教育的内容主要为佛教经典。在家庭中学习的儿童跟随父母学习信仰、公德意识和行为习惯等方面的内容。在信仰方面要求儿童对佛祖释迦牟尼虔诚崇拜,定期跟随父母参加宗教仪式,吟诵简易经文;公德意识方面要求儿童坚持慈悲为本、积德行善、普度众生、悲天悯人的做人准则;行为习惯方面则要求儿童逐步践行勤奋、早起、打坐、洁净、简朴、愿吃苦;稍大一点即要皈依佛法、领受"五戒",成为一个在家佛徒。在寺、庵里的教育内容则更加重视道德品质教育和言行举止训练,佛教经典、教义注释等则要天天背诵、熟读牢记。还要经常外出化缘行乞,求得信徒们的施舍,以维持平日生计。寺庵里对僧侣们定有衣食住行、学习和修行等方面的种种清规戒律,不得违反越轨,并定期集合,各自反省言行是否有差错。

(三)古印度学前教育的方法

1. 婆罗门时期学前教育的方法

婆罗门时期,学前教育的方法较为单一,婆罗门子女学习宗教知识主要以死记硬背为主,教师吟一句诗或赞歌,学生跟着念一句,不断重复,直至教师满意为止。传授《吠陀》时,全凭口耳相传,不允许儿童抄写笔录,主要目的是在宗教节日或祭祀典礼时,儿童能跟随年长者一起诵读冗长的经文,表达对神的虔诚和婆罗门种姓的职责。不允许抄写及缺乏文字材料,无疑加大了《吠陀》学习的难度,其艰巨性要求儿童耗费大量的精力和时光。刹帝利和吠舍子女学习相关知识的方法主要是观察和动手操作,通过观察父辈的劳动,并经过自身的实践,掌握相关的技艺。

2. 佛教时期学前教育的方法

佛教时期教育方法主要以教授、讲解以及个人的钻研、修行为主。儿童通过家长和寺庵关于佛教知识的宣讲,学习佛教知识,并通过个人的实践和不断修行,逐渐将知识内化为佛教要求的行为。

古印度的学前教育与种姓制度和宗教神学紧密相关,其中婆罗门教育以维系种姓压迫和培养婆罗门宗教意识为核心任务,带有鲜明的阶级性,与之相应的儿童教育因种姓不同而不同。佛教教育则具有平民性,教育对象较为广泛,儿童教育有家庭教育和寺庵教育。但二者均为宗教教育,以信奉佛祖、遵循教规、消极厌世为基本特征,在一定程度上阻碍了印度科学文化的发展;但其佛教教育中,强调众生平等、否定等级差异的思想则具有一定的积极意义。

三　古希伯来的学前教育

古希伯来位于现在的西亚巴勒斯坦地区，为现代犹太人祖先的居住地，信奉犹太教，奉耶和华（上帝）为最高主宰及庇护神。希伯来人由以色列和犹太两个部落组成。

公元前1400年，原属两河流域（幼发拉底河与底格里斯河）游牧民族的希伯来人因躲避洪水和寻找食物而向外迁徙，进入埃及，沦为法老的奴隶。约在公元前1220年，希伯来人在酋长摩西的领导下逃离埃及，重返西亚，定居巴勒斯坦地区。公元前1010年，在奴隶主大卫的发动下建成统一的希伯来王国。不久，由于民族矛盾国家分裂为南北两个部分：北部形成以色列，首都是撒马利亚；南部为犹太国，定都耶路撒冷。公元前722年，以色列亡于亚述帝国。公元前586年，犹太国亡于新巴比伦帝国，制造了东方历史上著名的"巴比伦之囚"事件。直至公元前538年，波斯王居鲁士灭掉巴比伦后，希伯来人才返回家园，重建国家。

（一）古希伯来学前教育的形式

希伯来人长期处于战乱之中，为求生存和发展不得不依赖于宗教，又寄希望于教育，把宗教看作维系种族的灵魂，把教育当作实现民族统一复兴的神圣事业。古代希伯来的学前教育按历史顺序分为两个时期：第一历史时期为公元前1300年摩西带领希伯来人逃离埃及到公元前586年犹太王国亡于巴比伦的时期；第二历史时期为公元前586年至公元70年，被罗马帝国吞并的时期。前者为家庭教育时期，后者为会堂教育时期。

1. 家庭教育时期

这个时期的希伯来，长期处于动荡不安的环境中，家庭在人们心目中占据非常重要的位置，当时学校尚未出现，家庭也就成为培养教育年轻一代的主要场所。家庭成员中，父亲为一家之主，对全家拥有绝对权威，一切言行举止都要听命于他。父亲既是家长，也是祭司，还是教师，负有教育儿童的责任。根据希伯来的习俗，婴儿出生后一般由母亲哺乳。男孩稍大就必须交给父亲进行管教，父训就是法律。

2. 会堂教育时期

古希伯来第二时期，被流放半个世纪的希伯来人重返家园。他们在流放古巴比伦的过程中，接触到古巴比伦更为先进的文化，这在一定程度上促进了希伯来文明的发展，与此同时，原有的希伯来文化面临外族文化吞没与兼并的危险。为了灌输希伯来人传统宗教意识和文化修养，他们重返家园后建立了会堂、学校，在会堂和学校开展教育，由此改变了以往以家庭为唯一教育场所的传统。到公元64年，大祭司卡拉拉重申每个市镇都必须设立一个学校，供6岁以上的儿童就学。

(二)古希伯来学前教育的内容

1. 家庭教育时期学前教育的内容

希伯来人视信神为天经地义,家庭教育以培养宗教信仰为最重要的目标。在家庭教育中,家长用《旧约》去教导子女,这种经典并不重知识传授,而重宗教信仰和宗教感情的陶冶,通过引导儿童养成对耶和华(即上帝)的无比信仰和敬畏,来保持其宗教传统和维系其民族信念。同时,因希伯来人持有"不信上帝即属罪恶,而无知的愚人乃是不能真正侍奉上帝的"这种信念,所以在儿童教育中,作为宗教教育的附带,也教授简单的文化知识以及民族传说和祖先的训诫。除此之外,希伯来的女孩基本上由母亲管教,学习如何当好贤妻良母是她们出嫁前主要的教育内容之一。至儿童稍长,家庭还对男孩进行职业技能的传授。

2. 会堂教育时期学前教育的内容

希伯来人从巴比伦回到巴勒斯坦后,社会政治形势的变化要求文化教育也要随之作相应的改进,在保存希伯来民族传统教育的基础上发展学校教育事业成了当时的唯一选择。古希伯来人在犹太会堂内设立了学校,并以此为中心开展教育和礼拜。《圣经》成为人们统一思想意识和行为规范的工具,《旧约全书》的首五卷《创世纪》《出埃及记》《利末记》《民数记》《申命记》成为儿童教育的核心内容。这种学校通常融学前教育和小学教育于一体。每个希伯来儿童从小需要学习读书、写字,理解一些简单的律法知识。此外,犹太学校还开设许多世俗课程,包括音乐、数学、天文、医学、商学等。

(三)古希伯来学前教育的方法

1. 家庭教育时期学前教育的方法

希伯来人对儿童的宗教教育常以诵读经典和参加宗教节日的形式进行。平时在家里是父亲自己念一句,子女跟着念一句,并反复强调,不允许有一丝更改,直到牢牢记住。同时,也鼓励子女发问有关上帝、圣书、教义等方面的问题,父亲会进行耐心解释,有的还努力按照典籍上的教诲注意改进自己的教育态度。这就促使希伯来人的父母在家庭教育中比较注意尊重儿童,倾听他们的意见,从而使儿童在家庭中占有一席之地。家长还经常带领儿童观察或参加一些宗教圣典,接受更直观、形象的宗教教育,这种耳濡目染的做法更能使儿童产生兴趣和加深印象。

2. 会堂教育时期学前教育的方法

犹太学校主要采用背诵、讲解等教学方法。首先,犹太学校十分重视背诵的方法,每个儿童都被要求一字不差地背诵经文,大声朗诵得到教师的赞赏。教师常常告诫学生:"张开嘴学习《圣经》,张开嘴学习《米施那》,这样才能学到手。"其次,在学希伯来语时,教师常采用讲解法。通过利用宗教和伦理道德、生活智慧做简单的类比和形象的说明。如学习希伯来字母时,教师授课时会自然地教导学生,H和V意味着神圣上帝的名字,A和B是"获得真理"几个单词的首字母,如此等等。此外，教师还常给幼儿印刻有字句的圣饼，让他们边吃、边读、边记，并组织他们互相竞赛，提倡互帮互学。

总体来看，古希伯来的儿童能受到重视，在家庭中占有一定的地位，这在弃婴之风盛行的古代不能不说是一种进步。

第二课　古代西方国家的学前教育

古希腊号称西方文明之源。希腊是古希腊人对他们所生活居住地区的通称，在古代并不是一个国家的名称，泛指所有希腊人聚居之地。公元前8世纪前后，古希腊在原始社会解体、奴隶制形成的过程中出现数以百计的城邦国家。通过对东方先进文明遗产的吸收，古希腊这个后起的文明得以在巨人的肩上创造出更加卓越的成就。古希腊的文化教育奠定了西方文明的基础。

古罗马是继古希腊之后西方又一个强盛的奴隶制国家，在教育方面延续并发展了古希腊的教育，促进了欧洲乃至整个西方文明的繁荣和发展。

一　古希腊的学前教育

斯巴达和雅典是古希腊最繁荣最强大的两个城邦，虽然都是奴隶制国家，但不同的政治体制形成了各具特色的奴隶制教育模式，在学前教育上也呈现出各不相同的教育形式和教育内容。

（一）斯巴达的学前教育

1. 斯巴达的社会背景

斯巴达是领土面积最大的希腊城邦，地处希腊半岛西南部的伯罗奔尼撒半岛，四周群山环绕，南临礁石海岸，交通极为不便。但中部为平坦盆地，土地肥沃，适宜农业生产，是古希腊最大农业城邦。

斯巴达人是外来征服者，属于奴隶主阶层，是城邦的农业军事贵族。到公元前7世纪时，也只有3万人，却统治着25万以上的奴隶（希洛人）和平民（庇里阿西人）。斯巴达人为维护其奴隶主统治，对奴隶和平民实行残酷经济掠夺和民族压迫，造成奴隶们频繁起义。为镇压和平息奴隶斗争，斯巴达人很早就意识到教育与城邦军事目的相一致的极端重要性，全体斯巴达人都被编入军队，实行全"民"皆兵的军事化管理。

2. 斯巴达的学前教育概况

斯巴达人7岁以后就开始过军营生活。20岁成为正式军人，服兵役直至60岁为止。斯巴达尚武的社会状况决定了斯巴达教育从学前教育开始就具有重视军事体育的特点。

(1) 教育目的。

斯巴达学前教育的目的在于培养性格坚强、骁勇善战、全心全意为了国家的军人,通过培养合格军人,来确保对奴隶与平民的统治,并支持对外的掠夺或防御战争。斯巴达奉行国家化的教育体制,他们认为所有儿童都是国家的财富,对儿童进行教育是国家的职责,所以行政部门能直接干预各类教育的运行方式。

(2) 教育对象。

为了确保奴隶主后代体质强健、性格坚强,首先只允许健康男女结婚生育。婴幼儿接受斯巴达式家庭教育,具体实施者主要是母亲。另外,斯巴达鼓励多生育,并且认为母亲身体的强弱对胎儿影响颇大。同时,斯巴达还主张对女性进行一定的文化知识教育,认为这样的学习和锻炼能够对她们日后料理家务、生子育儿都有较大的益处。可见,斯巴达的优生观念也促进了女性教育。

(3) 教育内容。

斯巴达式的训练始于儿童的诞生。斯巴达的母亲注重培养儿童各种良好的生活习惯,让儿童亲身体验生活的艰难,养成吃苦耐劳的品质。军事训练的内容则主要有五项竞技——赛跑、跳跃、角力、扔铁饼、掷标枪,此外还有射箭、游泳和各类军事游戏。除军事体育外,斯巴达人也十分重视对儿童进行思想政治教育,例如在国家的公育机构中,教育者经常给儿童讲述斯巴达人的英雄事迹和故事,并让他们参加一些实践活动来效仿英雄的光辉言行,以培养他们勇敢、坚强、顺从和爱国的思想品德。但是国家没有把阅读作为教育的组成部分,文学和艺术在斯巴达的教育体系中没有地位。可见,斯巴达的学前教育片面注重体育锻炼、道德训练,而不重视文艺的培养。

(4) 教育方式。

斯巴达的学前教育强调集体性的养成,粗暴且不允许有任何个人意志。尽管如此,但斯巴达的学前教育仍然注意培养少年们在实际事务中的机智和聪明。据史料记载,从小经历过严酷训练和教育的斯巴达青年,个个举止庄重、态度严峻,静如处子,动如脱兔。

(二) 雅典的学前教育

1. 雅典的社会背景

雅典地处希腊半岛最南端的阿提卡半岛,面积仅次于斯巴达,作为国家大约形成于公元前8世纪。雅典三面环地中海,境内多山,不宜农耕,但可以栽培葡萄、橄榄等经济作物,并且坐拥优良的海港、丰富的自然资源。公元前6世纪,雅典通过经商发迹的新兴工商贵族战胜了保守的农业贵族,到公元前5世纪,确立了奴隶制度下的民主政体。在民主政治下,雅典全体公民(包括奴隶主及有公民权的平民)都有参加公民大会的权利,决定国家一切重要事务。这种政治要求雅典公民具有全面的素质。

2. 雅典的学前教育概况

雅典城邦十分重视文化教育事业,把它视为培养城邦合格公民的有效工具。

（1）教育目的。

雅典发达的工商业和民主政治，要求其教育与社会需要相适应，不仅要训练身强体壮、英勇善战的军人，更要培养具有多种才能、能言善辩、善于通商交往的优良公民（包括政治家、思想家和商人等）。随着政治、经济、文化的发展，雅典人逐渐形成一种身心和谐发展或者说体、智、德、美多方面发展的教育理想。雅典人认为这种教育兼顾个性与公民性两方面的要求，只有身心和谐发展的个人才能最好地履行公民的职责。

（2）教育方式。

与斯巴达不同的是，雅典的儿童属于家庭及其父母所有。但相同的是，婴儿出生后也要经过严格的挑选，能否养育决定权在父亲。7岁以前的儿童，不分男女，一般都在家里接受教育。婴儿在襁褓时，通常由母亲或奶妈抚育，富裕人家常常雇用保姆。婴儿断奶后，通常交由家庭女教师照料，她负责儿童的饮食起居，并时常带他们外出跑步、玩耍。

拓展阅读

雅典孩子出生后有哪些仪式呢？扫码了解"雅典孩子出生后的仪式"。

（3）教育内容。

雅典的学前教育内容除了体育训练（图6-1）外，还包括其他几个方面。一是音乐教育。包括听摇篮曲、唱歌等，其作用是陶冶性情。二是故事。包括寓言、童话或神话故事，主要来源于《伊索寓言》和《荷马史诗》以及简单的神话。其中《伊索寓言》作为主要教材影响最为久远。三是游戏与玩具。雅典的游戏种类丰富，据说当时流行的游戏达50余种，

图6-1 古代雅典体育教育场景

儿童享有许多玩具，包括彩陶娃娃、铁环、陀螺、玩具车、拨浪鼓等。四是礼貌行为习惯的培养。

综上所述，尽管斯巴达和雅典的学前教育有许多相似处，但又因各自的社会政治、经济、文化的不同而呈现出许多独特之处。

> **拓展阅读**
>
> 扫码了解"斯巴达和雅典教育特点的比较"。
>
>

二 古罗马的学前教育

古罗马起初只是意大利半岛中部台伯河畔的一个城邦小国,从公元前6世纪开始,它通过数百年征战,于公元前1世纪征服马其顿王国,从而征服了希腊全境,后逐渐扩张成地跨欧、亚、非三洲的奴隶制大帝国,成为欧洲第二个典型的奴隶制国家。

古罗马的发展历史一般分为三个时期:约公元前753年至前510年称为"王政时期",公元前509年至前31年称为"共和时期",公元前30年至公元476年称为"帝国时期"。"王政时期"的古罗马至今缺少文史记载,当时的政治、经济、文化教育状况都难以查考。"共和时期"是古罗马奴隶制日益强盛并走向繁荣的时代,随着政治经济的兴起,教育事业也得到较大的发展。"帝国时期"则是古罗马奴隶制由鼎盛走向衰落的时期,当时学校教育成为国家的事业。大规模的学校教育实践使罗马人积累了丰富而成熟的教育经验,培养雄辩家的教育理想和教学论思想得到了发展。

(一)共和时期的学前教育

古罗马的共和时期,一般又分为两大阶段,一是共和前期(前6—前3世纪);二是共和后期(前3—前1世纪)。

1. 前半期的学前教育

共和时期前半期的政治社会实行的是家长制农奴体制。每个罗马民众的男性既是战时的军人,平时又是带领全家和奴隶进行农耕的农夫。

与雅典不同的是,即使在最显赫的罗马家庭,母亲也以亲自抚养自己的孩子为荣,不愿意让他人代劳。依照风俗习惯,每个家族都要选出一位品行端正的(女性)长辈主管儿童教育。在她的指导下,给孩子们安排学习和认真工作的时间;甚至给孩子们的娱乐都做了适当的安排,并要求严格进行。男孩满7岁,由母亲承担主角的教育便宣告结束,父亲成为其真正的教师。男孩从幼小时就跟随父兄耳濡目染或实际参与农事活动和军事操练,从小就培养敬畏神明、孝敬双亲、谦逊节俭、忠勇爱国的思想品德,有时也学习阅读、书写、计算以及骑马、游泳、使用兵器等初步本领。当有些男孩进入学校学习文化知识时，女孩需要继续留在家里跟随母亲学习纺织羊毛及做家务活。

2. 后半期的学前教育

共和时期的罗马教育真正发展是在后半期。在希腊文化的广泛影响下，罗马教育取得了重大的发展，并开始形成较为系统的学校教育制度。为适应共和政体和文化生活的需要，培养雄辩家成为这一时期教育的主要目的。同时，学校教育的性质、内容和方法也发生了变化。以前由父母自己教育子女的单调和严酷模式，现在改由乳母和希腊保姆及希腊教仆（即被俘获的有文化知识的奴隶）共同照管孩子，让儿童学习希腊文、拉丁文，听讲英雄故事，接受思想熏陶。有时还组织儿童访问裁判所、军营和元老院，让他们从小就了解宗教信仰、军人品质和政治制度等方面的初步知识。还有许多奴隶主贵族为了避免自己的孩子与平民子女接触，即使孩子已到了上学年龄，也不把他们送到初等学校去上学，而留在家庭里施以初等教育，学习阅读、书写、计算、"十二铜表法"等课程，同时也注重思想道德教育，倡导爱国、守法、勇敢、谨慎、节俭、孝道等。此外，宗教、体育以及农业知识等也是这时期罗马儿童学习的内容。

（二）帝国时期的学前教育

帝国时期教育的主要目的是培养忠于帝国的官吏和进行思想文化灌输的教师。国家建立了一整套的教育管理体系，将一切教育置于国家的监督之下。国家尤其重视教师，免除了教师的兵役和劳役，教师的社会地位和其他物质利益得到了充分的保障。随着国家经济的繁荣，奴隶主贵族阶级养成了崇尚文明和鄙夷体力劳动的习惯，家庭学前教育的性质、内容和方法也随之发生了变化。

帝国时期的学前教育还受到了基督教的影响。公元1世纪，基督教在巴勒斯坦产生，后逐渐流传于罗马帝国全境。基督教兴起后，对儿童观及儿童教养既有积极的作用，又不乏消极影响。从积极的方面看，早期基督教哲学家依据基督教义及经典，将新生婴儿视为有灵魂的人，谴责杀婴行为。公元400年，罗马尼森宗教会议还建立了收养弃子孤儿的"乡村之家"，这可能是历史上最早的收容儿童的福利机构。从消极方面看，基督教的有些教义也存在对儿童教育甚为不利之处。

三 西欧中世纪和文艺复兴时期的学前教育

（一）西欧中世纪的学前教育

一般来说，西欧中世纪是指从5世纪末罗马衰落到14世纪文艺复兴前的历史时期。西欧中世纪是在罗马帝国的废墟之上建立起来的，其文明程度远远低于古希腊和古罗马时代，教育文化水准也大幅下降。此时，僧侣们获得了知识教育的垄断地位，基督教占据了教育的主导地位。当时的教育，带有浓厚的宗教性和明显的等级性，其教育目的在于培养教会的僧侣、封建官吏和骑士，学前教育也为之服务。

1. 中世纪的儿童观

基督教会的宗教观成为维护欧洲中世纪封建社会形态的精神支柱。为了把上帝的神话变成人们的信仰，还公开实施愚民政策，禁止文化教育的传播，并禁绝一切独立思考。具有代表性的儿童观念有性恶论和预成论。

（1）性恶论：儿童生来带有原罪。

基督教会鼓吹儿童是带着"原罪"来到人世的，生来性恶，人人必须历尽生活磨难，不断赎罪，才能净化灵魂。为了得到未来天堂的幸福，人人应当听从教会的训诫，常年敬畏上帝，实行禁欲；应当从幼年起就要采取严厉措施来抑制儿童嬉笑欢闹、游戏娱乐的愿望。

（2）预成论：儿童是一个小大人。

中世纪前期，欧洲深受宗教蒙昧主义的影响，自然科学长期停滞不前，教育理论亦得不到发展，学前教育的研究也更是无人问津。在社会上占据着统治地位的儿童观是"预成论"，它与当时性恶论的儿童观并存，在社会中占据着统治地位。

按照预成论的观点，儿童与成人没有区别，从幼儿开始，儿童的身体和个性已经成人化了；否认儿童与成人在身心特点上的差异，也否认儿童身心发展的节律性、阶段性；无论是在社会教育（包括学校教育）还是家庭教育中，都忽视儿童的身心特点，忽视儿童的爱好及需要，对儿童的要求整齐划一，方法简单粗暴。"预成论"的消极影响一直延续到近代，法国启蒙思想家卢梭曾对上述现象进行了深刻的反思和批判。

2. 基督教会的学前教育

在中世纪，基督教会采取一系列措施来建立教会的教育体系，不允许一般的世俗学校存在。在学前教育的目的、学前教育的内容和方法上具有如下特征。

（1）教育目的。

中世纪的欧洲处于基督教会的统治之下，教堂是唯一珍藏知识经典之地，教士则是唯一掌握知识的阶层。因为一切知识都来自"神启"，一切真理都来自《圣经》，所以教育的主要目的就是使受教育者虔信上帝、熟读《圣经》，做一个合格的基督徒。这种观点直接影响着当时的学前教育，基督教会的学前教育就是要把儿童训练成为笃信上帝、服从教会的"圣童"，从而为培养一个真正的基督徒奠定坚实的基础。

（2）教育内容和方法。

基督教会的学前教育一方面通过基督徒对子女进行与宗教信仰、行为、观念和意识相关的家庭教育来实施，另一方面是通过基督徒子女跟随家长参加众多的圣事礼仪和节日活动来实施。对儿童来说，出生后第一件事就是参加由神父主持的"洗礼"或"浸礼"，此后儿童就跟随家长到教堂或在家里欢度各种宗教节日，例如圣诞节、复活节、万圣节等，从中萌生对宗教的好感，确信人的最大幸福就是爱上帝、爱人人，领受所谓圣灵无所不为、无所不能、全知、全能的神秘感。此外，儿童还要参加教会组织的圣事活动，例如主日的祈祷、读经、唱诗和听"圣事论"。有时还组织儿童欣赏教会音乐，陶冶其宗教情感，增强对上帝的信仰。

3. 封建贵族的学前教育

西欧中世纪是受基督教会和封建主贵族双重统治的时代。基督教会对民众的思想欺骗成为维护封建统治的精神支柱，而封建贵族对民众的政治控制、经济掠夺又成为基督教会的社会保障。西欧中世纪封建统治实行等级森严的爵位制，国王为最高的世俗封建主，下有各级爵位的贵族，这些封建贵族独占世俗教育的特权。封建贵族的学前教育一般按等级分为两类。

（1）宫廷学校的早期教育。

封建贵族的宫廷学校专为王公贵族的儿童实施教育，参加宫廷早期学习的只能是皇室子弟和极少数机要大臣的子弟。公元467年西罗马帝国灭亡之后，经过约3个世纪的征战兼并，西欧出现了一个强大的法兰克王国加洛林王朝。法兰克人原属游牧民族，虽英勇善战，但文化素质较低，即使在上层王室贵族中习文识字者也不多。面对疆域扩展、政务繁多的现状，最高统治者认识到单凭勇猛和武力已不足取，培养相关人才成为当务之急。于是，他们开始大力发展文化教育，并从王室儿童的学前教育抓起，宫廷学校逐渐成为欧洲重要的世俗教育形式。最早在查理·马德（715—741年）时期，为培养王室后代，在王宫内专门开设了第一所教育王室儿童的学校，这是西欧进入封建社会后的第一所世俗宫廷学校。宫廷学校的学习科目主要是七艺，教学方法多采用问答法。通过与教师的问答，儿童学到不少作为未来统治者所必需的有关自然和社会的知识以及某些粗浅哲理。当时著名的英格兰教士、学者阿尔琴根据法兰克王宫的特殊需要，还编写了许多问答体的教材，令儿童记诵。

拓展阅读

扫码了解"阿尔琴为查理曼的儿子编写的问答材料"。

（2）骑士早期教育。

骑士教育是集封建思想意识的熏陶与军事体育训练于一体的一种特殊的家庭教育。西欧封建统治者除了利用宗教对广大人民进行精神奴役外，还依仗武力镇压来维护其政权。在武器装备落后的年代，战争的胜负主要靠武士的格斗来决定。这种武士即西欧封建等级中最低等的贵族——骑士。骑士及其文化的出现既出于保卫和扩张封建领地的需要，也是当时一种非常时尚的竞技活动，之后骑士的地位逐渐提高。因其地位和作用的重要性，培训骑士的教育也应运而生并成为贵族子弟成长的必由之路。

骑士教育以军事知识为主，轻视文化知识的学习。一名骑士的训练和养成要经历3个阶段：第一阶段为家庭教育阶段，即出生至7岁；第二阶段为侍童教育阶段，即7~14岁；第三阶段为侍从教育阶段，即14~21岁。这是除了王室儿童之外，每个封建贵族子弟都必须经受的磨炼和考验。家庭教育阶段即骑士养成的学前教育时期，都是在自己家里接受父母的教育。教育的主要任务是熏陶宗教意识，培养道德品质和身体养护。

西欧中世纪的学前教育还不是一个明确划分的学习阶段。它是按照儿童所处的社会地位不同而实施不同的教育内容，神学性和等级性是它们的共同特点。就整个学前教育历史来说，还是比较粗浅简单的。

（二）西欧文艺复兴时期的学前教育

文艺复兴运动是14世纪下半叶到17世纪中叶的西欧，新兴资产阶级借着对古代文化、科学和艺术的复兴与继承的旗号，在意识形态领域发起的一场反封建、反宗教神学的思想文化革命运动，主要是以复兴古希腊、古罗马文化的形式出现。

1. 文艺复兴时期的社会背景

复兴古代文化只是口号，文艺复兴的实质是利用古代文化重视反映人性和人的世俗成就的思想去对抗以神学为核心的封建文化，从而创造一种新的文化和世界观。文艺复兴运动的思想基础是人文主义，其基本特征是：歌颂世俗以蔑视天堂，标榜理性以取代神性；反对中世纪基督教教会所宣扬的来世观念、禁欲主义和蒙昧主义，强调人是现世生活的创造者和享受者；宣扬个性解放、个人幸福，肯定人权。在这种新人生观、价值观的指引下，引起了文艺复兴时代教育实践与理论的重大变革，也深刻影响了这一时期的学前教育。

2. 文艺复兴时期的儿童观

文艺复兴是一段关心人超过关心神的时期。文艺复兴时期，进步的思想家号称从古典作品中重新发现了"人"，在反对天主教会和宗教神学时，打出了"人文主义"这面大旗。显然，它站在了基督教蒙昧主义和禁欲主义的对立面。这一运动促进教育实践和教育理论发展的同时也促进了儿童观的转变。

文艺复兴时期的教育思想家以人文主义作指导，批判了性恶论的儿童观，认为儿童是自然的生物，应该自然地生活，应该得到成人的悉心关怀和照料。所有这些思想，相对于中世纪的教育无疑是一个重大进步，并对后来的教育产生了深远影响。

3. 文艺复兴时期学前教育的概况

（1）教育目的。

文艺复兴时期学前教育的目的由宗教性转为世俗性。人文主义者提出身心和人格和谐发展的培养目标，这不是单纯的对希腊身心"和谐发展"的教育思想的恢复，而是植根于现实的社会条件基础之上。文艺复兴时期要求教育培养的人已不再是僧侣和僧职人员，而主要是社会上政治、文化、商业方面的积极活动家乃至冒险家。因而人文主义教育家们提出，儿童所受的教育应该能促使其各个方面得到和谐发展。

（2）教育内容。

在学前教育内容上，反对"神道"之学，提倡人文之学，人文主义教育家们提出对儿童应该进行全面教育，认为儿童入学前应该在家中受到良好的道德行为和语言文字方面的预备教育，同时，他们强调通过智育、体育、美育和德育教育培养儿童的完美精神和高尚情操。在智育方面，学习广泛的学科知识，由原来的"七艺"发展为近 20 个学科的内容，教育内容逐步由世俗知识代替中世纪的神学知识，不仅重视传授知识，而且还注重发展智力，要求在教学过程中激发求知欲望和培养思考能力；在体育方面，主张通过各项体育活动，使人具有健康、协调、敏捷的身体；在美育方面，文学、艺术的空前繁荣，促进了人文主义教育重视审美能力的培养；在德育方面，改变了以宗教为中心的状况，要求用人道主义、自由、平等、享受、幸福的道德观进行教育。

（3）教育方法。

在学前教育方法上，强调发展儿童学习的主动性和积极性，重视游戏在教育中的重要意义。主张应结合有关的学科，进行教学以及运用参观、访问和旅行之类的方法等。建议用儿童的荣誉心、竞争心去代替体罚，作为推动儿童学习的积极手段。他们认为环境具有陶冶作用，主张建立优美的校舍，变基督教阴森的学府为舒适的学习乐园，同时强调父母、教师或保育人员要以身作则，为幼儿树立表率。这些新的方法逐步在实践中推广，后来夸美纽斯对此进行了总结，形成了系统的教学原则和方法。

总之，资产阶级的文艺复兴运动对欧洲的学前教育发展产生了很大的影响，使欧洲各国的学前教育开始进入一个新的发展阶段，出现了一个欣欣向荣的局面，开启了欧洲近代教育的先河。但是，由于受到时代和阶级的局限，人文主义教育思想和改革实践只在少数杰出教育家的学校中获得体现，并未形成系统的理论体系，学前教育改革还没有普及普通劳动者的子女，教育仍然是少数统治阶级的特权。

◇ 单元小结

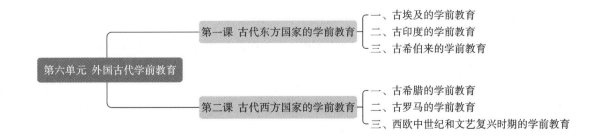

思考与练习

1. 单项选择题

(1) 古埃及学前教育的形式有（　　）。
  A. 家庭教育、宫廷教育　　　　　B. 家庭教育、学校教育
  C. 宫廷教育、社区教育　　　　　D. 教会教育、宫廷教育

(2) 以维系种姓压迫和培养宗教意识而实施的学前教育，来自（　　）。
  A. 古埃及　　　B. 古希伯来　　　C. 古印度　　　D. 古罗马

(3) 西欧统治者除了利用宗教对人民进行精神奴役外，还要依仗（　　）来维护其政权。
  A. 精神感化　　B. 武力镇压　　　C. 安民养民　　　D. 土地分配

(4) 西欧中世纪，封建等级最高的是国王，最低等的是（　　）。
  A. 公爵　　　　B. 伯爵　　　　　C. 男爵　　　　D. 骑士

(5) 宫廷儿童早期教育方法多采用（　　）。
  A. 问答法　　　B. 讨论法　　　　C. 演示法　　　D. 讲授法

(6) 中世纪时期，基督教会所提倡的世界观的主要特征是（　　）。
  A. 享乐主义　　B. 蒙昧主义　　　C. 神秘主义　　D. 禁欲主义

(7) 文艺复兴时期，进步思想家用来对抗基督教会的神权和禁欲主义的是（　　）。
  A. 人文主义　　B. 蒙昧主义　　　C. 享乐主义　　D. 唯物主义

(8) 古印度时期，完全被剥夺接受教育的权利的种姓是（　　）。
  A. 婆罗门　　　B. 刹帝利　　　　C. 吠舍　　　　D. 首陀罗

(9) 中世纪的教育目的是培养教会的僧侣、封建官吏和（　　）。
  A. 军官士兵　　B. 雄辩家　　　　C. 科学家　　　D. 骑士

(10) 重视学前教育并希望它能承担民族救亡和传统继承任务的是（　　）。
  A. 古埃及　　　B. 古希伯来　　　C. 古印度　　　D. 古巴比伦

(11) 西欧中世纪学前教育的共同特点是（　　）。
  A. 神学性和等级性　　　　　　　B. 奴役性和压迫性
  C. 专制性和军事化　　　　　　　D. 垄断性和掠夺性

(12) 西欧中世纪时期，儿童出生至7岁属于骑士训练和养成的（　　）。
  A. 家庭教育阶段　　　　　　　　B. 侍童教育阶段
  C. 侍从教育阶段　　　　　　　　D. 宫廷教育阶段

(13) 古罗马共和后期教育的主要目的是（　　）。
  A. 培养军人　　　　　　　　　　B. 培养雄辩家
  C. 培养等级门第思想　　　　　　D. 培养农工商

2．简答题

（1）简述古埃及学前教育的内容和方法。

（2）简述古罗马学前教育的特点。

（3）简述欧洲中世纪儿童教育的一般特征。

（4）简述文艺复兴时期儿童教育观念发生了哪些转变。

3．论述题

（1）论述西欧中世纪的儿童观。

（2）论述斯巴达和雅典学前教育的异同。

（3）评述文艺复兴时期的学前教育思想和实践。

实践与实训

实训一： 采用多种途径搜集、查阅相关资料，组织讨论古埃及和古印度学前教育的异同，以及两地教育所折射的教育理念。

目的： 通过比较能够更好地掌握古埃及和古印度学前教育的特点。在比较的过程中能够分析这些异同背后展现的教育理念，使得教育理论素养得到提升；另外，也能够有效提升学生资讯查找、整理、分析、整合能力及学生团队协作能力。

要求： 以小组为单位，分工协作，结合教材内容，扩展学习相关书籍、文献资料、音频资料等，并对所得结果进行整合、梳理，形成学习交流会报告。

形式： 小组合作。

实训二： 组织学生进行古代西方文明故事讲述比赛。

目的： 让学生感受世界文化的多元与灿烂，拓宽视野，增强文化包容心。

要求： 分小组讲述古代西方的寓言故事、神话故事或其他典故进行比赛。

形式： 小组比赛。

第七单元　外国古代学前教育思想

◇ **学习目标**

1. 了解外国古代学前教育思想产生的历史文化背景。

2. 掌握柏拉图、亚里士多德、昆体良、伊拉斯谟、蒙田及康帕内拉的学前教育思想及其历史意义。

3. 能用教育家的一些观点分析现实学前教育问题，树立正确的学前教育理念，增强热爱学前教育事业的意识。

◇ **情景导入**

外国古代学前教育思想的产生源于古希腊的智者时代，到中世纪经历文艺复兴的洗礼，这一时期涌现了许多著名的哲学家、思想家、教育家，他们从不同的哲学观点出发，基于长期的教育实践，结合当时的政治、经济、文化背景，论述了学前教育的目的、意义、内容和方法等。虽然他们的学前教育思想不可避免地带有时代的局限性，但已是难能可贵，具有宝贵的历史价值。他们的学前教育思想具体内容是什么？在历史上产生了怎样深远的影响？通过本单元的学习，你就能解答这些问题了。

第一课　柏拉图的学前教育思想

一　生平及著作

柏拉图（Plato，前427—前347年，见图7-1），古希腊伟大的哲学家、思想家、教育家。柏拉图出身于雅典一个贵族家庭。父亲是雅典王的子孙，他的家系可以上推到雅典古老的帝系，其母是改革家梭伦之后，其舅是当时希腊三十僭主之一的克里底亚。柏拉图早年受到良好教育，青年时对哲学产生兴趣，遂从学百家，博采众长，和老师苏格拉底、学生亚里士多德并称为"古希腊三贤"。公元前399年，苏格拉底受审并被判死刑，柏拉图对现存的政体完全失望，于是开始遍游意大利、西西里岛、埃及、昔兰尼等地以寻求知识。约公元前387年结束旅行返回雅典，并在雅典城外西北角的阿卡德谟（Akademos，一座为纪念古希腊英雄阿卡德谟而设的花园和运动场）创立了自己的学校——柏拉图学院（又被称为阿加德米学园），这所学院是西方文明较早的有完整组织的高等学府，后世的高等学术机构（Academy）也因此而得名，还是中世纪时西方发展起来的大学的前身，学院受到毕达哥拉斯（Pythagoras，约前580—约前500年，古希腊数学家、哲学家）的影响较大，

图7-1 柏拉图像

课程设置类似于毕达哥拉斯学派的传统课题，包括了算术、几何、天文以及音乐。学院培养出了许多知识分子，其中最杰出的是亚里士多德。

柏拉图是西方古代著作丰富且作品完整齐全流传下来的唯一著作家。他为后人留下了30多篇对话集，其中《理想国》和《法律篇》包含着丰富的法律哲学思想。《理想国》一书中设想了一个从早期教育乃至高等教育的完整学校制度①，该著作与卢梭的《爱弥儿》和杜威的《民主主义与教育》合称为教育史上的三个里程碑。

二 学前教育思想

（一）强调优生优育

柏拉图总结了斯巴达教育实践的经验，论述了儿童的优生优育问题，是西方历史上首次提出优生优育问题的教育家。

柏拉图从婚配、新生儿体检和出生后的养育等方面论述了优生优育的具体问题。柏拉图认为，国家在优生的基础上，还应十分重视优育，他强调理想国所生子女都属国家所有，国家要负责他们的健康成长，每一个阶段都要进行合理养护和教育。

---

① ［英］A. E. 泰勒. 柏拉图：生平及著作［M］. 济南：山东人民出版社，1996：2.

(二) 重视学前教育

在西方教育史上,柏拉图是最早论述学前儿童教育问题的思想家,也是西方学前教育思想的奠基人。柏拉图主张儿童的教育开始得越早越好,认为学前教育是个体以道德为核心的各方面素质养成的启蒙阶段。他说:"凡是开头最重要,特别是生物。一个人成为什么样的人,从小所受的教育至关重要。在一个人的幼小柔嫩阶段,最容易接受陶冶,你要把他塑造成为什么形式,就能塑造成什么形式。"① 柏拉图指出,儿童的肉体和精神有最大的可塑性,学前教育的主要任务就在于对儿童施加合适的影响,恰当运用儿童的幼小、容易接受外界影响、可塑性强的特点,对儿童施予良好的教育,使儿童从小就养成良好的性格和品德。

(三) 提出"儿童公育"并划分学前教育阶段

柏拉图主张国家应创办幼儿教育机构,实行儿童公养公育,并对儿童早期的公育制度进行了年龄的划分,并详细阐述了从出生到7岁两个阶段的教育内容。

第一阶段为出生至3岁。儿童一出生就交给国家特设的育儿院养育,由女仆专职负责饮食起居,给孩子以有益的运动和空气,防止他由于走路过早而伤害自己。除了确保身体健康,国家还要挑选优秀的公民对教育的实施进行监督,要使用摇篮曲和儿歌陶冶儿童的身心、调和他们的性情。

第二阶段为3~7岁。这一阶段的儿童要被送到附设在神庙里的国家儿童场里去,由性格温和、富有知识的保姆监管,并进行智、德、体、美和谐发展的教育。具体内容有讲故事、寓言、诗歌、音乐、艺术和体育锻炼,并强调寓教于乐,处处给儿童以道德的陶冶。国家要选派公民对教育进行监督。此外,儿童的饮食和睡眠时间要适当,生活要有规律,训练不宜过于劳累,要培养儿童视听敏捷、能很好地适应环境变化的能力,促进身心和谐发展,为下一阶段进入正规初等学校做好准备。

(四) 重视学前教育内容的选择, 注重身心和谐发展

柏拉图提出和谐教育。所谓和谐教育,应当是"用体操来锻炼身体,用音乐来陶冶心灵"。此外,根据学前儿童的年龄特点,学前教育的主要内容还应该包括体育锻炼、音乐文艺教育、做游戏、讲故事、道德品行等。

1. 体育锻炼

柏拉图认为,锻炼身体可以增强体质,促进身体的健康发展。一个强健的身体是更好学习和生活的基础。② 只有拥有健壮的体格,人才能得到更好的发展。而且,适当的训练还可以锻炼心灵,

① [古希腊] 柏拉图. 理想国 [M]. 郭斌和,张竹明,等译. 北京:商务印书馆,1986.
② 郁烨. 柏拉图《理想国》中的教育思想及其当代价值 [J]. 汉字文化,2019 (14):129-130.

使天性中的激情部分成为勇敢。想要成为一个优秀的人就要将基础打牢固，而幼年时期是打造良好体能和锻炼心灵基础的关键期，体育锻炼要从童年开始并贯穿一生。

2. 音乐文艺教育

柏拉图认为，优秀的音乐文艺教育就像沃土，是人们心灵中美的温床，具有启迪智慧、涵养心境、提高审美意识和培养良好品行等作用。况且儿童的塑造性极强，此时接受优良的音乐文艺教育，往往能够正确地对待善恶美丑，并可以从美好的事物中汲取营养，使其心灵既善且美地成长，更有利于促进心灵的美好成长。他强调："儿童阶段的音乐文艺教育最关紧要。音乐的曲调应是欢快、奋发、高昂的，以便培养儿童坚毅、快乐、勇敢的品质。"①

3. 游戏

柏拉图认为，儿童的天性是需要游戏的，游戏不仅仅是玩耍和娱乐，同时也是一种道德教育过程。在组织游戏时，方式和内容要有精心的安排，不要经常变化，否则会影响其成人时对国家和法律的忠诚。在其设定的学前教育内容中，肯定了游戏在学前教育中的教学意义，这是教育学教学思想的萌芽。

4. 故事

柏拉图认为，通过讲故事可以发展儿童的想象力，但故事本身一定要精选。因为年幼时所有的影响都根深蒂固，为了培养美德，儿童最初听到的应该是优美高尚的故事，它们可以陶冶孩子们的心灵，这远远胜过以双手去矫正他们的身体。讲给儿童的故事要经过挑选，剔除不健康的，反对流传荒诞不经的故事。因为这些荒唐离奇、不合常理的言语和行动对于听众尤其是年幼的儿童来说是有害无利的。②

5. 道德品行

柏拉图强调，学前教育应注重道德品行的熏陶，注重培养美德。他主张通过至善至美的内容引导儿童养成孝顺父母、重视友谊等良好品质。因为人们在幼年时期目光所至、耳听心受的事物，都会在不知不觉中影响着他们道德品行的形成与发展，而且，他们的道德修养直接关系着国家的道德价值走向。

三 对柏拉图学前教育思想的评价

在西方教育史上，柏拉图是第一个提出完整的学前教育思想并建立了完整的学前教育体系的教育家。要知道，推动国家教育事业的发展，确保大众子女能够接受优质均衡的学前教育，就需要将学前教育纳入义务教育体系，由国家来提供优质均衡的教育资源，这种公共教育思想对近现代公共

---

① ［古希腊］柏拉图. 理想国［M］. 郭斌和，张竹明，等译. 北京：商务印书馆，1986.
② 田景正，杨佳. 中外学前教育史［M］. 北京：北京师范大学出版社，2014.

学前教育制度的发展具有深远意义。此外，他提出的和谐教育发展目标和内容、强调道德品行的培养，以及运用讲故事、做游戏的教育方式等是符合教育学、心理学理论的。

柏拉图的教育思想建立在唯心主义哲学基础上，他的教育思想中有轻视体力劳动，鄙视下层奴隶的特点，在某些方面如抛弃有先天缺陷的婴儿，不符合人道主义精神。柏拉图的学前教育思想虽有一定局限性，但对我们今天的学前教育发展仍有可取之处，能够给我们以启发和借鉴。

拓展阅读

扫码了解"柏拉图的学习故事"。

第二课　亚里士多德的学前教育思想

一　生平及著作

图7-2　亚里士多德像

亚里士多德（Aristotle，前384—前322年，见图7-2），世界古代史上伟大的哲学家、科学家和教育家之一，堪称希腊哲学的集大成者，是著名君主亚历山大的老师。亚里士多德出生于色雷斯的斯塔基拉，这座城市是希腊的一个殖民地，与正在兴起的马其顿相邻。从他的家庭情况来看，他属于奴隶主阶级中的中产阶层，他的父亲是马其顿国王腓力二世的宫廷御医，亚里士多德从小接受良好的贵族教育。公元前366年，亚里士多德进入柏拉图的阿加德米学园，在这里他努力学习，勤于思考，但是并不迷信于师说，尤其是对其师柏拉图的著述提出批判。他曾说："吾爱吾师，吾更爱真理。"因其在学园的出色表现，柏拉图称其为"学园之灵"。公元前335年，亚里士多德在雅典办了一所叫"吕克昂"的学校，校内有图书馆、动物园、植物园和实验室等，讲授哲学、科学等各门学科。亚里士多德善于思考、善于探求，创造性地总结了很多前人的研究成果，并且对当时已知的各个学科领域几乎都做了有意义的探索，被后世誉为"百科全书式"的学者，被马克思称为"古代最伟大的思想家"。

亚里士多德的著作有《政治学》《伦理学》《尼格马可伦理学》等，构建了西方哲学的第一个广泛系统，包含道德、美学、逻辑和科学、政治和玄学。① 他的学前教育思想主要体现在《政治学》《伦理学》著作中。

二 学前教育思想

（一）教育是国家的头等大事并由法律规定

亚里士多德继承柏拉图的国家教育论，把教育视为国家的头等大事。他认为，要专门制定有关法律，明确规定一定年龄的儿童必须接受国家给予的教育。他告诫国家执政者，一定要掌管好教育，强调"教育应由法律规定"。这也是西方教育史上"教育立法"思想的开端。

（二）教育要适应自然及按年龄分期

在西方教育史上，亚里士多德最早提出了教育适应人的自然（天性）发展的思想。亚里士多德十分重视青少年身心自然发展特点的研究，首次提出了按儿童年龄划分受教育的阶段，从而实施不同的教育任务。

他还认为合理的教育就应遵循人的自然行程，首先给予身体的养育，确保其有健壮的体魄；接着是给予情感的训练，培养其良好的思想意识；然后是给予理智的教育，促进逻辑思维能力的发展。这就是亚里士多德所坚持的"效法自然"的教育。

根据"效法自然"的教育原则，他把每个人受教育的年龄按每7年为一自然阶段划分为3个阶段：0~7岁为学前教育时期，儿童在家里受教育，以发展身体为主；7~14岁为初等教育时期，少年要被送到国家办的学校学习，以情感教育为主；14~21岁为中高等教育时期，青年的教育应以智育为主，以发展理性灵魂。

亚里士多德按照他的教育年龄分期和相应教育的总设想，对第一个时期又分两个阶段来进行：0~5岁为前期，5~7岁为后期。他主张5岁之前顺应自然，以重视孩子的身体发育为主。② 在养育婴儿的过程中注意给予良好的营养和进行适当的锻炼。此阶段的儿童不应进行课业学习，在此时期

---

① ［德］奥特弗里德·赫费. 亚里士多德［M］. 王俊，译. 北京：研究出版社，2022：15.
② 田景正，杨佳. 中外学前教育史［M］. 北京：北京师范大学出版社，2014.

应尽可能多地参与户外活动,可以使用游戏的方式。不必禁止啼哭,啼哭有利于扩张肺部从而促进身体发育。此外,还可以让儿童多听经国家精心选编的故事。

5~7 岁的儿童应该以良好行为习惯的养成为教育的主要任务。他指出这一时期的家庭环境对儿童性格的形成至关重要,因此要特别注意家庭环境中的不良影响,在日常生活中让孩子尽量接触美好的事物和行为,并通过反复行动使之养成好的习惯。他提出 5 岁以后的儿童可以开始课业学习。

(三)重视优生和胎教

亚里士多德和柏拉图一样重视优生。他还从生物学、医学、解剖学的观点出发,提出胎教的问题,是西方教育史上第一个提出"胎教"的人。首先,他认为父母的体格会对子女的体格产生重要影响。其次,他谈到关于结婚的年龄和最佳生育时期的选择。最后,他认为应注意计划生育。①

(四)重视体育和音乐教育

亚里士多德认为,在儿童的教育中必须首先训练其身体。但对于儿童的体育训练一定要适度,而不是像斯巴达军事般的体育训练一样,那样必然会损害儿童的体格,妨碍他们的生长。

音乐教育是亚里士多德和谐发展教育思想的核心部分。在他看来,音乐教育不仅是实施美育最有效的手段,还担负着智育的部分职能,并且又是实施道德教育不可缺少的内容。也就是说,音乐具有多种功能:教育、心灵的净化和理智的享受等。

(五)重视良好道德习惯的养成

亚里士多德认为,一个事物的德性与其自然功能是分不开的,同样人的德性亦在于人的灵魂的自然功能的发挥,这个观点被称为自然主义德性观。如何培养人的德行呢?对此,亚里士多德提出三要素:天性、习惯和理智。其中,习惯是最重要的,良好习惯的形成就是在日常生活和言行活动中,经常接触好人好事,并让他们边学边做,反复练习。亚里士多德还强调环境对习惯的养成有重要作用。

三 对亚里士多德学前教育思想的评价

亚里士多德在学前教育思想方面既吸取了前人的宝贵经验,又总结了自己长期教育实践和研究的成果,提出了一些新的观点,如胎教优生思想、和谐发展说、教育年龄分期说,及早培养幼儿道德习惯等,对西方学前教育理论与实践的发展产生了重要的影响。尤其是他的关于教育遵循自然进

① 华东师范大学教育系,杭州大学教育系. 西方古代教育论著选 [M]. 北京:人民教育出版社,1985.

程的思想，成为后世西方教育适应自然原则的思想渊源。但他作为一个奴隶主贵族的思想家，其中不少观点带有明显的阶级偏见和时代局限。

第三课　昆体良的学前教育思想

一　生平及著作

昆体良（Marcus Fabius Quintilianus，约35—约100年，见图7-3），古罗马著名律师、雄辩家和皇室委任的第一位修辞学教授，也是公元1世纪罗马最有成就的教育家。他出生在西班牙，其父在罗马教授雄辩术，颇有名声。昆体良少年时随父亲到罗马求学，受过雄辩术教育。他当过10年律师。公元70年被任命为一所公立拉丁语修辞学校的主持人。由于在雄辩术方面的造诣以及在办学上的成就，当罗马帝国在公元78年设立由国家支付薪金的雄辩术讲座时，他成了该讲座的第一位教师。昆体良在拉丁语修辞学校工作了20年左右，大约在公元90年退休。

图 7-3　昆体良像

昆体良的主要著作有《雄辩术原理》（即《论演说家的教育》）、《论罗马雄辩术衰落的原因》。《雄辩术原理》是西方第一部系统的教育学论著，也被誉为西方第一部教学法论著。这部著作反映了罗马帝国的教育实践，全书共12卷，主要探讨有关雄辩术的各种理论问题，其中第1~4卷系统论述了雄辩家的培养和教育，集中反映了昆体良教育思想的基本内容和特色。

二　学前教育思想

（一）重视早期教育

昆体良认为，凡是儿童都要学的东西，就应该早点开始学习。他认为："7岁以前学习的东西无论怎么少，但有了这个基础，到了7岁就可以学些程度更深的东西，否则到了7岁还只能从最简单的东西学起，岂不白白浪费了宝贵的时间。"他认为未来雄辩家的培养和教育是伴随着婴儿的出生而开始的。不过，他强调及早教育儿童的同时，不要让儿童在还不能热爱学习的时候就厌恶学习，要使最初的教育成为一种娱乐。儿童的学习要劳逸结合，对儿童的回答要给予及时的赞扬，用竞赛的奖励去鼓励他获胜。①

（二）重视游戏活动

昆体良十分重视幼儿的游戏活动。他说："我不会因为学生爱好游戏而感到不高兴，那是天性活泼的标志。"② 在游戏活动中，儿童的道德品质也能毫无保留地按照本来面目表现出来。在游戏活动的组织安排上，他主张寓发展智力和培养品行于游戏之中。他要求教师充分利用游戏这种儿童喜爱的活动方式，把它变成既是一种活动，又是一种学习，还是一种教育的有效方式。

（三）强调量力施教

昆体良认为每一个儿童的才能存在差异。在教学过程中，教师要善于精细地观察儿童能力的差异。教师在识别了儿童的能力和个性以后就要因材施教，按照每一个儿童的具体情况安排课程。另外，他还提出，对不同年龄的儿童，纠正错误要用不同的方法，作业的量应适合儿童的智力水平。在教学中，教师既要避免对儿童提出过高要求，又不可让学生放弃力所能及的尝试，还要防止出现儿童课业负担过重的现象。

（四）反对体罚

在世界教育史上，昆体良是最早提出反对体罚的教育家。昆体良反对体罚所持的理由是：体罚是残忍的行为，是一种凌辱。如果申斥达不足以矫正孩子的过失，他就会对体罚习以为常，使体罚失去作用。如果经常正面告诫，在课业上严加督促，体罚就没有必要。幼年时使用体罚，一旦长大以后，恐怕失去作用，就更难以驾驭。体罚造成儿童心情压抑、沮丧、消沉。③ 从上述昆体良反对体罚的理由中，可以看到他对儿童的深刻了解，对儿童人格的尊重，对正面教育的强调，以及对培养儿童生龙活虎般的积极性、创造性的要求。这些都是文艺复兴以后进步教育家追求的理想。

（五）提出教师标准

昆体良认为，教学质量的关键在于教师。他对教师提出了很高的要求，认为教师应该是有学识的，他们应该热爱儿童，耐心地教育儿童，注意研究儿童，讲究合理的教育方法。他提出一个愿

---

① 华东师范大学教育系，杭州大学教育系. 西方古代教育论著选［M］. 北京：人民教育出版社，1985.
② 任钟印，选译. 昆体良教育论著选［M］. 2版. 北京：人民教育出版社，2001.
③ 任钟印，选译. 昆体良教育论著选［M］. 2版. 北京：人民教育出版社，2001.

望，高等学校的教师抽出一定时间去初等学校授课，以便研究儿童及其教育方法。

三 对昆体良学前教育思想的评价

昆体良对幼儿教育问题既有继承又有创新，其中关于儿童性格的培养、反对娇惯儿童、反对体罚、注重游戏教育的方法、父母应言传身教和高度重视教师的作用等内容都给后人极大的启发。他是教育史上大力发展并完善教育方法和思想的先驱，是西方教学论的奠基人。

昆体良的教育思想也有一定的历史局限性。他对教育教学问题的看法更多是一些经验的具体阐述，缺乏严密的理论论证。他所主张的学前教育，也是为了培养"哲学王"这一终极目的，处于底层的奴隶阶级是被排除在外的。

第四课 人文主义教育家的学前教育思想

一 伊拉斯谟的学前教育思想

伊拉斯谟（Desiderius Erasmus，1466—1536年，见图7-4）出生于尼德兰（今荷兰和比利时），是中世纪尼德兰著名的人文主义思想家和神学家。伊拉斯谟出身于一个神父家庭，青年时代入修道院。1492年成为神父；1495年去巴黎深造，开始接触一些人文主义者；1499年前往英国，结识了空想社会主义者托马斯·莫尔（St. Thomas More，又作 Sir Thomas More，1478—1535年）。1511—1514年，伊拉斯谟在剑桥大学任教。

伊拉斯谟的主要作品有《愚人颂》《论正确的教育方法》《论儿童的文雅教育》《论少年早期的文雅教育》《一个基督教王子的教育》，重要的幼教著作有《幼儿教育论》。

图7-4 伊拉斯谟

（一）论教育的目的及任务

伊拉斯谟认为人性本善，坚信自然是仁慈的、博爱的，他并不反对宗教，但他反对宗教的"原罪说",他批判陈腐的经院主义教育,提倡个性自由、和谐发展的世俗教育和教学。基于人性论和宗教思想,伊拉斯谟认为教学的终极目的就是要培养明达善良之人。教学的任务则是在年轻人头脑中播下虔诚的种子,认真学习自由学科,掌握基本礼仪,为生活做好准备。

(二)论学前教育的作用及影响因素

伊拉斯谟提出对儿童应及早进行教育,可从襁褓时期开始。他认为儿童尚处在有待成熟的过程中,稳定的习惯很少,而且儿童喜欢模仿,这是儿童得以快速学习的条件,所以他要求人们给儿童提供良好的家庭教育环境和示范。另外,他重视孩子交朋友,以便使有益的思想充满孩子尚未成型的心理。

伊拉斯谟通过分析影响儿童身心发展的因素来论证教育的重要作用。他认为,影响儿童身心发展的因素主要有自然、训练和练习。自然,即"部分是先天接受教育的能力,部分是对美德的天生爱好",更多属于遗传因素;训练,即"教育和指导的熟练应用";练习,即"放手运用我们自己的能动性,亦即自然赋予的能动性,并借训练促进这种能动性"。他认为此三者的关系相辅相成,缺一不可。"自然"强而有力,辅之以"训练"和"练习"则更为有力,最主要的是"训练",即教育的作用。

(三)论学前教育的方法

在《论儿童早期的自由教育》中,伊拉斯谟提出,首先,儿童的教育应采用游戏和讲故事的方式,要适合儿童的年龄特点,用使儿童感兴趣的方法,如有趣的故事、令人愉快的寓言和巧妙的比喻,使儿童从中领会有教育意义的内容并得到启迪;其次,在教育过程中不要把儿童看成小大人,并告诫教师,"你的学生还是一个小孩,而你自己曾经也是一个小孩",因此,在教育过程中要注意采用适合儿童的直观方式;再次,教师要为儿童树立正面的榜样,使儿童远离各种不良的影响;最后,教师要和蔼可亲,反对中世纪教会对儿童的压制态度和严酷的体罚。

图 7-5　蒙田

二　蒙田的学前教育思想

蒙田(Michel de Montaigne,1533—1592年,见图7-5),法国文艺复兴后期、十六世纪人文主义思想家。蒙田的母亲是西班牙人的后裔,父亲则是法国波尔多附近的一个小贵族。当时的贵族不看重学问,以从戎为天职,所以蒙田常常说他不是学者。他喜欢给人造成这样一种印象:他不治学,只不过是"漫无计划、不讲方法"地偶尔翻翻书。他写的东西也不润色,不过是把脑袋里一时触发的想法记下来而已,纯属"闲话家常,抒写情怀"。蒙田在37岁那年继承了其父在乡下的领地,一头扎进那座圆塔三楼上的藏书室,过起了隐居生活。

蒙田除了埋头做学问以外,还积极从事写作,主要著作有《散文集》。其中有一些随笔是论及儿童教育问题的,如《论学究气》《论儿童教育》等,对西方幼儿教育思想产生了较大影响,他的教育思想后来被17世纪英国教育家洛克吸收,并得到进一步发展。

(一)论学前教育的目的及内容

蒙田认为教育的目的是培养完全的绅士,即体、智两方面都和谐发展的人。他说:"只使他们的心智健全是不够的,还必须增强他们的体力,如果心智得不到体力的支持,就要受到过分的压力。我们训练的,不是心智,也不是身体,而是一个人,我们决不能把两者分开。"为了培养绅士,儿童教育的内容应该包括身体训练、德行养成、知识传授。关于身体训练,蒙田明确指出要进行一切运动和锻炼,例如长跑、击剑、音乐、舞蹈、打猎、骑马等;关于德行养成,他认为通过德行养成使儿童具有勇敢、坚定、诚实、谦虚、崇高、理性、服从真理等良好品质,同时还要使儿童具有良好的礼仪、优雅的言谈等;对于知识传授,他认为传授的知识应该包括语言、诗歌、修辞学、逻辑学、历史、法学、哲学、几何学、数学、物理学、医学等。

(二)论学前教育的方法

蒙田对具有强迫式、压抑化或同一化的经院式教育进行了强烈的批判,认为传统的教育只能培养缺乏思考和判断力的书呆子。具体方法上,第一,他反对死记硬背,提倡学以致用,发展儿童的思考力;第二,他注重发展儿童的观察能力和经验,为此需要做到不束缚儿童,让他们在大自然和社会生活中去自由学习;第三,他认为要养成儿童良好的习惯,就要从小教育儿童厌恶恶习,不以恶小而为之;第四,他主张宽严结合,反对体罚等一切粗暴的教育方式;第五,他认为儿童也可以在旅行中了解世界和社会,开阔眼界,增长见识,旅行也是一种重要的教育方式。

(三)论教师的作用

"在人类,生之者易。但是,既生之后,要把他们教育成人,该有多少悉心的养护,多少辛勤的培育和多少疑惧每天在等待着家长和教师呀!"因此蒙田重视导师的选择,提出了人文主义的新教师标准:一名合格的教师应该是道德高尚、学识渊博,懂得因材施教,在教学中善于运用新的教学方法,是言行一致的典范。"我还是喜欢有智慧、有判断能力,习惯文雅和举止谦逊的人,而不喜欢空空洞洞,只有书本知识的人。要求他在履行职责时,能采用新的方法。"

(四)论家庭教育

蒙田对家庭教育提出了自己的观点。他认为,家长不应对儿童溺爱和娇生惯养。蒙田"不同意把一个孩子挨紧抚抱、娇养溺爱，使其在父母的膝上长大"。他对父母溺爱给儿童带来的恶果作了深刻的分析。"父母天生的慈爱或柔情，甚至对最聪明的人，也往往觉得是那么懒散和过于啰嗦，因为父母们不能也不想制止、纠正或惩罚他们孩子的过错，也不忍心看到他们的孩子被教育得那么吝啬，一点儿也不懂得规矩，而且很多时候必然会碰到一些危险。"蒙田认为，教师对于儿童应有最高的威信，但由于父母的溺爱，教师的威信受到了阻挠和挫顿。

三 康帕内拉的学前教育思想

康帕内拉（Tommas Campanella，1568—1639 年，见图 7-6）是 16 世纪末 17 世纪初意大利著名的思想家和爱国者，同时又是早期空想社会主义的主要代表之一。康帕内拉出生在意大利南部斯拉诺村的一个贫苦的鞋匠家庭，1582 年入多米尼克会，为见习修道士，勤奋学习哲学和神学。

图 7-6　康帕内拉

1591—1597 年，因发表反宗教著作 3 次被捕，先后坐牢 6 年。1597 年 12 月获释。被勒令返回故乡后，因参与领导南意大利人民反对西班牙哈布斯堡王朝的斗争，于 1599 年 9 月被西班牙当局逮捕，度过 27 年的监狱生活。1628 年 7 月获释后，继续参与组织家乡人民的反西班牙起义，不幸又因叛徒告密而失败。1634 年 10 月逃亡法国，1639 年 5 月 21 日卒于法国巴黎。康帕内拉忠实地实现了自己的誓言，为真理、正义、自由和解放战斗到生命的最后一息。

1622 年，康帕内拉在狱中写成了《太阳城》一书，这本书是具有深远影响的空想社会主义著作。他在书中采用对话体裁，描绘出一个根本不同于当时西欧各国社会的新型理想社会，著作中提到了幼儿教育。他的著作还有《论最好的国家》《感官哲学》《论基督王国》《神学》《诗集》《形而上学》等。

（一）提倡优生和胎教，主张儿童公育

康帕内拉在《太阳城》中描述了一个立足于科学和社会平等的国家，这个国家理想的政治经济制度决定了幼儿教育十分重要。他认为幼儿教育主要包括胎教和儿童 7 岁以前的教育。胎教关系国家利益，为了使儿童"以后成为最优秀的人物"，应大力提倡优生和胎教。他是继柏拉图之后，又一位提倡将所有儿童都应得到平等的养育和教育作为国家责任的教育家，试图通过在公共幼儿教育机构中由专家进行集体养育和教育来保障实施。

（二）论学前教育的内容和方法

康帕内拉认为教育要培养爱国主义情感以及互助互爱的精神，通过游戏和体育活动实现自然发展和健康，按照儿童天生的爱好学习艺术。学前教育的内容按照儿童年龄阶段有所不同。2~3岁的儿童就在房屋周围游戏，并学习读念字母；7岁以后儿童开始锻炼体力，同时学习科学知识、各种手工技术。为保卫"太阳城"，儿童还要学习军事知识。在教育方法中，他强调直观教学法，根据儿童的兴趣选择游戏，科学文化基础教育、体育和劳动所构成的教育内容都应通过轻松的、娱乐的方式进行。

四 对人文主义教育家学前教育思想的评价

文艺复兴时期的人文主义教育家强烈批判基督教会所持有的性恶论的儿童观，反对"原罪说"，认为儿童天性善良，教育应该促进儿童的全面发展。他们的学前教育思想对宗教内部的教育改革以及外国近代学前教育思想的发展都产生了深远的影响，如伊拉斯谟高度评价的教育力量对夸美纽斯的教育思想产生了积极影响，并成为以后民主主义教育家的有益的精神养料。

虽然这一时期的人文主义教育家的思想仍以宗教神学为理论根基，而且关于学前教育的思想缺乏系统的理论论述和实践论证，但却为近代学前教育的发展奠定了坚实的基础。

◇ 单元小结

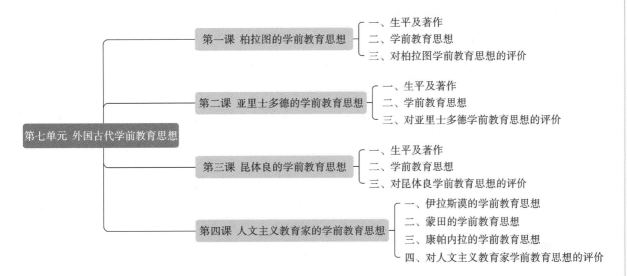

思考与练习

1. 单项选择题

（1）在西方教育史上，古希腊（　　）是最早提出学前教育思想的人。

A. 苏格拉底　　　B. 柏拉图　　　C. 亚里士多德　　　D. 昆体良

（2）最早提出教育要适应儿童的年龄阶段，进行德智体多方面和谐发展的教育思想家是（　　）。

A. 柏拉图　　　B. 亚里士多德　　　C. 昆体良　　　D. 苏格拉底

（3）西方教育史上，（　　）最早论述优生优育的幼儿教育思想，儿童心灵与体质和谐发展。

A. 柏拉图　　　B. 亚里士多德　　　C. 昆体良　　　D. 西塞罗

（4）在西方教育史上，（　　）首次提出按儿童年龄划分受教育阶段，并根据不同年龄阶段实施不同的教育任务。

A. 苏格拉底　　　B. 亚里士多德　　　C. 夸美纽斯　　　D. 卢梭

（5）亚里士多德强调"教育"应由（　　）规定。

A. 政治　　　B. 政府　　　C. 国家　　　D. 法律

（6）古罗马著名雄辩家和教育家（　　）把培养或造就新一代心地善良、精于演说的雄辩家作为他的教育目的。

A. 柏拉图　　　B. 亚里士多德　　　C. 昆体良　　　D. 西塞罗

（7）不属于文主义教育的特点的是（　　）。

A. 以性恶论儿童观为指导

B. 让儿童自然地、愉快地、积极地健康成长壮大

C. 注意儿童精神、身体及道德的和谐发展

D. 考虑儿童的兴趣，发挥其主动性

（8）伊拉斯谟认为影响儿童教育和身心发展的三个因素中最主要的是（　　）。

A. 训练　　　B. 自然　　　C. 遗传　　　D. 练习

（9）亚里士多德认为5～7岁阶段应该以（　　）为教育孩子的任务。

A. 智力开发　　　B. 行为习惯养成　　　C. 体育锻炼　　　D. 语言学习

（10）作者不是伊拉斯谟的著作是（　　）。

A.《儿童教育论》　　　　　　B.《幼儿教育论》

C.《愚人颂》　　　　　　　　D.《一个基督教王子的教育》

2. 简答题

（1）简述柏拉图的优生优育论。

（2）简述昆体良给体罚所列的几大罪状。

3. 论述题

论述亚里士多德的学前教育阶段论。

实践与实训

实训一： 通过多种自学形式掌握古代西方的学前教育思想，获得启示并指导实践。

目的： 掌握古代西方的学前教育思想，树立正确的学前教育理念并能应用于实践。

要求： 分小组通过阅读教材及相关书目、网上查询等，收集整理柏拉图、亚里士多德、昆体良、伊拉斯莫斯、蒙田及康帕内拉的学前教育思想，并进行评析，制作PPT全班分享。

形式： 小组合作。

实训二： 利用课余时间读一本外国现当代学前教育家的学前教育著作，结合其学前教育理念进行分析，明确其科学性及不足。

目的： 培养学生的阅读习惯，激发学生学习学前教育的兴趣，把握现代学前教育观点，树立科学的学前教育理念。

要求： 结合教材内容，认真阅读一本所学外国当代学前教育家的关于学前教育的著作，结合所学内容进行评析。

形式： 小组合作。

第八单元　外国近代学前教育

◇ **学习目标**

1. 了解近代公共学前教育机构产生的背景及各国近代幼儿学校运动开展情况；理解福禄贝尔幼儿园运动对世界近代各国学前教育发展的影响。

2. 掌握英国、法国、德国、俄国、美国、日本近代学前教育的发展脉络与特点。

3. 树立与时俱进、勇于实践的科学教育观。

◇ **情景导入**

16世纪后，世界历史步入近代化历程。英国工业革命促进了生产力的发展，资产阶级登上历史舞台，17世纪爆发资产阶级革命，率先建立资本主义制度。法国、德国、美国、日本等国家随后也通过各自途径建立资本主义制度。伴随着机械化大工业生产，以及为解决大生产带来的社会问题，近代学前教育机构应运而生。在近代化发展的过程中，英国、法国、德国、俄国、美国、日本的学前教育经历了怎样的发展历程？有哪些教育实践推动了各国学前教育的发展？通过本单元的学习，你就能解答这些问题了。

第一课　英国的学前教育

英国是最早建立资本主义制度的国家，也是最早产生近代学前教育机构的国家。18世纪下半期至19世纪上半期，欧文的幼儿学校和维尔德斯平的幼儿学校推动了英国幼儿学校的普及，世界其他国家也纷纷效仿。19世纪下半期，英国学前教育的发展主要受到德国福禄贝尔幼儿园的影响。

一 幼儿学校运动的开展

（一）幼儿学校运动发展的背景

英国幼儿学校及幼儿学校运动是在复杂的社会背景下产生的。18世纪60年代，英国率先开始了第一次工业革命，生产力得到巨大发展。为了谋取更大利润，资产阶级大量雇用低工资的妇女和儿童。妇女无暇照顾幼儿，幼小子女缺乏必要的营养和照料，带来了严重的幼儿健康、保护和教育问题。幼小子女缺乏管教又会导致道德堕落，社会问题日益凸显。同时，工业技术的变革要求劳动者掌握一定的文化技术知识，因此教育的改革者为迎合时代的要求，将初等教育的内容提早到幼儿教育阶段，大力发展初等教育。当然，幼儿教育的发展离不开一些社会慈善家、热心人士和教会人士的实践探索。为了缓解社会矛盾、维护社会稳定，英国政府也出台了一些与幼儿保育和教育相关的政策，政策的主要宗旨在于保护幼儿生命和健康。

（二）欧文幼儿学校

欧文（Robert Owen，1771—1858年，见图8-1）是19世纪英国空想社会主义思想家和教育家，他于1816年创办的新拉纳克幼儿学校是世界上最早的学前教育机构。

1. 欧文幼儿学校的目的

1800年，欧文任职于苏格兰新拉纳克一家纺织厂的经理时，看到工人的劳动和生活条件十分艰苦，这不利于工人子女的成长和良好性格的形成。因此，欧文希望通过建立幼儿学校，发展幼儿教育，培养幼儿良好的性格。幼儿学校建立之初的目的就是为形成儿童良好的性格奠定基础。

图 8-1　欧文

2. 欧文幼儿学校的教育内容和教育方法

幼儿学校的教育内容主要为智育和道德教育。在智育方面，他提倡发展儿童的"推理能力"，顺应儿童的兴趣爱好，多认识周围的事物，学习实际有用的知识。他说："只要是天气和孩子们体力允许，就应该让他们在户外的新鲜空气中玩耍，在游戏场（欧文幼儿的重要设施，是幼儿户外活动的主要场所）里玩够了，再把他们带到教室里，由教师向他们展示和说明一些他们能够理解的、有用的事物。"① 他希望孩子们把教学当作游戏和娱乐，喜欢教学、喜欢学习知识。他提倡实物教学，在教室里贴满各种动物图画、植物标本等实物，供直观教学使用。在德育方面，欧文提出幼儿学校道德教育的主要任务就是培养幼儿遵守纪律的习惯，教会他们与小伙伴友好相处，要求任何孩子都不能伤害游戏伙伴。除了智育、德育外，还开展舞蹈、音乐和军事训练。欧文认为，舞蹈、音乐和军事训练能使孩子们精神愉悦、身体健康，获得对美的感受，从而形成服从和遵守秩序的习惯。在教育方法上，欧文要求教师以人道主义的态度对待孩子，反对责骂和惩罚等手段。

3. 评析

欧文从性格形成的观点出发，把幼儿教育看作是国民教育中非常重要的一部分，是为社会改良服务的。他尝试把工人阶级的孩子放到最好的教育环境里，通过集体合作的游戏、实物教学等教育方法和教师的人道主义态度来促进幼儿良好性格的养成。欧文的幼儿学校被公认为世界上第一所学前教育机构，开创了近代学前教育发展的先河。但是，欧文的教育思想和实践也有一定局限性，他将发展教育的希望寄托在统治者身上，并试图仅仅通过教育来改造社会，这些在当时都只能是空想。

拓展阅读

扫码了解"世界上最早的学前教育机构创办历程"。

（三）维尔德斯平幼儿学校

维尔德斯平（Samuel Wilderspin，1792—1866年）是英国19世纪幼儿学校的积极创办者，一生致力于宣传普及幼儿学校，发展学前教育事业。1820年，他在英国伦敦开设了一所以贫民、工人阶级子女为教育对象的幼儿学校，主要是为了保障贫民、工人阶级幼儿的安全和健康。1825年开始，他受"伦敦幼儿学校协会"的委托，到英国各地进行幼儿学校普及的活动，协助建立、组织和管理了多种学前教育机构，对促进幼儿学校的发展作出了突出的贡献。

1. 维尔德斯平幼儿学校的教育内容和教育方法

维尔德斯平非常重视幼儿学校的智育，一方面是为了满足家长要求学校教授"三艺"（读、写、算）的要求；另一方面由于当时贫民、工人阶级的儿童受教育年限在8岁以内。因此，他将初等教

---

① ［日］梅根悟. 世界幼儿教育史（上册）［M］. 刘翠荣，梁忠义，吴自强，等译. 长春：吉林人民出版社，1986：300.

育的内容提前放入幼儿阶段，没有考虑幼儿的兴趣和能力。幼儿智育的主要内容有国语、算术、自然、社会、音乐等。在智育方法上，他反对灌输式，提出"开发教育方法"，具体包括激发好奇心，通过感觉学习，从已知到未知，让幼儿独立思考，把教学和娱乐相结合。为了实施此法，他设计了"游戏场""阶梯教室""旋转秋千""教学柱""置换架"等教具，研究编写了"发展课本"作为教材。

维尔德斯平也重视德育，他认为道德教育的主要任务在于防止不良行为的产生，排除虚伪、下流、贪欲等不道德行为，培养幼儿爱和同情他人、服从父母、守秩序、正直、勤勉等品质。在德育原则上，他主张爱儿童。在德育方法上，强调"爱"和"赏"，要以奖励代替惩罚，即使不得不罚的时候也不要带着怒气。

2. 维尔德斯平幼儿学校的教师要求

维尔德斯平对教师也提出了要求，认为教师应有"生气勃勃的气质""很大的忍耐性、温顺、冷静、精力旺盛、虔诚"等，而且必须研究幼儿的心理状态以及掌握知识的情况。

3. 评析

维尔德斯平提出"开发教育方法"，注重教具的使用，极力主张教师要研究儿童。他的幼儿学校继承了欧文幼儿学校在德育、体育和游戏等方面的特色，又有所发展。但他过于注重智育内容，忽略儿童的理解能力，加重儿童的学习负担，违背了幼儿身心发展规律。他虽然不是幼儿学校的创始者，但是却通过实践和宣传推动了英国幼儿学校的运动。

二 英国政府的幼儿学校政策

19世纪30年代之后，英国政府逐渐参与到对幼儿学校的管理中。自1833年开始实行从国库拨款的教育补助政策。1840年8月，枢密院教育委员会视学官首次发出关于幼儿学校检查项目的训令，对学校设备、娱乐和身体练习、劳动、艺术模仿、音标、自然常识、阶梯教室等34个方面进行检查，使学前教育逐渐纳入国家制度的轨道。

政府通过派视学官对幼儿学校检查（以确定补助额）及控制师范学校（即教员）等方式，加强了对幼儿学校的控制，并制定了"资格教师"和"注册教师"的等级和考核制度。当时欲接受国库补助的幼儿学校，必须先接受政府的监督和控制。1861年，英国政府修订教育法规，宣布国库补助的金额取决于读、写、算学历测验的成绩，各类学校在政策指挥棒的作用下不断加强知识教学。1870年政府颁布《初等教育法》（也称《福斯特法案》），宗旨是在完善已有的宗教和慈善团体兴办的初等教育的基础上，将幼儿学校纳入初等义务教育系统，建立公立的初等教育制度。此前注重学历测验的教育力量减弱，学历测验作为指挥棒的影响开始淡化。

三 福禄贝尔幼儿园对英国学前教育的影响

19世纪50年代初，福禄贝尔幼儿园由德国的伦克夫妇和别劳夫人引入英国。19世纪60年代，受到政府注重学历测验教育政策的影响，福禄贝尔幼儿园的发展一度受阻，1870年英国政府颁布《初等教育法》后，福禄贝尔幼儿园迅猛发展起来。1873年"曼彻斯特福禄贝尔协会"成立；1874年伦敦也成立了"福禄贝尔协会"，协会经常举行宣传推广活动，各地幼儿园也相继成立并不断发展起来；1875年，协会开设幼儿园教师培训所及幼儿园；1876年，实行教师资格证考试，考试的内容除了读写算、文学、地理等基础知识外，还有教育学、生理学、卫生学、音乐、体育、福禄贝尔著作等专业课。20世纪70年代，福禄贝尔幼儿园运动及其教育方法已经在英国幼儿教育中全面渗透。

19世纪末20世纪初，在福禄贝尔幼儿园的影响下，英国现代保育学校的前身——免费幼儿园诞生了，主要面向城市贫民和工人阶层的幼儿。免费幼儿园最关心幼儿的健康，由于当时英国贫苦儿童多发疾病却得不到治疗，因此为了改善每个孩子的生存环境，免费幼儿园会为孩子们提供食品、衣服以及洗澡、休息、游戏的场所，设有厨房、浴室、供午睡的吊床和摇篮，注重室内通风和采光，还会定期给幼儿进行体检。此外，为了促进幼儿身心健康，幼儿园也鼓励户外活动和积极游戏，通过"恩物"和作业材料让幼儿进行作业、唱歌、跳舞、讲故事等。免费幼儿园的成立与发展又进一步促进福禄贝尔幼儿园在英国的普及与推广。

福禄贝尔幼儿园运动对英国学前教育发展的影响主要表现在两个方面。一是自英国引进福禄贝尔幼儿园后，英国学前教育机构开始并存着两种制度，一种是以工人阶级和贫困阶层子女为对象的幼儿学校，另一种是以中上阶层子女为对象的幼儿园。二是福禄贝尔教育思想和精神渗透到幼儿学校中，如开始减少读、写、算训练的时间，增加游戏的时间，突出学前教育的特点。

第二课　法国的学前教育

1789年法国爆发资产阶级革命，1792年建立共和国，确立资本主义制度。1770年，奥博林创设"编织学校"，揭开了法国近代学前教育的序幕。19世纪上半期，帕斯特莱、柯夏和马尔波几位幼儿教育先行者，在借鉴英国幼儿学校办学经验的基础上创设托儿所。19世纪30年代开始，法国政府逐渐将学前教育纳入中央集权的教育管理体制中，加强对托儿所的管辖权，同时提供财政资助。到19世纪中期，法国政府将学前教育纳入公共教育系统。这也是世界教育史上国家办学前教育的开端。19世纪中后期，法国学前教育的发展受到福禄贝尔幼儿园教育理论的影响，逐渐形成等级明显的双轨体制。与此同时，受国家办学传统的影响，《托儿所敕令》《费里法案》《戈博莱法案》等政策法案陆续颁布，这进一步促进了法国近代学前教育制度的形成。19世纪末，法国学前教育制度基本确立。

一、奥博林的"编织学校"

奥博林（J. F. Oberlin，1740—1826年）是法国新教派的一名牧师，他1776年创设了"编织学校"。这是法国近代学前教育的开端，也是近代学前教育设施的萌芽，对欧文幼儿学校的创办也产生了一定的影响。

"编织学校"是一个在农忙季节收留3岁以上的幼儿和年幼学童的保育场所，一周开放两次，教学内容包括标准法语、宗教赞美歌、格言和童话故事、植物采集与观察、绘画、地理以及儿童游戏等。"编织学校"通过把孩子们置于有规律的监督下，创造出一种有秩序的生活，从而使儿童形成一定的纪律性、理解宗教教义、提高语言能力，培养儿童勤劳的品质和劳动技术。

从编织学校的教学内容和教育目的可以看出该学校偏重教育，其次是保育。学校设有两名指导教师，一名任手工技术指导，另一名任文化和游戏方面的指导，并挑选年纪大的女孩做"助教"。奥博林的编织学校和当时普遍存在的"教会学校"有相同的性质，都是一种慈善机构，但是由于奥博林把这个学校作为开发教区社会经济以及增进地区居民福利的重要手段，从而使编织学校具有了不同于教会学校的重要地位和创新价值。

二、托儿所运动

19世纪上半期，受英国幼儿学校的影响，法国出现了众多慈善性质的托儿所，并成为这一时期法国主要的幼儿教育机构，主要的实践者为帕斯特莱、柯夏和马尔波，其中，以柯夏的托儿所最为著名。法国托儿所运动推动了法国学前教育的发展。

（一）帕斯特莱的妇女会"托儿所"

法国上流社会的妇女帕斯特莱侯爵夫人以妇女会为基础，于1826开办了法国第一家托儿所。这是法国最早的"托儿所"，能收容80个孩子。该托儿所的创办推动了法国托儿所运动的兴起，翻开了法国学前教育史新的一页。

（二）柯夏的"模范托儿所"

1828年，担任巴黎第12区区长的柯夏开办了一个"模范托儿所"。柯夏非常重视学前教育，曾积极协助帕斯特莱夫人开展托儿所运动。他在英国考察期间受到启发，所创办的托儿所体现了欧文和维尔德斯平的教育思想，比如教育内容有宗教、读、写、算、几何、地理、历史、博物、图画等；方法上使用直观教学，提倡人道主义，反对体罚，模仿维尔德斯平幼儿学校设立了阶梯教室，使用教学柱和置换架等教具；偏重智育，注重知识教育。当然，法国的托儿所并不是完全移植英国幼儿学校，也有对英国幼儿学校改进的地方，如在道德教育方面和对待孩子的方法上，柯夏领导的法国托儿所更具有合理性和人道主义。除了创办托儿所，柯夏还著作了《托儿所纲要》，在著作中阐明了设立托儿所的意义，他认为托儿所首先是最有效的公共贫民救济设施，其次是教育设施。柯夏的理论研究也为法国托儿所的创立和发展提供了理论支撑。①

（三）马尔波的"婴儿托儿所"

马尔波也是巴黎政府官员，非常关心学前儿童的保教问题。1844年11月14日，马尔波创设了"婴儿托儿所"，旨在保护2岁以下幼儿的生命和安全，以年龄较小的乳婴儿为招收对象，并撰写了《关于婴儿托儿所》。②

三 托儿所性质的变化

法国属于中央集权的教育领导体制国家，在制定幼儿教育的设施法令方面早于其他国家，出台了一系列政策法规以保障托儿所的运行。19世纪，法国政府颁布系列法令来指导幼儿教育的发展，确立了法国近代幼儿教育制度。

1833年，法国教育部部长基佐提出托儿所是初等教育的基础，强调托儿所的启蒙教育功能。1835年，法国政府出台了《关于在各县设立初等教育的特别视学官的规定》，提出视学官对托儿所具有视察和监督的权利，这标志着国家正式开始管理托儿所。1836年，教育部大臣布雷向全国各地发出"传阅文件"和"备忘录"，明确托儿所与其他初等学校一样受各级教育委员会领导，是公共教育部管辖下的学校，属于公共教育的一部分，这表明法国托儿所已由慈善救济事业成功转为国民教育事业。1837年，法国政府发布了最早的有关托儿所管理和监督体系的规定《托儿所管理条例》，它将托儿所定位于为0~6岁儿童提供宗教、读、写、算、唱歌等教育内容的慈善设施，分公立和

---

① 周小虎，张锋利. 学前教育史 [M]. 北京：北京师范大学出版社，2012：177-178.
② 田景正，杨佳. 中外学前教育史 [M]. 北京：北京师范大学出版社，2014：53.

私立两种，全国各地区的各级教育委员会对托儿所具有一般的管理、监督和惩戒的权利。

四 福禄贝尔幼儿园的传入

福禄贝尔幼儿园运动于19世纪中期传入法国。最早将福禄贝尔幼儿园引进法国的是玛伦霍尔兹·别劳男爵夫人。为了传播和推广福禄贝尔的学前教育思想，德国的别劳夫人于1855年来到法国，在这里生活了三年，一方面广泛地介绍福禄贝尔的教育思想及其幼儿园事业，另一方面向法国政府申请将福禄贝尔教育方法引入法国托儿所。最终，她获得了法国政府的支持，以"国际托儿所保姆培训学校附属托儿所"为试点，通过法国中央集权的教育领导体制，自上而下地将福禄贝尔的教育方法引入法国。

福禄贝尔幼儿园的引进丰富了法国学前教育的内容和方法，人们开始尝试把"恩物"当作一种教具来辅助教学，意识到游戏和自主活动在儿童发展中的作用。后来，福禄贝尔方法被母育学校采用，福禄贝尔思想成为学前师资培训的思想基础。法国的幼儿园也是受福禄贝尔幼儿园的启发才开始设立，但是这种幼儿园只是上流社会子女的专利品，平民子女则只能进简陋的托儿所。从此，法国的学前教育便开始呈现等级明显的双轨体制。

五 法国近代学前教育制度的确立

法国是最早把学前教育纳入国民教育体制的国家。1855年3月，法兰西政府颁布了《托儿所敕令》和"托儿所内部规章制度"。《托儿所敕令》规定了托儿所作为教育设施的性质及相应的教育内容，指出"托儿所不论是公立还是私立，都应当成为2—7岁两性儿童在道德和身体的成长中得到必要照顾的教育设施"，教育内容有宗教教育、德育、读写算、常识、手工、体育。托儿所内部规章制度则具体规范了托儿所的保育时间、设施和教育方法等，展现了一定的人道主义精神。

1881年，政府颁布了《费里法案》。该法案是法国历史上实施时间最久的一条教育法案，标志着法国近代资本主义教育制度的初步确定，确立了法国国民教育义务、免费和世俗性三原则，并规定母育学校也适用初等教育中的免费性原则。法案规定母育学校是初等教育的设施，招收2～6岁的儿童，根据儿童的年龄和理解能力分成2～4岁和5～6岁两个小组，实行男女儿童混合编班，教师像慈母一样关怀照顾这个大家庭里面的每一个儿童。保育内容包括初步的道德教育、日常生活中的实用知识、唱歌、绘画、书法、儿童故事、语言练习、手工作业的训练、身体锻炼等。母育学校清除了宗教教育内容，根据儿童身心特点进行教育，采用直观教学，偏重智育，学习范围广泛。总之，母育学校摒弃了过去托儿所保育工作的特点，采用福禄贝尔的玩具、教具和教育方法，实现了法国学前教育的现代化。同年8月2日，政府发布政令将托儿所等幼教机构统一改为母育学校，母育学校作为法国统一的幼儿教育机构名称一直沿用至今。

1886年法国政府颁布《戈博莱法案》，规定凡是拥有2000名以上居民的乡镇必须建一所母育学校，至此，法国具有现代意义的学前教育体系正式建立。

第三课　德国的学前教育

近代的德国是一个有着众多诸侯邦国的封建制国家，由于常年战乱，生产落后，统一较晚，因此德国学前教育的发展比英国和法国都迟缓些，19世纪初才出现一些慈善性质的保育机构。19世纪20年代，德国受英国幼儿学校运动的影响，开始学习英国的办学经验，发展学前教育。福禄贝尔幼儿园的建立使德国学前教育走在了世界前列，对其他各个国家学前教育的发展产生了深远影响。

一、巴乌利美保育所

德国最早出现的幼儿保育和教育设施是巴乌利美保育所。该机构由德国巴乌利美侯爵夫人（Pauline，1769—1820年）于1802年设立。巴乌利美夫人从人道主义立场出发，深刻理解贫穷的母亲们，关心穷苦孩子们的健康。她建立的保育所把婴幼儿的健康放在首位，教育处于从属地位，招收的对象是1～4.5岁的农村孩子。从初夏开始到晚秋结束，每天保育时间很长。该保育所为幼儿们提供干净整洁的衣服和富有营养的食物，为幼儿们安排有规律的生活，鼓励进行户外活动，给孩子们讲授知识，进行道德教育。保育的方式是让孩子们每天都在游戏中度过，对孩子们进行监督，但不给他们任何束缚。这些都有利于促进儿童的健康成长。巴乌利美保育所是德国学前教育史上光辉的一页。

二、弗利托娜的幼儿学校运动

德国新教派牧师弗利托娜（Theodor Fliedner，1800—1864年）是19世纪中期德国幼儿学校运动的代表人物。1835年，弗利托娜在自己的教区建立了奥博林式的、以贫穷工人子女为对象的编织学校，一年之后改名为"幼儿学校"。幼儿学校的教学内容包括宗教、道德、读、写、算等，教学方法上强调以愉快的、有益于孩子身心发展的方式来教导孩子，即采取"游戏式的教学"，教师不要去干涉孩子们的游戏活动。学校的目的是通过幼儿教师的宗教及道德教化，实现对贫民和工人子女的宗教教化和道德教化。幼儿学校还规定上课时间不得超过 15 分钟，如果孩子疲倦了，注意力不集中了，教师应随时停下来，不必刻板地遵守规定的时间。弗利托娜的幼儿学校力图使幼儿养成有礼貌、节制、服从命令、勤劳和讲卫生等习惯。

为了培养更多的幼儿师资，弗利托娜的幼儿学校还附设了幼教师资培训机构，通过 3~4 个月的培训，教师能承担音乐、算术、博物、德语和地理等课程的教学。这种培训不仅提高了幼儿教育的质量，还扩大了幼儿学校运动的影响。在弗利托娜的影响下，1842 年以莱茵省为中心的地区共设立了 38 所幼儿学校。到 1851 年，培训女教师累计达 400 多人。[①]

三 福禄贝尔幼儿园的产生和推广

福禄贝尔幼儿园产生以前，德国的学前教育设施基本都属于贫民救济性设施，不能算正规的教育机构。直到 1837 年，福禄贝尔（图 8-2）在德国勃兰根堡开办了旨在发展幼儿本能和自我活动的教育机构"儿童活动学校"，这才真正有了学前教育机构，并于 1840 年正式命名为"幼儿园"。这是世界上第一所以"幼儿园"命名的学前教育机构。

图 8-2　福禄贝尔

福禄贝尔认为幼儿园不应采用学校式的教育，而应采取保证幼儿自由发展的教育方法，以孩子们的自由活动、自我教育和直观教学为主。幼儿园的教育活动主要包括：为儿童编制多种游戏活动，运用"恩物"进行游戏，以发展儿童的认识能力、创造性和动手能力；为儿童安排多种作业活动，例如叠纸、折纸、图画、拼图、串珠等，还有一些初步的自我服务和照料植物的劳动作业；通过唱歌、讲故事、朗诵游戏等方式培养儿童的语言能力。福禄贝尔幼儿园的创立使学前教育由"看管"转向"教育"，标志着真正的学前教育机构的诞生，成为 19 世纪下半期社会流传最广、影响最大的学前教育机构。

当福禄贝尔幼儿园以欣欣向荣之势发展起来时，却遭到德国政府查封并禁止设立，直到 1860 年才取消禁令。随后福禄贝尔幼儿园得以复苏和快速发展，福禄贝尔幼儿园协会也在德国各地成立，其中以别劳夫人的"柏林福禄贝尔主义幼儿园促进妇女协会"和 1863 年在柏林成立的"家庭教育和民众教育协会"最具影响力，1874 年两个协会合并，进一步推动德国幼儿园的普及。

---

① 陈文华. 中外学前教育史 [M]. 北京：科学出版社，2016：153.

四 德国政府的学前教育政策

德国的学前教育政策总体倾向是"控制但不援助",即对托儿所加强控制但不给予实质性财政支持。巴乌利美保育所的建立和弗利托娜幼儿学校运动不断扩大引起了政府对幼儿学校的重视。为了维护社会治安和统治秩序,1824年,政府免除了托儿所关系团体的印刷税;1827年,普鲁士政府教育部颁发文件,号召各地"迅速建立幼儿学校"。普鲁士政府还对以贫民子女为对象的幼儿教育设施采取了一些保护措施,如1838年,承认了为援助柏林托儿所由私人捐款设立的"中央基金";1839年,拜恩以内务部的名义制定了针对当时德国各邦托儿所教育的详细教育法规;1843年,免除了托儿所地租。总的看来,虽然德国各邦对贫民幼儿所采取的教育政策更多是想控制而不太想提供经济援助,但是毕竟吸收了一些英国幼儿学校的办学经验和理念,如注重儿童的室外游戏等,这些仍然给当时德国沉闷的学前教育带来了一线生机。

第四课 俄国的学前教育

19世纪及以前,俄国是一个由沙皇和贵族阶层主导统治的专制封闭、等级森严的国家。19世纪上半期,资本主义在俄国农奴制社会内部逐步发展起来。大工厂逐渐代替手工工场,机器生产逐渐代替手工操作,自由雇佣劳动逐渐代替农奴劳动。此时期的俄国仍然是一个落后的封建农奴制国家,社会经济远远落后于西欧国家。此时期的幼儿教育设施主要是一些收养弃婴、孤儿的教养院和社会慈善团体创办的孤儿院。19世纪60年代,俄国农奴制废除后,社会政治、经济等各方面进行了一些改革,再加上受到福禄贝尔幼儿园运动的影响,俄国的学前教育有了明显的发展。

一 别茨考伊教养院

别茨考伊是俄国学前教育的领军人物,他向沙俄女皇呈奏折,请求在莫斯科设立"教养院",收容弃婴和孤儿,同时还请求为贫民开办一所产科医院,附设于教养院内。1763年,女皇批准了别茨考伊的奏请,在莫斯科开办了一所教养院和产妇医院,并任命别茨考伊为教养院的院长。这是俄国的第一所教养院。

别茨考伊的教养院专门收容2~4岁的弃婴和孤儿,它不只是单纯的慈善机构,还非常重视对儿童的教育。其教育的内容主要包括德育、智育和体育等。别茨考伊很重视教养院的道德教育,他认为道德教育是"人心的教育",教育应该培养儿童热爱劳动、勤俭、整洁的良好习惯,使他们成为有礼貌、富有同情心的新人。在知识教育方面,别茨考伊指出,学习过程对儿童来说应当是愉快的,不能强迫儿童学习知识,而应根据儿童的爱好去进行知识教育,学习活动中禁止体罚。此外,他也非常重视儿童的体育锻炼,鼓励儿童多呼吸新鲜空气,多参加有益的娱乐和游戏。

二、葛岑教养院

为降低婴幼儿的死亡率,改善更多幼儿的生活环境,1802年,彼得堡教养院在彼得堡近郊的葛岑村开办葛岑教养院。自1808年起,教养院中7岁以下幼儿由保护人看管。为了保障这些孩子的教育,1832年,教养院领导人根据俄国进步教育家古里耶夫和古格里等人提出的建议,在葛岑教养院内开办了一所小型的实验幼儿学校,并制订了专门的培养计划。幼儿学校注重对幼儿进行德育与智育,强调培养良好的卫生习惯,组织幼儿游戏与手工,还教幼儿识字、计算和唱歌。要求教师关心幼儿,不准体罚幼儿。

三、收容所和孤儿院

19世纪上半期,由俄国的一些进步人士组成的各种慈善团体,开办了一些"收容所"和"孤儿院"。1837年,彼得堡的一所慈善机构——劳动妇女救济院开办了一个收容所,收容因母亲外出谋生而无人照看的儿童,收容所主要教儿童学习神学、阅读、书写、计算、唱歌、体操和手工等。收容所后来又开了4个分所,在其他城市也出现了类似的机构。到1841年,彼得堡已有6所这样的儿童慈善机构,这些机构后来都归政府管辖。19世纪90年代,贫困的生活、恶劣的卫生条件,以及营养和照顾的缺乏使得当时俄国的儿童死亡率居高不下。为解决日益严峻的社会问题,从1891年开始,俄国政府设立农村孤儿院。1901年,全俄共有80所农村孤儿院。19世纪下半期俄国各教区也开始设立孤儿院。至19世纪末,在莫斯科和彼得堡有50余所教育孤儿院。

四、福禄贝尔幼儿园运动

19世纪下半期,工业化、城市化、现代化的浪潮进入俄国,就业妇女日益减少。与此同时,受福禄贝尔幼儿园运动影响,俄国幼儿教育得到进一步发展。1860年,俄国莫斯科、彼得堡设立了第一批幼儿园。1866年,俄国最早的学前教育刊物《幼儿园》《家庭和学校》在彼得堡发行,后者以宣传福禄贝尔的学前教育思想体系为主。1870年，彼得堡、基辅等地成立了"福禄贝尔协会"，一方面宣传福禄贝尔思想，另一方面负责幼儿师资培训。协会和刊物的创办对普及福禄贝尔的教育理论和推动俄国幼儿园运动起到极大的作用。1872年，彼得堡福禄贝尔协会成立"福禄贝尔学院"，成为俄国最早的学前教育师资培训机构。1908年，在福禄贝尔协会的领导下，以培养高级幼儿教师为目的的三年制学前教育专科学校成立，这是俄国当时规模最大的一所学前教育师范学校。

五 乌申斯基的学前教育思想

乌申斯基是沙俄时代俄国最著名的教育家，俄国师范教育制度的创始人，被称为俄罗斯"教育心理学的奠基人"，他的教育思想为俄国教育理论的创立奠定了基础。他的教育著作主要有《人是教育的对象》《祖国语言》《儿童世界》等。乌申斯基的儿童教育思想概括介绍如下。

（一）以民族性为所有教育活动的主导原则

乌申斯基重视和强调教育的民族性原则，他把民族性作为他的全部教育活动的主导原则。他认为，每个国家的特点不同，民族传统也有差异，而这些特点和传统，是在长期生活过程中形成的，它们随着民族历史文化遗产的传递而传递，随着民族的发展而发展。一个国家、一个民族的教育，也是在"民族发展历史过程中"形成和发展起来的。他认为俄国应建立自己的教育制度，包括学前教育制度。另外，他提出要重视儿童对祖国语言的掌握，培养儿童的爱国主义精神、民族自豪感和责任感。

（二）教育教学要符合儿童的身心发展特点

乌申斯基将心理学作为教学的科学基础，他要求儿童教育要根据儿童年龄特点来建立教学过程。根据儿童的心理特征，他认为教育教学过程应该遵循直观性原则。他说："一般说来，儿童是依靠形状、颜色、声音和感觉来进行思维的。"他主张要通过自然界的实际事物和利用模型、图画、图片以及其他反映对象和现象的直观教具来实现直观教学原则。他认为直观教具不但能引起儿童的兴趣，而且也能唤起儿童积极的思维活动；应用这些实物和教具，必须遵循学科的特性和学生的年龄特点等；针对年龄越小的学生，越应广泛使用直观性，但同时他又提醒教师不要过分迷恋于直观性，必须注意使教学从具体过渡到抽象，培养学生抽象思维能力。

（三）重视儿童良好性格的形成

乌申斯基认为教育者应该重视儿童良好性格的培养。他说："教育中的一切都应该以教育者的人格为基础，因为只有人格才能影响人格，只有性格才能形成性格。"他认为，儿童良好的性格要在自由活动和独立生活中形成。他反对把儿童天天关在学校，靠不断重复的一些格言和各种限制来管理儿童，只有让儿童有适当的自由活动，给儿童的独立生活留有合理的空间，才有助于他们未来性格的形成。给儿童活动的自由不意味着放任自流，应制止任性和专横。教师不应使用恐吓、威胁等教育方法使儿童产生恐惧心理。他认为恐惧是种种缺陷的根源，而勇敢才是人类心灵最伟大的品质，教育者应该保护儿童的勇敢情感，从而促进其正确的思想和独立性格的形成。

第五课 美国的学前教育

美国的学前教育起步较晚，最初受到裴斯泰洛齐家庭教育和欧文幼儿学校运动的影响，直到19世纪中期才创办了真正意义上的学前教育机构，后受到福禄贝尔幼儿园运动的影响，兴起了公立幼儿园运动和慈善幼儿园运动，20世纪初已形成以公立幼儿园为主体、私立幼儿园和慈善幼儿园等多种形式并存的学前教育体系。对于美国的学前教育来说，19世纪不仅是奠定基础的时期，更是一个迅速发展的时期。

一 欧文幼儿学校的兴衰与裴斯泰洛齐家庭学校的回归

1825年，欧文在美国印第安纳州建立"新和谐村"，其中包括设有幼儿学校的教育机构。幼儿学校招收的对象是上层家庭的4~8岁的儿童，在教育上强调学前教育的特点，重视幼儿健康和户外活动。欧文幼儿学校在当时对美国教育产生很大影响，教育方法甚至被初等教育借鉴。但由于政府不重视，不提供经费支持，只靠收费和慈善团体捐助的幼儿学校难以长期维持，再加上幼儿学校环境恶化，教师素质不高等原因，欧文幼儿学校很快衰落。

在欧文幼儿学校传入美国之前，裴斯泰洛齐的家庭学校占据美国幼儿教育主流。家庭学校强调运用直观教具和家庭爱的环境来影响幼儿，但由于没有体现学前教育的特点很快被传入的欧文幼儿学校取代。在欧文幼儿学校高潮过后，美国出现了家庭学校的回归现象。

二 福禄贝尔式幼儿园运动

19世纪50年代，福禄贝尔幼儿园传入美国，开始在美国幼儿教育领域占据主导地位。美国最早出现影响较大的是玛格雷特·舒尔茨（Margarate Schurz，1832—1876年）开设的德语幼儿园和伊丽莎白·皮博迪（Elizabeth Peabody，1840—1894年）开设的英语幼儿园。

1856年，德国移民舒尔茨在威斯康星州的维特镇开设了一所德语幼儿园，这是美国历史上第一所幼儿园，专门招收在美国的德国移民子女，教授德语会话，采用福禄贝尔教育方法，指导幼儿游戏、唱歌和写作业。在她的带动下，福禄贝尔式幼儿园在美国得到了较快发展。

在舒尔茨的影响下，1860年美国妇女伊丽莎白·皮博迪在波士顿开设了美国第一所英语幼儿园，采用英语教学。英语幼儿园的发展使美国的学前教育得到普及，她也因此被尊称为美国幼儿园的真正奠基人。她积极宣传福禄贝尔思想，于1963年出版了《幼儿园指南》，着重阐述了幼儿园和小学的区别。她还创办了美国第一所幼儿园教师培训所，为社会输送了一大批优秀的幼儿教师。皮博迪积极学习并实践福禄贝尔幼儿园教育思想，聘请德国专家担任培训学校教师，学习各国办学经验，对美国学前教育事业发展作出了很大贡献。

三　慈善幼儿园的兴起

19世纪70年代，美国开始第二次工业革命，经济飞速发展，但同时贫富差距拉大，大量移民涌入城市，社会问题日益严重。在这样的背景下，美国出现了一种慈善幼儿园，这是福禄贝尔幼儿园在美国兴起不久后出现的一种新型幼儿园。美国历史上第一所慈善幼儿园是由弗里克斯·阿德勒（Felix Adler）于1877年在纽约创办的，目的是为贫困的低收入阶层的子女提供免费教育，招生对象主要是贫困家庭儿童。此后，昆西·肖夫人（Mrs. Quincy Shaw）资助开展了免费幼儿园运动。不久，肖夫人又亲自创建了一所幼儿师范学校。在她的努力下，到1883年，建立起了由30所免费幼儿园组成的幼儿园网。幼儿教育成为面向一般国民、谋求社会改良的一种贫民救济事业。出于人道主义精神和宗教信仰宣传事业的需求，美国教会也纷纷兴办起慈善幼儿园，最早建立教会幼儿园的是1877年美国俄亥俄州托利多的特雷尼梯教会。①②

随着各类幼儿园的出现和幼儿园数量的增加，幼儿园协会随之诞生。1870年，美国第一个幼儿园协会在密尔沃基成立。③ 1868年，美国第一所幼儿师范学校在波士顿出现了，随后全国多数城市都设立了幼儿教师培训机构。

---

① ［日］梅根悟. 世界幼儿教育史（上册）[M]. 刘翠荣，梁忠义，吴自强，等译. 长春：吉林人民出版社，1986：300.
② 田景正，杨佳. 中外学前教育史［M］. 北京：北京师范大学出版社，2014：265.
③ 田景正，杨佳. 中外学前教育史［M］. 北京：北京师范大学出版社，2014：265.

四 公立幼儿园的发展

随着美国经济的繁荣、社会的进步和文化事业的发展，19世纪30年代，美国掀起了一场规模宏大的、以发展初等教育为目的的公立学校运动，影响到学前教育领域。19世纪70年代，公立幼儿园运动在美国中西部地区兴起，旨在增进幼儿自身幸福感，同时保证学前教育的机会均等。1873年，哈里斯和布洛在圣路易斯市的德斯皮尔斯学校共同创办了美国第一所公立幼儿园，这是一所在公立小学里附设的幼儿园，运用福禄贝尔教育思想和方法，取得极大成功，促进了美国公立幼儿园运动的普及和推广。在此影响下，一些私立和慈善幼儿园逐步纳入公立学校系统。1901年，全美的公立幼儿园数量已达2996所，几乎所有大中城市都建立了公立幼儿园系统。美国公立幼儿园运动使美国学前教育进入一个新的发展时期，幼儿园逐步发展成为公立教育系统的一部分。[①]

第六课　日本的学前教育

1868年的明治维新运动使日本走上了资本主义道路。明治政府对政治、经济、军事和文化等各个领域都进行了一系列改革，且特别重视文化教育改革，把发展教育作为促进资本主义经济、政治发展的重要途径。日本学前教育机构正是在这样的背景下产生和发展起来的。

一 学前教育机构的产生和发展

（一）国立幼儿园的创建

明治维新前，日本富有家庭的孩子主要是接受家庭教师的学前教育；普通家庭子女的学前教育主要在"寺子屋"进行，这是一种简易的教育机构，类似于我国古代的私塾。1876年，日本政府创办了日本第一所公办学前教育机构——东京女子师范学校附属幼儿园，它是日本教育史上第一所国立幼儿园。同时，文部省决定成立培养学前教育师资的东京女子师范学校，这是日本第一所培养幼儿教师的机构，在日本教育史上占有重要地位。1877年，文部省为附属幼儿园制定规则，规定幼儿园的办学目的、入园年龄、保育时间等，这些规定被各地其他幼儿园仿效，影响深远。但由于附属

---

① 田景正，杨佳. 中外学前教育史［M］. 北京：北京师范大学出版社，2014：266.

幼儿园园舍精美华贵，入园费用昂贵，难以普及，因此发展相当缓慢。

（二）简易幼儿园的建立

19世纪80年代，日本经济尚不发达，生产力水平还较低，国立幼儿园收费昂贵，日本学前教育机构的发展速度相当缓慢。为了促进幼儿园的普及，1880年，日本文部省发表了关于幼儿园发展的新思路，认为幼儿园的办园方向应该以接纳所有幼儿为本，以少量经费设置和经营幼儿园。1882年，文部省发出建立简易幼儿园的"示谕"：办园费用由政府承担，办园规模不宜过大，办园方式可以任意选择，简易幼儿园在设施编制上要从简，只要能使看护幼儿的保姆能够带领幼儿进行安全的游戏，为儿童提供一个比他们聚集在街头做危险而恶劣的玩耍要好得多的场所即可，以便减轻其父母的负担，使之得以安心劳动。1884年，文部省又发出禁止未满学龄的幼儿入学的通知。这两个通令的发布使简易幼儿园迅速发展。1885年，日本简易幼儿园的数量从1883年的13所增加到30所，入园儿童数量达1893人。这种简易幼儿园的特点是设备、园舍等设施简陋，能节省开支，收费低廉；对儿童的保育实行不分年龄阶段的集体保育；适宜于乡村和边远地区幼儿园的普及。

（三）私立和公立托儿所的建立

随着资本主义的发展，妇女就业人数激增，大量贫民子女无人看管，简易幼儿园已不能满足社会需求，于是一些私人出于慈善动机开始开办托儿所。1893年，民间人士赤泽钟美夫妇在新潟市创立托儿所，它是日本学前教育史上第一所托儿所。托儿所实行常设寄宿制，收费较低，受到广大年轻父母的欢迎，也曾受到政府财政资助。受其影响，1894年，大日本纺织公司也分别在东京和深川的工厂内附设了托儿所，以解决参加工作的母亲的托儿问题。

第一次世界大战后，日本出现了公立托儿所，如1919年在大阪市成立的公立营鹤厅第一托儿所。1920年，内务部设置了社会局，将托儿所机构工作作为儿童保护工作之一，列为其行政工作的一个部分；各府县、市镇村也以救济科、救护科等名称成立了部局，把托幼事业作为社会事业来掌管。

此后，日本学前教育事业开始走上新的发展轨道，两种类型的学前教育机构并存，一种是面向富裕阶层的幼儿园，另一种是面向贫民阶层的托儿所，这种现象一直延续至今。

二　日本近代学前教育制度的建立

（一）明治初期教育法令中关于学前教育的规定

为了进一步巩固与推进刚刚建立起来的幼儿园与托儿所，日本政府着力创建相应制度及发布有关法令。1871年，日本设文部省，领导全国教育事业。1872年，文部省颁布《学制令》，这是日本教育史上非常重要的法令文件，标志着日本明治维新后教育改革的开始。《学制令》规定日本近代教育的领导体制和学校制度，要求各地按规定开设幼稚学校，招收6岁以下男女儿童，这是日本教育史上最早的有关学前教育的规定。1879年，明治政府颁布《教育令》，替代之前的《学制令》，规定日本的学前教育被置于国家文部行政管理下，属于国家教育体制的一部分。1890年，日本文部省又颁布了《小学校令》，明确市镇村和镇村学校组合可以设置幼儿园。

（二）《幼儿园保育及设备规程》

1898年，在东京女子师范附属幼儿园成立的福禄贝尔学会向政府提出，应为幼儿园制定相应的教育法令。1899年，文部省颁布《幼儿园保育及设备规程》，这是日本第一个有关幼儿园的正式法令。法令明确规定了幼儿园建园目的、设施设备和保育时间等，奠定了日本学前教育体制的基础。该规程的主要内容包括：幼儿园是为年满3岁至学龄前儿童开设的保育场所；每日保育时间为5小时；一所幼儿园可招收100名儿童，个别情况可招收150名；1名保姆保育40名儿童；保育内容包括游戏、唱歌、谈话、手工作业，以及纠正幼儿不良道德仪表；保育方法上应顺应幼儿身心发展，难度适当，利用幼儿学习能力强的特点模仿嘉言懿行；规定所需设备。该规程是日本学前教育史上的一个里程碑，是日本幼儿园制定新章程的依据，是日本学前教育走向制度化的重要开端。

三 日本近代学前教育对中国的影响

日本政府重视教育立法，以法律为依据对学前教育实施科学管理，根据本国经济发展情况适时调整法律法规。同时，日本政府不断增加对学前教育经费的投入。幼儿园虽不属于义务教育范畴，但1/3的国立学前教育（幼儿园）的运行经费却由国家负担。鸦片战争后，中国被迫打开国门向西方学习。当时的中国教育受日本影响较深，中国也开始尝试通过教育立法为学前教育发展提供制度保障，如1904年颁布并实施的第一个学制——癸卯学制就是参照日本学制制定的。清政府照搬日本的《幼儿园保育及设备规程》、保育内容、课程教法等，颁布《奏定蒙养院章程及家庭教育法章程》，确立了清末的蒙养院制度，甚至聘请日本保姆为教师，从日本购进保教设备。

◇ 单元小结

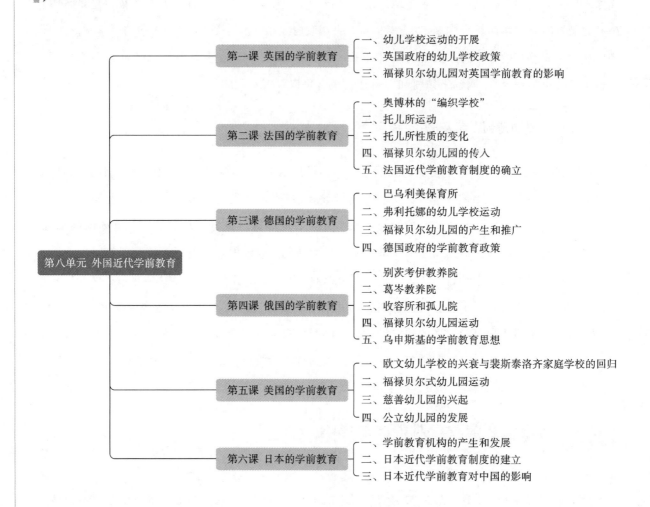

思考与练习

1. 单项选择题

(1) 世界上第一所以"幼儿园"命名的学前教育机构是（　　）。

A. 欧文幼儿园　　　　　　　　　　B. 奥博林幼儿园

C. 福禄贝尔幼儿园　　　　　　　　D. 别茨考伊幼儿园

(2) （　　）依托慈善组织在巴黎创办了"托儿所"，成为法国第一所收容幼儿的托儿机构。

A. 欧文　　　B. 帕斯特莱　　　C. 福特尔　　　D. 奥博林

(3) 福禄贝尔幼儿园的引进，致使法国学前教育机构明显地形成了双轨制，普通民众的儿童所进入的是条件差的（　　）。

A. 编织学校　　　B. 幼儿园　　　C. 托儿所　　　D. 免费幼儿园

(4) 美国最早的幼儿园是由(　　)于1855年在威斯康星州开办的。

A. 伊丽莎白·皮博迪　　　　　　B. 威廉·哈里斯

C. 玛格丽特·舒尔茨　　　　　　D. 苏珊·伯罗

(5) (　　)是英国也是世界上最早的学前教育机构。

A. 怀尔德斯平幼儿学校　　　　　B. 欧文幼儿学校

C. 奥博林的"编织学校"　　　　D. 巴乌利美保育所

(6) 19世纪中期德国幼儿学校运动的代表人物是(　　)。

A. 巴乌利美　　　　　　　　　　B. 弗利托娜

C. 瓦德切克　　　　　　　　　　D. 福禄贝尔

(7) 俄国最早的学前师资培训机构是(　　)。

A. 别茨考伊教养院　　　　　　　B. 弗利托娜幼儿学校附设幼教师资培训机构

C. 福禄贝尔学院　　　　　　　　D. 葛岑教养院

(8) 母育学校是(　　)的重要学前教育机构。

A. 英国　　　B. 美国　　　C. 法国　　　D. 德国

(9) 日本学前教育史上第一所国立幼儿园（东京女子师范学校附属幼儿园）创办于公元(　　)。

A. 1865年　　　B. 1868年　　　C. 1872年　　　D. 1876年

(10) 日本第一个有关幼儿园的正式法令是(　　)。

A.《幼儿园保育及设备规程》　　B.《教育基本法》

C.《保育大纲》　　　　　　　　D.《幼儿园教育大纲》

2．简答题

(1) 简述欧文幼儿学校产生的原因及其意义。

(2) 简述福禄贝尔幼儿园的主要教育内容和方法。

3．论述题

试论近代美国公立幼儿园的产生、发展及其意义。

实践与实训

实训一： 收集资料总结外国近代学前教育的发展历程，获得启示指导实践。

目的： 掌握外国近代学前教育的发展历程，树立与时俱进、勇于实践的科学教育观。

要求： 分小组通过阅读教材及相关书目、网上查询等，收集整理英、法、德、美、日、俄六国的幼儿教育实践，及其教育制度演变，用表格、思维导图等形式进行整理和评析，制作PPT全班分享。

形式： 小组合作。

实训二： 收集整理我国近代学前教育发展历程及具体实践的资料，结合当时的时代背景进行分析，明确其科学性或不足。

目的： 了解我国近代学前教育事业发展的历程，包括政府的政策法规以及教育实践，深刻领悟我国近代学前教育事业发展的历史特点，提升学前教育管理理念。

要求： 结合教材内容，认真详细收集整理我国近代学前教育事业发展的管理规定及具体实践，并进行评析。

形式： 小组合作。

第九单元 外国近代学前教育思想

◇ **学习目标**

1. 了解外国近代学前教育思想产生的历史文化背景。
2. 掌握夸美纽斯、洛克、卢梭、裴斯泰洛齐、福禄贝尔的学前教育思想。
3. 能够对夸美纽斯、洛克、卢梭、裴斯泰洛齐、福禄贝尔的学前教育思想进行客观评价,并能将理论灵活运用到幼儿教育实践活动中。
4. 感受外国近代学前教育思想的变化、发展及影响,树立正确的学前教育理念及献身学前教育事业的理想。

◇ **情景导入**

近代西方社会出现了许多学前教育家,如夸美纽斯、洛克、卢梭、裴斯泰洛齐、福禄贝尔等,这些教育家提出了哪些学前教育理论?这些理论的具体内容是什么?产生于什么样的时代背景?取得了哪些成就?存在哪些局限性?通过本单元的学习,你就能解答这些问题了。

第一课 夸美纽斯的学前教育思想

一 生平及著作

夸美纽斯(Johann Amos Comenius,1592—1670 年,见图 9-1)是 17 世纪捷克著名的教育理

论家和实践家,是世界教育史从封建主义向资本主义过渡时期的里程碑式的人物。

1592年,夸美纽斯出生于一磨坊主家庭,父亲为"捷克兄弟会"中的一员,12岁时他失去了双亲,在兄弟会的资助下接受中等和高等教育;16岁入拉丁语学校,毕业后去德国上学。回国后担任兄弟会的牧师和学校校长,并主持兄弟会学校的工作。这期间他用业余时间攻读了许多哲学和教育学著作,全身心地投入到教育事业中。由于他和其他新教徒不肯皈依天主教,1628年他被迫流亡国外。在极其艰苦的流亡生涯中,他仍孜孜不倦地继续从事教育理论研究及教育实践工作。1670年,他带着对祖国的眷恋之情客逝于荷兰。

图9-1 夸美纽斯

在夸美纽斯漫长的教育生涯中,其研究及贡献涉及教育的许多领域,学前教育是其中最有建树的领域。他的学前教育思想主要体现在他三部名著之中,即《母育学校》《大教学论》《世界图解》。1630年,他写成《母育学校》,于1633年出版,这是历史上第一部学前教育专著。书中强调家庭是儿童的第一所学校,母亲应承担起教育孩子的责任。1632年《大教学论》出版,这是他教育思想的代表作,是近代第一部教育学著作。1658年《世界图解》出版,这是世界上第一部带有儿童插图的识字课本。

二 学前教育思想

(一)泛智教育思想

"泛智"教育思想是夸美纽斯教育理论的核心,贯穿于《大教学论》全书中。"泛智"是指将一切有用的知识教给所有人,并使其智慧得到普遍的发展。他主张"把一切知识教给一切人们"。"泛智"教育思想主要有以下两个方面的含义。

1. 受教育对象全体性:一切人

夸美纽斯认为,一切儿童都可以被教育成人,人人都可以通过受教育获得改进和发展。他在《大教学论》中指出:"不仅有钱有势的人的子女应该进学校,一切城镇乡村的男女儿童,不分贫富贵贱,都有同等受教育的权利。"

2. 教育内容全面化:一切知识

夸美纽斯主张,人人都应受到周全的教育,学习"一切知识"。"一切知识"指的是全面、丰富、多样的知识。具体来看,周全的教育包含了以下三个方面。

(1) 认识事物。

夸美纽斯强调，每个人都应该去学习所有知识领域中的精粹，通过自我建构来形成智慧，以此掌握一切必须熟知的事物，了解一切事情的起因，明晰所有事物真正有益的用处。

(2) 知行合一。

夸美纽斯认为，教师所教授的知识必须是有选择的、有用的、与实际生活相联系的知识。在学生学习的过程中，帮助他们理论结合实践，在行动上进行锻炼，以便未来胜任社会工作。

(3) 语言优美。

夸美纽斯主张，教育应使人人能言善辩，能够清楚表达自我观点。值得一提的是，他认为本民族语言应被置于重要地位，教师应使用本民族语言进行教学，学生应使用本民族语言学习。

（二）肯定幼儿的价值——积极的儿童观

夸美纽斯深受人文主义思想的影响，形成了人文主义儿童观。他把儿童比作"上帝的种子"，他们是洁白无辜的，是"无价之宝"，提倡尊重儿童；他把儿童比作一面镜子，在镜子里，人们可以看到很多品德——谦虚、有礼、亲切等。他呼吁父母要承担起照护子女的责任，不仅要照护身体，也要照护儿童的灵魂，用教育去促进孩子身心的健康发展。他从国家和社会的角度指出，认为儿童不仅是世界未来的居民，且他们中的大多数将成为最聪慧的各种人才，所以，应把儿童看作国家和社会的未来和希望，给予关怀、爱护与教养。

（三）论述了学前教育的重要性

夸美纽斯认为学前教育有着极为重要的意义。他在其著作中声称"任何人在幼年时代播下什么样的种子，那他老年就收获那样的果实，如果要造就一个人，就必须由教育去完成"。

从儿童的发展来看，儿童有非常强的可塑性。在6岁前，儿童会不知不觉地运用感官直观地去学习，此阶段儿童需要父母更多的关怀，尤其是母亲的关怀；6岁之后随着身体器官的发育成熟，儿童应该到学校去学习。从国家的视角出发，夸美纽斯认为儿童是国家的未来，如果要使儿童成为有用的人就要让其在早期开始接受教育。

因此，细心、正确地组织好儿童的早期教育是防止儿童沾染不良行为和堕落的重要手段，同时儿童及早地学习一些必要的粗浅知识，可以为后期的学校教育打好成功的基础。

（四）提出教育的主导原则——教育适应自然

"教育适应自然"是夸美纽斯提出的教育主导原则。"教育适应自然"主要包括以下两方面内容。第一，教育必须遵循自然的、普遍的"秩序"和规律。他认为教育工作同自然界一样，是有规律可循的。第二，教育必须顺应儿童的自然天性和年龄特征。他认为人是自然的一部分，但人的发展有其自身的法则。因此进行教育时要充分考虑到儿童自身的天性、兴趣和需求，循序渐进，使之在不同的年龄阶段获得不同程度的发展，而不能由成人主观意志去控制。同时他还谈到教育无须鞭笞，应尽量温和轻快，尽量自然。

（五）倡导母育学校

夸美纽斯认为，每一个家庭便是一所母育学校，孩子的母亲便是最主要的教师。所谓"母育"，就是母亲膝前教育的意思。他撰写的《母育学校》是一本专门为父母所写的学前儿童家庭教育指南。

1. 母育学校的目的

夸美纽斯将儿童从出生到青年分为婴儿期、儿童期、少年期、青年期，不同阶段的儿童，由不同的教学主体施教。第一个阶段（婴儿期）的教学主体为母育学校即家庭，"母育学校"的教育就是儿童在家庭中所受的教育。

在这个阶段的主要目的是为儿童的体力、道德和智慧发展奠定基础，通过感觉器官的训练和发展使幼儿获得有关自然界、社会生活和家庭生活的初步认识。

2. 母育学校的教育内容和方法

1）胎教

夸美纽斯强调孕妇应注意身心健康。他认为如果孕妇们不注意控制自己的情感，经常处于突然的恐慌、过度的愤怒或怨恨与伤感一类不良的情绪状况，她就将生育一个怯弱的、易动感情的和沮丧的婴儿。

2）体育

夸美纽斯特别重视锻炼和娱乐对儿童身心发展的重要性。他认为游戏是幼儿最适合的活动方式。游戏不仅有益于幼儿的身体健康，而且能够发展肢体活动和智力的敏捷性。因此，他要求父母应积极行动起来，帮助和指导幼儿开展游戏活动，甚至应直接参加游戏。

3）德育

夸美纽斯认为，人出生的头几年就应当奠定良好的德行基础。

在德育内容上，他强调儿童应学习有关德行的初步知识，包括节制、整洁、尊敬长辈、诚实、不嫉妒和爱劳动等，特别重视节俭和勤劳等品质的培养。

在德育方法上，他认为应充分重视榜样、教导、示范、训练、惩罚、表扬等方法的作用。他坚决反对溺爱和放纵孩子，反对父母或成人容忍儿童在毫无纪律约束下为所欲为；他要求自幼培养儿童的纪律观念，但又不要过于严厉；强调父母、导师应以身作则，用自身的道德行为影响青少年，使他们从小便对道德榜样的人物和行为产生深刻印象。同时，他还注意到了环境对儿童道德的影响，提出儿童应避免不良社交，以免沾染恶习。

4）智育

智育是夸美纽斯学前教育思想中最具有特色的部分。在西方教育史上，夸美纽斯是第一个为 6

岁以下儿童的智育制订广泛而详细的教学大纲的教育家。他将人的大脑比作蜡。儿童在幼年时期就像蜡在软的时候一样易感且柔软，适合接受所接触到的一切形象。

夸美纽斯将幼儿智力教育的主要任务分成三方面。第一，通过感官去认识外部世界；第二，发展语言和思维；第三，训练手的初步技能，即对幼儿进行"能、知、行"三方面的教育，为入学后的教育打下基础。同时，他建议父母既要为幼儿提供自然科学的知识，也要让孩子学习社会科学方面的知识，在此基础上还要重视对儿童学习能力的培养。

3. 母育学校的教材

夸美纽斯强调视觉是感官教育中最主要的知觉，所以应当把各门学问中最重要的事物以图像形式传授给儿童。1658年，他的《世界图解》正式出版，这是历史上第一部对幼儿进行启蒙教育的看图识字课本。按照直观教学的原则，每张图画上端对应写出它所代表的物体的名称，书中的内容与《母育学校》中提出的教学大纲相对应，对后世产生了深远的影响。

4. 游戏和玩具

夸美纽斯是西方教育史上第一个从儿童的年龄特征来论述游戏的教育家。他指出游戏符合儿童天性的能量的散发，是最适合儿童的活动方式；游戏是度过愉快的幸福童年的手段，是儿童生活中不可或缺的伴侣；游戏是生活的预备。他的这些思想在儿童游戏理论的发展史上具有重要的意义。

夸美纽斯对玩具也提出了详细意见。他认为真的工具常会给孩子带来危险，所以必须寻找可取代的玩具，如小的铁刀、木剑、锄头、小车、建筑物等。儿童也可以用自己所喜欢的泥土、木片、木块或石头搭盖小房子，来表现他们初步的建筑认识。

5. 进入公共学校的准备

夸美纽斯在《母育学校》中还专门探讨了幼儿入学前准备工作的问题，并提出了许多有益的建议。他认为，儿童6岁前入小学是不合适的。一方面，稚龄儿童需要较多的监护和照顾，一般的学校教师很难胜任；另一方面，儿童在6岁以前，大脑还未发育好，故对于该年龄的儿童来说，使其在游戏、生活中自然地、不自觉地感知事物就可以了。他提出，儿童是否适宜进入公共学校学习，可看其是否符合以下标准：其一，已经了解应在母育学校知道的东西；其二，已具有注意力、思考力和一定的判断能力；其三，有继续学习的愿望。

夸美纽斯指出，父母没有准备就将其送往学校是不智之举。正确的准备首先是在儿童临近入学的时候，父母、家庭教师和监护人应当以快乐的心情尽力鼓舞儿童，告诉儿童小学将带来的愉悦，消除儿童对学校的焦虑感和恐惧感；其次，要激发儿童的求知欲望，唤起儿童进学校学习的兴趣；最后，要培养儿童对学校和老师的信任感和敬爱感。千万不要用学校和教师来恐吓儿童，使儿童心怀畏惧而不愿入学。

三、对夸美纽斯学前教育思想的评价

夸美纽斯的《母育学校》是西方教育史上第一本学前教育专著,首次深入研究了家庭条件下学前教育的完整体系,确定了其目的、内容和基本方法。在此基础上他撰写了世界上第一本看图识字课本《世界图解》。他的学前教育思想标志着西方学前教育研究从神学化向人本化的方向转变。他的思想对后世影响非常大,近代著名学前教育家福禄贝尔、蒙台梭利在创立自己的理论时都受到他的影响。

尽管他在教育学上所取得的卓越成就和他一生致力于人的幸福所做的努力都是令人钦佩的,但是他的教育思想中仍保留了世俗与宗教的矛盾、机械主义痕迹。时代的局限性和科学发展水平的限制使得他的研究科学性和合理性也不够充分。

第二课 洛克的学前教育思想

一、生平及著作

图 9-2 洛克

洛克(John Locke,1632—1704 年,见图 9-2)是 17 世纪英国著名的哲学家、教育家。他出生于乡村律师家庭,幼年时受过严格的家庭教育,1652 年在牛津大学基督教会学院学习,后留校工作,在 36 岁时入选英国皇家学会。由于其哲学观点不受欢迎,最后他决定从事医学研究。1665 年,他离开了牛津大学。第二年,他结识了当时英国有名的资产阶级政治家沙夫茨伯里伯爵,先后担任伯爵的秘书、医生、家庭教师。1683 年,因莎夫茨伯里反对詹姆士继承王位的活动败露,他受牵连遭到迫害而出走荷兰。1688 年"光荣革命"后,他重返英国,在新政府中担任贸易和殖民地事务委员会委员等职并发表一系列重要著作。

洛克提出了绅士教育理论和"白板说",主要著作有 1689 年发表的《政府论》《论宗教宽容的书信》,1690 年发表的哲学名著《人类理解论》和 1693 年发表的教育代表作《教育漫话》,等等。

二 学前教育思想

（一）非常重视儿童教育的作用

从"白板论"出发，洛克高度评价了儿童教育的作用，认为国家的幸福和繁荣也与儿童良好的教育密切相关。他认为人的观念并不是与生俱来的，观念出现前，人心只是一块"白板"，是没有任何特征的一张白纸。他反对先天观念的存在，认为全部观念都依赖于后天的"经验"。儿童在本质上有别于成人，儿童刚出生时没有观念，只有当儿童在自己生长的环境中不断地从外界吸收经验而成长起来时，他的精神世界中才充满了各种观念，教育在这个过程中起着非常重要的作用。

（二）提出"培养绅士"的教育目的

洛克认为教育的目的就是培养绅士。在《教育漫话》中，他将"绅士"称为"有事业的人"。所谓"绅士"，是指身体健康，有着高尚道德品质与才干，有着高贵的礼仪，并能满足个人幸福生活需要的人。绅士应当具备德行、智慧、礼仪和学问四种品质。绅士教育的目标是培养身体健康、精神健全的各种社会活动家和企业家。如果要培养绅士，必须要从幼儿时期开始在家接受教育。

（三）论教育的内容和方法

洛克首创了德、智、体合一的"三育"体系，它的"三育"思想对现代教育有着深远的影响。

1. 体育

洛克重视体育，反对娇生惯养，提倡对幼儿进行严格的锻炼，他提出"健康之精神寓于健康之身体"，体育是德育和智育的基础和保障。

培养健康的体质包括三方面措施。一是保持科学的饮食和适当的锻炼。如食物应简单而清淡，饮食过程细嚼慢咽，用餐时间相对固定，坚持户外运动，学习游戏等。二是从小养成良好的习惯。父母在培养孩子习惯的过程中，应树立正确的儿童观，培养幼儿的独立自主性。三是遵循自然规律和儿童身心发展规律。父母在对待孩子的衣着、饮食以及睡眠等方面都应贴近自然。

2. 德育

洛克认为德育在绅士教育中占首要位置。在他看来，德育应当培养儿童理性、礼仪、坚忍、节制等品德。

具体方法有：及早施教，重视说理教育；对幼儿的要求要合理而不是出于父母的好恶；要宽严得当；慎奖励，少惩罚；重名誉，恶羞辱；少限制，多练习；树榜样，作示范；把玩具作为德育的手段。

3. 智育

在洛克看来，德育是第一位，智育居于第二位。

他提倡寓教于乐的智力发展方式，从小培养孩子的学习习惯，将学习与游戏活动相结合，激发孩子学习主动性。一位合格绅士的培养需要教养者拥有正确的教育方式和教育理念，真正做到"授人以鱼不如授人以渔"。首先，发挥教师引导者的作用，为幼儿挑选合适的书籍和阅读方法，让幼儿用正确的方式领会知识，更加热爱知识；其次，端正幼儿学习态度，从小培养幼儿良好的学习习惯；最后，重视幼儿兴趣，将学习与游戏活动相结合，激发幼儿学习内驱力。

三 对洛克学前教育思想的评价

洛克高度评价教育在人的形成中的作用，并提出了一个包括体育、德育、智育的教育体系。他十分重视幼儿的早期教育，并在幼儿教育方面提出了许多独特的见解。他的"白板说"和功利主义的道德观对18世纪法国启蒙思想家的教育观点产生了深刻的影响。

由于洛克代表的是资产阶级新贵族的利益，只强调家庭教育而低估学校教育的价值，过分注重绅士礼仪的教育，阶级性十分明显，因此我们需要辩证地看待。

第三课　卢梭的学前教育思想

一 生平及著作

图 9-3　卢梭

卢梭（Jean-Jacques Rousseau，1712—1778 年，见图 9-3）是法国 18 世纪启蒙思想家、哲学家、教育家、文学家、民主政论家和浪漫主义文学流派的开创者，启蒙运动代表人物之一。

卢梭出生于瑞士日内瓦的一个穷苦的钟表匠家庭，母亲在他出生后不久去世。1722 年，他的父亲和他人发生纠纷，逃离家乡。从此，他开始过着寄人篱下、漂泊不定的生活。他当过学徒、杂役、家庭教师等。寄人篱下所遭受的屈辱和冷遇、长期漂泊不定的贫困生活，培育了卢梭对"残暴和不正义"的反抗意识。

1742 年，卢梭来到了巴黎，不久便结识了伏尔泰、狄德罗等一些启蒙运动思想家，成为撰写《百科全书》的一员。1749 年，应征第戎学院征文竞赛时，他的《论科学与艺术》获评首奖，一举成名。1756 年，他移居法国农村，专心写作。1762 年，因出版《爱弥儿》，法国法院对他发出逮捕令，查禁他的书，他被迫逃到瑞士、普鲁士及英国等欧洲各地。1770 年，他返回法国，避居于巴黎市郊。之后，他又完成了自传性著作——《忏悔录》。1778 年，他因患大脑浮肿在巴黎近郊去世。

卢梭的主要著作有文学著作《新爱洛伊丝》（1761 年）、政治著作《社会契约论》（1762 年）、教育著作《爱弥儿》（1762 年）。其中，《爱弥儿》是他自认为其所有作品中最好、最重要的一部，是西方首部教育哲理小说，是一部儿童教育的经典著作，与柏拉图的《理想国》、杜威的《民主主义与教育》一起构成了西方教育思想史上的三大里程碑。

二 学前教育思想

（一）自然教育的含义和目的

"自然教育"不仅是卢梭政治哲学思想的基础，也是他教育思想的核心。"自然"即儿童的天性，自然教育即要求教育应遵循儿童发展的自然性，考虑其年龄特征，适应其本性。在他看来，教育是人的生活的一部分，不应脱离自然，而应回归自然。自然主义教育是建立在他性善论的基础上的。他认为人生来是向善的，但这种存乎自然的善，却为所谓"文明"所侵蚀，这种侵蚀在城市中尤为严重，因此，他主张远离城市，回归自然。他还从儿童所受的多方面的影响来论证教育必须"归于自然"。他提出了"三种教育"，即自然的教育、人的教育和事物的教育。在这三种教育中自然和事物的教育不由人来支配，只有人的教育才是我们能够真正地加以控制的。

卢梭认为，自然教育的目的是培养"自然人"，即完全自由成长、身心协调发达、能自食其力、不受传统束缚、能够适应社会生活的一代新人。这种"自然人"是生活在社会中的自然人，是能够尽到社会职责的社会成员，而不是回到原始社会的没有文化的人，也不是脱离现实的野蛮人。"自然人"实质上就是资产阶级新人的形象。

（二）教育年龄分期

卢梭从自然教育理论出发，根据儿童的身心发展的过程，将人的教育分成 4 个时期，并提出对不同年龄阶段的人实施教育的原则和方法（见表 9-1）。

表 9-1 教育阶段的分期

发展阶段	主要特征	教育内容和方法
婴儿期 （0～2岁）	身体处于自然状态	以身体养护为主。反对溺爱儿童和娇生惯养，坚持使用大自然赋予儿童的一切力量，让儿童自由发展
儿童期 （2～12岁）	儿童言行多受感性支配，缺乏适当的理性力量，处于"理性睡眠时期"	以体育锻炼和感官训练为主，进行感觉教育。通过让儿童接受自然的熏陶，来获得丰富的感觉经验。对待儿童的错误行为采用"自然后果法"，在自然状态下，利用适合儿童特点的事物去影响他，而不要用理性去教育儿童
少年期 （12～15岁）	身强体壮，理性萌芽，初具辨别能力，已经积累了一定的感官感受经验	主要是进行智力教育和劳动教育。智力教育的任务是培养儿童的学习兴趣，教儿童寻求知识的方法。劳动教育的任务主要是教儿童学会劳动，学会一种职业，同时促进理性的成长及道德品质和人格的发展
青年期 （15～20岁）	"暴风雨和热情的时期"即各种"欲望"蜂拥生长的阶段	进行德育，也即道德品质的教育，从而使人具有善良的情感，可以做出正确的判断，并具有坚强的意志，成长为能够抵抗"文明"侵蚀的社会人

（三）学前教育的原则与方法

1. 学前教育的原则

卢梭教育理论体系的基本思想是应当"把儿童看作儿童"，在日常生活中尊重儿童的天性。同时强调指出，教育要顺应自然，要根据幼儿的天性发展适应幼儿生理和心理的自然本能，千万不能揠苗助长、干涉或限制幼儿的天性，而破坏了儿童的自然成长规律。他要求教育要从儿童的实际出发，激发儿童的兴趣和需要，做到"做中学"；必须把儿童作为教育的主体，教师通过启发、引导、鼓励儿童主动地学习。

2. 学前教育的方法

卢梭认为，人的教育是人成长的必要条件，但是教育的方法与手段是人成才的关键；好的教育手段使人成为优秀的人，而坏的方法将使人愈来愈堕落。对此，他提出了以下几种学前教育方法。

（1）身体的养护和锻炼。

卢梭十分重视儿童期身体的养护和锻炼。他主张在乡村养育婴幼儿，认为新鲜的空气对体格健康作用很大，尤其是在生命头几年。在穿衣方面，他主张儿童应穿宽松的衣服，因为衣服紧贴着儿童的身体，会妨碍他们在发育中的身体各部分的活动和成长，最终会使儿童变成"畸形的人"。在饮食方面，他要求给儿童提供清淡的食物，味道不要太浓。在睡眠方面，他主张给予儿童充足的睡眠，要求儿童养成日出而起日落而眠的好习惯。在生病方面，他反对给幼儿请医生、用药，认为人们要锻炼幼儿的体格，使他们能够忍受各种艰难病痛。同时，他提出，人们只想到怎样保护幼儿是不够的，还应该教幼儿学会自我保护，培养他们坚毅的品质。

（2）感觉教育。

在西方教育史上，卢梭是第一位详细论述如何训练儿童感官的教育家。他把感觉教育分为触觉、视觉、听觉、味觉和嗅觉教育。他认为触觉是感觉应用中最多的，发展触觉的主要方法是练习，让儿童有较多的机会去触摸物体的温度、形状、大小、轻重和硬度。训练视觉的方法，主要是用触觉来辅助视觉。用触觉来鉴定视觉所获得的印象。听觉的教育，主要是训练判断发声物体的大小和远近，它的振动是猛烈还是轻微等。他认为，为了发展听觉，就要使听觉器官和发音器官同步，互相配合地进行锻炼。它主要靠学说话、唱歌、听音乐来练习。在味觉教育方面，他主张尽量让儿童保持原始的口味，经常接触一些清淡的味道，不要习惯于重味道，特别是不要养成贪食的坏习惯。在嗅觉教育方面，他认为可以通过饮食来练习，但是由于嗅觉属于"想象的感觉"，所以儿童不宜过分活动。

（3）德育方法。

从"自然教育"理论出发，卢梭反对任何形式的惩罚及口头教训等，主张采用"自然后果法"，也就是让孩子从经验中去吸取教训，让孩子亲身体验自己的错误行为所产生的不良后果，从中受到教育，并改正错误。他反对道德说教和实施惩罚，明确指出："我们不能为了惩罚孩子而惩罚孩子，应当使他们觉得这些惩罚正是他们不良行为的自然后果。"

三　对卢梭学前教育思想的评价

卢梭是划时代的教育思想家，其自然教育思想具有革命性的意义。他的自然主义教育思想崇尚自由和平等，主张顺应儿童的自然天性，尊重儿童发展的规律，对后世产生了深远影响，对当今学前教育实践仍然有着重要的启示。

然而，他的理论缺少实践基础，缺少对幼儿心理发展的研究。在各个阶段教育、家庭教育等方面，他的一些理论和观点也存在偏颇和不足，我们需要辩证地分析。

第四课　裴斯泰洛齐的学前教育思想

一　生平及著作

裴斯泰洛齐（Johann Heinrich Pestalozzi，1746—1827年，见图9-4）是19世纪瑞士平民主义

教育家、伟大的资产阶级民主主义教育家，也是世界近代史上最具影响力的教育家之一。

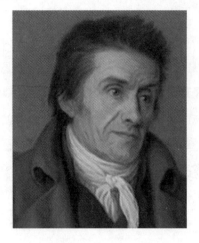

图 9-4　裴斯泰洛齐

裴斯泰洛齐童年不幸，5 岁丧父，在母亲、女仆和姐姐的管教下成长。他小时候常利用假期去看望在农村的爷爷。在那里，他看到穷人的贫困与堕落，深表同情。他暗下决心，立志"拯救贫苦民众，消除苦难的根源"。17 岁中学毕业后，他进入苏黎世大学的加洛林学院学习法律，在此期间深受卢梭《社会契约论》及《爱弥儿》的影响，坚信自然教育可以帮助人们打开眼界。1769 年，他在苏黎世的比尔村附近建立示范农场，取名为"新庄"，打算以经营农场为示范，来唤起贫民的信心。但因土质过差和经营不善，最终彻底破产。

1774 年冬天，裴斯泰洛齐在新村创办了一个孤儿院，收容了 50 多个贫困儿童，在劳动之余，教他们说话、读书、心算与写字等。他跟他们生活在一起，以身作则，指导他们的行为，陶冶他们的情操。由于资金问题，孤儿院于 1780 年停办。这次实验虽然失败，但为《林哈德与葛笃德》的创作奠定了实践基础。1798 年，他应瑞士政府的邀请，创办了孤儿院，继续他的教育实验，但因战争影响，不久即停办。1800 年与友人在布格多夫城创设了一所寄宿制中学，进行教学方法的改革，取得了显著成绩。1804 年寄宿制中学迁往伊佛东后，成为当时欧洲的"教育圣地"。1825 年，由于种种原因，伊佛东学校停办，他回到故乡。1827 年，他因病在新庄去世。

裴斯泰洛齐一生的著作很多，主要有《林哈德与葛笃德》《论教学方法》《葛笃德怎样教育她的子女》《天鹅之歌》等。

二　学前教育思想

（一）论教育的作用和目的

裴斯泰洛齐深受法国启蒙思想家特别是卢梭的影响，希望改善贫苦人民的生活处境。他的教育理念就是教育可以消除贫困，改造社会。他认为，只有通过教育才能实现人的充分和谐发展。裴斯泰洛齐主张全民教育，强调教育对个体发展的作用，认为人人具有天赋力量和能力。要解决迫切的社会问题，获得根本的社会改造，就必须使人的天赋能力和力量得到发展。

他认为教育目的应是"促进人的一切天赋能力和力量的全面、和谐发展"。即在天赋充分、和谐发展的基础上，成为一个有道德、有智慧、身体强健和有劳动能力的人。其核心是强调体、智、德、劳和谐发展的教育，这是裴斯泰洛齐全部教育活动和教育理论的立足点。

（二）论要素教育

裴斯泰洛齐提出了"要素教育"这一观点，目的是使儿童天赋能力和力量的发展都遵循从简单到复杂的规律。他认为，在各种教育、教学过程中，在各门学科中，都存在一些最简单的因素，即要素。要素教育是指教育过程应从一些最简单的、能为儿童所理解和接受的要素开始，逐步过渡到更加复杂的要素，从而促进儿童各种天赋能力全面和谐的发展。他认为要素教育体现在德育、智育、体育和劳动教育的各个方面。

他指出，德育的最基本要素是儿童对母亲的爱，由此扩展到对他人及整个世界的博爱，从而使儿童的"心灵"得到完满发展；智育是要素教育的主要内容，对儿童的教学应该从数、形、词这三个基本点进行，即"教学艺术首先要用来培养基本的计算能力、测量能力和说话能力"；体育和劳动教育的最基本要素是关节活动，从简单的关节活动到四肢活动，再到基本的动作训练，逐步扩展到全身的、更为复杂的体力劳动。

（三）论爱的教育

裴斯泰洛齐是西方教育史上首位大力提倡爱的教育家，也是实施爱的教育的典范，被誉为"慈爱的儿童之父"。他指出："教育的主要原则是爱。"他倡导并身体力行的爱的教育主要包括以下两层含义：其一是教育者对教育对象的真诚的、全身心的、无保留的关心与热爱；其二是教育者在主动奉献自己的爱以后，受教育对象不仅改掉各种不良习气，学会自尊、自爱，而且乐于助人，乃至释放出爱，造福人类，将爱的情感转移到他人身上。

他提出实施爱的教育的方法有：一是不计较个人得失；二是面对身心俱残的儿童同样满怀爱心；三是为了孩子忘我劳动。

裴斯泰洛齐一生关注并致力于贫苦儿童的教育，其教育对象主要来自社会底层和流浪儿童。由于经历过悲惨的生活，所以，他接纳的学生中，有的身染疾病，有的因长期贫困而麻木不仁，还有的外表痴呆、心智不够健全。面对这些身心几乎俱废的贫苦儿童、残障儿童，裴斯泰洛齐并不歧视或嫌恶，而是满怀爱心。他的真心付出获得了满意的回报，经他教育过的儿童，无不对他怀有极其深厚的感情，同时，这些儿童又进一步将爱转移到他人身上。

（四）论家庭教育

裴斯泰洛齐非常重视家庭教育的作用，认为家庭是教育的起点，是培养人品和公民品德的大学校，家庭是"人类教育的圣地"。他强调对儿童最初的爱的教育须由父母承担。他认为家庭教育是实现教育目标的一个重要途径，因为家庭教育最能体现教育适应自然的原则，家庭教育能追随儿童的天性，并很好地促进儿童潜在的力量和才能的发展。

在他看来，母亲是非常伟大的教师，她最了解儿童、热爱儿童，母亲最能表现教育的意义，也最容易取得教育的成效。在《林哈德与葛笃德》和《葛笃德怎样教育她的子女》中，有许多关于母亲实施爱的教育的生动描述。如葛笃德的子女在她的调教下乐善好施，宁愿自己挨饿也要把省下的面包悄悄送给更贫穷的孩子，他们的内心对此行为产生了一种美好的情感体验。

（五）论早期和谐发展教育

裴斯泰洛齐十分重视早期教育，认为儿童应当尽可能早地受教育，最好从出生时就开始。同时，他强调和谐发展，教育的内容包括德育、智育、体育和劳动教育。

1. 德育

裴斯泰洛齐认为，在培养儿童早期德育时，首先，要从小唤起儿童的道德情感。通过对儿童的慈母般的热爱、信任等情感，来激发、唤起儿童对母亲的爱，进而爱双亲，爱兄弟姐妹，爱周围的人。其次，要培养儿童的自我克制力。他认为儿童所处的环境和习惯对儿童自制力的培养起着很重要的作用。因此，母亲应以身作则，日常行为要有始终如一。同时，母亲在教育孩子的过程中，要重视孩子的合理要求，不纵容孩子过分的言行举止。最后，鼓励儿童在道德上逐渐独立，培养孩子对周围事物和人进行观察，从而学会评价和判断的能力。

2. 智育

裴斯泰洛齐认为早期智育应该首先从对事物的观察开始。他主张教育者用物体进行直观教学，最好采用图片和实物来启迪儿童，抛弃孩子不容易理解的纯文字。其次，他还重视早期儿童的感官教育，建议感官练习应采用游戏的办法进行。最后，他还重视早期儿童语言能力的发展，以及学习兴趣在智育过程中的重要意义。

3. 体育

裴斯泰洛齐认为在对儿童进行早期体育教育时，应按儿童自然的动作来安排身体训练，在安排运动时，应从容易进行的运动开始，继而进行更为复杂、难度更高的运动。他还主张将体操和儿童的游戏及自由玩耍结合起来，并重视将儿童贪玩的天性用在为他人、为公众服务上。他认为，合理的体育训练能促进儿童健康和愉快，培养其团体精神、勤奋的习惯以及勇敢和吃苦耐劳等品质。

4. 劳动教育

在劳动教育方面，他主张儿童可以学习一些简单的手工艺技巧、种植、饲养等。他还主张通过带孩子们去农场、手工业作坊等地方参观来进行劳动教育。他认为劳动教育既可以提高儿童的劳动能力，又能让儿童学习初步的文化知识。

三 对裴斯泰洛齐学前教育思想的评价

裴斯泰洛齐对教育改造人类和社会的价值深信不疑，把自己的一生都贡献给了教育事业。他是教育史上提倡与实施爱的教育的杰出代表。在家庭教育、要素教育等方面构建了科学完整的教育理论体系，具有深刻的意义和深远的影响。同时，他推动了19世纪欧洲学前教育理论的进程，对当时的学前教育的发展具有启发作用，如福禄贝尔的学前教育思想与他的教育理论有着极为紧密的联系。

他的思想也不乏局限性，他所论及的心理仍停留在感觉经验的层面，未达到感性认识与理性认识的统一。

第五课　福禄贝尔的学前教育思想

一　生平及著作

福禄贝尔（Friedrich Wilhelm August Fröbel，1782—1852年），德国教育家，现代学前教育的鼻祖，被后人尊称为"幼儿园之父"或"幼儿教育之父"。1782年，他出生在德国图林根州的一个牧师家庭，母亲在他不到一岁就去世了。1785年父亲再婚，常遭继母虐待，幸得舅父母关爱。由于环境的改变，精神上的孤独，形成了内向的性格，同时生活在乡村，他喜欢和大自然接触，在大自然中体会出宇宙的真理和奥秘。

1799年10月，他进入耶拿大学哲学院学习数学和自然科学，后因无力缴纳学费而退学。他于1805年开始教育生涯。他曾两次拜访裴斯泰洛齐，深受裴斯泰洛齐思想的影响，特别是关于母亲和家庭在幼儿教育中的作用。1817年，在家乡开办学校，在这里他实施着自己的教育思想，于1826年写了泛论儿童教育工作的著作《人的教育》。1831年他流亡瑞士，1834—1836年在布格多夫担任一所孤儿院的院长，积累了解决幼儿问题的经验。在此期间，他读到了夸美纽斯的《母育学校》，这促进了他幼儿教育思想的形成。

1837年，福禄贝尔在图林根州的勃兰登堡创办了一所发展幼儿活动本能和自发活动的机构——儿童游戏活动机构，并为儿童设计了一系列玩教具，称为"恩物"。1840年，他将此机构改名为"幼儿园"（Kindergarten），把幼儿的活动场地比作花园，把幼儿比作花草树木，把幼儿教师比作园丁，把幼儿的发展比作培植树木的过程。这是世界历史上第一所幼儿园。随后，德国出现了幼儿园运动。1851年，普鲁士政府以莫须有的罪名下令关闭境内全部的福氏幼儿园。1852年，他在悲痛中离开了人世。

福禄贝尔一生重要的教育著作主要有：《人的教育》（1826年）、《幼儿园教育学》（1861年）、《慈母曲及唱歌游戏集》（1843年）。

二 论教育的一般原理

福禄贝尔的教育理论，既受到了裴斯泰洛齐、卢梭、夸美纽斯等教育思想的影响，又受到了费希特、谢林等哲学思想的影响。因此，他的教育思想既强调人的发展与教育相适应的自然教育的观点，又带有宗教神秘主义色彩。

（一）上帝是万物的统一体

福禄贝尔认为，有一条永恒的法则在一切事物中存在着、作用着、主宰着。这条支配一切的法则必然以一个万能的、不言而喻的、富有生命的、自觉的、因而是永恒的统一体为基础，这个统一体就是上帝。福禄贝尔认为，人与动物、植物一样，也是上帝的创造物，服从同一条发展规律，都有展现上帝精神的共同使命。教育的实质正在于使人能自由和自觉地表现他的本质，即上帝的精神。

（二）人是不断发展的

福禄贝尔从宇宙万物无限发展的观点出发，指出作为宇宙万物一部分的人在其生命过程中也是不断发展的，"人的发展先由一点出发，然后继续不断地、循序渐进地演进。"并从事物联系的观点出发，他反对把各个发展阶段孤立起来看待，强调人的各个发展阶段之间的连续性。婴儿、幼儿、儿童、少年、青年、成年、老年等发展阶段，是"从一个阶段向另一个阶段上升"的过程，彼此是有关联的。他进一步指出，人类的教育活动就应当按照儿童的本性，连续、协调地促使他们在各个方面得到发展。

（三）性善论与教育顺应自然原则

与卢梭一样，福禄贝尔认为儿童天性善良。他说："年纪尚幼、似乎刚处于形成中的人，尽管犹如一个自然的产物还是无意识的，然而就其本身而言，却必然地、无疑地要求至善的，而且甚至采取完全适合于他的形式来达到至善，在表现这种形式时，他也感觉到自己身上的一切禀赋、力量和手段。"

他认为，教育必须遵循自然的法则，这是他教育理论体系中的重要原则。在《人的教育》中，他多次批判"纯粹绝对的、强制性的和指示性的教育方式"，因为它们会阻挠、破坏以至毁灭儿童善良天性的发展。他既反对成人对儿童压制、干涉过多，束缚儿童发展，也反对成人给予儿童过分的帮助与照顾，从而损害其发展。他以修剪葡萄为例提出，如果园丁的工作违背植物的本性及其发展的正确道路，即使出于好心，也会损害葡萄的生长，降低它的产量。他认为，对人进行教育，也应遵循同样的道路，即必须顺应儿童天性的特点行事。

总之，在他看来，只有在人的天性不受到干扰而自然发展以及个性发展也受到重视的情况下，正确的、真正的人的教育才能发展，才能开花结果，才能成熟。他告诫人们："教育、训练和全部教学与其是绝对的、指示性的，不如更应当是容忍的、顺应的，因为在纯粹采用前一种方式的情况下，人类的那种完美的发展、稳步和持久的前进将会丧失。"

（四）教育分期论

福禄贝尔把儿童的发展划分成3个时期：婴儿期、幼儿期、少年期。

1. 婴儿期

这一时期主要是身体养护时期。他认为婴儿期的心理特点是"吸收"，应注意感官的发展。他认为婴儿先有听觉后有视觉，然后通过这两种感觉认识事物。在感官发展上，应遵循先发展听觉器官，继而发展视觉器官的原则。除发展感官外，婴儿也要发展身体，运用四肢进行活动或游戏。

2. 幼儿期

他认为幼儿期是"真正的人的教育"开始的时期。这一时期应较多注意其心智的发展，教育的主要任务从身体的保育转向智力的培育和保护。

3. 少年期

他认为少年期主要是学习的时期。儿童开始为了创造物而活动，为了成果而生活，使得外部的东西变为内部的东西，应以后天的环境为主，以课程为中心，借助实例和言语进行教学。因此，人进入了少年期，也就成了一个小学生了。

三 幼儿园教育理论

（一）幼儿园的作用和任务

福禄贝尔非常重视早期教育在人的发展中的作用，认为幼儿时期是人生的一个最重要的时期，是人真正教育的开始。这个时期儿童的生活方式和所受的教育将影响其整个一生。在《人的教育》中，他提出："人的整个未来生活，直到他将要重新离开人间的时刻，其根源全在于这一生命阶段。"他认为脱离这一阶段的教育无疑是企图建构空中楼阁。所以他创建幼儿园，重视加强对幼儿的早期教育。

1843年，他在《关于德意志幼儿的报告书》中说："幼儿园收容学龄前3—6岁的儿童，以家庭的方法助长儿童的身体发育与精神上诸能力的发展，养成良好的习惯为目的。"在他看来，幼儿园教育的主要任务是促进儿童身体和精神的健康成长；此外，培养幼儿园教师和推广幼儿教育经验也是幼儿园的重要任务。

（二）幼儿园的教学原则

福禄贝尔认为幼儿园的教学应遵循儿童的天赋、兴趣和性情，以自我活动为基础，以在活动过程中获得知识或观念作为教学的最终目的。根据上述观念，他提出两条重要的教学原则。

1. 实物教学原则

他主张要让儿童用自己的眼睛去观察，使其学会从亲身经验、从事物与事物之间的关系、从人类社会的真正生活中去认识事物。因此，他在幼儿园设立了图画观察、自然观察等教学内容。

2. 游戏教学原则

他认为，自我活动是一切生命的最基本的特征。他认为在以自我活动为基础的游戏活动中，儿童能感受自由与欢乐，所以任何儿童都对游戏很感兴趣。如果顺其自然，以游戏为教育的方法，引导儿童自我活动、自我发展和社会参与，易于提高教育工作的效率。他主张幼儿园应成为儿童游戏的乐园。

（三）幼儿园的课程

福禄贝尔在吸收以往教育家思想的基础上，将其后半生的主要精力放在了幼儿园课程的研发与教材的发展上。他认为教育者必须要对儿童的活动和游戏进行精心研制并善加指导，才能发挥其作用。具体课程体系包含以下五个方面。

1. 恩物

福禄贝尔受裴斯泰洛齐直观教学的影响，特地为幼儿设计了一套活动玩具，命名为"恩物"（Gift），其寓意是"上帝恩赐儿童的宝贵礼物"，作为儿童了解自然、认识自然的初步训练工具。"恩物"根据自然界的法则、性状和原理，用简易的物体制成，基本图形是圆球、立方体和圆柱体。"恩物"主要有六种。第一种是六个不同颜色的毛线球，第二种是由木制的圆球、立方体和圆柱体组成，这两种是最基本的，供3岁以前的儿童使用，旨在让儿童认识事物的颜色、形状及其关系。另外四种为积木式的立方体，供3~7岁儿童使用，旨在训练儿童对各种几何图形的认识，发展他们的想象力和创造力。

拓展阅读

扫码了解更多关于"恩物"的介绍。

2. 游戏

福禄贝尔强调游戏对儿童发展的重要性。他认为，游戏在学前教育体系中占有独特的地位，它既是儿童生活的一个重要方面，也是学前教育中一种主要的教育手段。他倡导游戏以自我活动为基础，认为游戏过程最能表现儿童的积极性、主动性和创造性。他提出，游戏是儿童内在本质向外的自发表现，是人在这一阶段上最纯洁的精神产物。

他将游戏分为运动性游戏和精神性游戏两大类。运动性游戏主要是对幼儿进行身体锻炼和感官训练，并培养他们的合作意识，以及对同伴和教育者的爱心；精神性游戏主要是使幼儿进行思考和判断的训练，帮助他们认识外部世界万物的基本特征，发展他们的智力。根据精神性游戏，他设计了恩物。

3. 作业

作业是福禄贝尔为儿童设计的各种制作活动。他为儿童设计了许多适合他们完成的作业，主要有绘画、纸工、串联小珠、木棒和小环拼图、刺绣、模型制作等，并提供各种作业材料，如针、线、剪刀、纸等，让儿童利用作业材料制作某样物品。也可以让他们参加一些简单的劳动活动，如照料花草、初步的自我服务等。他制定了一套详细的幼儿作业大纲，严格遵循从简单到复杂的原则。

作业与恩物关系密切，作业是恩物的发展。两者有明显的区别，其表现在恩物在先，作业继后：恩物的主要作用在于吸收或接受，作业的主要作用在于表现或建造，如与恩物中立体相对应的作业活动有泥塑、纸工等。福禄贝尔指出，幼儿只有掌握恩物的使用后，才能进行作业活动。

4. 歌谣

1843年，福禄贝尔出版了《慈母曲及唱歌游戏集》，该书编选了7首"母亲的歌"，反映母亲对孩子的情感，还有50首"游戏的歌"。每首歌由四部分组成：指导母亲的格言；儿歌；与这首儿童的内容相联系的图画；适合儿童身心发展的运动方式的说明。编写该书的目的在于：帮助母亲教育自己的孩子，使儿童运用自己的身体来活动他们的肢体，发展他们的感觉；帮助母亲以及其他代替母亲的人意识到自己对孩子的责任。

5. 自然研究

受裴斯泰洛齐的影响，福禄贝尔幼儿园的课程中设有"自然研究"。自然研究即观察自然，如观察苗圃，喂养小动物，种植园艺等，从而养成幼儿爱护花木、动物的品性，满足他们的好奇心，培养自制力和牺牲精神，激发研究自然科学的兴趣和热情。

四 对福禄贝尔学前教育思想的评价

福禄贝尔首创了幼儿园教育体系，使学前教育成为教育领域中的一个重要分支和独立部门，标志着学前机构的作用开始由"看管"转向"教育"。他开创的幼儿园模式先后传入英国、美国、日本和中国，幼儿园作为学前教育公共机构的一种重要形式被沿用至今。他在借鉴前人经验的基础上，详细论述幼儿园工作的体系、内容和方法，为幼儿园创造教学材料、玩具，设计一整套作业体系的思想和方法，这在整个学前教育史上是首创，具有重大的历史意义。他创造的"恩物"作为玩具被广泛推广，成为幼儿园不可缺少的设备，至今仍有借鉴和参考的价值。

福禄贝尔的教育思想也存在许多缺陷，有着内在的矛盾和阶级局限性。他一方面重视人的主观能动作用，一方面又强调上帝是万物的统一体。他强调自然和人的发展，要求人们重视儿童连续不断的发展过程，但在理论上，他的"发展"以不变为基础。他重视通过游戏作业、劳动等活动，发展儿童的主动性、自觉性和创造性，但是他又对游戏、作业等制定了各种烦琐的规则，抑制着儿童的主动精神。

◇ **单元小结**

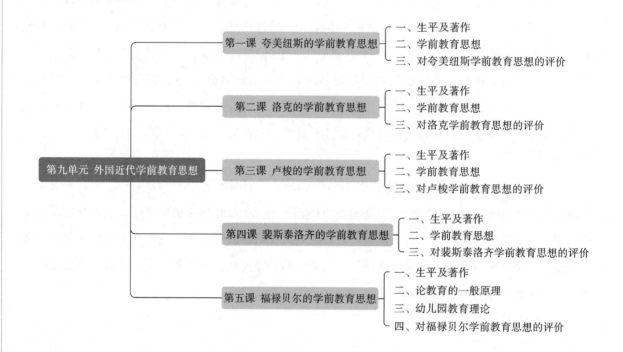

思考与练习

1. 单项选择题

（1）提出"泛智"教育思想，探讨"把一切事物教给一切人类的全部艺术"的教育家是（　　）。

A. 夸美纽斯　　　B. 赫尔巴特　　　C. 赞可夫　　　D. 布鲁纳

（2）洛克的教育代表作是（　　）。

A.《论人类不平等的起源和基础》　　　B.《社会契约论》

C.《教育漫话》　　　　　　　　　　D.《爱弥儿》

(3) 卢梭的教育思想属于（　　）。

A. 永恒主义教育思想　　　　　　　B. 自然主义教育思想

C. 要素主义教育思想　　　　　　　D. 实证主义教育思想

(4) 卢梭根据自然发展原则将自然教育划分为四个时期，其中被称为"理性睡眠时期"的是（　　）。

A. 婴儿期　　　　B. 儿童期　　　　C. 少年期　　　　D. 青春期

(5) 主张教育的目的在于按照自然的法则全面地、和谐地发展儿童的一切天赋力量的教育家是（　　）。

A. 裴斯泰洛齐　　B. 杜威　　　　C. 卢梭　　　　D. 夸美纽斯

(6) 福禄贝尔的主要著作是（　　）。

A.《童年的秘密》　　　　　　　　B.《人的教育》

C.《爱弥儿》　　　　　　　　　　D.《林哈德与葛笃德》

(7) "恩物"的设计者是（　　）。

A. 卢梭　　　　B. 杜威　　　　C. 福禄贝尔　　　　D. 蒙台梭利

(8) 福禄贝尔创立的幼儿学校1840年更名为幼儿园，该幼儿园始创于（　　）。

A. 1827年　　　B. 1803年　　　C. 1837年　　　D. 1823年

2. 简答题

(1) 简述夸美纽斯的"泛智论"。

(2) 简述卢梭的自然教育思想。

(3) 简述裴斯泰洛齐爱的教育思想。

(4) 简述福禄贝尔的学前教育思想。

3. 论述题

(1) 论述卢梭教育思想对我国当今学前教育的启示。

(2) 论述裴斯泰洛齐学前教育思想的影响。

(3) 论述福禄贝尔的幼儿园教育理论。

实践与实训

实训一：收集整理夸美纽斯、洛克、卢梭、裴斯泰洛齐、福禄贝尔的名言或故事，结合他们的教育思想进行分析理解。

目的：深入了解夸美纽斯、洛克、卢梭、裴斯泰洛齐、福禄贝尔，感受教育家们的教育理念，树立科学的学前教育理念。

要求：结合教材内容，收集整理夸美纽斯、洛克、卢梭、裴斯泰洛齐、福禄贝尔的相关资料，进行个人汇报。

形式：个人汇报。

实训二：研究"恩物"的玩法，分析"恩物"的教育功能。

目的：了解"恩物"的主要结构和操作方法，探究"恩物"对于儿童的教育作用。

要求：结合教材内容，认真详细探究"恩物"的玩法，总结"恩物"的教育功能。

形式：小组合作。

第十单元　外国现当代学前教育

◇ **学习目标**

1. 了解英、法、德、美、日、俄的现当代学前教育制度与实践的基本情况。
2. 掌握现当代英、法、德、美、日、俄的具有代表性的学前教育机构及其教育内容。
3. 结合时代背景,以史料为依据,客观地评价英、法、德、美、日、俄的现当代学前教育的发展,形成对学前教育的科学认识。

◇ **情景导入**

19世纪末20世纪初,英美等资本主义国家的学前教育发展均已初具规模。随着社会的发展和科技的进步,大力发展学前教育已成为越来越多国家未来教育的主要目标之一。英美等发达国家把学前教育作为整个教育的基础,逐步将学前教育纳入义务教育和终身教育体系。了解并研究英美等六国的学前教育实践,将有助于我们借鉴别国的经验,促进本国学前教育的发展。现当代英美等主要发达国家的学前教育发展历程如何?各有何特点?对我国学前教育的发展有哪些启示?让我们走进本单元的学习。

第一课　英国的学前教育

与其他发达国家相比,英国的现代幼儿教育发展是比较缓慢的,只在有限的人力、物力条件下实施学前教育。

一　20世纪前半期英国的学前教育

（一）保育学校的创立和发展

英国1870年颁布的《初等教育法》规定5岁为义务教育开始年龄，5岁以下幼儿的保教问题留给社会。为了给被排斥在校门外的幼儿以照顾和教育的机会，保育学校应运而生。英国第一所保育学校诞生于1913年。麦克米伦姐妹是保育学校的创办人。

1908年，麦克米伦姐妹在博乌开设实验诊疗所，1913年正式将其命名为"野外保育学校"（Open Air Nursery School）。该校主要招收5岁以下贫民和工人的幼儿，宗旨是为幼儿提供适宜的生长环境以及增进幼儿健康。受到福禄贝尔方法和蒙台梭利环境论的影响，该校注重幼儿的手工教育、言语教育、感觉训练、家政活动训练及自由游戏，注意校舍采光、通风及环境布置，反对一切束缚儿童的形式教学，让儿童在自然的环境中自由发展。

麦克米伦姐妹创办的保育学校在英国产生了广泛的影响，保育学校在英国各地不断涌现。至1919年，英国相继建立了13所保育学校，英国的幼儿园也改称为保育所。此外，保育学校也得到了英国国库的资助，入校儿童不断增加。1923年，英国"保育学校联盟"成立，致力于推广和普及保育学校，以及培训保育学校教师的工作。此后，英国保育学校的实践和理论获得显著的发展，初步形成体系。

（二）《费舍法案》

1918年，英国国会通过《费舍法案》，史称《1918年教育法》，又称《费舍教育法》。该法案的目的是建立完整的国家教育行政系统。法案提出将小学分为5～7岁（幼儿部）和7～11岁两个阶段，正式将保育学校纳入国民学校制度。该法案规定：地方教育当局为2～5岁儿童设立保育学校；除伙食费和医疗费外，保育学校试行免费入学，对13所保育学校实行国库补助。但有关扶持规定执行得并不尽如人意。

（三）《哈多报告》

1933年，英国政府发布《关于幼儿学校以及保育学校的报告》（简称《哈多报告》），《哈多报告》成为推动学前教育制度化的重要文献。

《哈多报告》指出：良好的家庭是5岁以下儿童的最佳教育环境，保育学校对城市儿童发展有重要作用，建议将保育学校定义为"国民教育制度中理想的附属机构"，提议大量增设麦克米伦式的保育学校、幼儿学校和幼儿部附设的保育班；7岁是区分儿童发展的重要界限，应为7岁以下幼儿设立独立学校；幼儿学校教师应遵循保育学校原理，对 6 岁以下儿童进行户外体育、游戏、会话、唱歌、舞蹈、手工、图画等教育，对 6 岁以上的儿童进行读、写、算方面的正规教育。

《哈多报告》立足于儿童中心主义，集众学前教育家的思想之大成，被认为是英国学前教育史上具有划时代意义的文献。但是受到 1929 年经济危机的影响，暂时被搁置。

二 20 世纪后半期英国的学前教育

第二次世界大战（简称二战）以后，英国政府日益认识到幼儿教育的重要性，意识到发展学前教育是政府义不容辞的责任，开始提供必要的经费援助，扩大 5 岁以下幼儿的教育，使学前教育走上健康、稳步发展的道路。

（一）《巴特勒法案》

1944 年，英国议会通过了《巴特勒法案》，该法案以 1918 年《费舍法案》为蓝本。法案规定初等教育分为三个阶段，由三种学校实行：为 2~5 岁儿童设保育学校，不纳入义务教育；为 5~7 岁儿童设幼儿学校；为 7~12 岁儿童设初等学校，部分地区若设立 5~11 岁的初等学校，可在校内附设保育班，招收 3~5 岁儿童，以方便儿童入学。要求地方教育当局做好开办保育学校的准备或在一些学校内设置幼儿班。自此，幼儿教育处于国家和地方的双重管辖之下，促进了学前教育事业的发展。但幼儿学校作为义务教育的最初阶段包含在初等教育中，学前教育以 5 岁为界被割裂。

（二）幼儿游戏班运动

二战后英国经济困难，幼儿教育设置不足，师资匮乏。1961 年，家长们自发推动的"游戏班运动"以大城市和工业地区为中心蓬勃发展起来。1973 年政府正式认可了这种群众创造的幼教形式，并向全国四分之一的游戏班提供资金补助。这种具有互助性质的"幼儿游戏班"弥补了正规幼儿教育的不足。

英国幼儿游戏班具有以下特点：活动目的是为 2~5 岁的幼儿提供幼儿游戏的场所和机会；活动场所一般是借用成人俱乐部、教堂、旧学校等机构的一部分房屋；游戏班的教师和保育工作一般由孩子的母亲自愿承担，大家轮流值班，但管理人员主要是受过一定教育的中产阶级的家庭妇女；保育时间为早上和晚上，每周 2~3 次，每次 2~3 个小时，每个班人数是 15~20 人。

（三）《普洛登报告书》

1966 年，教育咨询委员会委员长普洛登女士发表了题为"关于向初等教育所有领域和中等教育过渡问题"的咨询报告，即《普洛登报告书》。该报告在第九章《为义务教育前的幼儿提供教育设施》中大力呼吁发展英国的学前教育，增设保育机构的数量，加强学前教育管理，尤其重视学前教育发展落后的地区，倡议设立"教育优先地区"，对幼儿教育发展提出了很多具体建议。

（四）《教育白皮书》

1972年，英国教育科学大臣撒切尔夫人发表了《教育白皮书》，提出将"扩大学前教育"定为内阁将要实行的四项教育政策之一。《教育白皮书》肯定了《普洛登报告书》中具有实践性的建议，计划于10年内实现幼儿教育全部免费和扩大5岁以下儿童受教育的比例，并提出了政府提供必要的经费援助等多项要求和措施。白皮书发表后，英国的学前教育有一定发展，但未达到3岁儿童入托率50%和4岁儿童入托率90%的目标，到1978年只分别达到15%和53%。

（五）幼儿凭证计划

为更好地促进幼儿教育质量的提升和幼儿早期教育进一步发展，1995年英国政府公布了7.3亿英镑的"幼儿凭证计划"，规定发给家长1100英镑的凭证用于支付幼儿教育费用，保证每个进入学前教育机构的4岁以上的儿童都能获得3个月高质量的学前教育，家长自行决定选择公立、私立或民办的学校，如果选择私立或民办学校，则须额外交一些钱。该计划不包括4岁以下的幼儿。

（六）确保开端计划

确保开端计划是1998年由英国政府发起，主要针对低收入家庭的福利计划，旨在改善包括出生前在内的儿童及其家庭的健康和福利状况，使他们做好入学准备。主要措施有：创建地方开端计划，以改善为当地4岁以下的婴幼儿家庭提供的服务；向所有为儿童服务的人员宣传地方计划中的实践经验。借助于这个计划的实施，地方政府将和父母及准父母一起，促进婴幼儿身体、智力和社会性发展，尤其使那些处于不利地位的儿童在家庭中和进入学校后能够健康成长，从而打破不利处境的恶性循环。每个地方的"确保开端计划"都涉及医疗保健、儿童保育、早期教育以及对家庭的支持，但由于各地的实际需要不同，地方"确保开端计划"在各领域提供的具体服务内容稍有区别。

三 英国学前教育现状

（一）学前教育机构类型

二战后，英国的学前教育机构种类繁多，已经形成以地方公立为主、社会团体和私人创办为辅的多元发展格局。主要类型如下。

1. 保育学校和保育班

保育学校和保育班由教育部门负责，前者是独立的幼儿教育机构，招收 2~5 岁儿童；后者附设于小学中，招收 3~5 岁儿童。两者从幼儿实际需要出发设计课程。

2. 日托中心

日托中心由社会福利部门负责，招收社会救济部门送来的或无人照顾的 0~5 岁幼儿，主要提供全日制的保育服务。

3. 学前游戏小组

学前游戏小组由卫生保健部门负责，在农村地区及没有保育学校和保育班的地方开设。目的在于为儿童提供游戏伙伴、游戏时间和空间，为父母提供交流和学习机会。

4. 家庭保育

符合健康和安全标准、经地方社会服务部批准注册后的家庭中，主妇可以招收 3 个 5 岁以下的儿童（含自己的孩子）进行保育，全年全日开放。

此外，英国还有联合托儿中心，招收 0~5 岁的儿童，全年全日开放。

（二）学前教育课程

长期以来，英国缺乏全国统一的学前教育服务质量标准。2000 年，英国政府颁布了面向 3~5 岁幼儿的《基础阶段课程指南》，旨在为不同地区和类型的托幼机构提供目标清晰的质量指导，规定了统一的基础阶段教育目标。该指南强调幼小衔接，继承了英国幼儿教育重视游戏的传统，规定了幼儿学习与发展的六大领域：个性、社会性和情感的发展；交流、语言和读写；解决问题、理解和算数；认识和了解周围的世界；身体发展；创造性发展。

（三）学前教育师资培养

1. 职前培养

英国幼儿教师培育机构主要是高等教育学院或大学的教育系，提供三年的教育证书课程或四年教育学士课程。在完成学校的专业训练课程之后，幼儿教师第一年以试用或实习资格从事教学，两年实习完毕并且成绩合格者，教育和科学部才认可为合格教师。

保育助理在扩充教育机构学习儿童照顾和发展、儿童的健康和照料、家庭社区服务、一般科目、沟通和创造艺术、环境研究以及家庭和社会等课程。修业期限为两年，实习时间占所学时长的 40%。

学前游戏小组的指导人员的专业训练计划在各个地方并不一致，但基本上都以国家颁布的学前游戏小组指导人员基础课程训练纲要为基础，在扩充教育机构开设两年制的训练课程。课程内容一般由 6 个部分组成：家庭和儿童、儿童和学前游戏小组、学前游戏小组和社区、儿童发展及学前游戏小组的实施、成人和儿童、家庭和社区的关系。

2. 在职培训

英国政府发布的教育白皮书规定新任幼儿教师要有 1/5 的时间进修，正式教师每 7 年轮流脱产进修一次，力求在任何时间内，有 3% 的教师能够带薪进修。有的学前教育机构要求全日制教师制订个人职业发展规划，有的还规定了培训日。在培训日，机构关闭，不对儿童开放，以保证教师有足够的时间和精力参加培训。英国学前游戏小组的指导者中有不少未接受过专门的职业训练，所以英国的"学前游戏小组协会"委托扩充教育机构和空中大学积极地在各地举办面向学前游戏小组指导者的在职培训。时间由几个星期至一年不等，结业时颁发证书。

四　英国学前教育的特点

（一）注重培养孩子的能力

英国学前教育指从义务教育往下，针对年龄在 5 岁以下的儿童的教育。英国幼儿教育的目标之一就是培养儿童的个性与能力，为他们日后走向社会打基础，注重联系儿童的生活。例如，在教学中重视对儿童分享与合作能力、沟通表达能力的培养。此外，英国的学前教育要求儿童掌握简单的读写算技能，为儿童进入小学做好充分准备。

（二）教育方式自由宽松

英国的学前教育方式非常宽松，大多数以个人和小组的方式进行，除了一些音乐活动外，基本上没有集体性的教学活动。

（三）高度重视与家庭、社区的合作

英国政府重视家园合作工作，认为家长是学前教育阶段非常重要的角色，把家长参与幼儿园教育作为一项政策性要求，指导幼儿园与家庭协调关系，使家庭和社区成员都成为"幼儿园的合作者"。

（四）注重运用信息技术辅助教学

信息技术已在英国的托儿所里得到广泛应用，每个班级里都有一台计算机，幼儿可以运用计算机自主开展多种游戏，自主选择喜欢的游戏。

（五）注意减轻幼儿学习负担和压力

英国的学前教育一般是自由而没有组织性的，儿童都是自由活动，做着自己喜欢做的事情。学前儿童一般没有家庭作业，一般不考试，不进行竞争性评比，只是在入学或入托时，通过一系列的活动，如绘画、回答教师提问、书写等，由教师给予一句摸底性的评语。同时，教师要将这些最原始的记录保存下来，以便到学期末，结合平时的观察和孩子在课堂上的表现给孩子一句恰如其分的评语。

第二课　法国的学前教育

在中央集权的教育行政体制下，法国一直比较重视学前教育。19世纪末，法国已基本确立近代学前教育制度。20世纪后，法国公立学前教育取得了许多重大进展。

一、20世纪前半期法国的学前教育

在19世纪末欧美兴起的新教育运动影响下，1905年，法国教育部批评母育学校过于强调传授知识。1908年，教育部再次发布指令，指出母育学校的首要任务是对学前儿童加以照料，满足他们体、德、智三方面的发展，不同于小学教育；鼓励无人照顾的儿童到母育学校，教师应给予平等的接待和照顾。1927年，法国政府又进一步发布指令，详细规定母育学校的校舍和校园设备标准。

由于政府的重视和有关法律的保障，到20世纪初，法国进入母育学校或其他学前机构的儿童达到60多万，为法国学前教育的发展和普及奠定了良好基础。1949年，法国公立母育学校有3653所，私立母育学校217所，公立幼儿班4258个，私立幼儿班397个。

二、20世纪后半期法国的学前教育

（一）母育学校的课程改革

法国从1957年开始把儿童入学年龄提前至5岁9个月。20世纪60年代末，法国在初等教育阶段全面推行合科教育以取代传统分科教育。1969年，母育学校在政府的指令下，在课程和教育方法上进行了与小学教育类似的改革，将课程分为基础知识科、启蒙科、体育科，称为"三段分期教育法"或"三分制教学"。基础知识科包括语文、数学，每周 15 课时，在上午开展；启蒙科包括历史、地理、公民教育、手工、音乐等，每周 6 课时，在下午开展；体育科每周 6 课时，在下午开展。本次课程改革克服了分科课程弊端，更符合儿童整体认知特点，但是，过于强调智育，重视读写算，小学化倾向严重。1975 年颁布的《哈比教育法》合理地调整了学前教育的课程设置。

（二）《教育方针法》

20 世纪 80 年代末以来，法国教育改革全方位展开。1989 年，法国政府颁布《教育方针法》，附加报告中明确了学前教育的目标，即通过对美感的启蒙、对身体的意识、对灵巧动作的掌握和对集体生活的学习，发展幼儿的语言实践能力和个性，同时还应注意发现儿童在感觉、运动或智力方面的障碍，并做及早诊治。该目标实际上强调了法国学前教育的四种作用：启蒙教育作用、社会化作用、诊断和治疗作用、与小学衔接作用。

由于政府重视、社会支持，法国学前教育在发达国家中始终位居前列。据 1985 年统计，法国 2～5 岁儿童的入学率平均为 81.6%，居世界第二位，仅次于比利时；公立学前教育机构学生比例达 87%，居发达国家首位。

（三）学习阶段改革

20 世纪 80 年代，法国基础教育发展出现令人担忧的"学业失败"现象，小学生留级率居高不下。为了解决这一问题，1996 年 9 月，法国教育部在 33 个示范省实施学习阶段改革，将学前教育和小学教育合为一体，2～11 岁儿童的教育被分为三个连续的学习阶段：初步学习阶段（2～5 岁），包括母育学校的小班和中班；基础学习阶段（5～8 岁），包括母育学校的大班和小学前两年；深入学习阶段（8～11 岁），包括小学的后三年。本次学习阶段改革弱化了年级的概念，困难学生可以适当放慢学习的进度，延长学习阶段的年限，用四年完成一个学习阶段的学习。这一措施有效避免了由留级造成的"学业失败"现象的发生，使更多出身贫困阶级的儿童能通过从幼儿期开始的以游戏为主的学习，自然过渡到小学，然后顺利地从小学毕业进入中学学习。

三 法国学前教育现状

法国学前教育机构分为公立和私立，都不属于义务教育范畴，但从 1981 年开始学前教育实行免费制，所以入学率很高。

（一）学前教育机构类型

法国主要的学前教育机构包括以下五种。

1. 托儿所

托儿所是法国学前教育机构最古老的一种形式，主要包括集体托儿所、家庭托儿所和临时托儿所，招收 2~5 岁儿童，在对儿童进行保育的同时，对他们进行文明礼貌等方面的教育。

2. 母育学校

母育学校也称"幼儿学校"，是法国学前教育机构的主要形式，招收 2~6 岁的儿童，按年龄分为：小班（2~4 岁）、中班（4~5 岁）、大班（5~6 岁）。其教学内容最初是游戏、唱歌、体操，随后是美术、工艺、手工、语言和观察能力的训练，最后是教儿童读、写、算的初步知识。

3. 幼儿班

幼儿班性质与母育学校相似，招收 3~5 岁儿童，为儿童进入小学做好身心准备。幼儿班以前是附设在小学，现在有些已独立开办。

4. 保育室

保育室主要服务于有紧急事情的家长，帮忙临时照看学前儿童。

5. 流动车

流动车是一种相对特殊的学前教育机构，主要面对偏远地区的儿童，实行送教上门，到家服务。

（二）母育学校课程

法国政府颁发的《对母育学校》（1986 年）指出母育学校的总目标为：使幼儿的各种可能性得以发展，使他们能够形成自己的人格，并且为他们提供在学校和生活中取得成功的最佳机会。母育学校的课程内容主要包括使幼儿接受学校教育、使幼儿社会化以及使幼儿进行学习和锻炼。教学活动分为体育活动、口头表达与书面表达活动、艺术与审美活动、科学技术活动。

（三）学前教育师资培养

法国早在 1886 年就通过立法规定母育学校的教师与小学教师是同级人员。1889 年，法国公立学校包括母育学校的教师获得公务员身份，由国家统一分配。这一措施极大地稳定了学前教育师资队伍。

1. 职前培养

法国学前教师的职前培养主要由师范学校和师范大学承担，学历以大专和本科为主，毕业后由国家择优录用；任教后，每年要接受政府部门的定级评估，只有达到合格，才能继续任教；执教期间还要接受定期和不定期的专业培训。法国母育学校配备有特殊儿童教育师资，目的是满足特殊儿童接受学前教育的需要。特殊儿童教育师资的培养更加严格，除了接受一般教师培训外，需要通过特教教师证书考试并实习一年。

2. 在职培训

为了不断提高在职学前教师的素质，法国政府还十分重视对在职教师进行定期培训，并形成了一套完整的制度。法国教育部规定：每个初等教育教师（包括母育学校教师）工作第五年起至退休前五年，可以在其整个任教生涯中享受36周在职教育，旨在提高教学能力，更新知识，了解当前与教育相关的各种理论、观念的发展状况。在职培训由本省师范学校和有关大学共同承担，凡任教五年以上的在职教师，均可按自愿的原则提出申请，经本省负责培训的专门委员会协调批准后，即可参加培训活动。培训时间分长期（4～12个月）、中期（1～2个月）和短期（1个月以内）。培训内容根据教师个人需要而定，一般以补学新专业、新教法和新的教学手段为主。培训方式以专题讲座、共同商讨、相互交流、强化训练为主。结束培训的进修教师仍回原学校工作。

拓展阅读

扫码了解"法国学前教师教育的发展历程"。

四 法国学前教育的特点

（一）重视学前教育的发展

法国政府和社会各界充分认识到学前教育对于个人的发展以及国民素质的提高具有重要价值，在法律条文中明确了学前教育具有奠基性和公益性的性质。从奠基性角度来看，法国民众一致认为学前教育对于儿童日后的成长与成功，尤其是对于小学教育具有特别有益的影响，应该使学前教育成为学校教育的基础阶段。从公益性角度来看，法国实行免费的学前教育，公立幼儿园仅收取少量的餐费，其目的就是让适龄儿童都有机会接受高质量的学前教育。

（二）行之有效的教育行政和管理制度

法国的学前教育由教育部主管，接受国家的指导和监督。这种中央集权制的教育管理模式保证了法国各项学前教育政策的有效性，与此同时，也给地方和学校一定的自主权，极大地促进了学前教育事业的发展。法国政府历来重视通过立法来保障儿童的早期教育与发展。迄今为止，法国政府颁布实施的学前教育相关法规已达四十余部，这些法规涉及学前教育的各个方面。近些年来，法国还在不断完善各种与教育相关的法律法规。

（三）独具特色的幼小衔接措施

法国初等教育的卓越表现与学前教育和小学教育之间的全面衔接密切相关。法国政府在1975年颁布的《阿比改革法》、1989年颁布的《教育方针法》和1990年颁布的《教育法实施条例》，以及2005年颁布的《学校远景计划与发展方针法》中都提出要加强幼小衔接工作。法国政府通过将母育学校附设于小学中、打破传统的年级概念，把学前教育和小学教育合为一体、将母育学校教师和小学教师一起培养并可以互换、合并母育学校和小学的监督视导工作等多种途径更好地实现幼小衔接。

第三课　德国的学前教育

进入20世纪后，德国学前教育的基本方针是：学前教育不仅是教育制度的一部分，也是社会福利制度的一部分。这一基本方针一直影响着德国现代学前教育的发展。

一　魏玛共和国时期的学前教育

一战后，德国废除君主制，建立魏玛共和国，采取一系列的改革措施促进学前教育的发展。1922年，德国政府出台《青少年福利法》，提出：学前教育是青少年社会福利的一部分，归青少年福利部管辖；鼓励兴建形式多样的学前教育机构，设立包括幼儿园、托儿所等学前教育机构在内的"白天的幼儿之家"；培训修女承担儿童看护工作；加强幼儿教师的培训工作。《青少年福利法》大体上确定了德国现代学前教育的发展模式。

同一时期，德国政府在颁布的幼儿园条例中提出：凡是招收2~5岁儿童的学前教育机构均可称为幼儿园；所有幼儿园均受地方教育局监督，并由教育部门和卫生部门共同管辖，教育部门主管教育事务，卫生部门主管卫生健康事务；儿童教养须得到儿童局的认可；凡在家得不到正常教养的儿童应由儿童局遣送入学。在此期间，全国各地纷纷发展学前教育，兴建幼儿园之风方兴未艾，尤其是私立幼儿园获得较快发展，幼儿园成为德国学前教育机构的主要形式。

二　纳粹统治时期的学前教育

1933年，德国进入纳粹统治时期。希特勒法西斯政府把教育作为侵略政策的工具，建立了中央集权的学校管理制度。到1939年,政府规定教师必须成为国家意志的执行者,幼儿教师和保育员被强制送入法西斯教师工会,接受法西斯专政思想的洗礼。各类学校、幼儿园都必须进行所谓的"种族教育",强调德意志是最优秀的民族,并在各种教科书中宣扬对法西斯的崇拜,幼儿教育受到严重摧残。1941年,纳粹政府下达文件严厉抵制各种民主化的学前教育理论,封杀蒙台梭利运动和福禄贝尔运动。这种由法西斯统治的黑暗时期,直至二战结束后才予以解除。

三 联邦德国时期的学前教育

二战后,德国分裂成两个国家——德意志联邦共和国(简称联邦德国或西德)与德意志民主共和国(东德),二者呈现不同的学前教育发展模式的特点。

联邦德国实行地方分权制,学前教育由各州自己制定发展计划并加以实施。各州在学前教育指导思想上不完全一致,各州对幼儿园的日程安排也无统一规定。联邦德国的学前教育不属于国家规定的义务教育范围,没有规定儿童入小学前必须接受幼儿园教育。幼儿园不归教育行政部门管辖,公立幼儿园仅占幼儿园数量的1/3,其他幼儿园主要由私人、教会、社会团体举办,州儿童局负责所有公、私立幼儿园的督察工作。

在美国开发幼儿智力等计划的影响下,联邦德国政府逐渐意识到学前教育在人一生发展中的重要地位,并积极推行教育改革,促进学前教育的发展。1970年,联邦审议会出台了《教育结构计划》,提倡大力发展学前教育,主张3~6岁的学前教育属于"初等教育领域",其中5~6岁的学前教育被纳入义务教育。此后,不仅5岁以上幼儿普遍入学,3~5岁幼儿入园率也不断提高。据统计,1977年,3~5岁幼儿入园率已达到75%,比1960年增加42%。

四 德国统一后的学前教育

德国学前教育是基础教育的一部分,但不在公共教育体制之中,学前教育方针的制定由德国联邦青年部、家庭和妇女部共同完成,各州的社会部和卫生部对学前教育进行管辖。

(一)学前教育机构类型

德国统一后,政府愈发重视学前教育的发展和完善,学前教育机构类型多样,主要包括以下七种。

1. 托儿所

托儿所是为0~3岁儿童开设的全日制保育机构,促进儿童身心全面发展,主要面向双职工家庭，其工作人员大部分接受过较为专业的培训。

2. "白天的母亲"

"白天的母亲"是1974年由联邦青年、家庭、健康教育部核准设立的一种新型幼儿保育机构，由政府提供少量经费，让一些年轻妇女在照管自己小孩之余，再帮助邻近的职业妇女在白天照管1~2岁的儿童，以解决其实际困难。

3. 家庭托儿班

家庭托儿班是根据1990年德国所颁布的《儿童和青少年福利法》而设立的，主要由各州负责设立。家庭托儿班的工作人员被称为"保育妈妈"，开放时间依据家长的需求而定。

4. 普通幼儿园

这是德国传统的幼儿园形式，又被称为儿童活动场所或儿童之家，招收普通3~6岁儿童，实施半日制、混龄编班模式，以游戏为主要活动，很少教授读、写、算等基础知识。从性质上看，德国普通幼儿园可分为公立幼儿园、私立幼儿园和独立幼儿园三种。

5. 学校附设幼儿园

学校附设幼儿园通常与小学连为一体，主要招收已达6周岁或即将达6周岁，但身心发展均未达到入学标准的儿童。他们在此处接受一年的特别训练，为进入小学做好准备。

6. 学前班

学前班与学校附设幼儿园一样，与小学相连，但通常招收5岁儿童，以帮助他们顺利过渡到小学。

7. 特殊幼儿园

特殊幼儿园主要服务于有特殊需要的儿童，如失明、聋哑儿童等。随着融合教育的发展，普通幼儿园也接收各种有特殊需要的儿童，以便于这类儿童能够更好地融入社会。

（二）学前教育课程

德国是一个地方高度自治的国家，因此，幼儿园课程设置没有全国统一的标准。虽然每个州都会制定幼儿园教学大纲，但在具体实施过程中，幼儿园有高度的自主权，课程目标与方案在很大程度上是幼儿园开办者自主决定的。受福禄贝尔教育思想的影响，德国历来崇尚贴近自然、生活化的幼儿园环境和游戏化的幼儿园课程。课程内容多以游戏为主，多自由活动、少集体活动，强调生活体验，让幼儿自主活动和学习，注重独立意识和社会适应能力的培养，不强调基础知识教育。

德国认为学前教育课程的目的在于，通过创造性合作或合作游戏，促进幼儿社会性行为能力的全面提高，锻炼幼儿自我发展的能力。所以，学前教育的课程属于体验领域，需要幼儿亲身去实践、去尝试，并参与其中，主要包括游戏、生活教育、语言教育、动作教育、韵律与音乐教育、图像与劳作性教育、事实与环境教育、实际生活与家政教育等八个方面，每个方面都有其各自的目标和要求。

（三）学前教育师资培养

1. 职前培养

德国的幼儿教师的职前培养主要有三种机构：技术学院、大学和培训学院。

技术学院担负着培养学前教育教师的主要职责。技术学院招收职业学校的毕业生或其他中等学校的毕业生。学业年限3年，前两年主要学习体育、德语、社会学、宗教教育、卫生保健、心理学、教育学、教学理论与方法、儿童文学、美术、手工、音乐、游戏等教育理论性较强的课程；后一年参加学前教育实践活动。此外，培养结束后，他们还需要参加并通过国家考试方能获取国家认可的幼儿教师证书。

大学主要招收10年级毕业生或具有两年职业训练的同等学力者。学业年限4年，前三年主要是学习学前教育基本理论，开展专题研究；最后一年参加学前教育实践活动。大学毕业后，他们往往到规模较大的学前教育机构中执教、担任行政领导等。在大学系统学习过社会教育学、儿童医疗卫生教育，并获得本科或硕士文凭的毕业生，或者获得幼儿教育本科文凭的毕业生，可以直接向教育部门申请资质认证，通过认证则可担任幼儿园教师。

培训学院主要培养学前教师助手，招生对象为10年级毕业生或具有职业训练的同等学力者，学业年限1~3年，毕业后在学前教育机构担任教师的助手。起初这类学校培养的教育人才是为了援助家庭而准备的。

2. 在职培训

德国还非常重视教师的在职进修，主要目的是让教师了解有关教育科学与专业学科的新进展、新成果；扩充教师有关教育工作的社会、政治条件与现状等诸方面的知识；使教师重新认识在不断变化的社会中所担负的任务和角色等。德国幼儿教师的在职培训形式主要有轮训、脱产进修、专家远程指导下的互联网与函授等多种方式。德国还在一些大学开设幼儿教师继续进修课程，提供取得大学或硕士文凭的机会。

五　德国学前教育的特点

（一）采用混龄编班制度

混龄编班就是指将年龄相差12个月以上的幼儿编排在一个班级，让不同年龄和发展水平的幼儿身处同一个环境，共同学习和生活。德国的混龄班级类似于一个温馨的大家庭，不同年龄的孩子像兄弟姐妹一样生活在一起，每个孩子都是这个家庭中的一员，都有自己生活的空间和快乐。德国的教育工作者认为，在混龄班里，小龄儿童与大龄儿童在一起游戏与生活，他们有机会向大年龄儿童学习，减少竞争压力，增加合作的机会；而且小龄儿童善于模仿大龄儿童的能力、习惯，大龄儿童在帮助小龄儿童的过程中能得到提高和发展。

（二）崇尚自由教育

德国学前教育崇尚自由教育，倡导以儿童为中心，培养完整的人。德国的自由教育主要体现在受教育的权利、教育内容、教育形式、环境创设等方面。在德国，每个儿童都有进入幼儿园接受学前教育的权利。德国学前教育不注重读、写、算等知识方面的教学，主要以游戏和自由活动来教育幼儿。此外，德国幼儿园的集体教学较少。儿童依照自己的愿望和兴趣选择自己喜欢的活动，没有教师会强迫孩子操作教具。德国的幼儿园会根据环境的实际特点创设相适应的活动场地。例如，依照房屋的设计结构而构建出不同的活动区域，根据户外场地上的河流、沙坑规划出适合儿童游戏的游戏角。在德国幼儿园中，一些锋利的工具，如刀、剪子、锥子，都是可以提供给儿童使用的，教师认为，只有在真实的环境和自由的环境中儿童才可以学会如何使用这些工具并学会如何保护自己。

（三）强调家庭教育

德国宪法中规定，教养儿童是父母的自然权利和义务，学前教育机构是家长教育儿童的助手，真正担任教育责任的是父母。德国家庭教育的具体形式包括父母教育活动、家庭助手计划、家庭互助活动、补贴家庭教育金额和推行婴儿读书计划。

第四课　美国的学前教育

20世纪以来，美国非常重视教育和人才的培养，在学前教育领域发展迅速。

一　20世纪前半期美国的学前教育

（一）进步主义幼儿园运动

进步主义幼儿园运动是美国进步主义运动的一部分，提倡加强教育与社会生活的密切联系，反对"恩物"和作业脱离儿童生活经验的形式主义做法，从新的哲学、心理学和教育学的角度对福禄贝尔正统派进行了批判。

安娜·布莱恩是进步主义幼儿园运动的先驱，她在自己的幼儿园里进行大胆的实验改革，试图克服福禄贝尔幼儿园的种种弊端，在美国幼儿教育领域产生了很大影响，使美国幼儿教育界日益形成两大对立的派别——进步派（或称自由派）和传统派（或称保守派），促进了美国学前教育理论和实践的发展。1893年，该运动的重要领导人帕蒂·希尔接管了路易斯维尔免费幼儿园协会和路易斯维尔师范学校，经过12年的努力，这里成为进步主义幼儿园运动的中心。希尔还发明了一组大型积木玩具，被称为"希尔积木"。

进步主义幼儿园运动强调研究儿童，注重幼儿教育与实际生活的联系，开展多方面的实验活动，在实践中突破幼儿园闭关自守的局面，使幼儿园教育逐渐发展成为一种同小学教育紧密结合的新型机构。运动后期，还强调家庭和社会的责任，主张对家长、教师进行培训。随着运动的深入，进步主义日益暴露一些弊端，在20世纪30年代后受到颇多质疑和非议。

（二）短暂的"蒙台梭利热"

意大利幼儿教育家蒙台梭利在罗马创办的"幼儿之家"获得成功。1910年，蒙台梭利的教育方法连同她所设计的教具传入美国。1912年，美国出版《蒙台梭利方法》，初次出版5000册，4天内就被抢购一空，之后的5个月内又再版6次。随后的3年间，蒙台梭利两次访美，宣传自己的学说。更有数百名美国教育工作者奔赴罗马，拜访蒙台梭利，学习她的学前教育思想。1913年，美国蒙台梭利协会成立，蒙台梭利学校纷纷成立，"蒙台梭利热"达到顶峰。由于蒙台梭利教育方法与美国本土的进步主义教育理论有较大差异，因此遭到进步主义阵营的尖锐批判，如克伯屈就指责感官教育是孤立的和脱离幼儿生活实际的。1916年后，"蒙台梭利热"迅速冷却。尽管蒙台梭利教育法在当时美国学前教育领域只是昙花一现，但蒙台梭利重视感觉训练和智力训练的思想是有价值的，这为在20世纪后半期"蒙台梭利热"的再次兴起埋下了伏笔。

（三）日托运动

日托所又名日托中心，其历史可追溯到1838年，在一些地方属于贫民救济机构。20世纪30年代，美国爆发经济危机，劳资纠纷和社会矛盾增多。美国政府为稳定政局和缓解矛盾，于1933年10月批准建立日托所，专门为失业人员和劳工子女提供免费照顾和教育。日托所主要招收2~4岁的幼儿，以保育为主，教育因素很少，是母亲福利的辅助手段。日托所供应丰富的食物以保证孩子的营养，实施与各年龄相适应的课程，配备受过短期培训的幼儿教师，保证幼儿得到一定的教育，受到社会普遍欢迎。于是，建立和开展这种日托所形成了一项新兴运动。到1938年，联邦救济总署设立的众多日托所为20多万劳工子女提供了免费服务。但是，到1943年，联邦救济总署由于财政困难停止对日托所的经费援助，致使日托所经营困难，入托人数大幅下降。

（四）保育学校运动

1915年，受到英国麦克米伦姐妹创办保育学校的启发，美国一批上层知识妇女成立"芝加哥大学教授夫人团体",自发地以集体经营的形式开设了美国第一所保育学校。1922年,伊利奥特在波士顿创办了能充分体现麦克米伦姐妹特色的"拉格街保育学校"。半年后,怀特在底特律麦瑞尔·柏尔玛母亲学校又创办了附属保育学校。她们成为20世纪20年代美国保育学校运动的主要领导者。

1919年,美国建立第一所公立保育学校,1929年成立"全国保育协会"。20世纪30年代,美国经济大萧条刺激了保育学校的发展。到1933年,全国设立的保育学校已达600多所。自此,兴起了以芝加哥为中心向全国扩张的"保育学校"热潮。在第二次世界大战期间,为确保妇女投入到军事产业中来,联邦政府对保育学校实行了经济援助,使保育学校数量猛增。到1945年2月底,全美共有1481所保育学校,收容幼儿69000名。

二 20世纪后半期美国的学前教育

(一)幼儿智力开发运动和"蒙台梭利教育法"的复兴

1. 幼儿智力开发运动

20世纪50年代末,世界处于技术革新时期,加之受到苏联人造卫星的冲击,美国开始反思本国教育的失误,大力开展旨在提高教育质量的改革。幼儿智力开发运动则是其中之一。

著名的结构主义心理学家布鲁纳认为,儿童存在着巨大的智力发展潜力,只要做到使学科教材适合儿童的发展阶段,并按照儿童所能理解的方式加以组织和表达,任何学科都可用某种方式有效地教给处在任何发展阶段的任何儿童。无独有偶,美国伊利诺伊大学"早期教育实验室"主任亨特也认为婴儿期是决定理性活动的重要时期,4岁儿童才开始接受教育已经为时太晚,教育必须提前。在他们理论的影响下,美国学前教育界日益重视幼儿智力开发,强调对幼儿进行科学教育,幼儿智力开发运动蓬勃兴起。幼儿智力开发运动模式丰富多彩,蒙台梭利热的再度复兴、皮亚杰理论的学前教育实验以及《芝麻街》电视节目的出现等都是其中的典型案例。

2. "蒙台梭利教育法"的复兴

20世纪50年代后期,蒙台梭利对早期教育的重视、对于智力发展和感官训练的方法,以及强调个别指导和科学研究的理念重新引起人们的兴趣,"蒙台梭利热"再度兴起。冉布什女士于1958年在康涅狄格州格林尼治城建立的"菲特比学校",是重新恢复的第一所蒙台梭利学校。1960年,"蒙台梭利协会"重新成立。到20世纪70年代初,美国又有几百所蒙台梭利学校建立。在美国各式各样的学校中,有4000余所冠以"蒙台梭利"之名。20世纪80年代,蒙台梭利学校运动向纵深发展,公立学校也纷纷应用蒙台梭利教学法。1989年,蒙台梭利教学法已被60个地区的110所公立学校采用。蒙台梭利幼儿园运动的再度复兴是智力时代的产物,后期的蒙台梭利幼儿园运动注意吸收各种流派的有益因素，被称为"公共教育的文艺复兴"。

（二）学前教育机会均等运动与"开端计划"的实施

二战结束后，美国经济快速发展，贫富差距越来越大，贫困家庭的儿童多被排斥在学前教育之外，国内矛盾日益加深。为了社会稳定发展，美国联邦通过一系列立法，加强对教育的干预力度，开展学前教育机会均等运动，确保贫困学前儿童的入学准备，以促进教育机会均等，学前教育在这一时期得到了快速发展。

1965年，约翰逊总统提出"向贫困宣战"。1965年秋，美国联邦教育总署提出"开端计划"，要求对"处于困境"家庭的子女进行补偿教育。由联邦财政拨款，将贫困而缺乏文化条件家庭的4~5岁的幼儿免费收容到公立小学特设的学前班，进行为期数月到一年的保育。"开端计划"是二战后美国规模巨大、成效显著的学前教育机会均等运动，该计划的受惠者超过830万人。

（三）学前教育课程标准化运动

美国1983年发表《国家在危急中：教育改革势在必行》的报告，指出美国学生学业成绩普遍低于国际平均水平，根源在于"缺乏面向学生的、明确的高期望"和"课程内容千差万别，缺乏共同标准"。1991年，美国《2000年教育战略》和《2000年目标：美国教育法案》均强调要开发具有国际竞争力的全美统一教育标准，推行以学习结果为导向的教育改革，倡导对学生的高期望目标，达成高的学业成就，并希望通过这一行动，提高全体学生学业成绩，改善教育不公平现象。克林顿就任美国总统后，提出《美国2000年教育目标法》草案，并于1994年获得国会通过。该法案详细规定了一系列的学生学习质量是否达到国家标准的判断指标。

美国学前教育标准化运动表明了学前教育的两大主要发展方向：从强调数量到追求教育质量；从囿于学龄前阶段到积极寻求与义务教育的整合。全国性的幼儿教育标准的制定指明了课程发展所必须遵循的共同标准和方向，有助于统一美国各州学前教育的水准，也可以逐渐消除各地方各版本课程和评估之间的巨大差异。

三 美国学前教育现状

（一）学前教育机构类型

美国存在着多种学前教育机构类型，主要的学前教育机构有以下三种。

1. 保育学校

美国的保育学校具有托儿所和学校的双重性质，招收2.5~5岁儿童，一般以3~4岁儿童为主。保育学校有三种：由各级公立学校附设的保育学校，如中学、大学和学院附设；独立的保育学校，由私人企业的福利机构、民间团体、捐赠基金、教会、家长或其他私人组织和个人设立，这种保育学校占大多数；由联邦政府主办的开端计划系统下的保育学校，主要为处境不利的儿童实施补偿教育。一般来讲，保育学校以半日制为主，大多配备完善的教学辅助设备，由受过专业训练的教师负责教学工作。强调通过体育、游戏、音乐、手工等校内丰富的活动内容发展儿童的创造性和思维能力，增加儿童的社会交往，发展他们的语言能力，为进入小学做准备。

2. 幼儿园

美国把幼儿园教育作为"小学预备教育"来对待，主要是为进入一年级之前的5～6岁儿童设立的，以半日制为主。幼儿园分公立和私立两种，前者多附设于公立小学，虽不属义务教育范畴，但实行免费制。幼儿园主要通过游戏、讲故事、音乐、美术和手工等活动，促进幼儿各方面发展，为进入小学做准备。

3. 日托所或日托中心

日托所或日托中心作为一种全日制或半日制的幼教机构，设在私人家庭、大学校园或各类社会机构中，招收0～6岁婴幼儿，目的是使每个儿童在体力、情绪、社会性及智力方面得到良好的发展。这类学前教育机构在美国发展非常迅速，种类也越来越多，如父母协作日托中心、家庭日托中心、小组照顾日托中心、"提前开始"方案中心、临时性日托中心、上学前放学后日托中心等。机构性质可划分为照管性质、综合性质、发展性质等。典型的全日制日托中心的活动日程一般为自由游戏—小吃或早餐—全班活动—户外活动—讲故事—音乐活动—午餐—午睡—午后小吃—讲故事—自由游戏（包括收看电视节目）等。

（二）学前教育课程

美国在学前教育课程目标上强调促进儿童全面和谐的发展。2005年全美幼儿教育协会在《幼儿教育方案标准和认定指标》中进一步明确："课程标准旨在发展儿童在审美、认知、情感、语言、体能和社会等方面的能力。"

2000年，《"开端计划"儿童发展结果框架》将幼儿的学习内容划分为语言、读写、数学、科学、创造性艺术、社会性情感、学习方式、身体健康与发展。2005年全美幼儿教育协会在《幼儿教育方案标准和认定指标》中，提出学前教育课程应包括社会情感，语言，早期读写，早期数学能力，技术，科学探索和知识，理解自身、社区和世界，对艺术的创造性表达和欣赏，以及体能和技能发展。

（三）学前教育师资培养

美国学前教育师资主要的培养方式包括职前教育、新教师入职培训和在职教师培训三种。

1. 职前教育

美国幼儿教师职前培养机构主要有课程培训机构、初等学院和大学三种类型。具体分为：专业认同评议会,这是一个非营利的机构;两年制学院,社区学院、初级学院和技术学院都开设两年制的早期教育与儿童发展课程;四年制的大学或学院,美国四年制的州立大学或学院主要培养从事教育幼儿园 5 岁班至小学三年级儿童的师资,而四年制的私立大学或学院则主要培养从事教育从出生到 4 岁的学前教育师资。美国幼儿教师职前培养的课程包括学位课程、儿童发展助理国家证书课程和儿童发展助理职业预备课程。

2. 新教师入职培训

新教师的入职培训由各州教育部门管理,具体由幼教机构或当地学区的教育督导负责,一般采取教学导师制,又可分为非正式导师制和正式导师制两种形式。非正式导师是临时性的,由幼教机构指派或由新教师自选。正式导师则由幼教机构或学区指派,负有明确的责任和义务,包括教学示范,对新教师进行教学、互动、家长沟通等方面的指导,使新教师尽快获得有关教学环境的管理知识。美国教师资格认证体系取消了终身制的教师证书,而改为进阶式的资格认证体系,新任职时所取得的幼儿教师执照只是临时证书,有效期只有两三年。因此,新教师需要接受在职培训,以便通过下一阶段的执照考试。

3. 在职培训

美国重视幼儿教师的在职进修,联邦政府或州政府给予一定的经费支持并注重对幼儿教师的在职进修给予鼓励。

美国幼儿教师在职进修的机构、课程和组织形式都十分多样化。美国的儿童发展协会主要为实施"开端计划"的学前班和一些托儿所的幼儿教师提供培训课程,是开展幼儿教师在职进修的重要机构。

在课程设置上,幼儿教师在职进修课程更注重实用性,既注重已获得学士学位的幼儿教师通过继续学习获得硕士或博士学位的学历性继续教育,也注重辅导仅获得儿童发展助理学位证书的幼儿教师,通过学习获得学士学位证书,还注重对实施"开端计划"的学前班教师等进行在职培训,以提高他们的专业水平。在培训形式上,主要有课程培训模式、观察与评价模式和探究培训模式。

四 美国学前教育特点

(一)学前教育与义务教育紧密联系

美国的小学教育属于义务教育,实行免费制。美国的公立和私立小学均设有幼儿班,大部分州的 5 岁儿童可以选择进入小学附设的幼儿班接受免费教育,为进入小学做准备,学前教育与义务教育紧密相连。

（二）多渠道、多形式、多层次地创办学前教育机构

美国的学校教育机构举办单位有政府机关、高等院校、科研机构、军队、医院、宗教慈善团体、企业和私人，创办渠道多样。美国的学前教育机构类型多样，针对不同年龄阶段的儿童均有相应的机构，满足不同家庭的多样化的需求。

（三）强调办园特色，重视家庭、社区和科研部门的作用

美国的幼儿园没有统一的办园宗旨，教学目标、教学内容、教学形式和方法不尽相同。每所幼儿园都会充分利用自身和周边的有效资源，重视与家庭、社区及科研机构之间的合作，因地制宜，形成自身的特色。

（四）活动形式多样，重视游戏价值

美国的幼儿园从儿童的兴趣和特点出发，开展形式多样的活动，注重个别教育，区角活动五花八门，满足儿童多样化的需求。通过游戏丰富儿童的知识经验，让儿童在游戏活动中发展自己的各项能力。

第五课　日本的学前教育

日本一战时期已发展成为亚洲最发达的国家，其学前教育随其政治、经济，特别是军事上的变化跌宕起伏、不断变化。第二次世界大战后，日本优先发展教育，促进了学前教育的发展。

一　20世纪前半期日本的学前教育

（一）自由主义保育思潮

20世纪初，儿童中心主义教育思潮在欧美兴起。日本一些受西方影响的人士，不顾明治后期天皇《教育敕语》的专制主义教育观的限制，提出了与西方新教育相呼应的自由主义保育思想。1907年，日本教育家谷本富在第十四届京阪神联合保育会上，发表了题为"怎样办好幼儿园"的演讲。他认为儿童是有独立意志、独立人格的个体，不应由成人随意摆布，要求幼儿园的保育工作必须以"遵循自然"为原则；幼儿园是自由游戏的场所，应禁止一切课业。1908年谷本富与中村五六合著

《幼儿教育法》，立足自然主义教育原则，系统阐述了以游戏为中心的学前教育体系。谷本富等人的观点在日本学前教育界产生了一定反响，甚至影响了20世纪初的官方幼教政策。

（二）《幼儿园令》的颁布

1926年，日本文部省颁布了《幼儿园令》，规定幼儿园教育为学校教育中的一环，首次明确了幼儿园在日本教育体制中的位置。法令规定了幼儿园是为父母都从事生产劳动、无暇进行家庭教育的儿童而设的保育机构；幼儿园以保育幼儿身心健康、培养善良性格、辅助家庭教育为目的；原则上3岁入园，但在特殊情况下，得到知事批准，不满3岁的儿童也可入园；可在幼儿园中附设托儿所；幼儿园不必拘泥于每日实行5小时的半日制，即使采取全日制也可以。同时，还规定幼儿园园长和保姆的资格，要求提高他们的待遇和地位。

《幼儿园令》是日本学前教育史上第一部较为完整而又独立的法令，标志着学前教育步入制度化轨道，明确了学前教育的法律地位。该法令颁布后，日本幼儿园数量显著增加。

（三）托儿所与幼儿园的"二元化"格局

日本存在幼儿园和托儿所两类学前教育机构。日本的幼儿园和托儿所在招收对象、收费和教学等方面都存在很大的差异。幼儿园主要招收富贵子弟，学费昂贵，保育时间短，教学质量高，归文部省管辖。而托儿所归厚生省管辖，主要招收贫困家庭子女，最初的目的是保护母亲和儿童，后来注重精神的教化，学费低廉，保育时间长。托儿所的课程大部分参照幼儿园，工作人员也没有规定最低资格限度，所以托儿所的教育质量较低。

1926年，日本政府颁发《幼儿园令》，提出将托儿所作为幼儿园的一部分，也由文部省管辖。而内务省于1938年颁布的《社会事业法》使得托儿所有了法律保障，日本学前教育二元化的体制开始形成。二战后，日本政府颁布的《学校教育法》规定，幼儿园是受文部省管辖的正规学校，而1947年出台的《儿童福利法》将战前名称各异的保育机构（托儿所、保育园等）统称为"保育所"，对婴幼儿进行保育，作为儿童福利设施由厚生省管辖。至此，日本基本形成了独具特色的幼儿园与托儿所并存的二元学前教育体制，并延续至今。

二 20世纪后半期日本的学前教育

（一）《保育大纲》的制定及修改

1948年3月，文部省颁布第一个由国家制定的幼儿教育指南——《保育大纲》，它以美国的儿童中心主义和自由教育理论为指导思想，指明了幼儿教育的目的、内容和方法，对战后日本的幼儿教育产生了很大影响。

20世纪50年代,"儿童早期智力开发"成为国际研究热点。为了适应新发展形势的需要,日本政府也开始注重英才教育和早期智力开发。在此形势下,文部省于1956年修订了《保育大纲》,并改称《幼儿园教育大纲》,此后,幼儿园教育"小学化"倾向严重。文部省分别于1964年和1989年对《幼儿园教育大纲》进行了两次修改,使得新大纲更具科学性,也更加符合学前教育的时代需求。为了迎接21世纪多元化的发展需求,1999年底,日本文部省对《幼儿园教育大纲》再次进行全面修订。新大纲进一步突出幼儿的主体性,促进幼儿主动发展,更加符合幼儿的身心发展规律,为21世纪日本学前教育的发展奠定了基础。

(二)《儿童福利法》与保育所制度

1946—1955年,日本学前教育进入整顿和改革时期。日本政府通过颁布一系列相关政策保障保育所的发展,促使学前教育迈向法制化和制度化进程。1946年文部省颁布了《主要地方流浪儿保护要纲》。1947年厚生省设立儿童局,专门保障儿童福利。同年,还制定了《儿童福利法》,详细规定了保育所的目的、设置者、保姆资格、经费来源及使用等,促使保育所建设规范化。该法被誉为尊重儿童权利和国家负有养育儿童责任的宣言。

1948年《儿童福利法施行令》《儿童福利法施行规则》和《儿童福利实施最低标准》相继出台,它们进一步补充和完善了保育所建设的具体事项。1950年,厚生省颁布《保育所经营大纲》,该大纲全面阐述了保育所的保育目的、保育对象和保育内容等事项,标志着日本保育所基本完成了法制化建设。1956年,厚生省以《幼儿园教育大纲》为范本制定了《保育所保育指南》,保育所制度得到进一步充实和完善。

(三)幼儿园教育振兴计划

20世纪60年代以来,日本政府为顺应世界学前教育改革潮流,响应国民对低龄儿童入园的需求,不断推出振兴学前教育的重要行动计划,加大学前教育建设投资力度,促使学前教育在全国范围内普及。

1964年,日本开始实行第一个幼儿园教育振兴计划(又称"七年计划"),提供适龄儿童入园补助费,对低收入家庭实行减免保育费的奖励制度,目标是提高5岁幼儿入园率,明确要求1万人以上的市、镇、村、幼儿入园率达到60%。截至1971年,幼儿入园率达到63.5%,计划目标如期实现。

1972年,文部省又制定第二个幼儿园教育振兴计划(又称"十年计划"),政府提供园舍设施完备费、园具设施完备费,实施入园奖励制度,目标是提高4~5岁幼儿入园率,要求到1982年4~5岁幼儿全部入幼儿园或保育所。虽然没有完全实现预定目标,但此计划极大地促进了日本学前教育的普及。据1985年统计数据,3~4岁幼儿入园率为70%,5岁幼儿入园率为90%,日本学前教育水平已经进入少数最发达国家之列。

1991年，文部省又推行了第三个幼儿园教育振兴计划（又称"十年计划"），目标是到2001年所有希望入园的3~5岁的幼儿都能入园。由于4~5岁学前儿童已经基本入园，所以此计划的重点在于推动3岁幼儿的保育。国家将幼儿园入园奖励制度对象扩大到3岁幼儿，并设置了专项经费，供新建或扩建幼儿园设施使用。这些措施有力地提高了日本3~5岁学前教育的普及率，促使日本学前教育水平跻身世界前列。

日本的幼儿园教育振兴计划将学前教育视为人才培养的基础和前提，以提高幼儿园入园率为落脚点，彻底改变了以往家庭和社会不重视幼儿教育的现象，有力地促进了日本学前教育事业的发展。

进入21世纪后，日本社会学前儿童人数急剧减少、学前教育机构不断合并与关闭等问题不断暴露。为了改变这种现状，日本文部省于2001年推行第四个学前教育振兴计划，出台了《面向幼儿教育的充实——幼儿教育振兴计划》（2001—2005年），具体目标包括丰富幼儿园的教育活动，改善幼儿园的教育环境；落实对幼儿园的援助，缩小公、私立幼儿园的差距；促进幼儿园与小学、保育所的合作。

2006年，日本又制定并实施了新的幼儿教育振兴计划（2006—2010年），与2001年计划相比，除了注重幼儿入园率，更注重幼儿教育质量的提高。

（四）幼保一体化的发展

20世纪60年代后，随着日本社会的发展，人民生活水平提高，民主化思想深入人心，民众对学前教育的质量要求更高，希望所有儿童都能享有平等的受教育机会，提倡"幼保一体化"，要求幼儿园和保育所在性质、功能、招生对象、教育质量上趋同。

1963年，厚生省与文部省达成协议，要求全国保育所开设的课程和建筑设施必须与幼儿园同步。为此，1965年，厚生省与文部省以1964年制定的《幼儿园教育大纲》为范本，制定了《保育所保育指南》，进一步推进"幼保一体化"进程。2001年的《彩虹计划》指出，厚生省与文部省应加强合作，如组织幼儿园教师和保育所保育员共同参加联合研修、研发幼儿园和保育所的合作事例等活动，共同推进"幼保一体化"。2004年，日本政府公布了《关于学前教育、保育一体化的综合机构》报告，明确了学前教育、保育一体化的理念与意义。2006年10月文部科学省制定的《幼儿教育振兴行动计划》（2006—2010年）提出了振兴幼儿教育的七个政策支柱，其中第一条就是"促进幼儿园和保育所的合作、认定儿童园制度的灵活利用"，指出认定儿童园为幼保一体化设施。虽然，至今"幼保一体化"的目标仍未实现，但两者在性质、设备和实际功能上日趋融合。

三 日本学前教育现状

（一）学前教育机构类型

日本学前教育机构主要有两种类型：幼儿园和保育所，2006年又新增了认定儿童园。

1. 幼儿园

幼儿园主要招收 3~6 岁的幼儿，归文部省管辖，分为国立、公立和私立三种，主要任务是教育。国立幼儿园主要附设在国立大学或国立大学教育系；公立幼儿园由地方教育行政机关设立，多附设在公立小学。国立幼儿园和公立幼儿园的收费较低，私立幼儿园的收费较高。幼儿园不属于义务教育范畴，父母要负担学费，但政府对低收入家庭有一定的补助。幼儿园的教育内容包括健康、人际关系、环境、语言和表现，教育时间一般为每天 4 小时。

2. 保育所

日本的保育所主要招收 0~6 岁儿童，是为缺乏保育的儿童设立的保育兼福利机构，归厚生省管辖，主要任务是保育。包括公立保育所和私立保育所，全年开放。公立保育所主要是由县立和市、镇、村设立，私立保育所主要是由社会福利法人、公益法人、宗教法人和个人设立。保育所有日托和全托两种形式。保育所的入学时间为上午七点半到九点之间，家长一般下午五六点来接孩子，也可以根据家长的需求，延长保育时间。保育所受公费补贴较多，收费低廉。

3. 认定儿童园

认定儿童园是一种"幼保一体化"的新型学前教育机构，是集幼儿园和保育所功能于一体的教育机构，对 0~6 岁儿童提供教育和保育，同时为家庭提供教育支援。"认定儿童园"由文部科学省和厚生劳动省联合设置的"幼保衔接推进室"主管，招收 0~5 岁儿童。认定儿童园主要有四种模式，分别为幼儿园与保育所整合模式（正规的幼儿园和正规的保育所的结合）、幼儿园模式（正规的幼儿园和未被认可的保育所的结合，抑或是幼儿园和延长保育的结合）、保育所模式（正规的保育所吸收幼儿园的儿童）及地方自主决定模式（被各地自行制定标准认可的儿童园）。家长可以与认定儿童园签订短期合同，然后认定儿童园根据家长的需求提供个性化服务。

（二）学前教育课程

日本既没有统一的幼儿园课程，也没有统一的教材。日本政府提倡各个幼儿园应结合儿童特点，因地制宜，制订出适合本园的教育计划。日本学前阶段几乎不进行任何文化知识的教育；课程设置的目标是培养儿童心理品质和行为准则；课程内容主要有健康、人际关系、环境、语言、表现，每个领域都有具体内容；课程的组织与实施形式主要是集体活动和自由活动，前者包括行事活动（重大事件的综合主题活动）和日常教学，后者指幼儿在老师提供的室内外活动场所自发活动或者在老师准备的 5~10 个游戏活动中自行选择。

（三）学前教育师资培养

1. 职前培养

日本学前教育机构主要是幼儿园和保育所，对应的师资分别是幼儿园教师和保育士。

幼儿园教师和其他中小学教师一样，必须在文部科学大臣认定的大学、短期大学学完规定的学分数，才能获得从教的资格证书。保育士要在由厚生劳动大臣认可的大学、短期大学或保育专门学校培养。

幼儿园教师职前培养的课程除了一般的教育课程外，还有"教科"和"教职"课程，前者指专门的专业知识和技能课程，如国语、音乐、美术、美工、体育等科目；后者指专门为取得教师许可证设立的课程，如教育原理、幼儿教育内容、教学法、教育咨询和教育实习等科目。保育士职前培养课程主要有针对幼儿教育专业而设立的教育学基本知识、幼儿教育基础技能、幼儿教育基本原理以及教育实习等课程。

2. 在职培训

日本幼儿教师在职研修的形式多样，并且有一套制度。幼儿教师在职研修的形式主要有园内研修、参与大学的函授教育等。除此之外，幼儿教育研究组织经常举办各种讲座、交流活动等。新任用教师可以进行园内研修或住宿研修。园内研修每年可进行 10 天，可以采取讲座、研究讨论、演习等研修形式；住宿研修可以由委员会派遣的研修指导员在幼儿园内对新任教师进行指导，每年可进行 10 天，或者到自然之家以及社会福利设施等参观，每年可进行 5 天。有 10 年经验的教师的在职研修种类有夏休研修、冬休研修和平时教学期间的研修。研修内容均为幼儿理解、环境构成、学级经营、人际交往、安全、育儿支援等，只是时间上有所不同，夏休研修时间为 1～20 天，冬休研修时间为 1～4 天，平时教学期间的研修时间为 13～20 天。

拓展阅读

扫码了解"日本的教师资格证制度"。

四 日本学前教育的特点

（一）幼儿园与社区、家庭积极互动

日本学前教育的发展离不开家庭与社区的支持。日本的学前教育充分利用家庭和社区的各种资源。日本学前教育界已经考虑到要将学前教育机构作为"社区儿童养育中心"，并建立起"儿童教育网"，充分发挥学前教育在社区中的作用。此外，日本幼儿园普遍设有父母委员会，是父母之间相互交流、与园所取得联系、参与并支持园所工作的主要组织。为方便父母委员会开展活动，园所

大都提供"父母室"。园长通常作为名誉会长参与家委会。家委会主要协助园所组织重大活动，定期组织开展父母交流会或培训活动。

（二）重视学前教育师资的培养和提升

日本历来重视教师的素质，认为只有高质量的教师才能培养出高质量的人才，对于学前教师的要求非常严格，重视学前教育师资的培训与管理。日本不仅重视幼儿教师的职前培养，还会通过多种形式对在园教师进行职后培训。早在1949年，文部省颁布的《教育职员许可法及其实行法》就提出，幼师需要有扎实的专业知识、广博的通识知识，需要修满规定的学分，并通过严格的考试，才能取得教师录用的资格。目前，日本有300所大学和短期大学设有学前教育专业。日本对幼师的职后培训也非常重视，大幅度提高了幼师的工资待遇，对志愿任教的学生实行奖励制度。

（三）重视学前教育法制建设

日本重视依法治教、依法促教。日本学前教育发展的过程，实际上就是不断法制化的过程。日本政府通过不断地出台相关法律法规来保障学前教育事业的健康发展，其法律法规涵盖了幼儿教育机构的设置标准、教师资格和权利以及教育的目的、内容和方法等。正因为重视立法，以法律为依据实施科学管理，日本幼儿教育才得以跻身世界前列。

第六课　苏联、俄罗斯的学前教育

1917年十月革命，布尔什维克夺取政权，建立了苏维埃俄国（简称苏俄）。1918年，苏维埃俄国将首都从圣彼得堡迁到了莫斯科，并将国名正式定为俄罗斯苏维埃联邦社会主义共和国，依然称苏俄。1922年12月30日，苏维埃社会主义共和国联盟（简称苏联）首次苏维埃代表大会在莫斯科召开，正式宣告苏联成立，形成了一个由15个苏联加盟共和国组成的国家。1991年12月25日苏联解体，其国际法地位由最大加盟国俄罗斯（原苏俄）继承。

一、苏联的学前教育

苏联的学前教育在世界学前教育史上占有十分重要的地位，特别是在20世纪，苏联的学前教育发展较快，走在世界各国的前列。

（一）社会主义学前教育制度的确立

1917年11月，专门负责组织领导学前教育工作的机构——苏俄教育人民委员部学前教育局成立，苏俄政府以该部名义颁布了《关于学前教育的公告》，把学前教育纳入国民教育体系，强调儿童公共免费教育必须从儿童初生时开始。1918年10月，苏俄政府颁布的《统一劳动学校规程》和《统一劳动学校基本原则》明确规定，对所有6~8岁儿童实行统一的、免费的幼儿园义务教育，在统一劳动学校中应包括幼儿园的教育。1919年3月，俄共（布）第八次代表大会通过的党纲，规定了苏俄学前教育的两大任务：第一，儿童的公共学前教育是学校教育事业的基础之一，必须按照儿童的年龄特征来实现儿童的全面发展和共产主义教育的任务；第二，为了改善公共教育和使妇女们获得解放，应立即设立学前教育机关，如托儿所、幼儿园和托儿站等。党纲指明了苏俄学前教育的目的、方向以及社会主义性质。

1918年在彼得堡设立了世界上第一所国立学前教育专业的高等学府——苏俄国立学前教育学院，莫斯科第二国立大学也设立了学前教育系，分别培养学前教育高级干部和师资。

20世纪30—40年代，苏联学前教育向正规化发展。1932年颁布了《幼儿园教学大纲草案》，第一次明确规定了幼儿园的工作任务与内容。1938年制定了《幼儿园工作规程》和《幼儿园教养员工作指南》，前者规定了幼儿园的教育目的、任务、组织、类型、保教工作、建筑规范要求等，后者依据前者对幼儿园工作的各个方面提出了具体的指引。1944年，制定了《幼儿园规则》，对幼儿园的教育对象、性质与任务、教育内容与方式以及幼儿园开办等问题做出了明确的规定。这些文件的制定标志着苏联的学前教育制度已基本确立。

（二）托幼一体化改革与《幼儿园教育大纲》

20世纪50年代以前，苏联的托儿所（招收0~3岁的儿童）和幼儿园（招收3~7岁儿童）并存，分属卫生部和教育部管辖，导致学前教育管理出现一定的混乱。

1959年5月，苏共中央和苏联部长会议公布了《关于改革学前教育制度的决定》，提出将托儿所和幼儿园合并统一，正式命名为"托儿所—幼儿园"，招收出生至6岁的儿童，其管理和监督权统一于各共和国教育部，各共和国卫生部只负责保健工作。该决定要求凡是有条件的地方，均须在1960年1月1日以前，完成幼儿园和托儿所的合并工作。自该决定公布以后，苏联新设的学前教育设施基本上都是"托儿所—幼儿园"，这类机构逐渐成为苏联学前教育机构的主要类型。

为适应这种新型学前教育机构，1962年，苏联颁布了世界上第一部综合婴幼儿教育的大纲《幼儿园教育大纲》。该大纲将原来婴幼儿（0~3岁）和学前儿童（3~7岁）互相分离的教育内容系统化、一元化，并将出生后2个月至7周岁的儿童按年龄阶段分为7个班，并依据年龄特征实施相应的教育。为了适应各方面发展，该大纲经过多次修订。1978年第8次修订时，把学前儿童分为4个阶段：学前早期（0~2岁）、学前初期（2~4岁）、学前中期（4~5岁）、学前晚期（5~7岁）。该大纲第9次修订于1984年，改名为《幼儿园教育与教学大纲》，提出了为小学做准备的要求，要求促进幼儿个性的全面发展。

（三）《学前教育构想》

苏联学前教育改革受到普通教育改革的很大影响。1989年，苏联国家教育委员会批准和公布了

《学前教育构想》。它根据现代科研成果,制定了改革学前教育体系的理论方针,并提出了新的"个性—定向型"教育策略,这种策略在目标、手段和结果上都不同于传统的"教学—训导型"儿童教育观。该构想与《中学教育构想》一起,被整合在更为广阔的《继续教育构想》中,学前教育阶段被看作整个继续教育体系中的第一个环节。

《学前教育构想》确定了苏联幼儿园改革的基本原则:①在学前教育机构的设置和管理方面,实行法律化、民主化和多样化;②依据新的科研成果,强调学前教育在儿童个性形成中的意义;③教育工作的人道主义化,以"个性—定向型相互作用模式"取代以往的"教学—训导型相互作用模式",保证儿童生理和心理的健康,促进创造性个性的萌芽;④以家庭和幼儿园相互渗透为原则。苏联还制定了一系列具体文件来保证该构想的贯彻实施,但由于苏联于1991年底解体,有关构想及文件未能完全拟定出来或付诸实施。

(四) 苏联学前教育机构的类型

1. 托儿所—幼儿园

这是苏联主要的学前教育机构,招收2个月至7岁儿童。托儿所与幼儿园相统一;儿童在园时间长,可长达12小时;儿童集体活动时间较多;儿童从3岁开始每天有固定的作业时间;4岁以上有值日工作;5岁以上有自我服务性劳动和园地劳动。

2. 疗养幼儿园

这是一种专门设在市郊或林区,拥有医疗设备的学前教育机构;它有风景优美的花园和广场,可供儿童休息和游戏;配有特别的医生,专门负责保健工作,幼儿在医生的指导下接受各种身体锻炼;每期疗养时间为3~4个月;还对儿童进行教育工作。

3. 幼儿之家和学前儿童之家

这是一种专为2个月至7岁的孤儿或家庭困难的儿童设置的托幼机构。幼儿之家供3岁以下的儿童入托;学前儿童之家招收3~7岁的儿童。儿童完全由国家抚养,要求教师对儿童全面负责,保证每个儿童获得全面发展,为他们进入小学做好准备。

4. 特殊儿童幼儿园

这是一种专门为聋、哑、盲或智力落后、身体有缺陷的儿童设立的学前教育机构。根据儿童的各种情况制定特殊的教育大纲,改进或补偿这些儿童的教育,为他们进入特殊学校学习做准备。

5. 体弱儿童幼儿园

这种幼儿园与普通幼儿园基本相似,只是专门招收体弱易生病的幼儿,对他们进行细心的照顾和健身护理。他们的伙食标准比普通幼儿园高,有效地降低了幼儿的发病率。

另外,还有少量单独的幼儿园和单独的托儿所,以及作为农村学前教育机构主要形式的集体农庄和国营农场幼儿园。

(五) 苏联学前教育的特点

苏联学前教育的特点主要包括:学前教育由党和国家统一领导和集中管理;学前教育机构担负

教育和保育双重任务；教学—训导模式是主要的教学模式。

二 俄罗斯的学前教育

（一）学前教育国家标准

为了提高学前教育的质量，保护儿童在教育变迁的情况下不受不合格教育的影响，加强对学前教育机构的调控管理，俄联邦教育部学前司于1994—1995年制定了《学前教育国家标准草案》，这是国家对学前教育大纲提出的宏观指导。该标准是对幼儿园儿童教育教学的心理教育条件的要求，主要包括三方面。

1. 对教育大纲的要求

学前教育大纲以保护和增进儿童身心健康和谐发展为目标，应恪守教育的非宗教性。大纲要具有完整性、综合性的特点。

2. 对成人和儿童"个性—定向型"相互作用的要求

教师和幼儿要作为平等的伙伴，以合作、交往的形式活动，保证儿童的和谐发展。这一点体现了教育民主化、人道化的趋势。

3. 对儿童发展环境的要求

幼儿园的物质空间结构、活动场所要符合儿童的兴趣和需要，环境的构成（设备、游戏、玩具教学材料）要适宜儿童发展的要求，等等。

2013年8月29日，俄罗斯联邦教科部专门委员会批准通过了《俄罗斯联邦学前教育标准》，从2014年1月1日起实行。这是俄罗斯历史上第一次制定学前教育国家标准，旨在促进学前教育公平。《俄罗斯联邦学前教育标准》力图反映国家和社会对学前教育的期待，保证每个儿童平等地获得优质学前教育，为学前教育机构创办者、教育工作者、家庭和社会开展学前教育指明了方向，是制定、落实教学大纲和落实资金保证标准的根据；是考察教育机构的教学活动是否符合标准的依据；是培养学前教育机构的教育工作者和管理者，并进行再培训的基础。已有的相关研究认为，该标准在促进学前教育公平的同时，通过确定学前教学大纲的实施条件，促进了学前教育环境的改善、学前教育工作者专业水平的提升、学前教育的优质发展，进而有助于俄罗斯基础教育教学大纲的辅助条件的形成，例如师资、资金和物质技术以及其他资源条件。

（二）学前教育机构类型

1. 托儿所

托儿所是俄罗斯学前教育机构体系的第一个层次，大都是私立机构，招收2个月至3岁的婴幼儿，每天的开放时间为8~12个小时，每周工作6天，但生源极不稳定。托儿所对婴幼儿承担的任务主要是看管、监护和保养，教育职责居于次位。

2．幼儿园

幼儿园是俄罗斯学前教育机构的主要类型，分为公立和私立两种，招收3~7岁的儿童。公立幼儿园分为小班、中班和大班，每班有儿童15~30人不等，配有两名幼儿教师和一名助手。小班接收3岁的幼儿，注重对孩子进行基本生活知识的传授和简单劳动技能的训练。4~5岁儿童入中班，课程内容包括俄语、数学、音乐、雕塑、美术等，主要培养读、写、算的简单技能。6~7岁儿童入大班，主要通过游戏活动，对儿童进行体育、智育和德育教育，促进儿童认知、个性和社会性的发展，为进入小学做好准备。私立幼儿园收费高，但设施先进，各具特色。

3．托儿所—幼儿园联合体

这种联合体是俄罗斯学前教育机构的重要组成部分，招收2个月至7岁的儿童。无论是在教育目标、课程实施、教育方法上，还是在教学形式和教育资源共享上，它都体现出了教育的整体性和综合性，以达到各因素协调发展和优势互补，促进儿童身心健康成长。

此外，俄罗斯还有一些典型的学前教育机构。如培养俄罗斯世界冠军的摇篮——幼儿体育学校；让家长参与幼儿教育活动、配合幼儿教师对儿童进行教学与管理的"家长管理中心"，一般存在于不发达的山区和城镇；为3~7岁家庭贫困的儿童、孤儿、残疾儿童和弃儿提供教育的"社会服务性学前班"，是兼具全日制和寄宿制的学前教育机构，带有社会福利性质，确保学前儿童享有平等的受教育权。

（三）学前教育师资培养

1．职前培养

俄罗斯建立了多层次的师范教育体系，师范教育机构包括中等师范学校、师范专科学校、师范学院和师范大学。

中等师范学校又称幼儿师范学校，是俄罗斯学前教育师资培养的主要机构。生源有两部分，一部分招收八年级学校毕业生，修业四年；另一部分招收十年制学校毕业生，修业两年。

师范专科学校以培养幼儿园、小学教师为主，学制三年。

师范学院和师范大学学制4~6年不等，4年学制主要培养教育学学士，5年学制培养教育专家，6年学制培养教育学硕士。学前教育系主要负责培养学前教育机构的领导者、高年级教师和中等师范学校教师。幼儿园的领导人必须经过高等学校学习并具备3年以上的实践经验。师范学院的学生要实习两次，即在幼儿园和中等师范学校各实习一次。他们还要有在地方教育机关作为视察官员的经验。

2. 在职培训

俄罗斯的学前教育工作者最少每 5 年进行一次职业再培训或者进修。目前，俄罗斯仍保留着苏联时期建立的教师进修体系，最高层级的教师进修机构是国家教育进修学院，第二级是各联邦的进修学院，第三级是各城市所开设的市立教学法研究指导中心。俄罗斯多层次的教师进修系统包括 191 所教师进修学院，近 5000 个教学法研究室，58 个师范学院和综合大学附属的学校校长进修机构，普通学校和校际教学法研究联合小组，以及国民教育领导干部进修学院等。俄罗斯教师进修的形式主要包括面授和函授进修班、群众性的教师进修活动以及自学和自我发展。

（四）俄罗斯学前教育的特点

1. 课程综合化、幼儿化、本土化

俄罗斯的学前教学重视在游戏和其他各种非严格规定的幼儿活动中组织教学，主要依靠内容综合化和各种活动形式整体化来进行，从而充分发挥幼儿在学习中的主动性和创造性，更好地促进幼儿体力、智力、道德、艺术能力的发展。在组织活动时，更多地综合考虑幼儿的特点和多方面的需求，充分利用幼儿独特的认知方式，鼓励幼儿通过自己的探索实践活动获得多方面的经验，使课程内容与幼儿特征达到和谐统一。除此之外，课程内容与本土文化结合紧密，即以俄罗斯本民族文化为根基，结合幼儿的兴趣和需要，从本土传统文化中寻找最适合幼儿身心发展的教学内容。

2. 学前教育机构与家庭合作密切而卓有成效

俄罗斯学前教育机构十分注重在各方面与家长保持沟通与合作，鼓励家长参与制订教育计划，选择教育内容，共同管理，以实现共同目标。学前机构与家长之间形成一种平等的伙伴关系，教师们把幼儿年龄和心理特点的知识传递给家长，使他们了解孩子取得的成绩和存在的问题。此外，学前机构还通过多种形式与家长保持沟通与交流，使家长认识到如何为孩子营造更丰富多彩的家庭生活，并向家长提供教育建议，帮助他们促进幼儿身心健康成长。

3. 注重学前教育与初等教育的衔接

俄罗斯学前教育机构注重对学前儿童的入学训练，旨在从儿童的心理特点出发为儿童养成良好的学习习惯打下基础，使儿童对小学阶段的学习产生一种向往和兴趣，在心理上做好进入小学学习的准备，尽量缩短儿童入学后的不适应期。值得一提的是，这种学前准备仍然以游戏式的活动为主，将知识以游戏的形式体现出来。每一节课的内容都是十分吸引儿童的游戏活动，在游戏中培养儿童良好的习惯，使其学到应具备的知识。

◇ 单元小结

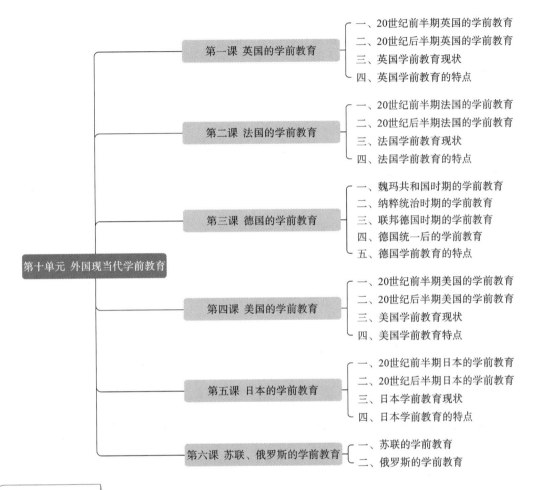

思考与练习

1. 单项选择题

（1）英国《哈多报告》建议成立独立幼儿学校的年龄为（　　）。

A. 4岁以下　　　B. 5岁以下　　　C. 6岁以下　　　D. 7岁以下

（2）"白天的母亲"属于（　　）的学前教育机构类型。

A. 英国　　　B. 德国　　　C. 美国　　　D. 日本

（3）英国的学前游戏班运动发端于（　　）。

A. 19世纪末　　　　　　　　B. 19世纪60年代

C. 20世纪初　　　　　　　　D. 20世纪60年代

（4）二战后，美国规模最大、历时长、效果显著的学前教育机会均等运动是（　　）。

A. "追随到底计划"　　　　　B. 日托所运动

C. 幼儿智力开发运动　　　　　　　　D. 开端计划

（5）美国蒙台梭利热的再度复兴属于（　　）的典型案例。

A. 幼儿智力开发运动　　　　　　　　B. 进步主义幼儿园运动

C. 保育学校运动　　　　　　　　　　D. 日托所运动

（6）下列选项中，不属于日本学前教育机构类型的是（　　）。

A. 幼儿园　　　B. 保育所　　　C. 日托中心　　　D. 认定儿童园

（7）二战后，苏联学前教育制度建设取得了一些成就，主要特色是建立了（　　）。

A. 托儿所制度　　　　　　　　　　　B. 幼儿园制度

C. 托儿所—幼儿园制度　　　　　　　D. 预备班制度

2. 简答题

（1）简述美国学前教育的开端计划。

（2）简述英国学前教育机构的主要类型。

3. 论述题

论述日本历次幼儿园教育振兴计划的主要目标。

实践与实训

实训： 收集整理任意两国（英、法、德、俄、日、美）现当代学前教育的发展过程。

目的： 能够搜集、分析和解释重要的历史文献资料，加强对所学内容的理解，形成自己的认识。

要求： 结合教材内容及参考书目，任意选择两国（英、法、德、俄、日、美），分析比较其学前教育的异同点，并指出其对我国学前教育的启示。

形式： 小组合作。

第十一单元　外国现当代学前教育思想

◇ **学习目标**

1. 了解外国现当代学前教育思想产生的历史文化背景。
2. 掌握爱伦·凯、杜威、蒙台梭利、德可乐利、皮亚杰的主要学前教育思想。
3. 能够对爱伦·凯、杜威、蒙台梭利、德可乐利、皮亚杰的主要学前教育思想进行客观评价,并能将理论灵活运用到学前教育实践活动中。
4. 感受外国现当代学前教育思想的变化、发展及影响,为树立正确的学前教育思想奠定理论基础。

◇ **情景导入**

进入20世纪后,欧美各主要资本主义国家产生的各种教育思潮深刻地影响着学前教育的发展。现当代西方社会出现了哪些重要的学前教育家?这些教育家提出了哪些学前教育理论?这些学前教育理论的具体内容是什么?这些理论对学前教育的发展产生了怎样的影响?存在哪些问题?学完本单元的内容,你就能解答这些问题了。

第一课　爱伦·凯的学前教育思想

一　生平及著作

爱伦·凯(Ellen Key,1849—1926年,见图11-1),瑞典人,著名作家、妇女活动家和儿童教育家,瑞典妇女解放运动和欧洲"新教育运动"的倡导者之一。

图 11-1　爱伦·凯

爱伦·凯生活在信仰自由的家庭之中,自幼接受良好的家庭教育,其父曾为国会议员。青年时期,她爱好文学、音乐和自然,喜欢阅读莎士比亚、歌德和易卜生等人的作品。23 岁时,她同父亲漫游欧洲很多国家,并广泛涉猎哲学、心理学、社会学等著作,归国后致力于对卢梭、达尔文、尼采和斯宾塞等人著作的研究。1879 年,她任职于一所女子学校,后在斯德哥尔摩平民大学从事瑞典文明史讲座达 20 年之久。从 19 世纪 80 年代开始,她致力于教育问题的研究。晚年参加保卫母亲和儿童权利的妇女运动。

爱伦·凯一生中主要从事社会活动和写作,中心内容是儿童的权利、妇女解放和教育问题,大力宣传和推行"新教育"思想,主张建立以儿童为中心的理想学校。她的主要著作有《儿童的世纪》《女性的道德》《妇女运动》《恋爱与道德》《爱情与婚姻》等,她在《儿童的世纪》中说"20 世纪将是儿童的世纪"。

二　学前教育思想

(一)提倡"新教育"

作为"新教育"的提倡者,爱伦·凯批判旧教育忽视儿童的身心发展特征、忽视儿童的权利、使用暴力方式伤害儿童等一系列弊端,主张教育应造就"新人"。所谓"新人",指的是身心健全、自由独立、能够创造新文化的人;具有主动精神、创造精神和具有阶级"合作"思想的人。为此,她主张发展儿童的个性,尊重儿童的人格,促进儿童在智力、道德、创造力等方面充分发展。

她提倡用卢梭的自然教育原则改革过去的教育,依靠儿童的内在潜力让其自我发展。她指出,儿童应该有一个属于自己的世界,这个世界无边无际,儿童自由地生活在其中,在与人、与物打交道的过程中发展自己的个性。教师的主要职责在于帮助儿童去创造这样一个形式和内容都美丽的自然世界,使儿童在这样的世界中自由自在地活动。

她反对体罚儿童,认为体罚是无益于教育的,成人应该用大脑而不应用手去教育儿童。因为,体罚一方面会造成儿童的恐惧感,会扼杀儿童的活动热情、探险精神和从事发明创造的想象力和创造力;另一方面,成人使用体罚,无益于锻炼自身的教育耐心和引导能力,同时有损成人的尊严和人格,也表明了教育者的教育方法贫乏和无能。

(二)学前教育实施的途径

爱伦·凯认为,要使儿童个性得到发展,就要实施家庭教育和学校教育。

1. 家庭教育

爱伦·凯非常重视家庭教育以及父母在儿童发展和教育中的重要作用。她指出,良好的家庭可以使儿童的个性得到自由发展,心灵得到陶冶净化,健全的家庭生活是儿童健全人格发展的基础。其家庭教育内容主要包括以下方面。

(1)让儿童养成自觉动手的习惯。

她主张在孩子力所能及的范围内、在课余时间去做些家务,同时,在家庭里应为儿童提供充分的工具和材料,让儿童自己动手制作玩具,使其创造力与想象力能从杉果、橡实、棘针、碎磁等种种常见材料中得到发挥。这样,让儿童逐渐养成一种自觉动手的习惯。

(2)为儿童建立适宜的图书馆。

她认为,父母要建立家庭图书馆,应精心为儿童挑选符合其身心发展的、优秀的图书,以方便儿童有选择地看适合的书。

(3)性教育应由母亲承担。

她主张儿童对两性关系的好奇等问题,母亲应给出正确的解释,这才适合幼儿这个时期的发育。每个人必须养成诚实地去讲和诚实地去想这个问题的习惯,社会才能够逐渐形成更高尚的性道德观念。

(4)父母的责任与要求

她认为父母要主动承担三方面的责任:第一,平等地对待儿童,不随意发布命令;第二,让儿童根据自己的兴趣爱好和能力充分地自由活动;第三,父母要树立好的榜样,促进儿童身心健康发展。在实施家庭教育的过程中,她尤其要求发挥母亲在家庭和儿童教育中的影响力。她指出,0~6岁是儿童性格发展的关键期,这一阶段母亲的教育对儿童日后的行为表现至关重要。为充分发挥母亲在家庭和儿童教育中的作用,她要求母亲提升自己的文化素质与教育素养,既需学习教育学、心理学、美学、艺术等关于儿童教育的科目,又需参与治家育儿的训练。她也主张父亲要参与家庭和儿童的教育,建议父母双方共同承担养家育儿的责任,协同建设和谐家庭,这不仅有利于为儿童的健康成长营造和谐的家庭环境,还有助于儿童形成健全的人格和平等的性别观念,进而促进儿童的自我发展和社会化进程。

2. 学校教育

爱伦·凯不赞同幼儿园这样的学校,认为托儿所或幼儿园最多也只是家庭教育的辅助和补充。她认为儿童在幼儿园会受群体和集体的影响,幼儿园远远不如家庭,应该用家庭教育取代幼儿园学校教育;托儿所是疯狂的举动,组织起来的游戏成为强迫式的活动,扼杀了儿童的想象力。但是幼儿园或托儿所对于不能尽职责的母亲来说,是一种很大的恩惠。在特殊情况下,幼儿园教育可以部分取代家庭教育。

她提出对理想教育机构的构想——新式学校。她理想中的学校应该是男女同校、环境优美；教学的目的是让学生提高求知欲，能独立获得知识，提出独立的见解，形成自己的概念；在教学内容上，取消班级授课制度、奖惩办法和考试制度；在教学方法上，采用启发式教学方法，以便教会学生自己去观察，自己去解决问题。

三 对爱伦·凯学前教育思想的评价

爱伦·凯提倡热爱儿童和尊重儿童，注重儿童的早期教育，强调儿童个性的发展，倡导理想的家庭，强调家庭及父母在儿童教育与发展中的作用，对现代幼儿教育理论与实践的发展产生了较大的影响。然而，她轻视幼儿园的作用，这显然是片面的和消极的。

第二课 杜威的学前教育思想

一 生平及著作

图11-2 杜威

杜威（John Dewey，1859—1952年，见图11-2），美国著名哲学家、教育家、心理学家，实用主义教育理论创始人，被视为20世纪最伟大的教育改革者之一。

杜威诞生在佛蒙特州伯林顿的一个杂货商家庭，从小好学，不到16岁就进入佛蒙特大学，20岁大学毕业后任教于乡村中学。23岁时，他首次发表论文《唯物论的形而上学》，进入约翰斯·霍普金斯大学攻读哲学研究生，同时对心理学感兴趣，25岁获得哲学博士学位，此后10年在密歇根大学和明尼苏达大学教授哲学，这一时期是他教育思想的酝酿期。35岁时调任芝加哥大学哲学、心理和教育系主任。45岁时改任哥伦比亚大学哲学教授，直至1930年退休。1952年，杜威因病在美国逝世。

1896—1906年，他创办了芝加哥大学附属实验学校作为他教育理论的实验基地，教育对象为

4～13岁儿童，提出了"教育即生活""学校即社会""做中学"等主张。他还到日本、中国、土耳其、墨西哥和苏联进行访问、发表演讲，他的活动与著作推动了美国进步主义教育运动的开展，影响了世界教育理论和实践的发展。

杜威一生在哲学、教育学和心理学等领域著有诸多著作，在教育学领域的著作主要有《我的教育信条》《学校与社会》《儿童与课程》《民主主义与教育》等，其中《民主主义与教育》是杜威实用主义教育思想的代表作。

二 学前教育思想

（一）论教育的本质

杜威认为教育的本质就是一种个体社会生活的进程，并就教育本质明确提出了"教育即生活""教育即生长""教育即经验的不断改造"。

1. 教育即生活

杜威强调教育不是将来生活的预备，而是儿童现在生活的过程，应关注现在、当下的生活，使儿童从生活中得到乐趣，教育不仅仅是为将来生活做准备。因此，学校要与社会生活结合，学校要与儿童的生活结合。与这两种要求相应，杜威提出了"学校即社会"。他认为当前学校与社会生活和儿童生活相脱离，强调学校应该是"一个小型的社会，一个雏形的社会"。学校的课程应着眼于儿童现在的生活经验，从直接经验开始，把烹饪、缝纫、手工等科目，把社会生活的活动性课程引入学校，培养儿童对现实社会的适应能力。

2. 教育即生长

"教育即生长"代表了杜威的儿童发展观，他认为："生长是生活的特征，所以教育就是生长。"生长必须以儿童的本能、能力为依据。教育不是单纯的灌输，不是把外面的东西强加给儿童去吸收，而是根据受教育者的天赋，提供机会让儿童自身的本能、兴趣和能力得到自然生长的过程。教育就是促进儿童的自然生长。

3. 教育即经验的不断改造

经验是杜威实用主义教育体系的核心。他认为教育就是使人获得新经验或对原有经验进行改造。经验和知识不同，知识可以传递，而经验通过自身的活动获得。如一个儿童伸手碰火，烫疼了，从此他就知道某一接触活动和某一视觉活动就意味着烫和痛，或者知道光就是热的来源。儿童在不断的活动中能连续不断地获得新经验或对原有经验进行改造。

（二）论教学的基本原则——"从做中学"

在批判传统教育的基础上，杜威提出"从做中学"的教学基本原则。杜威认为，"从做中学"

也就是从活动中学、从经验中学。他指出，儿童生来就有一种要做事和要工作的愿望，对活动或工作具有强烈的兴趣，让儿童从那些真正有教育意义和兴趣的活动中学习，有助于儿童的生长和发展。杜威强调教育的过程应该是"做"的过程。在他看来，儿童应该有机会运用他的身体，并由此使他的自然冲动有表现的机会。对儿童来说，"做事"本身就是一种最好的教育。如果儿童没有"做"的机会，必然会阻碍其自然的发展。

（三）论思维与教学步骤

针对传统教育忽视幼儿思维能力培养这一点，杜威强调，教学活动要培养幼儿的思维习惯和能力。他认为思维起源于不确定的有问题的情境，并提出了著名的"思维五步"：第一，疑难情境；第二，确定疑难的所在，并从疑难中提出问题；第三，提出解决问题的种种假设，引起观察和其他心智活动，并搜集事实材料；第四，推断哪一种假设能够解决问题；第五，通过实验，验证或修改假设。

杜威指出，这五个步骤的顺序并不是固定的，在实际生活中有时两个步骤可以结合起来，有时几个步骤可以匆匆掠过。根据"思维五步"，他也提出了著名的"教学五步"：第一，教师给幼儿准备一个真实的经验情境，同时根据幼儿的本能需要和生活经验给予一些暗示，使得幼儿有兴趣了解某个问题，以便去获得某种为现在的生活所需要的经验；第二，在这个情境中要能产生真实的问题，作为思维的刺激物，在这个阶段，幼儿要有足够的资料、更多的实际材料，以便应付在情境中产生的问题，这些资料和实际材料应该来源于幼儿本人现在的生活经验、活动或事实；第三，从资料的应用和必要的观察中产生对解决问题的思考和假设，在这个阶段，幼儿要进行设计、发明、创造和筹划，以找到问题的答案；第四，幼儿自己负责一步步地展开他所设想的解决问题的方法，同时把这些方法加以整理和排列，使其有条不紊；第五，幼儿通过应用来检验他的想法，验证假设的价值，在亲自动手做的过程中做出判断。

（四）论儿童与教师

杜威认为，儿童是具有独特生理和心理结构的人。他强调，儿童身上潜藏着以下四种本能：语言和社交的本能、制作的本能、研究和探索的本能、艺术的本能。杜威强调说："这四个方面的兴趣是天赋的资源，是未投入的资本，儿童的生动活泼的生长是依靠这些天赋资源的运用获得的。"儿童的生长具有两个主要特征：一是"依赖性"，依赖周围环境而生长；二是"可塑性"，人所具有的各种能力都不是一成不变的。

杜威强调"儿童中心"观，认为教育活动要围绕儿童组织，其目的是反对传统的"以教师、书本和课堂为中心"，主张教育应从儿童的本能、兴趣和需要出发，以儿童自身的活动为教育过程的中心。教师要以儿童为中心，要充分地了解中心的意义。教师不单单是知识的传递者，更是思维的启发者，要充分了解儿童、理解儿童，知道儿童的兴趣点，对儿童进行更好的教育。

三 对杜威学前教育思想的评价

杜威对传统教育的弊病进行了批判，提出了"从做中学"的教学论体系，否定了传统以学科为本位的课程，提出了以学生直接经验为主的活动课程，强调儿童能力的发展，提倡尊重儿童的兴趣和需要等，对现代教育理论的发展起到了重要的作用。但是，杜威的教育理论体系自身也存在着不足之处，如否定科学文化知识的系统传授，否定对儿童进行严格的智力训练，过分强调儿童的兴趣和自由，这些问题导致了学校组织松散，教育质量严重下降。

第三课 蒙台梭利的学前教育思想

一 生平及著作

蒙台梭利（Maria Montessori，1870—1952年，见图11-3），意大利第一位女医学博士，是教育史上杰出的幼儿教育家。

1870年，蒙台梭利出生在意大利的基亚拉瓦莱小镇，作为独生女的她深受父母宠爱，受到良好的家庭教育。

1890年，她不顾父母反对，进入罗马大学学医。26岁获罗马大学医学博士学位，成为意大利的第一位女医学博士。随即在罗马大学附属医院任精神病临床助理医生，诊断和治疗身心缺陷儿童。

1898年，在都灵召开的教育会议上，蒙台梭利发表了以"精神教育"为题的演讲，强调"儿童的智力缺陷主要是教育问题，而不是医学问题"，并向社会呼吁，智障儿童

图11-3 蒙台梭利

应当与正常儿童一样享有同等的受教育的权利。她于1900年担任罗马国立启智学校校长，在此期间，她通过研究特殊教育的相关理论和方法，并创制一系列教具，在智力缺陷儿童研究方面取得了很大的成功。此后，她致力于将智力缺陷儿童研究方法应用于正常儿童的研究。1901年，她再次回到罗马大学，进修哲学、普通教育学、实验心理学和教育人类学。于1907年1月在罗马的

圣罗伦斯区的贫民窟设立第一所儿童之家。同年,第二所、第三所儿童之家相继成立,开始了正常儿童的教育实践,并取得成功。根据"儿童之家"的实践,她于1909年出版重要著作《蒙台梭利教学法》。不久,该书被译成20多种文字在世界各地流传;欧洲、美国还出现了蒙台梭利运动。

蒙台梭利为了传播自己的教育思想和方法,在欧洲、美洲、亚洲多个国家举办讲座、开办教师培训班以及创办学校,推动了世界各国的学前教育改革。1929年,在荷兰首都阿姆斯特丹成立国际蒙台梭利协会,蒙台梭利亲自担任大会主席。1952年5月,蒙台梭利逝世于荷兰阿姆斯特丹,享年82岁。

她的著作主要有《童年的秘密》《新世界的教育》《开发人类的潜能》《有吸收力的心理》《和平与教育》《人的形成》《儿童的发现》等。

二 学前教育思想

(一) 儿童观

1. 双重胚胎期

蒙台梭利认为:"人有双重胚胎期。一在出生之前,与动物相同。一在出生之后,是人类所特有的。"双重胚胎期的第一期是在母亲体内的"生理胚胎期",这个胚胎期是人和动物共有的,是由一个细胞分裂为许多细胞,然后形成各种器官、发育成胎儿的过程;第二期是"心理(或精神)胚胎期",是出生以后一年间形成最初心理萌芽的时期。蒙台梭利认为儿童自出生至能够掌握表明人类特征的独立行走和语言,大致需要一年的时间。这段时间是婴儿从心理(或精神)方面一无所有到形成"心理(或精神)胚胎"的时期。它经历着和"生理胚胎"的形成发展同样的路线,从出生时的"精神空白"、一无所有,通过接受外界刺激和信息,不断地积累资料,形成许多感受点和心理所需要的器官,然后发展成一个"心理(或精神)胚胎",有了"心理(或精神)胚胎",才有了以后儿童心理的发展。

2. 吸收性心智

蒙台梭利认为儿童可以自主地从周围环境中吸收一切信息,从而形成自己的心理,即"吸收性心智"。这种吸收性心智受儿童先天潜能的支配,是一种无意识的照单全收的吸收能力。"成人可以记住环境并对其进行思考,而儿童却是吸收环境。儿童对所看到的事物不仅能记住,而且能使它们成为其心灵的一部分。"蒙台梭利提出的"吸收性心智"概念与"双重胚胎期"概念是紧密联系在一起的。心理胚胎从周围环境中吸取一切养分以完成发育过程,而这个过程中最为关键的因素就是"吸收性心智"。

3. 敏感期

敏感期是指在一定的时期，孩子对某种特性或技巧会有特别浓厚的兴趣，一旦儿童置身于与敏感期相适应的环境，他就会在轻松愉快中迅速掌握与相应的刺激活动相关的能力。蒙台梭利认为，儿童的心理发展有各种敏感期，在发展过程中也经过不同的阶段，每个阶段都有某种心理的倾向性和可能性显示出来。特定的敏感期往往与特定的年龄阶段相联系，她认为，秩序的敏感期从孩子出生第一个月持续到2岁；细节的敏感期在1~2岁；行走的敏感期在1~2岁；手的敏感期在1.5~3岁；语言的敏感期是出生后8个星期左右到8岁。一旦儿童在特定敏感期内缺乏相关刺激，当敏感期结束后，儿童在学习与该刺激相关的活动技能时往往非常困难，甚至无法学会。同时她指出，不同的个体出现敏感期的具体时间和程度等存在一定的差异，在教育儿童时也要做到因材施教。

4. 阶段性

蒙台梭利认为儿童处于一个不断发展的过程中，这种发展呈现出阶段性。她将儿童心理的发展分为以下三个阶段。

第一阶段（0~6岁）是儿童各种心理功能的形成期。这一阶段划分出两个时期：第一时期（0~3岁），即前面提到的心理胚胎期，儿童没有有意识的思维活动，只能无意识地吸收外界刺激；第二时期（3~6岁），即个性形成期，儿童的心理活动逐渐从无意识转化为有意识，慢慢产生了记忆、理解和思维能力，并逐渐形成各种心理活动之间的联系，获得最初的个性心理特征。

第二阶段（6~12岁）是儿童心理的相对平稳发展时期。这一阶段的儿童智慧朝向外界发展，求知欲旺盛；关心善与恶的区别，道德感开始萌芽；想在团体中活动，显现群体本能。蒙台梭利认为这一时期的儿童教育应该从感知觉练习转为抽象的智力活动，并要习得一定的道德标准和社会规范。

第三阶段（12~18岁）是儿童身心经历巨大变化并走向成熟的时期。这一阶段的儿童生理方面呈现出成人的特征。精神方面，他们产生了爱国心和荣耀感，有了自己的理想，并能根据自己的兴趣探索事物。因此，可以对其进行像成人那样的教育。

（二）教师观

蒙台梭利把儿童之家的教师称为"指导员"。她认为教师的作用主要是引导儿童的心理活动和身体的发展，为儿童准备学习环境。教师在教育活动中扮演的角色是观察者、环境的创设者，以及研究者。

1. 观察者

蒙台梭利认为观察是教师必备的素质。她指出："幼儿教师应是一位观察者，他必须以科学家的精神，运用科学的方法去观察和研究儿童，揭示儿童的内心世界，发现童年的秘密。"同时指出观察包括两个方面：第一，观察儿童的行为表现，如儿童对材料感兴趣的持续时间等；第二，观察儿童在活动中的精神状况，如儿童情绪变化等。教师通过全面观察、了解儿童后，为儿童提供适时、适当的启发与帮助。

2. 环境的创设者

教师应该根据儿童发展的需要，提供"有准备的环境"。她认为，教师的职责是为儿童提供适宜身心发展的环境，这种环境必须由了解儿童内在需要的教师来准备，基本任务是使每个儿童的潜能得到自我发展。这种环境包括适宜于学习的物质环境和人文环境。此外，幼儿教师在创设环境的过程中，不仅要考虑到表面的环境创设，更应考虑环境创设的质量。

3. 研究者

蒙台梭利认为，一名优秀的幼儿教师不仅要学会观察，而且还必须在观察的基础上进行实验。幼儿教师的研究不是凭空想象的，而是扎根于儿童中间，与观察紧密联系在一起，即观察研究，这种研究是通过对儿童自由活动的"被动"观察得到种种信息，研究儿童的真实生活、精神状态、内心世界，以及他们的各种欲望、各种表现等，进而探究儿童的"内在秘密"，使之在自主活动中健康成长。蒙台梭利还认为，为了使儿童身心获得健康发展，教师必须通过系统的自我研究，使自己内心做好准备，成为一名自我反思者，深切体察儿童发展的差异性和敏感期，使因材施教真正落到实处。

（三）论学前教育的原则

1. 自由

自由是蒙台梭利教学方法最大的特点之一，提倡尊重儿童并爱护儿童，强调儿童的个性和自由发展。蒙台梭利认为，自由是指儿童可以不受任何人约束，不接受任何自上而下的命令或强制与压抑的情况，可以随心所欲地做自己喜爱的活动。这里的自由，不同于放纵或无限制的自由。"让孩子学会辨别是非，知道什么是不应当的行为，如任性、无理、暴力、不守秩序及妨碍团体的活动都要受到严厉的禁止，逐渐加以根绝，必须耐心地辅导他们，这是维持纪律的基本原则。"在她的儿童之家中，她要求幼儿要遵守以下规则：保持个人的整洁、服从教导、表现良好的品行等。在她看来，放纵孩子不是真正的自由。自由和纪律是同一个事物不可分离的两个方面。自由活动是形成真正纪律的重要方式，而真正的纪律也必须建立在自由活动的基础上。

2. 工作

蒙台梭利不十分赞成幻想性的游戏活动，更强调"工作"，这里的工作是指儿童自由选择的有趣的活动。工作有助于儿童身心协调发展，如有利于肌肉协调和控制，发现自己的潜力，培养孩子的独立和意志。在生命力不断展现的神秘世界中，孩子通过工作会得到进一步的自我完善。它有如下特征：①遵循自然法则，服从儿童内在的引导本能；②无外在目标，以内在的自我实现为目标；③是一种创造性、建构性的活动；④自己独立完成；⑤通过环境的反馈来改进自己；⑥按照自己的方式进行，为内在需要而重复。

3. 创设适宜环境

在蒙台梭利的教育体系中，除了教师与儿童有联系，教师和儿童都要与环境有联系。蒙台梭利认为，给幼儿提供的环境应具有以下特点：首先，应该是自由发展的环境，在那里，尽可能地减少障碍物，使幼儿自然地发展，进而创造自我和实现自我；其次，应该是一个有秩序的环境，在那里，幼儿能安静、有规律地生活，减少生命力的浪费，以便不断地完善与发展他的生理和心理；再次，应该是一个生气勃勃的环境，在那里，幼儿充满生气、欢乐、真诚和可爱，毫不疲倦地工作，精神饱满地自由活动，并不断地完善各种活动；最后，应该是一个愉快的环境，在那里，几乎所有的东西都是为幼儿设置的，适合于幼儿的年龄特点和身体发育，对幼儿具有极大的吸引力。

（四）论学前教育的内容

1. 肌肉练习

蒙台梭利认为肌肉练习不仅有益于健康，而且可以训练儿童动作灵活性，使儿童具有适应周围环境的能力。她为"儿童之家"安排的体育活动包括自由游戏、放风筝、滚铁环等，主张为儿童设置平行的木栅、摇椅、绳梯等。她把"儿童之家"实行的帮助儿童发展肌肉的训练方法称为"体操"，包括四类活动：锻炼下肢的各种运动、自由体操、教育体操和呼吸体操。

2. 实际生活练习

实际生活练习被认为是蒙台梭利课程中的必要内容，可以分成两大类：一类是与幼儿自己有关的，主要是自我服务，包括穿脱衣服、梳头、刷牙、洗手、洗脸等；另一类是与环境有关的实际生活练习，主要是管理家务的工作，包括扫地、拖地板、擦桌椅、摆餐桌、开关门窗、整理房间等。通过实际生活练习，可以培养幼儿独立生活和适应环境的能力。在蒙台梭利看来，幼儿的实际生活练习除了培养他们的独立性和掌握生活技能外，还可以练习各种动作，使自己更完善。从动作练习这一点来说，实际生活练习与肌肉训练是密切联系的。

3. 感官训练

蒙台梭利非常重视对儿童的感官训练。她认为，感官是心灵的窗户，感官活动是一切智能发展的基础，学前儿童正处于感觉发展的敏感期。她的感官教育主要包括视觉、听觉、嗅觉、味觉及触觉的教育，其中触觉训练是感官训练的主要内容。蒙台梭利说："幼儿常常以触觉代替视觉或听觉。"也就是常以触觉来认识周围事物，所以她尤为重视触觉。触觉训练根据性质的不同，可以分为辨别物体是光滑的还是粗糙的滑度触觉训练，辨别温度冷热的温度触觉训练，辨别物体轻重的重量触觉训练，以及辨别物体大小、长短、厚薄和形体的实体触觉训练等。视觉训练包括识别物体度量、形状和颜色的训练。听觉训练包括辨别和比较极其微弱的声音，并对噪声产生反感。嗅觉训练包括提高嗅觉的灵敏度。味觉训练包括识别各种味道的训练。

为此，蒙台梭利精心设计了一套感官训练教具。这些教具既有利于发展儿童的感觉，使他们获得对数、形、色等的初步认识，又符合使儿童通过活动得到自由发展的要求。

拓展阅读

扫描二维码，了解蒙台梭利感官教育教具——插座圆柱体。

4．初步的文化知识教育

蒙台梭利认为，3~6岁的幼儿天生具有学习文化知识的能力，完全可以教他们学习阅读、书写和计算，这是建立在感觉教育的基础之上的。在儿童之家，写字的练习先于阅读的练习。她认为，文字的书写关键在于握笔，因此通过触觉的训练就能过渡到书写练习，进而转入阅读学习和计算学习。阅读教学可分解为字形的识别和语音的辨别，首先通过触觉和听觉的训练让儿童分别掌握语音和文字符号，然后再通过游戏的方式综合训练。数和算术的教学也遵循由简单到复杂的程序，有时根据生活中的实际事例进行教学，但主要还是通过各种感官教具进行。

三 对蒙台梭利学前教育思想的评价

蒙台梭利重视早期教育，认为儿童心理发展有其独特的特点，要求教师观察儿童、研究儿童，重视儿童发展的敏感期；在"儿童之家"教育实践的基础上，发明了一系列蒙台梭利教具，创立了"蒙台梭利教育法"。她的教育思想对20世纪乃至今天的学前教育都产生了巨大影响。

但她的教育理论把遗传作为儿童心理发展的主要因素，夸大了儿童自我教育的作用，感官教育教具机械死板，只注重事物的外部特征，只适用于单一感官的训练，因而未能很好地发展儿童的想象力、思维能力和创造力，也影响了儿童对客观世界的整体认识。

第四课　德可乐利的学前教育思想

一 生平及著作

德可乐利（Ovide Decroly，1871—1932年），比利时著名的教育家、心理学家，国际儿童学研究的主要领头人之一，欧洲新教育运动的主要代表人物之一。德可乐利早年学医，获医学博士学位。1901年，他在比利时首府布鲁塞尔创办特殊儿童学校，尝试使特殊儿童获得更多和更充实的知识，成效显著。1907年，他在布鲁塞尔市创办了一所儿童实验学校，名曰"生活学校"，招收4～15岁的正常儿童。在生活学校里，德可乐利用新的教育方式进行教育实验，由此形成了著名的"德可乐利教学法"。德可乐利非常注重观察儿童，他是最早利用电影手段从事儿童观察研究的学者。他摄制了《儿童心理发展的各阶段》《儿童空间反应的演变》《0—6岁儿童的模仿行为面面观》等一系列纪录片，并和博依士编制了《博依士-德可乐利量表》。

德可乐利的著作很多，主要有《论个性心理学与实验心理学》和《新教学法》等。

二 学前教育思想

（一）论儿童兴趣与教学

兴趣是德可乐利教学方法的核心。他说："兴趣是个水闸，用它开启注意的水库，并使注意有了方向。它也是一种刺激，脑力依赖它而冲出。"在他看来，兴趣在儿童的教学中具有重要的价值和作用。要充分激发和借助儿童的兴趣去促进教学和学习，就必须了解儿童的需要，研究需要和兴趣之间的关系。他认为儿童具有四种基本需要：营养的需要、衣食住行的需要、自卫的需要、工作与娱乐的需要。与这四种基本需要相对应，儿童具有四种兴趣中心：一是对食物的兴趣；二是躲避自然灾害的兴趣；三是防御敌人的兴趣；四是劳动和相互依赖的兴趣。在德可乐利看来，兴趣代表并反映了儿童最基本的需要，显现出注意的"优势倾向"或"好奇心"之所在，把握儿童的兴趣就能有效地集中儿童的注意力，加强教学的效果，促进儿童的学习。因此，日常活动应以儿童的兴趣为中心，围绕儿童的兴趣来组织。

儿童兴趣的一个重要特征是对事物的整体认识。德可乐利认为，每一个兴趣中心都会有一个中心概念贯穿于整个学习过程之中，随之产生许多相关的问题，激发起儿童学习多种知识、掌握多种技能的热情和积极性。儿童的兴趣正是通过观察、联想和表达，在儿童认识社会和自然环境的活动中得到实现和满足。

德可乐利提出了以兴趣为中心、以整体为原则的教学过程的三个步骤：第一，从兴趣引发感觉经验；第二，通过联想形成和发展观念，提高儿童的思维能力；第三，通过把概括性知识应用于实践活动表达儿童的概念和思维。

（二）教学方法

德可乐利认为儿童认知环境主要通过观察、联想、表达这三个步骤来实现。

1. 观察

观察就是儿童对事物、地点、人物等的直接感知，这是儿童的直接经验，也是儿童发展智力、了解环境的一种途径。德可乐利认为观察的目的在于养成儿童注意各种现象的习惯，使儿童了解生活中种种复杂的情形，使儿童了解生物界种种演进的现象。他把儿童的观察课程分为两类：第一类是随机观察，如观察教室里存在的事物，观察花园里植物的开花等；第二类是专题观察，也就是让儿童对他们感兴趣的事物进行专门的观察。

2. 联想

联想是指教师在儿童旧经验的基础上，用图画、故事等形式引起儿童的兴趣和想象，然后通过比较，找出旧的经验与新的现象之间的异同，最后寻找原因并加以实行。其目的在于扩大儿童经验的范围，使儿童明了所观察的事物与旧经验中事物的关系。儿童由观察而进行的联想分为四种：第一，空间的联想，相当于最广义的地理联想；第二，时间的联想，相当于历史联想；第三，协调人的需要的联想；第四，因果联想，它为儿童提示一种现象是"怎样的"和"为什么是这样的"。德可乐利认为利用这些联想可以使儿童认识到过去的经验与观察所得资料之间的关系，可以进一步扩大儿童的经验，激发儿童的想象力和探索事物奥秘的好奇心，使儿童逐步了解事物的必然性。

3. 表达

表达就是儿童把由观察和联想得到的知识应用于实践的行动。表达的目的在于把观察和联想所得的经验用模型、动作及文字符号表示出来，以加深儿童的印象，并增加其适应环境的能力。表达的方法有两种：一是抽象的表达，如说话、写字、作文等；二是具象的表达，如绘画、制作、剪贴等。这些不同的表达方式既能满足儿童表达和创造的天然需要，又能为儿童做生活的准备，在儿童的日常生活中具有极为重要的价值和意义。

德可乐利把教育理论和实践很好地结合起来，其理论对儿童教育的影响深远。尽管他没有一本系统阐述自己教育理论的著作，但他对于儿童特别是幼儿发展和教育的实际贡献远远超出他所写下的文字。

（三）论读写算

1. 识字与阅读

德可乐利通过对儿童阅读能力的观察和实验，发现了儿童在认知方面不同于成人，儿童识字阅读并不是传统所认为的从音素到字母，从音节到完整的单词，从单词到句子的过程。书面的单词和句子在儿童眼里首先是整体的图像，儿童是先记住了这些图像，再去识别组成单词的字母。德可乐利称这种图像为"视觉意象"，这种识字阅读的方法被他称为"视觉意象法"。

根据"视觉意象"的教学形式，他认为教幼儿阅读有以下基本做法：阅读材料应取自于儿童当前的真实生活；阅读教学必须先从完整的单词和句子着手，朗读在先，整体印象在先，分析在前；注重游戏在阅读教学中的重要作用。

2. 书写与算术

德可乐利认为书写、阅读和绘画是紧密结合的,针对蒙台梭利在"儿童之家"中采用的书写和阅读截然分开的做法,德可乐利认为这并不符合儿童的认知规律。这种三位一体的教学,可使幼儿在学会书写的同时,也学会正确地写字和绘画的基本笔法。除了书写,他对幼儿的算术学习也做了一些研究,他主张尊重幼儿的兴趣,利用儿童的自发倾向,通过观察,从现实生活中提取素材,并将算术教学与书写、阅读教学相互结合。

三 对德可乐利学前教育思想的评价

德可乐利生活、工作于新教育运动蓬勃兴起的年代。他既受到这一思潮的影响,同时又为推动这一思潮的发展作出了积极的贡献。他与意大利学前教育家蒙台梭利几乎同时开始教育实验,在长期教育实践的基础上,研究儿童的心理与教学,形成了系统的理论。德可乐利教学法对于学前教育的发展影响深远,有人甚至将他的理论和实践贡献与福禄贝尔、蒙台梭利并列。

第五课 皮亚杰的学前教育思想

一 生平及著作

皮亚杰(Jean Paul Piaget,1896—1980年,见图11-4),瑞士人,当代著名的儿童心理学家和教育家。他父亲是一位大学教授,母亲是一位虔诚的宗教徒。他幼年时期对生物学产生浓厚兴趣,11岁时发表动物调查报告,攻读博士学位期间对哲学、生理心理学和逻辑学产生兴趣,他认为生物学和哲学的融合是通向认识论的捷径。他由对儿童思维的发生与发展的研究产生兴趣进而转向心理学。1921年,他被指派到日内瓦卢梭学院工作,从此开始创立自己"发生认识论"体系。1925—1931年,他的三个孩子相继出生,他在其夫人的协助下研究观察孩子,这为他创立儿童心理发展理论奠定了重要基础。此后,他致力于对发生认识论的研究,召集各国著名专家成立"国际发生认识论研究中心",并

图 11-4 皮亚杰

任该中心主任，学术界称他们为"日内瓦学派"。

皮亚杰一生著述颇丰，其中影响较大的著作有《儿童的语言和思维》《儿童的道德判断》《儿童的智力起源》《智力心理学》《儿童心理学》《结构主义》《发生认识论》等，他的教育思想主要体现在《教育科学与儿童心理学》和《了解即发明，教育的未来》。

二 学前教育思想

（一）论儿童心理发展过程——认知发展阶段论

皮亚杰认为，儿童从出生起心理与生理一样在不断发展，这种发展是一个持续前进的平衡过程，从较低的平衡状态向较高的平衡状态发展，可以分为前后相连又各有特点的四个阶段，该理论称为认知发展阶段论。每一个阶段都会出现一些新的区别于前一阶段的认知结构，而前一阶段的认知结构都会继续存在于以后的发展阶段之中，这种结合就构成了后一阶段所具有的新特征。

1. 感知运动阶段（0～2岁）

这一阶段儿童主要通过感觉运动图式来与外界相互作用（同化或顺应）并与之取得平衡。这意味着儿童利用动作和感知去了解他周围的环境与社会。感知运动阶段又细分为6个时期：第一，反射练习时期（出生至1个月），婴儿限于感知和动作之间那种遗传决定的协调活动的练习，如吸吮反射；第二，习惯动作时期（1～5个月），婴儿不同的感觉运动图式开始协调起来，形成了最初的习惯动作，如吸吮手指；第三，有目的的动作形成时期（5～10个月），婴儿开始积极地选择能够引起有趣结果的活动，形成第二次循环反应，如重复摇拨浪鼓，这表明婴儿已处在智力的萌芽状态；第四，手段和目的协调时期（10～12个月），婴儿能够运用他过去学会的一些手段来达到自己的目的，如移开障碍物拿到他想要的玩具，并获得客体永恒性；第五，感觉运动智力时期（12～18个月），儿童表现出更为强烈的好奇心和意向的灵活性，能通过"尝试—错误"的方法去发现新手段以达到目的；第六，感觉运动智力的综合时期（18个月至2岁），儿童能够在头脑中把许多运动图式相互联系起来，从而产生新手段来解决新问题，他能通过身体动作去了解和掌控事物并具有延缓模仿的能力，例如孩子已能自己拿着整瓶的牛奶瓶逐渐抬高瓶底而把奶喝完。

2. 前运算阶段（2～7岁）

前运算阶段处于学前期。一般2岁儿童的各种感知运动图式开始内化成为表象并开始运用表象符号，语言的使用表明这一阶段的开始。语言的出现和发展促使儿童日益频繁地使用表象符号来代替外界事物，开始了表象思维。由此儿童不仅可以进行各种象征性的游戏活动，而且可以理解童话故事中过去和远方的事情。但是这一阶段儿童的表象思维都是"自我中心"的，思维不可逆、不守恒且具有片面性。这个时期的儿童只具备了一些日常生活中的"概念"，还没有形成真正的逻辑概念，到了该阶段的后期，最初的数理运算图式才出现，故称其为前运算阶段。

3. **具体运算阶段（7～12岁）**

具体运算阶段处于小学阶段。这一阶段的儿童能够客观地构造种类、关系和数量之间的联系，具有思维的守恒性、可逆性和整体性的特征。儿童的认知水平获得了质的飞跃，具有了较为系统的逻辑思维能力。与此同时，他们获得了社会合作的能力和道德情感的发展，逐渐形成了相互尊重和自我约束的意识。

4. **形式运算阶段（12～15岁）**

形式运算阶段处于初中阶段。这个阶段儿童真正具备了运用符号进行独立抽象思维的能力，与成人的思维十分相近了。儿童既能够熟练地使用语言符号，又能够离开具体事物借助大脑中的概念与假设进行逻辑运算。

皮亚杰的认知发展阶段论系统地论述了儿童心理发展过程的一般模式，为幼儿教育工作者开展教育工作提供了理论依据。

（二）论儿童教育的基本原则

皮亚杰认为教育者应该懂得儿童心理学，了解儿童并重视其特点。从认知发展阶段论出发，皮亚杰提出了一系列儿童教育的基本原则。

1. **符合儿童心理发展阶段**

皮亚杰论述了儿童心理发展的阶段及其特点，认为不同阶段儿童的认知结构特点各异。因此教育应该根据儿童的心理发展阶段，按照儿童的年龄特点加以组织。例如，在感知运动阶段儿童只有感觉运动智力，父母和教育者应该多为儿童提供各种各样有趣的物体，如玩具、模型等，供他观察、抚摸和摆弄；应该多考虑促进儿童动作发展的训练，如触摸、推拉和抓握等。在前运算阶段，为了促进儿童表象思维和直观思维的发展，父母和教育者就应该注意选择具体形象的方法，如游戏、童话故事、图画、手工等，来帮助儿童形成数、几何、空间和时间等概念。因此，皮亚杰强调指出，教育是从属于受教育者的发展水平的，受教育者的发展水平决定着教育的步调。

2. **分析儿童心理发展的因素**

皮亚杰认为，在儿童教育中应该考虑制约儿童心理发展的四个基本因素：

一是生理成熟。皮亚杰指出，儿童的成长特别是神经系统和内分泌系统的成熟，是儿童心理发展的必要因素。生理学研究也表明，儿童的智力与行为发展有赖于一定的生理结构或神经系统、内分泌系统的成熟因素。生理成熟主要是为儿童心理发展提供可能性。

二是练习和习得经验。它指个体对物体施加动作过程中的练习和所获得的经验（不同于社会性经验）。皮亚杰认为，儿童所获得的经验可以分为物理经验和数学逻辑经验两类。前者指个体作用于物体，并抽象出物体的特性，如物体的大小轻重等；后者指理解动作与动作之间互相协调的结果。这种主体认识客体的过程就是获得经验的过程。

三是社会传递，包括语言传递和教育传递。皮亚杰认为，社会传递在儿童心理发展过程中是一个非常重要的因素，它对儿童的影响大大超过自然环境对儿童的影响。因为它不仅促使儿童去认识它，而且给儿童提供了现成的和最好的符号系统，即语言和文字；尤其是作为社会传递一个组成部分的教育，对儿童心理的发展有很大的影响。尽管教育并不能逾越儿童心理发展的某个阶段，也不能改变儿童心理发展阶段之间的次序，但适宜的和良好的教育在一定程度上能促使儿童心理发展阶段顺利过渡，能引起儿童主动的同化或顺应。

四是平衡化。平衡化既指同化或顺应获得平衡的过程，也指同化或顺应获得平衡的结果。皮亚杰说："这个因素常常被人忽视了，我却认为这是一个基本的甚至是首要的因素，我把它称为平衡因素……也可以叫作自我调节的因素。"因此，在儿童心理发展的诸因素中，平衡化是最重要的因素。只有通过平衡化，才能把上述三个因素协调起来，通过"尝试-错误"的过程使儿童得以自我调节，儿童的心理才能得到发展。

3. 发展儿童的主动性

皮亚杰十分重视儿童主体在教育中的作用，教育者必须依靠并发展儿童的主动性。皮亚杰认为，儿童的心理发展是一种主动积极和不断的建构过程，儿童通过他自己的活动不断建构他的智力的基本概念和思维形式。儿童获得的知识是儿童主体与外部世界的客体不断相互作用而逐步建构的结果。儿童的活动又受兴趣和需要所支配，只有儿童自我发现的东西才会积极地将其同化或顺应，从而形成深刻的理解。教育者为了让儿童学有所得，最好让儿童自己去找到和发现问题的答案，让儿童自己主动地"自发学习"，培养兴趣和发展才能。

4. 强调儿童的实际活动

皮亚杰的发生认识论十分重视"动作"在儿童心理发展中的作用。所谓动作就是儿童的实际活动。他认为，由于认识起源于动作，教育者应该让儿童通过实际活动和具体事物进行学习，对儿童来说动作是儿童主体与客体相互作用的唯一连接点，儿童所获得的知识和观念都离不开动作。在他看来，儿童心理发展的真正原因是主体通过动作对客体的适应。

皮亚杰又强调在幼儿阶段要多开展游戏活动，游戏又可分为四类。

第一，练习性游戏。这是一种最初形式的游戏，如反复地拍打拴在绳上的气球，让幼儿重复进行练习活动。

第二，象征性游戏。这是一种通过象征性"语言"，让儿童记忆或背诵诗词文章或数理公式，这是儿童游戏的高峰。

第三，规则性游戏。这是一种按游戏规则判断优劣差别的竞技性游戏，如投球入篮、下棋等，它是促进儿童理解社会生活的最有效的游戏活动。

第四，构造性游戏。这是一种既有象征意义又有结构要求的游戏，如用积木搭建楼房，用沙石垒搭山峦城堡等。

游戏是儿童心理活动的一种机能练习，不管什么时候只要运用游戏活动方式，儿童就会充满热情地投入进去受到教育，获得经验。皮亚杰不强调幼儿时期进行读写算方面的系统学习。

5. 重视儿童的社会交往

儿童几乎从出生那一天起就开始具有社会性，婴儿随着时日延伸会对人微笑，试图与人交流，这都表明儿童在社交方面具有很强的感受性。皮亚杰认为儿童的这种与人交往有助于儿童语言、思维、情感和道德的发展，尤其是儿童之间的相互交往极有利于儿童个性的形成和发展，也是儿童认知发展的重要源泉。教育者应该重视儿童的社会交往，积极组织家庭成员之间的亲密互动，多多提供一些儿童之间的合作交往活动机会，以利于儿童逐渐了解社会中人与人之间的相互关系，有利于促进儿童心理感受力的发展。

三 对皮亚杰学前教育思想的评价

皮亚杰的理论在国际教育界备受重视，是 20 世纪世界教育改革和发展的重要内容。他建立了较完整的儿童心理学理论体系，创立了认知发展阶段论，提出了发生认识论儿童观、教育观及相关的教育原则和教育方法，为儿童早期教育运动奠定了理论基础。但是，他仅仅把教育局限在心理学的视角上，没有从社会、文化等广阔视野上做考察，因此，他的许多教育观点带有经验描述性质，缺乏全面性。

◇ 单元小结

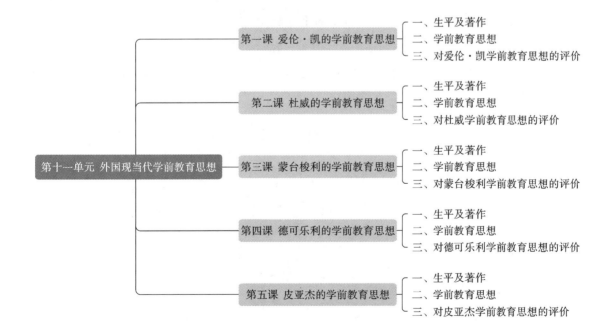

思考与练习

1. 单项选择题

(1) 认为20世纪是"儿童的世纪"的是（　　）。

A. 爱伦·凯　　　　　　　　　　B. 赫尔巴特

C. 裴斯泰洛齐　　　　　　　　　D. 福禄贝尔

(2) （　　）提出"教育即生活""教育即成长""学校即社会"以及"从做中学"。

A. 布鲁纳　　B. 布卢姆　　C. 杜威　　D. 克伯屈

(3) 杜威所主张的教育思想被称作是（　　）。

A. 存在主义教育思想　　　　　　B. 要素主义教育思想

C. 实用主义教育思想　　　　　　D. 永恒主义教育思想

(4) 1907年在罗马贫民区创办第一所幼儿学校——儿童之家，后又创立以感官为基础的幼儿教育教学体系的教育家是（　　）。

A. 福禄贝尔　　B. 蒙台梭利　　C. 欧文　　D. 卢梭

(5) 下面不属于蒙台梭利教育观点和方法的是（　　）。

A. 儿童有自我成长的能力，儿童成长具有敏感期，强调感官训练

B. 创设有准备的环境

C. 通过工作，使自由与纪律相协调

D. 真正的学习是儿童主动的、自发的学习

(6) 在蒙台梭利的感觉教育中，感官训练的重点是（　　）。

A. 视觉训练　　B. 听觉训练　　C. 触觉训练　　D. 嗅觉训练

(7) 一个儿童能够辨别自己的左右手，而不能辨别他人的左右手，按照皮亚杰的认知发展理论，这个儿童的认知发展处于（　　）。

A. 感知运动阶段　　　　　　　　B. 前运算阶段

C. 具体运算阶段　　　　　　　　D. 形式运算阶段

(8) 皮亚杰认为守恒概念的形成阶段在（　　）。

A. 感知运动阶段　　　　　　　　B. 前运算阶段

C. 具体运算阶段　　　　　　　　D. 形式运算阶段

2. 简答题

(1) 简述杜威的"从做中学"教育思想。

(2) 简述德可乐利的教学方法。

(3) 简述蒙台梭利的儿童观。

3. 论述题

(1) 论述杜威关于学前教育的主要观点，并予以评价。

(2) 论述蒙台梭利教学法的教育内容，并予以评价。

(3) 论述皮亚杰儿童认知发展阶段理论。

实践与实训

实训一： 比较蒙台梭利与福禄贝尔的学前教育理论与实践的异同。

目的： 了解蒙台梭利与福禄贝尔的学前教育思想与实践，分析蒙台梭利与福禄贝尔的学前教育理论与实践的异同，把握蒙台梭利与福禄贝尔对世界学前教育的影响。

要求： 结合教材内容，认真详细收集整理蒙台梭利和福禄贝尔的学前教育思想与实践，并进行比较与评析。

形式： 小组合作。

实训二： 利用课余时间读一本外国现当代学前教育家的学前教育著作，结合其学前教育理念进行分析，明确其科学性或不足。

目的： 培养学生的阅读习惯，激发学生学习学前教育的兴趣，把握现代学前教育观点，树立科学的学前教育理念。

要求： 结合教材内容，认真阅读一本外国现当代学前教育著作，结合所学内容进行评析。

形式： 小组合作。

第十二单元 西方学前教育发展新动向

◇ **学习目标**

1. 掌握当代西方国家学前教育的发展趋势。

2. 掌握银行街教育方案、瑞吉欧教育方案、海伊斯科普教育方案的特点,理解其对我国学前教育改革与发展的借鉴意义。

3. 能参照银行街教育方案、瑞吉欧教育方案、海伊斯科普教育方案设计相应的幼儿园教育活动方案。

4. 理解多彩光谱方案和新西兰学习故事的特点,以及对我国学前教育改革与发展的启示。

5. 理解科学的学前教育方案对儿童发展的重要意义,树立推进我国学前教育事业改革与发展的志向。

◇ **情景导入**

当代西方国家学前教育的发展趋势有哪些?当代西方国家主要的学前教育方案有哪些?这些方案的教育目标、教育内容、教育方法等各有哪些特点?这些学前教育方案对我国学前教育的发展有什么启示?通过本单元的学习,我们将解决这些问题。

第一课 当代西方国家学前教育的发展趋势

20世纪50年代以来,西方各国普遍把学前教育作为教育发展的重点领域之一,学前教育的发展呈现出新的趋势。

一 学前教育日益受到重视

随着科技的发展和社会的进步，西方各国进一步认识到学前教育的重要性，普遍把学前教育列为国家整个教育的基础阶段，学前教育逐渐被纳入义务教育和终身教育的体系。尤其是20世纪90年代以来，许多国家把学前教育作为国家的重点发展领域之一，采取种种措施促进学前教育的发展。这些措施包括：一是通过立法保障学前教育的发展，如美国的《儿童保育法》、日本的《幼儿园教育要领》；二是增加对学前教育的财政支持，如英国1998年开始实施"良好开端"项目，每年加大资金投入数亿英镑；三是学前教育普及率持续上升，如欧洲各国不断提高学前教育普及程度，全欧洲的毛入园率达到90%以上。

二 学前教育的一体化趋势

在"大教育观"的指导下，西方国家整合各种资源为儿童健康发展服务，出现了一体化趋势。

（一）0~6岁托幼教育一体化

重视0~3岁婴幼儿教育，实施0~6岁托幼一体化的学前教育，已经成为西方各国共识。如美国1995年将"开端计划"的服务对象延伸到怀孕妇女及3岁之前的婴幼儿，成立了"开端计划"早期项目；2008年，英国颁布了新的《早期儿童基础教育指南》（简称EYFS），根据《0~3岁很重要》《8岁以下儿童日托和居家保姆全国标准》《基础阶段课程指导》等文件，完整地建立起0~5岁儿童学习、发展和保育相统一的课程框架。

（二）幼儿园和家庭、社区合作共育

随着学前教育理论和实践的不断发展，西方各国的学前教育已经扩大到包括正规教育和非正规教育在内的各种组织形式，注重幼儿园等机构教育与家庭、社区教育的和谐统一，把学前教育延伸、渗透到社会的各个方面。如英国在1997年出台了世界上最早的以社区为基础的早期儿童整合性服务机构——早期优质服务中心，向儿童及家庭、社区居民提供服务。日本2005年在咨询报告《为了幼儿的最佳利益》里提出，借助幼儿园等机构的力量，提高家庭、社区的教育能力。

三 学前教育的多元化趋势

随着全球化进程的加速发展，多元文化已经渗透到人类生活的方方面面，西方国家学前教育也呈现多元化趋势。

（一）多元文化和反偏见教育兴起

联合国教科文组织21世纪教育委员会认为，教育的使命就是教学生懂得人类的多样性，同时，还要教他们认识到地球上所有人之间具有相似性而且相互依存。建议从幼儿时期开始，教育机构就应利用各种机会来进行这种教育。增进不同文化和族群之间、人与人之间的尊重、谅解、宽容和友好的精神，提高社会和谐共处能力，已成为共同的社会理想。这种新的价值观反映在教育领域就是多元文化和反偏见教育兴起。多元文化教育包括两个方面的内容，就国内而言，开展保障各民族文化共同和平等发展的教育；就国际而言，加强全球观念的培养，既要尊重文化差异，又要为解决人类共同问题而加强世界性合作。

（二）学前教育质量标准的多元化

近些年来，西方国家很多学者认为，质量应该融入社会文化背景来看待，学前教育质量概念在全球范围内是多种多样的。任何一种学前教育的质量标准都是特定社会、经济和文化背景下的产物，并不存在一种全球通用的学前教育质量标准。

第二课　当代西方国家主要的学前教育方案

当代西方国家最有影响的学前教育方案除了蒙台梭利教育法外，还包括银行街教育方案、瑞吉欧教育方案、海伊斯科普教育方案、多彩光谱方案和新西兰学习故事。

一 银行街教育方案

美国银行街早期儿童教育方案简称银行街教育方案，也称作斑克街早期教育方案，起源于美国教育家米切尔（L. S. Mitchell）1916年创立的教育实验局，后来在此基础上成立了银行街教育学院，强调教育就是为儿童提供一个可以激发其内在发展动力的环境。20世纪30年代后，强调儿童个别潜能的重要性和学校对儿童情绪、人格发展的影响力，教育目的在于促进"完整儿童"的发展。20世纪70年代以来，银行街模式也被称为"发展-互动"模式。

（一）理论基础

银行街教育方案的理论来源包括：一是心理动力学理论，特别是诸如安娜·弗洛伊德、艾里克森等将儿童发展置于社会背景中的理论，它强调幼儿的情绪、动机、自主性自我；二是发展心理学理论，皮亚杰关于儿童认知发展的相互作用论，即儿童是在与人、地点以及事情之间的相互作用中获得发展的；三是杜威的进步主义教育思想。

综合利用这些理论观点，银行街教育学院提出"发展-互动"的教育方法。发展就是指个体成长的方式和理解世界的方式，以及当孩子和成人成熟时所反映出来的特征；互动是指个体与环境（由孩子、成人以及物质世界组成）之间的互动，以及认知发展和情绪发展之间的互动和相互关联。银行街学前教育方案以"发展-互动"理念为基础，对从出生到8岁的儿童进行教育，故该方案也被称为"发展-互动"教育方案。

（二）教育理念

1. 全人格发展理念——"完整儿童"（Whole Child）

儿童的发展包括身体、智力、社会、情感和审美等各个方面的发展，它们是相互关联、不可分离的。因此，银行街教育方案运用综合性以及"完整儿童"这个概念来表达儿童发展的整体性。

2. 个人价值与社会价值统一的理念

幼儿发展的个人价值即内在价值，以发展幼儿内在素质和个性和谐为主要价值取向。社会价值即人的工具价值，就是通过教育塑造社会所需要的公民。幼儿既是幼儿个体又是社会中的幼儿，银行街教育方案强调个人价值和社会价值的统一，体现在有意义的学习和"社会研究"课程上。

3. 社会情境性和文化适宜性的理念

银行街教育方案注重从真实的学习情境和社会生活出发，在社会背景中进行经验教学，通过幼儿与社会环境和他人的互动，构建一种个体与社会之间的和谐；同时在教育过程中注意结合本土文化资源，充分尊重不同主体的特定文化，考虑课程的文化适宜性。

4. 家庭、社区和托幼机构共同参与的理念

银行街教育方案认为儿童认知发展和个性发展是与其社会化的过程不可分离的，托幼机构应是社会的一部分，它与家庭、社会其他机构分担对儿童的教育，托幼机构与家庭的共同工作包括教师深入家庭或家长参与教育机构的工作等，专门成立的家庭中心就是其中之一。重视家庭与教师间的伙伴关系，并将其看作让儿童获得安全感、支持其成长和发展的基础。银行街教育方案加强与社区的合作，让幼儿了解真实世界的本来面目，获得所需的知识和技能。

（三）课程目标

银行街教育方案的设计者认为教育的目标应依据发展的过程，而不是特定的学业成就，因此，该方案的课程目标制定包括四个方面：一是提升儿童与环境有效互动的能力，包括各领域的能力以及运用这些能力的动机；二是促进儿童自主性和个性的发展，包括自我认同、自主行动、自行抉择、承担责任和接受帮助的能力；三是发展儿童的社会性，包括关心他人、发展友谊、成为集体中的一员；四是鼓励儿童的创造性。这些目标很宽泛，应根据儿童发展的阶段和文化背景的适宜性而加以思考和具体化。

（四）课程内容

银行街教育方案的课程内容可以分为以下几个部分：社会学习、读写、数学、科学、西班牙语和法语、艺术、音乐和体育。该方案强调儿童的社会性发展，因此社会学习是该方案的核心。社会学习是有关人与人之间以及人与环境之间的关系的学习，它涉及人们生存的环境及其所处的位置，也涉及过去、现在和未来。

以社会学习为核心开展的课程分为六大类：①人类与环境的互动；②人类为了生存而产生的各级社会单位及其与人类的关系；③人类世代相传的文化传统；④通过宗教、科学和艺术等了解生命的意义；⑤个体和群体的行为；⑥变化的世界。

该方案围绕主题以综合性课程形式展开，学习的主题可以从对家庭的研究到对河流的研究，具体的主题设置取决于儿童的年龄、兴趣、生活经验，以及社会要求儿童掌握的知识和技能。此外，银行街教育方案把学校生活本身称为一种隐性的社会学习，把它看作社会学习课程的一部分。

（五）课程实施途径

银行街教育方案的课程实施以自发性游戏为主，设置丰富的角落区域，让幼儿进行自主探索和认识周围世界。课程实施主要利用主题网和课程轮（Curriculum Wheel）两个工具。课程轮（见图12-1和图12-2）类似于我们平时所说的课程网络图，中央是所选择的主题，轮辐间的空间是教师设计的各个活动。运用此工具计划、统整各学习区的活动，使社会学习的内容丰富而多元。该方案的设计者们相信，对于儿童而言，最有意义的经验是那些相互联系的，而不是相互割裂的经验，而最有效方法是允许他们以自己的方式作用于这些经验。

课程实施包括以下七个步骤：选择主题；确定目标；教师学习与主题有关的内容并收集资料；开展活动；家庭参与；高潮活动；观察和评价。该方案积极鼓励家庭和社区的共同参与，重视在托幼机构等正式教育环境以外的儿童学习和发展。

该方案强调真实性评量。收集幼儿的各种作品、教师的观察记录等资料，建立档案式的个人评量资料，用来说明幼儿成长、学习的情形，以及了解幼儿的需要、兴趣与长处。

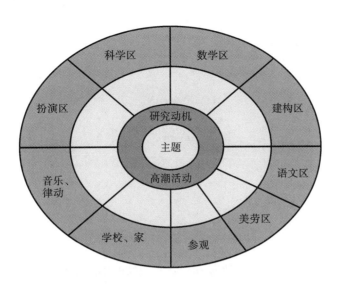

图 12-1 课程轮模型一

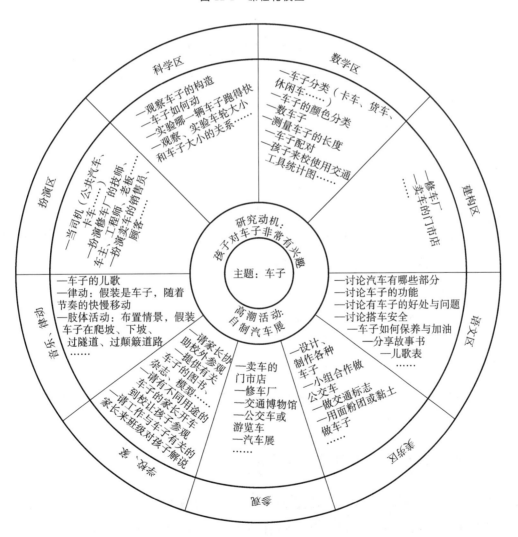

图 12-2 课程轮模型二

> **拓展阅读**
>
> 扫码了解银行街教育方案活动片段实录。
>
>

（六）教师的作用

银行街教育方案强调教师在课程实施过程中，要为幼儿创造适合年龄特征和个别需求的学习环境，包括物质环境和心理环境。心理环境与教师的个性特征、行为风格、文化背景和教学经验等方面有关。

教师的职责首先是了解儿童的年龄发展阶段和特征，以及每个儿童的独特个性，在此基础上，教师应当把教室组织成儿童的工作室，使孩子能在这里自由地操作和使用各种物体，自己选择活动并独立完成计划；同时，教师要积极观察儿童的各种行为表现，能对儿童的自发活动做出积极反应，并激励和引导儿童探究问题。

（七）课程评价

1. 评价方法

银行街课程方案主张更宽泛的评价方法，这种评价立足于理解儿童如何了解属于自己的世界，为儿童提供一系列的机会让他们表达自己的理解。

2. 评价内容

基本技能和学科知识是评价的基础，但是儿童在与环境互动时的态度和个性特征同样也是被评价的重要内容。

3. 评价依据

教师对儿童表现的观察、儿童活动记录的文件袋、教师为儿童设计的技能检测表等等，这些都是教师评价儿童发展情况的依据。

（八）对银行街教育方案的评价及启示

银行街教育方案重视家庭、社区、社会环境中的教育，鼓励儿童主动探索，理解对他们成长而言最重要的事物，是符合未来社会对全面、和谐的完整人格的人才培养要求的。银行街教育方案参与了美国"开端计划""随后计划"等项目，并做出了有价值的工作，已远不只局限于一个教育机构，它通过由理论到实践的长期实验过程，对美国和其他国家的学前教育产生了并将继续产生重要的影响。

二 瑞吉欧教育方案

瑞吉欧教育方案与蒙台梭利教育法都产生于意大利，其中，瑞吉欧教育方案在20世纪中后期发端于意大利北部城市瑞吉欧。瑞吉欧·艾米利亚是意大利北部的一个小镇，具有良好的城市公共生活的传统，以及艺术、人文的精神氛围。20世纪60年代以来，该市在洛瑞斯·马拉古兹（Loris Malaguzzi）的倡导和领导下，逐步形成了独具特色的瑞吉欧学前教育体系，其成果集结在《孩子的一百种语言》中。瑞吉欧课程模式被视为欧洲教育改革的典范，并对当今世界各国的学前教育产生了重要影响。该方案强调发挥幼儿的主动性，是注重家庭合作和社区参与的学前教育方案。

（一）理论基础

瑞吉欧幼儿教育体系的形成，除受意大利自身幼儿教育传统、蒙台梭利教育法，以及二战后左派政治改革的影响外，也深受杜威、克伯屈等人的欧美进步主义教育思想，以及皮亚杰、维果茨基等人的建构主义心理学的影响。此外，布鲁纳的教学思想、布朗芬布伦纳的教育生态学观点、加德纳的多元智能理论等，都是瑞吉欧教育的理论基础。

（二）基本理论

1. 儿童观

瑞吉欧的当地人融合吸收多种观点之后，形成了自己独具特色的儿童观，包括：儿童是一个拥有充分的生存和发展权利的人；儿童是具有巨大潜能的、积极主动的学习者；儿童是自我成长过程中的主角；儿童天生都是艺术家。

2. 知识观

受建构主义的影响，瑞吉欧教育的知识观包括：知识是通过社会建构形成的认识，不是成人传授给儿童的技能与事实；知识具有多种表现形式，儿童可以采用多种"语言"来表达；知识须作为整体来掌握，是在各种联系中建构起来的整体。

3. 教育观

瑞吉欧教育倡导教育应从儿童的兴趣和经验出发，遵循以儿童为中心的原则。在教育过程和课程选择上，儿童有权利和机会参与并发表意见。但是瑞吉欧教育强调的儿童中心并非绝对的儿童中心主义，教师与家长在幼儿教育上扮演重要角色，发挥着重要作用。

（三）教育目标

瑞吉欧教育方案继承了"教育无目的论"的思想，并不追求外在的目标，更注重让学校中的儿童、教师，包括家长都能生活得愉快、幸福、健康，强调目的与过程的统一。教师预先设定总的、一般的、笼统的教育目标，但不为每个子项目或每次活动设定具体的目标。"教育的目标是要为幼儿带来更多的可能性去创新和发展。"① 瑞吉欧教育目标是弹性的、开放的，即弹性计划，是教师根据活动中儿童的反应以及活动的进程来确定活动的发展方向。一个目标达成之后，又会有新的目标产生，方案教学是联系一个又一个目标的纽带。

（四）教育内容

瑞吉欧教育方案没有划分具体的课程领域，没有设置明确的课程内容，而是从儿童的兴趣和经验出发，生成相应的课程内容，具体来源包括：儿童和教师的共同建构；儿童的探索与合作学习；"儿童的一百种语言"即"儿童的一百种活动方式"。这里的"语言"泛指把文字、口语、图形、绘画、雕刻、戏剧、音乐，以及其他的媒介材料等都作为儿童语言。

（五）教育方法

瑞吉欧教育方案的教育方法主要体现在环境设计、方案教学、教师角色等方面。

1. 环境设计

在瑞吉欧的理念里，舒适与丰富的环境非常关键。如果说父母是孩子的第一位老师，教师是第二位，瑞吉欧则把环境当成孩子的"第三位老师"。首先，瑞吉欧的环境注重自然与人的和谐关系。教室布置注重光线，教室里外相通，看到的是植物和自然；同时，教室里所有材料的放置都是精心设计过的，放置充分考虑孩子可够到的高度。其次，瑞吉欧的环境不仅注重人与物的交流，也注重人与人之间的交流，环境重在创造交流的机会，教室和各个房间通过"中心"（Piazza）相连接，"中心"是一个信息汇集和交流的空间；每间教室里面有大小不同的空间，适合大小不同的小组开展活动，还有供学生独立活动或个别交流的安静空间。最后，瑞吉欧的学校展示孩子们的作品，让孩子们感受到他们的作品有着重要的意义。

拓展阅读

扫码了解"环境是第三位老师"实践案例。

---

① Edwards，等. 儿童的一百种语言［M］. 罗雅芬，等译. 台北：心理出版社，1998：91.

2. 方案教学

瑞吉欧教育方案主要以方案教学的方式实施。所谓方案是指一个或一群孩子针对某个主题的探索活动。方案教学即项目活动，其程序包括四个步骤。

第一，确定方案主题。孩子根据生活经验和兴趣进行讨论，教师观察记录，讨论中最能引起孩子探究欲望的焦点就成为方案的主题。

> **拓展阅读**
>
> 方案的主题如何确定？扫码阅读《确定方案主题案例》。
>
>

第二，编制主题网络。确定方案主题后，师生共同讨论决定与主题相关的小子题并编制成主题网络，把各种资料都纳入主题之下的各个子题内。主题网络的制作要依据幼儿原有的相关经验，如"恐龙"主题就可以划分为恐龙的外形、种类、演进过程、生理习性等等。二级标题还可以再继续细化，如恐龙的生理习性可以分为恐龙的食物、行为、体积、生活习惯等。

第三，实施方案。这一阶段，孩子的主要活动就是研究和探索，以全面了解事件本身或发现其背后的规律，在孩子们尚未正式开始进行方案之前，教师们要先讨论关于方案的各种可能性、假设方案可能进行的方向。任何方案的进行必须首先设立目标并评估孩子对方案的兴趣、已有的相关知识。在选择好主题，并且做出完整的初步假设后，活动就可以正式开始了。首先要协助孩子设立一个适当的情境，使孩子能从一开始就参与问题的探索。实施过程中以2~4人为主的小组活动展开，要求积极交流和分享，产生自我认同感及认识世界的多元性。在孩子们的谈话过程中，教师注意做好记录和分析。经过提出假设、进行探索、验证假设等几个步骤探讨问题和事实的真相；然后，根据观察所得的东西或活动结果进行各种形式的再表达。如"最棒的我"主题活动，在孩子经历过几个活动后，对自己的外貌、年龄、性别等有了具体的了解后，教师可以组织孩子进行"画画我自己"的活动。

第四，总结反思。让多数幼儿都能在此阶段对整个方案产生全面了解。总结反思是瑞吉欧的教学活动中特别重要的一环，其方式可以是多种多样的。教师可以让个别孩子讲述自己整个活动的历程；或由幼儿在教师及同伴的帮助下整理自己在这项活动过程中的材料、绘画、照片、建构的作品，将其中所获得的发现介绍给家长、客人、本班或别班的孩子；也可以由全班幼儿集体办一个面向全园的作品展示会、戏剧表演等。反思和总结的过程实质上是给孩子以各种方式表现、展示他已具有的新的知识和能力的机会。

3. 教师角色

在方案教学过程中，教师们都是在相信孩子潜能的前提下，在适当的时候介入孩子们的活动进行指导的。教师并非控制或代替幼儿，他们始终扮演着材料的提供者、活动的帮助者与向导、伙伴、记录者和研究者的角色，从而使方案对孩子们的能力提出最大的挑战，也最大限度地促进孩子们的发展，同时又充分发挥孩子们的聪明智慧。这一点正如马拉古奇所言，与其牵着幼儿的手，倒不如让他们靠自己的双脚站立着。瑞吉欧教育方案在教师的指导与幼儿主动性的发挥上处理得恰到好处。

（六）合作教育

瑞吉欧的幼儿教育既强调学校内部的合作，也强调与家长、社区的合作。学校内部的合作包括教师间的合作、师生合作以及幼儿间的合作。其中，师生合作互动过程被瑞吉欧人比喻为"打乒乓球"游戏，教师需要处理"抛"与"接"的关系。"我们（指教师）必须能够接住孩子丢给我们的球，并以一种让孩子想要继续与我们玩，过程中有可能渐渐发展出其他游戏的方式把球抛回给孩子。"[①]"接住孩子丢给我们的球"不仅说明了教师在教学中的地位，更形象地说明了教师与儿童之间的合作关系。

（七）记录支持

记录是瑞吉欧幼儿教育的特色，有力地支持了项目活动。所谓记录是指教师通过持续、细心的观察，运用照片、录音、幻灯、录像、文字说明及实物等形式，从不同角度对儿童在不同方案教学中的情况进行材料的收集、整理及记载，主要集中于幼儿的经验、记忆、思想和想法。记录贯穿于项目活动的始终，给教师提供更加了解儿童想法与做法的机会，帮助教师进一步决定项目活动的下一个步骤与路径，也方便教师再次回顾教学工作，让家长了解幼儿的学习情况。

（八）对瑞吉欧教育方案的评价及启示

瑞吉欧教育方案体现了当代学前教育发展的综合化的趋向，代表着当代学前教育发展不只重视儿童心理、儿童生活、以儿童为中心，更要注重成人与儿童，儿童与儿童之间的合作，以及儿童多样化的表达方式。瑞吉欧教育方案被称为当代最先进的幼儿教育方案，受到了来自世界普遍的关注，推动了世界幼儿教育思想和实践的进一步发展。不过，瑞吉欧教育方案在推广中有较高的要求，如只适合小班教学，对教师素质要求较高，需要教师、家长、社区的密切配合等，这些都限制了该方案的推广。

---

① Edwards，等. 儿童的一百种语言［M］. 罗雅芬，等译. 台北：心理出版社，1998：202.

三、海伊斯科普教育方案

High/Scope 课程，译为海伊斯科普课程，又称高宽课程或高瞻课程，是由美国著名的儿童心理学家韦卡特创立的海伊·斯科普教育研究机构自 1961 年开始发展起来的课程，是美国"开端计划"中第一批帮助处境不利的学龄前儿童的学前教育方案。20 世纪 70 年代以后，该方案也被广泛应用于所有经济背景和所有能力水平的儿童。

（一）理论基础

海伊斯科普课程主要以皮亚杰的认知发展理论为基础，是一种颇具特色的幼儿认知发展课程。皮亚杰的"相互作用论"和"建构论"对该课程产生了重要影响。皮亚杰认为儿童的发展是一个持续的过程，儿童是主动的学习者，儿童是在与环境积极的相互作用中获得发展的。因此，这一课程的设计者们认定"主动学习是儿童发展过程的核心"。

主动学习是海伊斯科普课程的核心价值理念，是指由学习者发起的学习，是学习者通过操作物体与人、观念、情景的相互作用，主动地建构关于现实知识的过程。儿童主动学习包括用自己的方式操作、使用物体，在活动中思考，来自儿童内在的动机、需要，以及问题解决四个环节。该课程方案提倡让儿童在主动活动中学习并获得发展，将儿童主动活动作为编制课程的中心。

（二）发展阶段及教育目标

海伊斯科普课程经历了三阶段，体现了儿童逐渐转变为主动学习者的过程。第一阶段（20 世纪 60—70 年代），设计者将关注点放在为儿童进入小学做好准备的知识和技能方面，教师明确教学目标，主要为处境不利家庭的儿童服务。第二阶段（20 世纪 70—80 年代），承认儿童处于不同发展阶段，强调根据每一个儿童的发展水平促进其发展，强调儿童的主体性和主动性，但儿童并未获得真正意义上的主动。第三阶段（20 世纪 80 年代至今），将儿童看作主动学习者，认为儿童能在自己计划、进行和反应的活动中获得发展，服务对象转变为面向全体儿童。

在教育目标上，海伊斯科普课程初期的教育目标在于有效地促进儿童认知能力的发展，为今后的学习成功奠定基础；后期至今则强调以儿童的主动学习为中心，促进儿童的认知、情感和社会性的协调发展，培养主动的学习者。

（三）教育内容

海伊斯科普课程内容包括五大领域，即学习方式，语言、读写和交流，社会性和情感发展，身体发展和健康，艺术与科学。其中艺术与科学又进一步分为数学、科学技术、社会学习、艺术。各领域总共有58条关键性发展指标（之前也称作关键经验），以此作为制定课程和进行评价的指标。这58条关键性发展指标包括了学前儿童在不同领域所应具备的知识和能力。具体而言，其主要内容包括10类，如创造性的表征、语言和文字、主动性和社会性、运动、音乐、分类、序列、数、时间、空间等。

> **拓展阅读**
>
> 扫码具体了解"高瞻课程58条关键发展性指标"。
>
>

（四）课程实施

海伊斯科普课程主要围绕儿童认知发展应该获得的58条关键发展性指标展开，使儿童逐步获得这些关键经验。课程的实施主要体现在学习环境、一日常规和教师的作用三个方面。

1. 学习环境

该课程认为，儿童的主动学习不会自然发生，要促进儿童主动学习的发生，必须为儿童提供主动学习的环境，其中包括五要素：适应不同发展需要的丰富材料；操作的机会；自由选择；来自孩子的语言；来自成人的支持。学习环境主要考虑空间组织、学习中心区和活动区、材料的提供三个方面。

2. 一日常规

该课程有相对固定的一日常规，通常包括晨间问候时间、计划—工作—回顾时间、集体活动时间、小组活动时间、户外活动时间及一些过渡环节时间。其中，计划—工作—回顾时间在一日常规时间中占比最大。

课程主要通过每日的例行活动来完成，包括计划—工作—回顾环节。计划—工作—回顾环节是高宽课程中关键且独特的部分，它包括了儿童主动参与学习的所有要素。

计划时间：儿童自己来决定在工作时间干什么。他们把自己的计划告诉教师，教师则帮助他们思考和充实他们的计划，记录儿童的计划，并帮助他们开始执行计划，一般10~15分钟。

工作时间：儿童完成他们计划的项目和活动。教师在儿童中间走动，指导和支持他们，并帮助他们充实工作内容，那些完成了第一个计划的儿童可以开始另一个计划，一般持续45~60分钟。

回顾时间：儿童把他们未完成的作品收起来，并把他们在工作时间用过的材料分类、整理和放回原处。整理收拾完毕后，儿童和教师在一起，回忆和表述他们在工作时间的活动，重温儿童在工作中所遇到的问题，一般历时 10～15 分钟。

3. 教师的作用

该课程中，教师的作用主要是儿童问题解决活动的积极鼓励者。具体说来，教师可以通过以下方法鼓励儿童主动地去解决问题：提供丰富的材料和活动，使儿童能对材料和活动进行选择；明确要求儿童运用某种方式决定计划和制定目标，并在完成目标的过程中找到和评判不同解决问题的办法；通过提问、建议和环境设计，为儿童创造与其思维发展、语言发展和社会性发展有关的关键经验的活动情景。

（五）课程评价

海伊斯科普课程注重课程评价，评价的基本理念为"提倡真实评价，进行全面的、情境性的、持续的评估"；评价的目的包括评价学习效果，诊断教育过程，为公共政策制定者提供数据；评价的内容包括儿童评估和项目质量评估，儿童评估包括儿童观察记录和早期阅读技能评价，项目质量评估包括对班级和机构两个层面的评价。

（六）对海伊斯科普方案的评价及启示

海伊斯科普课程强调儿童通过主动学习主动建构自己的经验与认识，注重通过提供材料和挑战性情景来锻炼儿童的思维能力，注重教师和幼儿之间的积极互动，突出了教师的指导作用，具有较强的操作性。该课程被认为是"适宜儿童发展的教育实践"例证，是一个具有较高质量的学前儿童教育方案，其影响越来越广泛。该方案的局限性主要包括：一是对儿童的情感和社会性方面的发展没有设置具体明确的目标；二是对教师的专业素质和技能要求较高，限制了其广泛应用于幼儿教育领域。

四 多彩光谱方案

多彩光谱方案由哈佛大学教授加德纳和塔夫茨大学教授费尔德曼率领哈佛大学零岁方案和塔夫茨大学的合作研究小组，在 1984—1993 年共同完成的，是为学前儿童和小学低年级学生开发出的一种新的评价方法和课程。多彩光谱的寓意是儿童的智能像光谱一般多彩而丰富，不同的智能代表着不同的信息表征方式，没有优劣之分。智能具有独立性，即一种智能发展程度的高低并不决定其他智能发展程度的高低；同时，不同的智能又相互依赖，因为解决问题需要不同智能的有机组合而非单一的智能。多彩光谱方案旨在对儿童进行合理评价的基础上为儿童提供有利的环境和机会，以促进其不同智能的开发和应用。

(一)理论基础

多彩光谱方案的理论基础包括加德纳的多元智能理论和费尔德曼的非普遍性理论。这两大理论都看到了儿童在智力上的多样性，都认为儿童具有独特性，应该相应地给儿童提供多种发展空间和机会，使每一个儿童都有机会发挥和实现自己的潜能。费尔德曼1980年出版的《超越智能发展的普遍性》对皮亚杰的认知发展阶段固定论提出怀疑，提出了人类对非普遍性领域的追求，认为"人类在很多领域的发展既不会是每一个人都必须经历的，也不是脱离激发这些活动的特定环境而产生的"。而加德纳于1983年出版的《智能结构：多元智力理论》则明确了七大智力领域——语言智能、数理逻辑智能、空间智能、音乐智能、身体运动智能、人际交往智能、自省智能（后增加自然观察智能和存在智能），于是就有了多彩光谱方案的八大课程领域——机械和建构、自然科学、音乐、运动、数学、社会理解、语言、视觉艺术活动，以及八大评估领域——运动、语言、数学、自然科学、社会理解力、视觉艺术、音乐、工作风格。

(二)活动步骤及形式

多彩光谱方案活动主要分为四个步骤：让儿童见识或者接触广泛的学习领域；在丰富的学习环境中发现儿童的强项；发展儿童的强项；把强项迁移到其他领域和学业表现中去。

该方案采取的主要活动形式有：在教室里设立学习中心，与社区（如儿童博物馆）联合，实行导师制等。例如，就学习中心而言，一般每一个多彩光谱教室里会设立8个学习中心（对应八大课程领域），而这些学习中心是从7个评估领域（工作风格除外）引申出来的，同时这7个评估领域又细分为7个评估方面，延伸出8套关键能力，然后教师再根据这些关键能力来建构各种活动材料和形式。7个评估方面即相应的评估活动为：两周一次的运动课、障碍跑；故事板活动、报告者活动；恐龙游戏、公共汽车游戏；发现区、寻宝藏游戏、沉浮活动、组装活动；班级模型、同伴互动列表；艺术文件夹；唱歌活动、辨音及配对游戏。相应的8套关键能力包括：身体控制，对节奏的敏感；自己创编叙述故事，描述性报道；数字、空间推理；理解因果和功能联系，视觉空间，利用机械物体解决问题；观察、辨别；视觉知觉，视觉艺术创造；音乐感悟、创造；理解自己、他人。

(三)多彩光谱方案的特点

1. 课程和评估相结合

该方案模糊了课程和评价之间的界限，其课程内容源自评估的8个领域，教师根据这8个领域设计相应的活动，这些活动材料既是儿童学习的课程内容，又是评估的工具。评估在儿童活动的过程中进行，既使儿童展现出了自己的强项，同时也使教师有机会深入细致观察儿童的学习，并改进自己的教学策略。多彩光谱评估是一种评估与课程密切结合的动态评估。

2. 课程的综合性

多彩光谱方案不是一味凸显儿童的某种特殊能力，更不是通过标准化测验测查儿童的缺陷，而是强调每个儿童的强项及如何运用这些强项进行优势互补，因此它为儿童提供了源自各个领域的丰富材料，鼓励儿童积极参与、大胆探索，以自己独有的方式展示强项，并将其强项迁移到其他领域的学习中。

3. 对传统评估方案的超越

多彩光谱方案认识到了儿童在智能快速成长期的特殊品质和能力，覆盖了传统的测试方法所忽略的地方，主要表现在：

第一，在评估的目标上，该方案发现儿童的强项，并主张为促成儿童积极的变化而提供条件，强调在儿童的强项和弱项上建立联系最终促进儿童各方面的发展。

第二，在评估的重点上，该方案强调并赞扬孩子的强项，并以此为切入点，相应地给儿童提供适宜的学习机会和学习经验，这与评估的目的是一致的。

第三，在评估的环境上，该方案注重在真实情境下进行评估，创设具体的情境，在儿童的具体活动中对儿童进行评估。

第四，在评估的范围和程度上，该方案广泛而深入，突破了传统智力测试的狭窄性，涉及多种智力领域，评估手段不仅仅以语言和逻辑为评估的维度，还把儿童在不同领域的工作风格如儿童的自信心水平、坚持性水平和对细节的关注程度等作为一个维度。

第五，在评估的结果上，该方案除了对课程有补充和发展的作用外，还能够对儿童个体和班级整体产生积极的影响，使得儿童认识到每一个同伴在学习和问题解决中都有各自的强项，这样同伴之间会相互尊重。

（四）多彩光谱方案的组织与实施

多彩光谱方案在 8 个领域里为教师提供了不同类型活动的样板，使教师能够看到儿童的强项，并能够把儿童的强项作为儿童发展的契机。每个知识领域由 15～20 个活动组成，选择这些活动的理由是：能反映各种类型的智能；在各个领域内能凸显关键能力；与解决问题的技能有关；能为教师提供适宜儿童课程的有关信息。

光谱课程的学习活动分为四种类型：①以儿童为中心的小组活动，教师做简介或做简单的演示，4～6 名儿童自己进行活动；②以教师为中心的小组活动，教师与一个小组的儿童一起活动；③以儿童为中心的大组活动，教师向儿童介绍活动，然后全体儿童或半数以上儿童进行活动，活动可以是个别化的，也可以是合作进行的；④以教师为中心的大组活动，在教师指导下的全班活动，教师对于儿童完成学习任务有重要作用。

每个知识领域的一组活动一般都是自由游戏和结构化活动的组合，有些结构化的活动是与技能联系在一起的，旨在让儿童能在这一知识领域中运用现有或略高的技能完成学习任务；有些结构化活动则把儿童的各种学习经验和课程目标整合在一起。每一知识领域的一组活动都有关于该领域的简介、该领域应获得的关键能力及活动所需的材料等的介绍。每一具体的活动中，都列出了目标、核心内容、材料和具体的步骤，在活动的结束部分还包括教师应注意的事项、对教师的建议、活动的改进和拓展等。每组活动的最后都有"家庭作业"，目的在于使家长能够参与儿童的活动过程，培养儿童的强项。这些活动基本上和教室中的活动是相对应的，这样，这些技能和概念在学校和家庭中都能得到强化，而且活动所需的材料大部分都可以在家庭中找到。

（五）对多彩光谱方案的评价及启示

多彩光谱方案的优势十分明显。第一，它所运用的评价方法不是依靠某种测试，而是为儿童提供接近真实情境的评价活动，考察儿童在活动中所展示的智能强项和弱项，以获得真实的、有意义的评价信息。第二，为教师提供的是一种结构化的评价活动，也就是说，活动的设计与组织不是盲目、无目的的，而是事先精心选择某一领域的核心能力，确定相应的活动目标，然后再设计能够反映活动目标的评价活动，明确说明活动的组织方式、具体程序及所需要的材料等。第三，强调评价与课程和教学的结合，模糊课程和评价之间的绝对界限，认为评价活动应成为教师日常组织课程与教学的有机组成部分。第四，关注对活动风格的评价，十分注重收集不同儿童在活动过程中的具体表现和活动方式，因而有助于教师依据评价信息进行个别化教学。第五，尊重儿童智能发展的个体差异性和多样性，对各种智能一视同仁。

该方案局限性是，所提出的教学建议和课程发展方向往往是针对整个智能领域或整个活动的，而不是面向个体儿童的不同表现，因而使得这些建议的针对性和有效性相对欠缺。另外，不同教师对每一种能力的理解不完全一致。

该方案对学前教育的启示包括：尊重儿童的个体差异性，对儿童的不同智能要一视同仁；关注真实而有意义的评价情景，为教师的合理评价提供依据；关注儿童的活动风格，正确理解及有效指导儿童的活动；关注儿童发展的全面性，搭建桥梁促进儿童弱项领域的发展。

五　新西兰学习故事

"学习故事"由新西兰怀卡托大学教授玛格丽特·卡尔（Margaret Carr）于2001年提出。作为一种新型的儿童学习评价体系，学习故事在新西兰被广泛运用，帮助教师观察评价儿童的学习，最终形成每个儿童自己的成长档案。现如今，学习故事得到了国际学前教育界的认可。

（一）学习故事的内涵

具体来讲，学习故事通过清晰的照片和相应的文字记录等，观察和捕捉儿童学习过程中那些让人惊喜的"哇时刻"或者"魔法时刻"来刻画儿童的有自信的学习者和沟通者的形象,在所描述的故事情节里面,儿童表现出一种或者多种有助于学习的心智和行为倾向。它的目的旨在深入了解和倾听每一个孩子内心发展的真实需要,更好地促进儿童发展,为儿童的发展提供适当的支持策略,而不是评判每个儿童的学习情况。

(二)理论基础

学习故事的核心价值观来自1996年新西兰教育部颁布的幼儿教育课程框架"Te Whāriki",这不是一套对具体教育目的和教育内容进行详细描述和规定的课程,而是一套需要各幼教机构自主建构课程的课程框架。因为新西兰学前教育机构种类繁多,主要有全日制托幼中心、为3~5岁儿童服务的幼儿园、由家长主导的社区型游戏中心、毛利语幼教中心、家庭式幼教机构、远程函授学校六类,而且儿童早期社会文化背景不一,没有一套规定了具体内容的课程可以满足多种类型幼教机构的不同需要,因此该课程框架期待的是每个幼教机构都能创造出符合当地社会文化特点的课程,以此框架的核心理念(儿童观、课程观、学习与发展观)为理论基础来衡量学前教育机构课程的教育质量价值。为了推进"Te Whāriki"的实施,新西兰教育部也开始改革早期教育评价体系,学习故事应运而生。其理论基础来自皮亚杰、维果茨基、布朗芬布伦纳和怀特海的理论,核心理念在其儿童观、课程观、学习和发展观上主要体现为以下方面。

1. 儿童观

认为儿童是有能力、有自信的学习者和沟通者,强调的是儿童成长的状态,评价注重的是儿童的优点和感兴趣的事情而不是过去检核表式地找不足。通过对儿童"哇时刻"或"魔法时刻"的记录,寻求儿童发展的关键经验和关键能力,描述儿童学习者的形象,解读他们的行动和思想,使儿童知道他们是有能力、有自信、有价值的社会成员。

2. 课程观

课程被定义为"在一个专为支持学习和发展而设计的早期教育环境中所有直接或间接经验、活动和事件的总和"。新西兰幼教工作者需要把和儿童在一起的每一分钟以及教育机构中的一草一木和所有人都视为课程的一部分。Te Whāriki是一个毛利语词汇,意指"编织而成的草席"。新西兰国家课程框架里面并没有规定详细教学活动的内容,而是把课程看作正在编织的草席,是复杂的动态的。每个人都有权利参与讨论并加入"草席"的编织,而"编织者们"——幼教工作者、儿童家长及相关的人则须共同把"Te Whāriki"中提出的四大教育原则(激发力量和赋权、整体发展、联合家庭和社区、互动互惠的关系)与儿童发展的五大线索(身心健康、归属感、贡献、沟通和探究)及相应的预期学习成果"编织"在一起,"编织"出植根于社会文化环境且适合自己所在幼教机构的课程。

3. 学习和发展观

因为课程是以儿童和环境之间的互动而生成的,具有不确定和复杂性,受维果茨基的社会文化建构理论、布朗芬布伦纳的生态系统理论等理论的影响，"Te Whāriki"认为儿童的学习和发展受到特定社会文化环境的影响；根据怀特海的情境学习理论和皮亚杰的认知建构理论，儿童学习也是复杂的、情境性的，因此在学习发展观上强调儿童与环境主动互动过程中对自我学习的建构和发展。儿童置身于周围人、物、事所构成的环境中，是在与他人、所处环境和事物之间建立的互惠和互动关系中进行学习的。因此，"Te Whāriki"重视家庭和社区的作用，强调儿童在关系中进行学习，从而促进发展。

判断一篇关于儿童学习的故事是否为学习故事，不是看它的形式或其他元素，而是看这个故事能否体现出引领着学习故事的儿童观、课程观、学习和发展观等。

（三）学习故事的组成部分

注意、识别和回应三个方面构成了一个学习故事。

在注意部分，幼儿教师需要耐心观察和仔细倾听，敏感地去发掘故事线索，去发现儿童学习过程中的"哇时刻"或者"魔法时刻"，然后用照片和文字记录的方式，去客观地叙述儿童的学习活动。在注意阶段需要思考这样的问题：为什么这个时刻值得被记录？

在注意的基础上，幼儿教师开始学习故事的第二个方面，即识别。在识别方面，幼儿教师要对儿童的行为进行分析和评价，在识别中，幼儿教师需要思考：在关注到这个时刻的同时，你看到了一个怎样的学习者？儿童在学习什么呢？

在识别的基础上，学习故事自然而然地展开第三个方面的内容——回应。回应的目的在于为儿童提供机会和可能，即思考教师能为儿童的进一步学习和创造提供什么样的可能性。

（四）学习故事的实施

1. 评价内容

学习故事评价的主要特点体现在其通过动态性、形成性和情境性叙事方式的评价来实现促进儿童发展这一根本目的，不是对学习结果好坏的测评，不关注儿童"做不到的"欠缺的地方。儿童学习的成果就是学习倾向的获得，其评价的内容即为儿童的心智倾向。心智倾向与知识、技能不同，它包括三个维度、五大领域。三个维度为准备好、很愿意和有能力；五大领域为感兴趣、在参与、遇到困难和不确定情境时能坚持、与他人沟通、承担责任。

2. 评价过程

学习故事的实施可以理解为教师对儿童行为的注意、识别和回应的过程，卡尔教授将其分为四部分，即学习故事的4D——描述、讨论、记录和决定。具体为：教师或其他教养人员在日常教育教学情境下，观察儿童在学习过程中出现的"哇时刻"或"魔法时刻"（描述），然后通过探讨、分析以理解儿童在这些时刻所出现的有助于学习的心智倾向（讨论），并采用图片或文字等形式记录儿童的持续性学习过程（记录），最后根据所识别到的信息制定有效支持儿童进一步学习的相关计划（决定）。"学习故事"评价法正是通过"4D"法——"描述、讨论、记录、决定"的循环，帮助儿童建构"有能力、有自信的学习者和沟通者"这一积极的自我认知，最终促进其形成有益于终身发展的学习倾向。

（五）对新西兰学习故事的评价及启示

新西兰学习故事以促进儿童长远发展为评价目的，是一套由明确价值观引领、能够帮助儿童建构作为有能力的学习者的自我认知的学习评价体系；评价与课程相联系，对儿童在自然条件下参与活动的过程中表现的言行举止和情感变化进行观察记录；用叙事的方式进行连续的形成性评价，能够很好地展现每个儿童持续的、全面的发展情况；儿童、家长与教师等多元主体共同参与评价，并根据评价的结果为儿童制订下一步学习计划，这样不仅有助于激发儿童的学习兴趣，提高儿童的自主探索能力，还能使儿童的身体和心理等多方面共同发展。

新西兰学习故事也有其局限性。首先，这种评价体系会极大增加教师的工作量，要求有很高的师幼比，在师幼比过低的情况下，教师要完整、真实地记录每一个孩子的"魔法时刻"非常困难；其次，要求教师有极高的专业能力，如敏锐的观察力、独到的判断分析能力等，一旦教师能力不足，评价就容易变为一种形式化的东西，最终背离学习故事的初衷；最后，指导策略缺乏针对性和有效性。2006年，新西兰政府评估办公室调研发现，在宣称使用"学习故事"作为主要评估手段的机构中，有1/3的学前教育机构言行不一，教育质量不尽如人意，并没有达到新西兰幼儿教育课程框架"Te Whāriki"的相关要求。

◇ 单元小结

思考与练习

1．单项选择题

（1）美国银行街早期儿童教育方案又称为（　　）。

A. "发展-认知"教育方案　　　　　　B. "发展-互动"教育方案

C. "发展-动力"教育方案　　　　　　D. "发展-综合"教育方案

(2) 下列选项中，不属于银行街教育方案的理论基础的是（　　）。

A. 心理动力学理论　　　　　　　　B. 认知发展理论

C. 杜威的进步主义教育思想　　　　D. 蒙台梭利教育理论

(3) 瑞吉欧方案教学的理论基础是（　　）。

A. 进步主义和行为主义　　　　　　B. 进步主义和建构主义

C. 人文主义和建构主义　　　　　　D. 建构主义和认知发展理论

(4) 瑞吉欧教育方案中被称为第三位老师的是（　　）。

A. 环境　　　　　B. 家长　　　　　C. 保育员　　　　　D. 游戏

(5) 下列关于瑞吉欧教育体系说法正确的是（　　）。

A. 其目的是儿童愉快、幸福、健康地成长

B. 瑞吉欧有明确规定的课程内容

C. 瑞吉欧教育创设了"恩物"

D. 瑞吉欧教育十分注重"纪律"

(6) 瑞吉欧的课程与教学展开的主要方式是（　　）。

A. 项目活动（方案教学）　　　　　B. 生活活动

C. 区域活动　　　　　　　　　　　D. 集体教学活动

(7) 由美国韦卡特和他的同事在1962年创建，又称为海伊斯科普课程的是（　　）。

A. 银行街早期儿童教育方案　　　　B. 高瞻课程

C. 直接教学模式　　　　　　　　　D. 光谱方案

(8) 主要根据皮亚杰的儿童认知发展理论提出的课程模式是（　　）。

A. 高宽课程　　　B. 田野课程　　　C. 显性课程　　　　D. 隐性课程

(9) 根据海伊斯科普课程理论，在一日常规时间中占比最大的是（　　）。

A. 晨间问候时间　　　　　　　　　B. 计划—工作—回顾时间

C. 集体活动时间　　　　　　　　　D. 小组活动时间

(10) 多彩光谱方案的学习活动类型有（　　）。

A. 儿童为中心的小组活动　　　　　B. 儿童个别活动

C. 教师为中心的大组活动　　　　　D. 教师为中心的小组活动

2. 简答题

(1) 简述当代西方国家学前教育的发展趋势。

(2) 简述银行街教育方案的课程目标。

(3) 简述瑞吉欧教育方案课程内容的具体来源。

3. 论述题

（1）论述海伊斯科普课程是如何实施的。

（2）论述银行街教育方案、瑞吉欧教育方案、海伊斯科普教育方案分别对我国学前教育改革与发展的启示。

（3）多彩光谱方案的特点有哪些？

（4）新西兰学习故事的组成部分和评价过程是怎样的？

实践与实训

实训一： 调查我国幼儿园采用银行街教育方案、瑞吉欧教育方案、海伊斯科普教育方案开展幼儿教育的情况。

目的： 了解我国幼儿教育借鉴国外先进教育方案的现状，更好地理解学前教育工作，树立科学的学前教育理念。

要求： 结合教材内容，各小组选取一个学前教育方案在我国范围内进行调查，详细了解该方案在我国实施的一般情况；同时，重点选取2~3所采取该方案的幼儿园进行详细了解，撰写调查报告，谈谈受到的启示。

形式： 小组合作。

实训二： 根据银行街教育方案、瑞吉欧教育方案、海伊斯科普教育方案设计相应的幼儿教育方案。

目的： 撰写教育方案，深刻领悟银行街教育方案、瑞吉欧教育方案、海伊斯科普教育方案，培养方案撰写能力。

要求： 结合教材内容，认真领会银行街教育方案、瑞吉欧教育方案、海伊斯科普教育方案，并选取其中之一，撰写一个体现其方案特点的学前教育活动方案。

形式： 小组合作。

参考文献

[1]　张亚军，马林. 学前教育简史 [M]. 长春：东北师范大学出版社，2014.

[2]　左彩云，李贺. 学前教育史 [M]. 武汉：华中师范大学出版社，2016.

[3]　时丽，张干红，王彦粉. 中外学前教育史 [M]. 杭州：浙江工商大学出版社，2017.

[4]　宿静茹，韩春华，包金臣. 中外学前教育史 [M]. 长沙：湖南师范大学出版社，2016.

[5]　王善安，夏泽胜. 中外学前教育史 [M]. 天津：南开大学出版社，2018.

[6]　王莉娅，麦少美. 中外学前教育史 [M]. 北京：高等教育出版社，2006.

[7]　浦卫忠. 中国古代家庭教育选萃 [M]. 北京：北京理工大学出版社，2008.

[8]　商玉兰. 中外学前教育史 [M]. 沈阳：辽宁大学出版社，2014.

[9]　蔡军，刘迎接. 学前教育简史 [M]. 北京：北京师范大学出版社，2012.

[10]　孟宪承. 中国古代教育文选 [M]. 北京：人民教育出版社，1979.

[11]　徐宝良. 中外学前教育史 [M]. 北京：教育科学出版社，2012.

[12]　唐淑，钟昭华. 中国学前教育史 [M]. 北京：人民教育出版社，2000.

[13]　郭法奇. 学前教育史 [M]. 北京：北京大学出版社，2022.

[14]　何晓夏. 简明中国学前教育史 [M]. 3版. 北京：北京师范大学出版社，2014.

[15]　霍习霞，范喜庆. 学前教育史 [M]. 2版. 上海：复旦大学出版社，2021.

[16]　胡金平，周采. 中外学前教育史 [M]. 北京：高等教育出版社，2011.

[17]　何晓夏. 学前教育史 [M]. 北京：高等教育出版社，2014.

[18]　唐淑. 中国学前教育史 [M]. 3版. 北京：人民教育出版社，2015.

[19]　胡金平，周采，邬春芹. 中外学前教育史 [M]. 2版. 北京：高等教育出版社，2021.

[20]　周玉衡，范喜庆. 学前教育史 [M]. 上海：复旦大学出版社，2009.

[21]　陈文华. 中外学前教育史 [M]. 北京：科学出版社，2016.

[22]　易慧清. 中国近现代学前教育史 [M]. 长春：东北师范大学出版社，1994.

[23]　朱有瓛. 中国近代学制史料：一至三辑 [M]. 上海：华东师范大学出版社，1983—1992.

[24]　中国学前教育研究会. 中国百年幼教 [M]. 北京：教育科学出版社，2003.

[25]　周采，杨汉麟. 外国学前教育史 [M]. 北京：北京师范大学出版社，1999.

[26]　中国学前教育史编写组. 中国学前教育史资料选 [M]. 北京：人民教育出版社，1989.

[27] 朱家雄，王雁，梅花. 学前教育简史［M］. 北京：北京出版社，2014.

[28] 王宁，李国祥. 学前教育简史［M］. 北京：高等教育出版社，2014.

[29] 李召存，祝贺. 学前教育简史［M］. 上海：华东师范大学出版社，2015.

[30] 田景正，杨佳. 中外学前教育史［M］. 北京：北京师范大学出版社，2014.

[31] 孙培青. 中国教育史［M］. 上海：华东师范大学出版社，2000.

[32] 陈鹤琴. 陈鹤琴教育文集（上卷）［M］. 北京：北京出版社，1983.

[33] 张泸. 张宗麟幼儿教育论集［M］. 长沙：湖南教育出版社，1985.

[34] ［英］A. E. 泰勒. 柏拉图——生平及著作［M］. 谢随知，等译. 济南：山东人民出版社，1996.

[35] ［古希腊］柏拉图. 理想国［M］. 郭斌和，张竹明，等译. 北京：商务印书馆，1986.

[36] 唐淑. 学前教育史［M］. 北京：人民教育出版社，2009.

[37] ［德］奥特弗里德·赫费. 亚里士多德［M］. 王俊，译. 北京：研究出版社，2022.

[38] 华东师范大学教育系，杭州大学教育系. 西方古代教育论著选［M］. 北京：人民教育出版社，1985.

[39] 任钟印，选译. 昆体良教育论著选［M］. 2版. 北京：人民教育出版社，2001.

[40] ［日］梅根悟. 世界幼儿教育史（上册）［M］. 刘翠荣，梁忠义，吴自强，等译. 长春：吉林人民出版社，1986.

[41] 周小虎，张锋利. 学前教育史［M］. 北京：北京师范大学出版社，2012.

[42] 粟高燕. 中外学前教育史［M］. 长沙：湖南师范大学出版社，2019.

[43] 崔聚兴. 中外学前教育简史［M］. 北京：首都师范大学出版社，2019.

[44] 金林祥. 简明中外学前教育史［M］. 上海：上海交通大学出版社，2014.

[45] ［日］梅根悟. 世界幼儿教育史（下册）［M］. 刘翠荣，张举，梁忠义，等译. 长春：吉林人民出版社，1986.

[46] 姚伟. 比较学前教育［M］. 北京：高等教育出版社，2015.

[47] 廖军和，曹丽. 中外学前教育简史［M］. 合肥：安徽大学出版社，2013.

[48] 李永连. 日本学前教育［M］. 北京：人民教育出版社，1991.

[49] 霍力岩，孙蔷蔷. 学前比较教育学［M］. 3版. 北京：北京师范大学出版社，2015.

[50] 吴文侃，杨汉清. 比较教育学［M］. 北京：人民教育出版社，1989.

[51] 朱家雄. 幼儿园课程［M］. 3版. 上海：华东师范大学出版社，2022.

[52] 王春燕. 幼儿园课程概论［M］. 2版. 北京：高等教育出版社，2014.

[53] 林建华. 论朱熹教育思想体系的生成与建构［D］. 福州：福建师范大学，2010.

[54] 胥青云. 王守仁儿童教育思想新探［D］. 济宁：曲阜师范大学，2017.

[55] 姜晓洁. 朱熹启发式教学思想研究［D］. 长春：东北师范大学，2018.

[56] 陈兴华. 朱熹儿童教育思想研究［J］. 长江师范学院学报，2012（4）：126-131.

[57] 秦月，程水龙. 《近思录》的"教学之道"与朱熹的教育思想［J］. 温州大学学报（社会科学版），2015（3）：106-111.

[58] 刘东东. 浅析颜之推家庭教育思想及对当今的启示［J］. 基础教育研究，2017（1）：73-75.

[59] 王建，白玲. 颜之推家庭教育思想及其实践启迪［J］. 教育与教学研究，2014（8）：31-34.

[60] 谭林春，曹慧林. 贾谊的教育思想及其当代启示［J］. 教育观察，2017（11）：10-11，14.

[61] 陈祥龙. 贾谊的学前教育思想论析［J］. 教育文化论坛，2013（4）：59-62.

[62] 刘万伦. 论朱熹儿童教育思想［J］. 安徽教育学院学报（哲学社会科学版），1997（3）：63-78.

[63] 崔青华. 民国时期学前教育制度的嬗变及历史影响［J］. 河北师范大学学报（教育科学版），2012（12）：37-41.

[64] 李海萍. 层级上移与政策支持：清末民初学前师范教育机构之嬗变［J］. 教师教育研究，2016（4）：99-106.

[65] 潘晓飞. 清末民初"儿童公育"思想研究［D］. 蚌埠：安徽财经大学，2014.

[66] 申林静. 陶行知生活教育理论研究［D］. 武汉：华中师范大学，2008.

[67] 张翠芹. 陈鹤琴的"活教育"思想及其对当今幼儿教育的启示［D］. 南京：南京师范大学，2007.

[68] 贾艳红. 张雪门幼儿师范教育思想研究［D］. 徐州：徐州师范大学，2011.

[69] 许风霜. 近代中国"儿童公育"思想的发展与影响［J］. 幼儿教育（教育科学版），2007（7-8）：90-93.

[70] 唐淑，钱雨，杜丽静，等. 中华人民共和国幼儿教育60年大事记（上）［J］. 学前教育研究，2009（9）：66-69，71.

[71] 唐淑，钱雨，杜丽静，等. 中华人民共和国幼儿教育60年大事记（下）［J］. 学前教育研究，2009（10）：60-67.

[72] 史慧中. 中华人民共和国幼儿教育50年大事记（一）社会主义改造时期的幼儿教育（上）［J］. 幼儿教育，1999（10）：4-5.

[73] 史慧中. 中华人民共和国幼儿教育50年大事记（二）［J］. 幼儿教育，1999（11）：10-11.

[74] 史慧中. 中华人民共和国幼儿教育50年大事记（三）［J］. 幼儿教育，1999（12）：13-15.

[75] 史慧中. 中华人民共和国幼儿教育有中国特色社会主义建设时期的幼儿教育（上）50年大事记（四）［J］. 幼儿教育，2000（1）：14-16.

[76] 史慧中. 中华人民共和国幼儿教育50年大事记（六）有中国特色社会主义建设时期的幼儿教育（下）［J］. 幼儿教育，2000（3）：8-9.

[77] 陶西平. 我国学前教育发展趋势［N］. 人民政协报，2018-11-14（09）.

[78] 杨熹. 论古埃及新王国时期的教育［D］. 长春：东北师范大学，2012.

[79] 向华. 古代东方国家教师群体研究——以古代巴比伦、埃及、希伯来与印度为代表［D］.

武汉：华中师范大学，2007.

[80] 付志波. 父权至上——罗马共和国时期的家庭教育［D］. 长春：东北师范大学，2013.

[81] 颜刚威. 古代印度种姓制度的历史溯源［J］. 知与行，2019（3）：140-144.

[82] 马骥雄. 古代印度的教育［J］. 杭州大学学报（哲学社会科学版），1985（2）：20-28.

[83] 刘春华，张斌贤. 西方自由教育传统之演变［J］. 高等教育研究，2015（4）：74-81.

[84] 侯素芳. 政治哲学视角下的古希腊自由教育思想［J］. 教育文化论坛，2021（5）：15-21.

[85] 秦治国. 古罗马共和时期的青少年教育及当代启示［J］. 当代青年研究，2020（3）：111-117.

[86] 庞媛媛. 古代印度教育的发展及其特征［J］. 河南广播电视大学学报，2013（1）：41-43.

[87] 魏芳芳. 古希腊斯巴达和雅典教育体制比较研究［J］. 哈尔滨学院学报，2016（7）：137-140.

[88] 王挺之. 欧洲中世纪的教育［J］. 四川大学学报（哲学社会科学版），2001（3）：107-115.

[89] 杜娟，王杰. 文艺复兴时期人文主义教育思想的产生与发展［J］. 牡丹江教育学院学报，2017（5）：9-11.

[90] 王毓. 文艺复兴时期人文主义教育思想：神，人，民族，国家［J］. 内蒙古师范大学学报（教育科学版），2005（9）：34-36.

[91] 郁烨. 柏拉图《理想国》中的教育思想及其当代价值［J］. 汉字文化，2019（14）：129-130.

[92] 石娟，杨思敏. 夸美纽斯"泛智"思想之于当代学前教育的启示——基于《大教学论》的解读［J］. 商丘师范学院学报，2022（5）：88-92.

[93] 黄小倩，沈小强. 论洛克《教育漫话》中学前教育思想及当代价值［J］. 大庆师范学院学报，2022（1）：111-120.

[94] 王彦君. 卢梭《爱弥儿》中的自然教育思想对学前教育的启示［J］. 齐齐哈尔师范高等专科学校学报，2017（2）：10-11.

[95] 雷湘竹，卢静. 福禄贝尔发展原则对家庭教育的启示［J］. 滁州职业技术学院学报，2017（1）：57-59.

[96] 穆惠涛，张富国. 裴斯泰洛齐教育思想的价值取向及启示［J］. 国家教育行政学院学报，2016（3）：55-59.

[97] 姜燕华. 试论福禄贝尔的儿童教育思想及其现实意义［J］. 学理论，2013（30）：258-259.

[98] 叶鸿武，王路. 浅谈夸美纽斯《母育学校》教育思想及对当代教育的启示［J］. 湖北广播电视大学学报，2013（8）：122-123.

[99] 杨汉麟，杨佳. 教育的现实诉求：呼唤裴斯泰洛齐教育思想［J］. 河南大学学报（社会科学版），2012（4）：123-129.

[100] 王彩霞. 洛克"白板说"对儿童教育的启示［J］. 理论观察，2012（3）：10-11.

[101] 吴琼，李贵仁. 英国"确保开端"儿童中心的发展历程、经验及启示 [J]. 黑龙江高教研究，2017（1）：58-62.

[102] 吴明海，李功雨，梁芳. 爱伦·凯"儿童的世纪"教育思想及其借鉴意义 [J]. 教育文化论坛，2022（4）：1-8.

[103] 王颖，马建平. 近二十年杜威教育思想研究综述 [J]. 安庆师范大学学报（社会科学版），2022（3）：81-89.

[104] 杨洁，闫娜. 爱伦·凯儿童教育思想探析 [J]. 教育文化论坛，2022（1）：9-15.

[105] 徐雅枝子. 浅谈皮亚杰《发生认识论》及其启示 [J]. 考试周刊，2017（46）：46-47.

[106] 李芳霞. 蒙台梭利的教师观与幼儿教师素养的培育 [J]. 宁夏师范学院学报，2017（1）：146-149.

[107] 夏承谦，陶志琼. 论杜威儿童观的社会价值取向及其现代意义 [J]. 教育理论与实践，2015（28）：12-15.

[108] 姚玮. 蒙台梭利教师观对幼儿教师专业发展的启示 [J]. 学理论，2013（20）：357-358.

[109] 雷蕾. 爱伦·凯的儿童教育思想 [D]. 上海：上海师范大学，2011.

[110] 宋生涛. 杜威《民主主义与教育》与幼儿教育生活理念 [J]. 卫生职业教育，2010（3）：24-25.

[111] 纪秀琴. 蒙台梭利教育法及其对幼儿园课程设计的启示 [J]. 赤峰学院学报（汉文哲学社会科学版），2007（1）：136-137，146.

[112] 陈莉. 杜威的"儿童中心论"与当今幼儿教育改革的思考 [J]. 教育导刊，2003（Z1）：15-17.

[113] 刘长城，张向东. 皮亚杰儿童认知发展理论及对当代教育的启示 [J]. 当代教育科学，2003（1）：45-46.

[114] 杨晓萍. 蒙台梭利的自由教育和感官教育 [J]. 西南师范大学学报（哲学社会科学版），1994（2）：41-45.

[115] 万超. 瑞吉欧方案教学的基本步骤及对我们的启示 [J]. 幼教新视野，2011（4）：10-11.

[116] 余杨，蔡迎旗. 新西兰"学习故事"及其在我国的本土化实践 [J]. 早期教育（教科研版），2018（7）：3-7.

[117] 罗泽林，杨晓萍. 银行街教育方案：一种值得借鉴的幼教课程 [J]. 学前课程研究，2008（7-8）：122-124.

[118] 刘蕊，陈友娟，李亚娟. 美国银行街课程方案简介 [J]. 早期教育（教师版），2005（8）：14-15.

[119] 许贞. 新西兰学习故事及其对我国学前教育的启示 [J]. 考试周刊，2016（22）：16-17.

[120] 蔡盈. 新西兰"学习故事"对我国幼儿教育的启示 [J]. 福建基础教育研究，2017（6）：126-129.

版 权 声 明

为了方便学校课堂教学，促进知识传播，便于读者更加直观透彻地理解相关理论，本书选用了一些论文、电影、电视、网络平台上公开发布的优质文字案例、图片和视频资源。为了尊重这些内容所有者的权利，特此声明，凡在本书中涉及的版权、著作权等权益，均属于原作品版权人、著作权人等。

在此向这些作品的版权所有者表示诚挚的谢意！由于客观原因，我们无法联系到您，如您能与我们取得联系，我们将在第一时间更正任何错误或疏漏。

与本书配套的二维码资源使用说明

本书部分课程及与纸质教材配套数字资源以二维码链接的形式呈现。利用手机微信扫码成功后提示微信登陆，授权后进入注册页面，填写注册信息。按照提示输入手机号码，点击获取手机验证码，稍等片刻收到 4 位数的验证码短信，在提示位置输入验证码成功，再设置密码，选择相应专业，点击"立即注册"，注册成功。（若手机已经注册，则在"注册"页面底部选择"已有账号立即注册"，进入"账号绑定"页面，直接输入手机号和密码登录。）接着提示输入学习码，需刮开教材封底防伪涂层，输入 13 位学习码（正版图书拥有的一次性使用学习码），输入正确后提示绑定成功，即可查看二维码数字资源。手机第一次登录查看资源成功以后，再次使用二维码资源时，只需在微信端扫码即可登录进入查看。